정치경제학 비판 요강 II

옮긴이 **김호균**

서울대학교 경제학과를 졸업하고, 독일 브레멘대학교 경제학과에서 「세계 시장에서 독점에 의한 가치 법칙 작동 방식의 수정」으로 박사학위를 받았다. 현재 명지대학교 경영정보학과 교수로 재직 중이며, 논문으로 「자본주의 생산 양식의 단계적 발전에 관한 연구」, 「대기업과 중소기업의 경제적 불평등에 관한 이론적 고찰」, 「지식 기반 경제에서의 협력적 노사 관계에 관한 연구」 등이 있고, 옮긴 책으로는 『자본론에 관한 서한집』(칼 맑스), 『정치경제학 비판을 위하여』(칼 맑스), 『노동사회에서 벗어나기』(홀거 하이데, 공역), 『사회적 시장경제, 사회주의 계획경제』(한델로레 하멜 외, 공역) 등이 있으며, 지은 책으로는 『제3의 길과 지식기반경제』가 있다.

정치경제학 비판 요강 Ⅱ
Grundrisse der Kritik der Politischen Ökonomie

발행일 초판1쇄 2000년 5월 30일   2판1쇄 2007년 10월 30일
　　　　2판3쇄 2020년 10월 5일
지은이 칼 맑스 | **옮긴이** 김호균
펴낸곳 (주)그린비출판사 | **펴낸이** 유재건 | **주소** 서울시 마포구 와우산로 180, 4층
주간 임유진 | **편집** 신효섭, 홍민기 | **마케팅** 유하나
디자인 권희원 | **경영관리** 유수진 | **물류·유통** 유재영
전화 02-702-2717 | **팩스** 02-703-0272 | **이메일** editor@greenbee.co.kr | **신고번호** 제2017-000094호

ISBN 978-89-7682-705-0 04320 | 978-89-7682-703-6 (세트)
이 도서의 국립중앙도서관 출판예정도서목록(CIP)은 서지정보유통지원시스템 홈페이지(http://seoji.nl.go.kr)와
국가자료공동목록시스템(http://www.nl.go.kr/kolisnet)에서 이용하실 수 있습니다. (CIP제어번호: CIP2007003234)

철학과 예술이 있는 삶 **그린비출판사**

정치경제학 비판 요강 II

칼 맑스 지음 | 김호균 옮김

그린비

정치경제학 비판 요강 II권
주요 차례

정치경제학 비판 요강 Ⅰ·Ⅲ권
주요 차례

정치경제학 비판 요강

II. 화폐에 관한 장

알프레드 다리몽:『은행 개혁에 관하여』(파리 1856년)

　[화폐의 등장과 본질]

　[화폐관계의 담지자로서의 귀금속]

　　a) 다른 금속과의 관계에서의 금과 은

　　b) 상이한 금속들 사이의 가치 비율의 변동

　[화폐의 회전]

　　a) 가치 척도로서의 화폐

　　b) 유통 수단으로서의 화폐

　　c) 부의 물적 대표자로서의 화폐

　　　(화폐의 집적. 그에 앞서 계약 등의 일반적 재료로서의 화폐)

[III. 자본에 관한 장]

[제1편: 자본의 생산 과정]

자본으로서의 화폐에 관한 장

　[화폐의 자본으로의 전화]

　　1. 유통과 유통으로부터 유래하는 교환 가치. 자본의 전제

　　2. 유통으로부터 유래하는 교환 가치. 유통에 전제되고 노동을
　　　매개로 해서 유통에서 보존되고 배증되는.

　[자본과 노동 사이의 교환]

　[노동 과정과 증식 과정]

　[절대적 잉여 가치와 상대적 잉여 가치]

　[잉여 가치와 이윤]

독일어 판 편집자 주

찾아보기

《III권》

[III. 자본에 관한 장]
[제3편: 결실을 가져다주는 것으로서의 자본. 이자. 이윤.(생산비 등)]
  [화폐에 관한 장과 자본에 관한 장에 대한 보론]
  [가치 척도로서의 화폐]
  [유통 수단과 자립적 가치로서의 화폐]
  [기계류와 이윤]
  [소외]
  [기타]

1. 가치

일러두기

1. 대본과 편집 체제
이 책의 번역은 독일 디츠(Dietz) 출판사에서 출간된 『맑스·엥겔스 전집』 42권을 대본으로 하였으며, 인용문과 소제목 및 각주 등 이 책의 편집 체제는 독일어 판 편집 체제를 따랐음을 밝혀둔다.

2. 원문 주와 독일어 판 편집자 주 및 한국어 판 역자 주
(1) 맑스의 원문 주는 일련번호 없이 '*'로 표기하여 본문 하단에 실었다.

(2) 독일어 판의 편집자 주는 크게 본문 하단에 일련번호를 붙인 각주와, 책 뒤편의 후주로 구성되어 있다. 본문 하단의 각주는 맑스의 육필 수고를 교열한 내용을 담고 있고, 후주는 본문 내용 중 별도의 설명이 필요한 단어나 구절의 우측 상단에 첨자 번호를 표기하고 부연 설명을 단 것이다.

(3) 한국어 판 역자의 주는 짧은 경우 본문의 해당 부분에 대괄호 '[ ]'안에 설명을 달았고, 비교적 긴 설명이 필요할 경우 해당 부분에 일련번호를 붙여 설명을 달되, 양자 모두 독일어 판의 편집자 주와 구별하기 위해 '[역자]'라고 표시하였다.

3. 부호사용
(1) 괄호
 * 소괄호 '( )'와 중괄호 '{ }'는 맑스가 사용한 것이다.
 * 대괄호 '[ ]'는 독일어 판 편집자가 원문의 이해를 돕기 위해 본문에 삽입한 짧은 보충 설명과 소제목(표제어) 및 주를 나타낸다.

(2) 줄표와 붙임표
 * 줄표(—)는 맑스가 사용한 것이다.
 * 붙임표(-)는 연도와 합성어 및 인용된 저서의 쪽수를 나타낸다.

(3) 겹낫표와 낫표
 겹낫표 '『 』'는 인용되는 저작과 신문 이름을 나타내고, 낫표 '「 」'는 논문과 기사 제목을 나타낸다.

4. 강조
독일어 판 원문에서 이탤릭체로 강조된 단어나 문장은 이 책에서 모두 중고딕으로 바꾸었다.

5. 색인 및 기타
독일어 판 원본에서 언급된 주요 저자와 저서 목록 및 인물은 이 책 III권에만 실었다.

정치경제학 비판 요강

[III. 자본에 관한 장]

[제2편: 자본의 유통 과정]

[자본의 재생산과 축적]

‖ 15 ‖ 우리는 자본이 증식 과정을 통해서 어떻게 1. 그것의 가치를 교환 자체(즉 살아 있는 노동과의 교환)에 의해 보존하며, 2. 자신의 가치를 증대시키고 잉여 가치를 창출했는가를 살펴보았다. 자본이 자본을 전제로 했던 과정에서 생산물로서 나오듯이, 이제 그것은 과정의 산물, 즉 생산 과정과 증식 과정의 이러한 통일의 결과로서 나타난다. 가치인 생산물로서 나타나거나, 또는 가치 자체가 이 과정의 산물로서, 그것도 처음에 출발했던 가치보다 더 많은 대상화된 노동을 포함하고 있기 때문에 더 높은 가치로서 나타나는 것이다. 이 가치 자체는 화폐이다. 그렇지만 그것은 즉자적으로만 그러하다. 그것이 그러한 것으로서 정립된 것은 아니다. 우선 정립된 것, 존재하는 것은 일정한 (관념적인) 가격을 가지는 상품, 즉 관념적으로만 일정한 화폐액으로 존재하고 교환에서 비로소 그러한 것으로서 실현되어야 하는 상품, 요컨대 화폐로서 정립되기 위해서는 먼저 단순 유통의 과정에 다시 들어가야 하는 상품이다. 따라서 이제 자본 자체가 정립되는 과정의 세 번째 측면에 대해 살펴보기로 한다.

3. 정확히 관찰하면 자본의 증식 과정은 — 그리고 화폐는 증식 과정을 통해서만 자본이 된다 — 말하자면 자본의 가치 하락 과정, 화폐 자격 상실(demonetisation)로서 동시에 현상한다. 그것도 이중적인 측면에서 그러하다. 첫째로, 자본이 절대적 노동 시간을 증대시키는 것이 아니라 생산력 증대에 의해 상대적 필요 노동 시간을 감소

시키는 한에 있어서 자본은 자기 자신의 생산비를 — 그것이 일정액
의 상품으로 전제되어 있는 한에서는 그것의 교환 가치를 — 줄인다.
기존 자본의 일부는 자본이 재생산되는 데 소요되는 생산비의 감소
에 의해서, 자본에 대상화되어 있는 노동의 감소에 의해서가 아니라,
이 일정한 생산물에 대상화되기 위해서 지금 필요한, 즉 살아 있는
노동의 감소에 의해서 끊임없이 가치 하락된다. 기존 자본의 이러한
끊임없는 ‖16‖ 가치 하락은 이미 완성된 자본을 전제하므로 여기
에 속하지 않는다. 여기에서는 다만 나중의 것이 어떻게 이미 자본의
일반 개념에 포함되어 있는지를 암시하기 위해서 부기(附記)할 뿐이
다. 자본들의 집중과 경쟁에 속하는 것이다.

　여기에서 문제가 되는 가치 하락은 자본이 화폐 형태로부터 상품,
즉 실현되어야 할 일정한 가격을 가지는 생산물의 형태로 이행했다
는 것이다. 화폐로서의 자본은 가치로서 존재했었다. 이제 그것은 생
산물로 존재하고 관념적으로만 가격으로 존재한다. 그러나 가치 자
체로서 존재하는 것이 아니다. 증식되기 위해서, 즉 가치로서 보존되
고 증대되기 위해서 그것은 먼저 화폐 형태로부터 사용 가치들의 형
태(원자재 — 도구 — 임금)로 이행해야 한다. 그러나 그럼으로써 그
것은 가치 형태를 잃고, 이제는 이 일반적 부의 형태를 새롭게 정립
하기 위해서 새롭게 유통에 들어가야 한다. 이제 자본가가 유통 과정
에 들어가는 것은 더 이상 단순한 교환자로서가 아니라 소비자들인
다른 교환자들에 마주 서는 생산자로서 이다. 자본가는 소비자들의
화폐를 얻기 위해서 자신의 생산물과 교환해야 하는데 반해, 소비자
들은 자본가의 상품을 소비 목적으로 얻기 위해서 화폐와 교환해야
한다. 이 과정이 실패하면 — 개별적인 경우에 이처럼 실패할 가능성
은 단순한 분리에 의해 주어져 있다 — 자본가의 화폐는 무가치한
생산물로 전환되어 아무런 새로운 가치를 획득하지 못할 뿐만 아니
라 그것의 원래 가치마저 잃게 된다. 그러나 이는 그럴 수도 있고 그

렇지 않을 수도 있다 — 어쨌든 가치 하락은 가치 증식의 한 계기를 이룬다. 그것은 과정의 산물이 그 직접적인 형태에 있어서는 **가치가** 아니며, 그러한 것으로 실현되기 위해서는 먼저 새롭게 유통에 들어가야 한다는 점을 이미 함축하고 있다. 요컨대 생산 과정에 의해서 자본이 가치와 신가치로 재생산되었다면, 그것은 동시에 비가치 (*Nichtwert*), 교환에 의해 비로소 **증식되어야** 하는 것으로 정립된다. 세 과정의 통일이 자본을 이루는데, 이것들은 시간적으로나 공간적으로 떨어져 있는 외적인 과정들이다. 그러한 것으로서 한 과정에서 다른 과정으로의 이행, 즉 개별 자본가들에게 있어서 그것들의 통일은 우연적이다. 세 과정은 그것들의 내적인 **통일성**에도 불구하고, **독립적으로** 나란히 존재하고, 각 과정은 다른 과정의 전제로 존재한다. 생산 전체가 자본에 기초하는 한, 요컨대 자본이 자기 형성의 모든 필요한 계기를 실현해야 하고, 이것들의 실현을 위한 조건들을 포함하고 있어야 하는 한, 이 통일성은 대체로 입증되어야 한다. 우리가 지금까지 도달한 점에서 자본은 아직 유통(교환) 자체를 조건 지우는 것이 아니라 단순히 이것의 계기이고, 자본이 유통에 들어가는 바로 그 순간에 자본이기를 중지하는 것으로 나타난다. **상품** 일체로서 자본은 이제 상품과 운명을 같이 한다. 그것이 화폐와 교환될지 안될지, 그것의 **가격**이 실현될지 안될지는 우연적이다.

생산 과정 자체 — 자본이 지속적으로 가치로 전제되어 있는 — 에서 대상화된 노동으로서의 그것의 증식은 살아 있는 노동에 대한 관계, 즉 자본의 임노동에 대한 관계에 전적으로 좌우되는 것으로 나타났다. 그러나 이제 생산물, 상품으로서 그것은 생산 과정 밖에 놓여 있는 유통에 좌우되는 것으로 나타난다. (우리가 살펴본 바와 같이 자본은 실제로 유통의 근저인 생산 과정으로 되돌아가지만 이것으로부터 다시 벗어나기도 한다.) 상품으로서의 생산물은 1. 사용 가치이고 그러한 것으로서 욕구의 대상, 소비의 대상이어야 한다; 2. 그것의 — 화폐로 된 — 등가물과 교환되어야 한다. 신가치는 판매에서 비로소 실현될 수 있다.

이전에 생산물은 100탈러의 가격을 가지는 대상화된 노동을 포함했는데 지금은 110탈러의 가격을 가진다면(가격은 대상화된 노동의 도량을 화폐로 표현한다), 이는 이제 생산된 상품에 포함되어 있는 노동이 110탈러와 교환됨으로써 밝혀져야 한다. 자신의 가치로서의 형태를 다시 획득하기 위해서 생산물이 화폐와 교환되어야 하는 한에 있어서 그것은 먼저 가치 하락되어야 한다.

생산 과정 안에서 증식은 잉여 노동의 생산(잉여 노동의 대상화)과 전적으로 일치하고, 따라서 이 과정 안에서 부분적으로는 전제되고 부분적으로는 정립되어 있지만 언제나 극복될 수 있는 제약들로서 거기에 정립되어 있는 한계 이외에 다른 어떠한 것도 가지지 않는 것으로 나타난다. 이제는 생산 과정의 밖에 놓여 있는 생산 과정의 제약들이 나타난다. 전적으로 피상적으로 관찰하면 우선 상품은 그것이 동시에 **사용 가치**, 즉 소비의 대상인 한에 있어서만 (어떤 종류의 소비인지는 여기에서 전혀 무관하다) 교환 가치이다. (그것이 아직 다시 화폐로 존재하지 않고, 그것의 자연적인 특질과 일치하는 일정한 현존 방식으로 존재하므로) 그것이 사용 가치이기를 중지하면 교환 가치이기도 중지한다. 요컨대 그것의 첫 번째 제약은 소비 자체 — 그것에 대한 **욕구**이다. (지금까지의 전제에서 **지불 능력이 없는 욕구**, 즉 교환에서 스스로 상품이나 화폐를 줄 수 없는 상품 욕구는 ‖17│ 결코 논의의 대상이 아니다.) 그러나 둘째로, 그 상품에 대한 등가물이 존재해야 한다. 원래 유통이 고정된 크기로 — 일정한 규모를 가지는 것으로 — 전제되어 있었으나, 다른 한편으로는 자본이 생산 과정에서 신가치를 창출했으므로 이 신가치에 대한 등가물은 존재할 수 없는 것처럼 보인다.

요컨대 자본이 생산 과정을 벗어나서 유통에 다시 들어옴으로써

a) 자본은 생산으로서는 주어진 소비 규모 — 또는 소비 능력에서 제약을 발견하는 것처럼 보인다. 일정한 사용 가치로서 그것의 양은 일정한 점까지는 무차별적이다. 그러나 일정한 수준에서 — 그것이 일정한 욕구만을 충족시키므로 — 소비를 위해 필요한 것이기를 중지한다. 일정하고 일방적이며 질적인 사용 가치, 예컨대 곡물로서 그것의 양 자체는 일정한 수준까지만 무차별적이다. 그것은 일정한 양만큼만, 즉 일정한 정도만큼만 필요하다. 그러나 그 정도는 부분적으로는 사용 가치로서의 그것의 특질 — 그것의 특유한 유용성, 가용성 — 에 의해 주어져 있고, 부분적으로는 이 일정한 소비에 대해 욕구를 가지고 있는 교환자들의 수에 의해 주어져 있다. 이 특유한 생산물에 대한 욕구의 크기와 곱한 소비자들의 수. 사용 가치 자체는 가치 자체의 무한성을 가지지는 않는다. 일정한 대상은 일정한 수준까지만 욕구의 대상으로서 소비될 수 있다. 예를 들어 일정량의 곡물만이 소비될 수 있다. 따라서 사용 가치로서의 생산물은 자체 내에 제약 — 바로 그것에 대한 욕구의 제약 — 을 가지는데, 이는 생산자의 욕구가 아니라 교환자들의 전체 욕구로 측정된다. 일정한 사용 가치에 대한 수요가 사라지면 그것은 사용 가치이기를 중지한다. 사용 가치로서 그것은 그것에 대한 수요로 측정된다. 그러나 그것이 사용 가치이기를 중지하면, (그것이 화폐가 아닌 한) 유통 대상이기를 중지한다.

b) 그러나 신가치이고 가치 일체로서 그것은 주어진 등가물, 우선은 유통 수단이 아니라 화폐로서의 화폐의 크기를 제약으로 가진다. 잉여 가치(물론 원래 가치의 잉여 가치)는 잉여 등가물을 필요로 한다. 이제는 이것이 두 번째 제약으로 나타난다.

c) 화폐 — 즉, 부 자체, 즉 대상화된 타인 노동과의 교환 속에서 이 교환에 의해서 존재하는 부 — 는 원래 살아 있는 타인 노동과의 교환, 즉 생산 과정으로 나아가지 않는 한, 자체적으로 일치하는 것으로 나타났었다. 유통은 스스로 갱신할 능력이 없었다. 다른 한편에서

이제 생산 과정은 유통 과정으로 이행할 능력이 없는 한 고착 상태로 나타난다. 임노동에 기초하는 생산으로서의 자본은 필요 조건이자 전체 운동의 계기로 유통을 전제한다. 이 일정한 생산 형태는 화폐 유통에서 표현되는 일정한 교환 형태를 전제한다. 전체 생산물은 갱신되기 위해서 화폐로 전환되어야 한다. 교환이 생산을 총체적으로 장악하지 않고, 잉여 생산과 잉여 생산물만을 장악했던 과거의 생산 단계들과는 달리.

이들은 이제 객관적이고 편견 없는 단순한 견해에 저절로 제시되는 모순들이다. 이 모순들이 어떻게 자본에 기초한 생산에서 끊임없이 지양되고, 또 끊임없이 다시 산출되며 — 강제적으로만 지양될 수 있는가는 (비록 이 지양이 일정한 점까지는 단지 조용한 조정으로 현상하지만) 또 다른 문제이다. 중요한 것은 우선 이 모순들의 존재를 확인하는 것이다. 유통의 모든 모순이 새로운 형태로 다시 소생한다. 사용 가치로서의 생산물이 가치로서의 자신과 모순에 빠진다. 즉, 그것이 일정한 특질을 가지고 특유한 사물, 일정한 자연적 속성을 가지는 생산물, 욕구의 실체로 존재하는 한, 그것은 가치로서 대상화된 노동에서 배타적으로 보유하는 실체와 모순에 빠진다. 그러나 이번에는 이 모순이 더 이상 유통에서처럼 단순히 형식적인 차이로만 정립되어 있는 것이 아니라, 사용 가치에 의한 측정이 생산물에 대한 교환자들의 전체 욕구 — 전체 소비량에 의한 측정으로 확고하게 규정된다. 여기에서 이 전체 소비는 사용 가치로서의 생산물에 대한 도량으로 나타나고, 따라서 교환 가치로서의 생산물에 대한 도량으로도 나타난다. 단순 유통에서는 특수한 사용 가치 형태가 교환 가치 형태로 단순하게 전환될 수 있었다. 이러한 전환의 제약은 그것이 먼저 다른 모든 상품과 직접적으로 교환 가능한 가치 형태가 아니라 그것의 자연적인 속성에 의해서 특수한 형태로 존재한다는 것뿐이었다. 그러나 이제는 그것의 자연적인 속성 자체에 그것의 존재의 도량이 주어져 있는 것으로 정립되었다. 일반적인 형태로 전환되기 위해서 사용 가치는 일정한 양, 사용 가치에 대상화된 노동을 척도로 하는 것이 아니라 사용 가치, 그것도 타인을 위한 사용 가치로서의 그것의 본성에서 유래하는 척도를 가지는 양만큼만 존재해야 한다. 다른 한편으로 대자적으로 존재하는 ‖18‖ 화폐가 살아 있는 노동과 교환되어야 한다는 이전의 모순은 이제 잉여 화폐가 그러한 것으로 존재하기 위해서, 또는 잉여 가치가 잉여 가치와 교환되어야 하기 때문에 더욱 크게 나타난다. 가치로서 타인의 생산에서 제약을 가지듯이, 사용 가치로서 그것은 타인의 소비에서 제약을 발견한다. 후자에서 그것의 도량은 특유한 생산물에 대한 수요량이고, 전자에서는 유통에 존재하는 대상화된 노동의 양이다. 그러므로 가치 자체의 사용 가치에 대한 무차별성이 잘못된 위치에 놓여졌던 것과 마찬가지로, 다른 한편에서 대상화된 노동 일체로서 가치의 실체와 척도가 그러하다.

{본래적인 개진을 위해서는 아직 자본을 전제로 하는 수요, 공급, 가격의 관계로 이행할 수 없다. 수요와 공급이 추상적인 범주들이고, 아직 일정한 경제적 관계들을 표현하지 않는 한에 있어서, 그것들은 혹시 단순 유통이나 생산에서 이미 고찰되어야 했던 것이 아닐까?}

자본의 일반적 개념이 고찰되는 여기에서 중요한 것은 생산과 증식의 통일이 직접적인 것이 아니라 조건들, 그것도 외적인 조건들과 결부되어 있는 과정으로만 나타난다는 것이다.

{우리는 앞에서 자본의 증식 과정에서 그것이 어떻게 단순한 생산 과정을 이전에 발전된 것으로 가정하는가를 살펴보았다. 단순 교환이 생산물에 대한 욕구를 전제하는 한에 있어서 수요와 공급도 그러한 관계에 있다. 생산자 (직접적인 생산자) 자신의 욕구는 타자의 욕구로서. 이러한 발전에 있어서 무엇이 전제되어야 하는가가 밝혀져야 한다. 그리고 나서 모든 것들은 첫 번째 장에 속해야 한다.}

자본에 의한 절대적 잉여 가치 ― 더 많은 대상화된 노동 ― 의 창출은 유통 영역이 확장되는 것, 그것도 끊임없이 확대되는 것을 조건으로 한다. 한 지점에서 창출된 잉여 가치는 그것과 교환될, 다른 한 지점에서 창출된 잉여 가치를 필요로 한다. 비록 더 많은 금과 은, 더 많은 화폐의 생산일 뿐이고 따라서 잉여 가치가 직접 다시 자본이 될 수 없다면, 새로운 자본의 가능성으로서의 화폐 형태로만 존재하기는 하지만. 따라서 자본에 기초하는 생산의 한 조건은 영역이 직접 확대되든 또는 동일한 영역에서 더 많은 지점들이 생산 지점들로 창출되든, 끊임없이 확대되는 유통 영역의 생산이다. 처음에 유통이 주어진 크기로 나타났었다면, 여기에서는 동요되는 크기, 생산 자체에 의해서 확장되는 크기로 나타난다. 그리하여 유통은 이미 생산의 한 계기로 나타난다. 따라서 자본은 한편으로 끊임없이 더 많은 잉여 노동을 창출하는 경향을 가지듯이, 다른 한편으로 더 많은 교환점들을 창출하는 보완적인 경향을 가진다. 즉, 여기에서 절대적 잉여 가치, 또는 잉여 노동의 관점에서 보면 자기 자신에 대한 보완으로서 더 많은 잉여 노동을 야기하는 경향, 즉 기본적으로는 자본에 기초한 생산, 또는 자본에 조응하는 생산 양식을 선전하는 경향. 세계 시장을 창조하는 경향은 자본 개념 자체에 이미 직접적으로 주어져 있다. 어떤 한계든 극복될 수 있는 제약으로 현상한다. 우선 생산 자체의 각 계기를 유통에 복속시키고, 교환에 들어가지 않는 직접적인 사용 가치의 생산을 지양하는 것, 즉 자본의 관점에서 볼 때 과거의 자생적인 생산 양식을 자본에 기초한 생산으로 대체하는 것. 여기에서 무역은 더 이상 자립적인 생산들 사이에서 이들의 잉여를 교환하기 위해서 진행되는 기능이 아니라, 본질적으로 일체를 포괄하는 생산 자체의 전제이자 계기로 나타난다.

물론 직접적인 사용 가치를 지향하는 모든 생산은 교환자들의 수뿐만 아니라 유통에 던져지는 교환 가치액도 감소시키며, 무엇보다도 잉여 가치의 생산을 감소시킨다. 따라서 1. 유통 영역을 지속적으로 확대하고, 2. 모든 지점에서 생산을 자본에 의해 수행되는 생산으로 전환시키는 자본의 경향.

다른 한편에서 **상대적 잉여 가치**의 생산, 즉 생산력의 증대와 발전에 기초한 잉여 가치 생산은 새로운 소비의 생산을 필요로 한다. 유통 내에서 소비권이 생산권과 마찬가지로 확대되는 것. 첫째로, 기존 소비의 양적인 확대. 둘째로, 기존의 욕구들이 새로운 영역에서 선전됨으로써 새로운 욕구들을 창출하기. 셋째로, 새로운 욕구들의 생산과 새로운 사용 가치들의 발견 및 창출. 이를 다른 말로 표현하자면, 획득된 잉여 노동이 단순히 양적인 잉여로 머물지 않고, 노동(그리하여 잉여 노동)의 질적인 차이들의 영역이 동시에 끊임없이 증대되고 다양해짐에 따라 자체 내에서 더욱 분화된다는 것이다. 예를 들어 이전에는 100의 자본이 투하되다가 이제 생산력의 배증에 의해 50의 자본만 투하되면 될 경우에, 50의 자본과 이에 부응하는 필요 노동이 자유롭게 된다. 그러면 ‖19∣ 자유롭게 된 자본과 노동을 위해서, 새로운 욕구를 충족시키고 초래하는 질적으로 상이한 새로운 생산 영역이 창출되어야 한다. 기존 산업의 가치는 자본과 노동의 비율이 새로운 형태로 정립되는 새로운 산업을 위한 기금으로 창출됨으로써 보존된다. 요컨대 사물들의 새로운 유용한 속성들을 발견하기 위한 자연 전체의 탐사, 모든 낯선 풍토와 나라들의 생산물의 보편적인 교환, 자연 대상들을 새롭게 (인위적으로) 가공함으로써 이들에게 새로운 사용 가치를 부여하기. {근대인들과는 달리 고대인들에게 있어서 **사치**가 행한 역할에 대해서는 나중에 논할 것.} 사용 가능한 새로운 대상들과 아울러 기존 대상들의 새로운 사용 속성, 원자재 등으로서의 새로운 속성들을 발견하기 위해서 대지를 전측면적으로 탐사하기. 따라서 자연 과학의 최고 수준까지의 발전. 마찬가지로 사회 자체로부터 유래하는 새로운 욕구들의 발견, 창출, 충족. 사회적 인간의 모든 속성의 개화와, 속성과 관계가 풍부하기 때문에 가능한 한 욕구가 풍부한 인간으로서의 생산이 — 가능한 한 총체적이고 보편적인 사회 생산물로서의 그의 생산이 — 왜냐하면 다방면으로 향유하기 위해서 그는 향유 능력을 가져야 하기 때문에, 즉 고도로 개발되어 있어야 하기 때문에 — 마찬가지로 자본에 기초한 생산의 조건이기 때문이다. 이는 분업, 새로운 생산 영역들, 즉 질적으로 새로운 잉여 노동의 창조일 뿐만 아니라 새로운 사용 가치를 지닌 노동으로부터 일정한 생산을 분리하는 것이기도 하다. 이는 끊임없이 확대되고 포괄하는 노동 종류들, 생산 종류들의 체계의 발전으로서, 여기에는 끊임없이 확대되고 풍부해지는 욕구 체계가 조응한다.

요컨대 자본에 기초한 생산은 한편으로 보편적인 산업 — 즉, 잉여 노동, 가치 창조 노동 — 을 창출하는 바와 같이, 다른 한편으로 자연적·인간적 속성들의 일반적 착취 체계, 일반적 유용성 체계를 창출하는데, 이것의 담지자로서 과학 자체는 마치 모든 육체적·정신적 속성들처럼 현상하는 데 반해, 이 사회적 생산 및 교환권 밖에서는 **즉자적으로 보다** 높은 것, 대자적으로 자기 정당성을 가지는 것으로밖에 현상하지 않는다. 그리하여 자본은 우선 부르주아 사회와 사회 구성원들에 의한 자연 및 사회적 연관 자체의 보편적 점취를 창조한다. 그에 따라 자본의 위대한 문명화 영향. 과거의 모든 사회 단계를 인류의 **국지적 발전**이자 **자연 숭배**로밖에 현상하지 않게 하는 사회 단계의 생산. 비로소 자연이 인간을 위한 대상이 되고 순전히 유용한 사물이 되며, 그 자체가 권력으로서 인정되기를 중지한다. 그리고 자연의 자립적인 법칙들에 대한 이론적 인식 자체는 자연을 소비 대상으로서든 생산 수단으로서든 인간의 욕구들에 복속시키기 위한 간지(奸智)로만 현상한다. 자본은 자신의 이러한 경향에 따라 자연 숭배와 기존 욕구의 일정한 한계 내에서의 자급자족적 충족과 낡은 생활 양식의 재생산뿐만 아니라 국민적 제약들과 편견들도 뛰어넘는다. 자본은 이 모든 것에 대해서 파괴적이고 끊임없이 변혁시키

며, 생산력의 발전, 욕구의 확대, 생산의 다양화, 자연력과 정신력의
착취 및 교환을 방해하는 모든 제약을 무너뜨린다.

그러나 자본이 그러한 모든 한계를 제약으로 정립하고, 따라서 관
념적으로 그것을 초월한다고 해서 그것이 이 한계를 **실제로** 극복했
다는 것은 아니다. 그러한 모든 제약은 자본의 규정에는 모순되므로,
자본의 생산은 끊임없이 극복되면서 마찬가지로 끊임없이 정립되는
모순들 속에서 운동한다. 더욱이 자본이 부단히 추구하는 보편성은
자본 자신의 본성에서 제약들을 발견하는데, 그것들은 자본의 일정
한 발전 단계에서는 자본 자신을 이 경향의 가장 큰 제약으로 인식
하도록 할 것이며, 따라서 자본 자신에 의해 자본의 지양을 추구하도
록 할 것이다.

따라서 리카도처럼 생산을 자본의 자기 증식과 직접 동일한 것으
로 이해하는 — 즉, 소비의 제약들이든 기존의 유통 제약들이든, 이
것들은 모든 지점들에서 반대 가치를 제시해야 한다는 점에는 상관
하지 않고, 생산력의 발전과 산업 인구의 증가 — 수요는 고려하지
않고 공급 — 에만 주목하는 — 경제학자들은 시스몽디처럼 소비 제
약들과 기존의 반대 가치 권역의 제약들을 강조하는 경제학자들보다
자본의 긍정적인 본질을 더 정확하고 심오하게 파악했다. 물론 자본
에 기초한 생산의 편협성, 이것의 부정적인 일방성은 후자가 더 심오
하게 파악했지만. 전자는 자본의 보편적 경향을, 후자는 자본의 특수
한 제약성을 더 잘 파악했다. 자본의 관점에서 과잉 생산이 가능하고
필연적인가를 둘러싼 모든 논쟁은 생산에서 자본의 증식 과정이 유
통에서 자본의 증식을 직접적으로 정립하는지, ‖20‖ **생산 과정에서**
정립된 자본의 증식이 자본의 **실재적인** 증식인지를 둘러싸고 벌어진
다. 물론 리카도는 교환 가치가 교환 밖에서는 가치가 아니고, 교환
에 의해서 비로소 가치로 입증되어야 하는 것이 아닌가 하는 의혹을
품고 있었다. 그러나 그는 생산과 관련되는 제약들을 우연적인 것,

즉 극복되는 제약들로 간주한다. 요컨대 그는 상술하면서 불합리해지는 경우가 간혹 있기는 하지만, 그러한 제약들이 극복되는 것 자체가 자본의 본질에 놓여있는 것으로 파악하는 것이다. 이에 반해 시스몽디는 반대로 자본이 일정한 제약들에 봉착하는 것뿐만 아니라 자본 자신에 의해 제약들이 창출되고, 그리하여 자본을 몰락으로 이르게 할 수밖에 없을 것이라고 그가 예상하는 모순들에 빠진다는 것을 강조한다. 따라서 그는 관습, 법률 등에 의해 밖으로부터 제약들을 정립하고자 하는데, 이것들은 단지 외적이고 인위적인 제약들로서 자본에 의해서 필연적으로 내동댕이쳐질 뿐이다. 다른 한편에서 리카도와 그의 학파 모두는 사회 및 생산 자체의 기초로서의 자본 자체를 갈수록 위협하는 엄청난 폭풍우들 속에서 자본의 이 모순이 폭발되는 현실적인 근대적 공황들을 결코 이해하지 못했다.

어떤 주어진 시점의 일반적 과잉 생산을 부인하기 위해서 정통 경제학적 관점에서 행해진 시도들은 사실 유치하기 짝이 없다. 예를 들어 맥컬록의 예에서 보건대 자본에 기초한 생산을 구제하기 위해서 이것의 모든 특유한 속성들, 이것의 개념 규정들이 간과되고 반대로 그것은 직접적인 사용 가치를 위한 단순한 생산으로 파악된다. 본질적인 관계들은 완전히 사상된다. 사실상 그것을 모순들로부터 정화하기 위해서 그것이 곧장 포기되고 부정되는 것이다. — 또는 예를 들어 밀처럼 보다 통찰력 있게 (진부한 세이에 의해 모방되었는데) 공급과 수요는 일치하고, 따라서 서로 조응할 수밖에 없다고 주장한다.[193] 말하자면 공급은 자신의 양에 의해 측정된 수요라는 것이다. 여기에는 큰 혼돈이 있다. 1. 공급이 자신의 양에 의해 측정된 수요이므로 공급과 수요가 일치한다는 것은 공급이 교환 가치 = 일정한 양의 대상화된 노동인 한에 있어서만 옳다. 그러한 한에 있어서 공급은 — 가치에 관한 한 — 자신의 수요의 척도이다. 그러나 그러한 가치로서 공급은 화폐와의 교환에 의해서 비로소 실현되고, 화폐와의 교환 대상으로서 공급은 2. 그것의 **사용 가치**에 좌우된다. 그러나 사용 가치로서 공급은 그것에 대한 주어진 욕구들, 그것에 대한 수요량에 좌우된다. 그러나 사용 가치로서의 공급은 절대로 그것에 대상화된 노동 시간에 의해 측정되는 것이 아니라, 교환 가치로서의 그것의 본성 밖에 놓여 있는 도량으로 측정된다.

또는 계속 주장되기를, 공급 자체가 (생산물의 요구된 양에서 표현되는) 일정한 가치를 가지는 일정한 생산물에 대한 **수요**이다. 요컨대 공급된 생산물이 판매 불가능하다면 이는 공급된 상품은 너무 많이 생산되었고 공급자가 수요하는 상품은 너무 적게 생산되었다는 증거이다. 요컨대 일반적 과잉 생산은 존재하지 않으며, 한 품목 또는 몇몇 품목의 과잉 생산과 다른 품목의 과소 생산이 존재한다고 한다. 그러면서 여기에서 생산하는 자본이 요구하는 것은 일정한 사용 가치가 아니라 대자적인 **가치**, 즉 화폐 — 유통 수단의 규정을 가지는 화폐가 아니라 부의 일반적 형태, 또는 한편으로 자본의 실현 형태이고, 다른 한편으로 잠자는 본래 상태로의 복귀로서의 화폐 — 라는 점이 다시 망각된다. 그러나 너무 적은 화폐가 생산된다는 주장은 사실상 생산이 증식과 일치하지 않는다는 것, 즉 과잉 생산이 실제로 존재한다는 것, 또는 같은 말이지만 화폐로 전환될 수 없는, **가치**로 전환될 수 없는 생산이 존재한다고 주장하는 것과 다르지 않다. 따라서 — 화폐가 비싸기 때문에 — 유통 수단 부족이 존재하고 더 많은 화폐가 인위적으로 창출되어야 한다는 (프루동 등의) 화폐 기예가들의 환상. (예를 들어 버밍햄 학파[194]와 제미니[195]도 참조)

또는 **사회적** 관점에서 고찰하면 생산과 소비는 동일하다고, 즉 양자 사이에 초과나 불비례는 결코 발생할 수 없다고 주장한다. 여기에서 사회적 관점은 일정한 사회적 구조와 관계들을 간과하고, 따라서 이로부터 유래하는 모순들도 간과하는 추상으로 이해된다. 예를 들어 쉬토르흐[196]는 세이[197]를 비판하면서 상당 부분의 소비는 직접적인 사용을 위한 소비가 아니라 생산 과정에서의 소비, 예를 들어 기계, 석탄, 기름, 필요한 건물 등의 소비라는 점을 올바르게 지적했다. 이 소비는 ‖21‖ 여기에서 문제가 되고 있는 소비와 결코 동일한 것이 아니다. 마찬가지로 맬더스[198]와 시스몽디[199]도 예를 들어 노동자들의 소비가 결코 자본가를 위해 즉자적으로 충분한 소비가 아니라는 점을 올바르게 지적했다.

여기에서는 증식의 계기가 완전히 내팽개쳐지고 생산과 소비가 단순히 대조되고 있다. 즉, 직접적인 사용 가치에 기초한, 요컨대 자본에 기초하지 않은 생산이 전제되고 있다. 또는 **사회주의적으로** 표현하자면, 노동과 노동의 교환, 즉 생산과 생산의 교환(유통)이 과정의 전부이다. 실수, 잘못된 계산이 아니고서는 어떻게 여기에서 불비례가 발생할 수 있겠는가? 여기에서는 노동이 임노동으로도, 자본이 자본으로도 고찰되지 않는다. 한편에서는 자본에 기초한 생산의 결과들이 인정되고, 다른 한편에서는 이 결과들의 전제와 조건 — 잉여 노동에 의해서 잉여 노동을 위해서 정립된 노동으로서의 필요 노동 — 이 부정된다. 또는 — 예를 들어 리카도[200] — 생산 자체가 생산비에 의해 규율되므로 그것은 스스로를 규제하고, 만약 한 생산 영역이 증식되지 않으면 자본이 일정한 정도 이 영역을 벗어나 자본을 필요로 하는 다른 점에 던져질 것이라고 한다. 그러나 이러한 균등화의 필요성 자체는 생산 과정에 직접 참여하는 것으로 나타나는 자본과 (상대적으로) 자립적으로 생산 과정 밖에서 나타나는 화폐로서의 자본 사이의 불균등, 부조화, 따라서 모순을 전제한다는 점을 차치하더라도, — 과잉 생산의 일반적 공황에서는 다양한 종류의 생산적 자본 사이가 아니라 산업 자본과 대부 가능한 자본 사이에 모순이 존재한다 —. **끝으로** 비례적 생산(이것도 이미 리카도 등에게서 발견된다). 단지 올바른 비율로 분배하는 것이 자본의 경향이라면, — 자본은 잉여 노동, 잉여 생산성, 잉여 소비 등을 무한히 추구하므로 — 그 비율을 뛰어넘으려는 것도 마찬가지로 자본의 필연적인 경향이다.

(자본의 이러한 내적 경향은 **경쟁**에서 타인 자본에 의해서 그것에 가해지고, 올바른 비율을 넘어서 끊임없이 **전진 또 전진**하도록 추동하는 강제로 현상한다. 웨이크필드[1] 씨가 스미스에 대한 자신의 주석에서 올바르게 탐지해낸 바와 같이,[201] 자유 경쟁은 경제학자들에 의해서 그토록 수다스럽게 거론되었고, 자본에 기초하는 부르주아적 생산 전체의 기반이면서도 결코 설명된 적이 없다. 그것은 소극적으로, 즉 독점들, 동업자 조합, 법률적 규제들의 부정으로만 이해되었다. 봉건적 생산의 부정으로서. 그러나 0은 단순히 공허한 부정이고, 예를 들어 독점, 자연적 독점들 등의 형태로 즉각 다시 부활하는 제약을 추상하는 것이므로, 자유 경쟁은 무언가 대자적인 것이어야 한다. 경쟁은 개념적으로 수많은 자본들의 상호 작용으로 현상하고 실현되는 자본의 내적 본성, 본질적인 규정, 외적 필연성으로서의 내적 경향에 다름 아니다.) (자본은 수많은 자본들로 존재하고, 그러한 것으로서만 존재할 수 있을 뿐이다. 따라서 그것의 자기 규정은 수많은 자본들의 상호 작용으로 현상한다.) 자본은 비례적 생산의 부단한 정립이자 지양이다. 기존의 비율은 잉여 가치의 창출과 생산력의 증대에 의해서 언제나 반드시 지양된다. 그러나 생산이 동시에 동일한 비율로 확대되어야 한다는 이러한 요구는 자본 자신으로부터는 결코 유래하지 않는 외적인 요구들을 자본에게 제기하는 것이다. 동시에 한 생산 영역[2]에서 주어진 비율로부터 벗어나는 것은 모든 생산 영역을 이 비율로부터 벗어나게 해서 불균등한 비율로 몰아 넣는다. 지금까지 유통은 이미 생산의 관점에서 소비 및 생산 — 다른 말로 하자면 갈수록 풍부해지는 형태로 차별화 되는 반대 가치로서의 잉여 노동 — 과 관계를 가진다. (왜냐하면 우리는 아직 자본의 유동 자본

---

1) 수고에는: 웨이클리
2) 수고에는: 생산 방식

으로서의 규정에 도달하지 않았고, 한편에는 유통을, 다른 한편에는 자본 또는 유통의 전제나 유통이 유래하는 근거로서의 생산을 두고 있기 때문이다.)

자본의 단순 개념에는 그것의 문명화 경향 등이 **즉자적으로** 포함되어 있어야 하지, 지금까지의 경제학에서처럼 단순히 외적인 귀결들로 현상해서는 안 된다. 나중에 자유롭게 되는 모순들도 마찬가지로 이미 이 개념에서 잠재적으로 입증되어야 한다.

지금까지 우리는 증식 과정에서 개별적인 계기들이 서로 발견할 수 있든 없든, 합치될 수 있든 없든, 조응할 수 있든 없든, 내적으로 조건 지우면서 외적으로 추구한다는 개별적인 계기들의 상호 무차별성만을 살펴보았다. 공속적(共屬的)인 것의 내적 필연성과 다른 계기에 대한 그것의 무차별적인 자립적 실존이 이미 ‖22‖ 모순들의 기반.

그렇지만 우리가 아직 완료한 것은 결코 아니다. 생산과 증식의 모순 ― 자본은 개념적으로 이것들의 통일인데 ― 은 그 과정의 개별적인 계기들, 또는 차라리 과정들의 총체성의 겉보기에 서로 자립적이고 무차별적인 현상보다는 더욱 내재적으로 파악되어야 한다.

이 문제에 가까이 접근해 본다면, 우선 생산 일반이 아니라 자본에 기초한 생산에 내재하는 한계가 있다. 이 한계는 이중적으로, 또는 차라리 두 방향에서 관찰된 동일한 한계이다. 과잉 생산의 기반, 발전된 자본의 기본 모순을 발견하기 위해서는, 경제학자들이 생각하듯이 자본이 생산력 발전을 위한 **절대적인 형태** ― 생산력의 발전과 절대적으로 일치하는 부의 형태처럼 그것을 위한 절대적인 형태 ― 가 아니라는 것을 발견하기 위해서는, 여기에서 자본이 ― 생산의 어떤 제약도 뛰어넘는 그것의 일반적인 경향에 모순되는 ― 생산의 특수한 제한을 포함하고 있다는 것을 입증하는 것으로 충분하다. 자본의 관점에서 관찰하면, 자본에 선행하는 생산 단계들은 동일한 정도로 생산력의 족쇄로 현상한다. 그러나 자본 자신도 정확하게 이해하면, 생산력 발전이 그것의 재갈로 현상하기도 하는 외적 자극을 필요로 하는 한에 있어서 생산력 발전의 조건으로 현상한다. 동업자 조합 등과 마찬가지로 생산력 발전의 일정한 수준에서는 불필요해지고 부담스러워지는 생산력 발전의 규율. 이 내재적 한계들은 자본의 본성, 자본의 본질적인 개념 규정들 자체와 일치할 수밖에 없다. 이 필연적인 한계들은 다음과 같다.

1. 살아 있는 노동 능력의 교환 가치, 또는 산업 인구의 급료의 한계로서의 **필요 노동**.

2. 잉여 노동 시간의 한계로서, 그리고 상대적 잉여 노동 시간과 관련해서는 생산력 발전의 제약으로서의 **잉여 가치**.

3. 같은 말이지만 생산의 한계로서 화폐로의 전환, 교환 가치 일체. 또는 생산의 한계로서 가치에 기초한 교환이나 교환에 기초한 가치. 이는,

4. 다시 교환 가치에 의한 **사용 가치 생산의 제한**과 같다. 또는 실재적인 부가 무릇 생산의 목표가 되기 위해서는 그것 자신과는 상이한 특정한 형태, 요컨대 그것과 절대적으로 동일하지는 않은 형태를 가져야 한다는 것.

다른 한편으로 자본이 다음을 망각하고 추상하는 것은 **자본의 일반적 경향**(이것은 단순 유통에서 유통 수단으로서의 화폐가 자립적인 필연성이 없이 단순히 사라지는 것으로서 현상했고, 따라서 한계와 제약으로 현상하지 않았다)에서 유래한다.

1. 살아 있는 노동 능력의 교환 가치의 한계로서의 필요 노동, 2. 잉여 노동과 생산력 발전의 한계로서의 잉여 가치, 3. 생산의 한계로서의 화폐, 4. 교환 가치에 의한 사용 가치 생산의 제한.

따라서 과잉 생산, 즉 자본에 기초한 생산의 이 모든 필요한 계기들에 대한 갑작스러운 상기. 따라서 이 계기들의 망각에 따른 일반적

인 가치 하락. 그와 동시에 자본은 **자본으로서** 더욱 고도의 생산력 발전에서 출발해서 갈수록 커다란 붕괴 시도를 새롭게 시작하는 과업에 직면하게 된다. 따라서 자본을 생산과 교류의 부담스러운 제약으로 현상하도록 하는 다른 모순들을 차치하더라도, 자본이 고도로 발전할수록 그것은 생산의 제약으로 — 따라서 소비의 제약으로도 — 현상한다.

{모든 **신용 제도**, 이와 연관된 과잉 생산, 과잉 투기 등은 유통과 교환 영역의 제약을 확장하고 뛰어넘어야 할 필요성에 근거한다. 이는 개인들의 관계에서보다 민족들의 관계에서 더욱 방대하고 고전적으로 나타난다. 그리하여 예컨대 영국인들은 다른 민족들이 그들의 고객이 되도록 하기 위해서 강제로 **대부**했다. 영국 자본가는 기본적으로 영국의 생산 자본과 다음과 같이 이중적으로 교환한다. 1. 그 자신으로서, 2. 양키 등으로서, 또는 다른 어떤 형태로 그가 자기 돈을 투자하든.}

{생산의 제약으로서의 자본이 암시되어 있다. 예를 들어 **호지스킨**.

현재 상태에서는 어떤 자본 축적이든 노동자에게 요구되는 이윤량을 증대시키고, 노동자에게 단순히 편안한 실존을 기능하게 해 줄 그러한 노동을 모두 제거한다. … 생산의 제약으로서 이윤(Ⅸ, 46쪽).[202]

대외 무역에 의해 교환 영역의 제약은 확장되고, 자본가로 하여금 더 많은 잉여 노동을 소비할 수 있도록 해준다.

우리가 세계로부터 받아들일 수 있는 것보다 더 많은 것을 몇 년 동안에 걸쳐 세계가 우리로부터 받아들일 수는 없다. 우리 상인들이 대외 무역에서 거두는 이윤조차 그것에 참여하는 상품 소비자들에 의해 지불된다. 대외 무역은 단순한 물물교환이며, 그러한 것으로서 자본가에게는 편안하고 즐거운 교환이다. ‖23‖ 그러나 자본가는 일정한 정도까지만 사용 대상을 소비할 수 있다. 그는 면화 상품을 타국의 포도주 및 비단과 교환한다. 그러나 이것들도 옷감 및 면화 상품과 마찬가지로 우리 자신의 인구의 잉여 노동일 뿐이다. 그리고 이러한 방식으로 **자본가의 파괴력**이 터무니없이 증대된다. 그에 따라 자연이 기만되었다(『원천과 치유책』 등, 27-28쪽).[203]

과잉이 어느 정도 필요 노동의 제약과 관련되는지.

노동자들의 수요 증가는 단순히 그 자신은 더 적게 받고 더 많은 부분을 노동자들의 사용자에게 맡기는 성향을 의미한다. 그리고 이것이 소비 감소에 의해 과잉을 증대시킨다고 말한다면 나는 과잉이란 높은 이윤과 같은 의미를 가진다고 말할 수 있을 뿐이다(『연구』 등, 런던 1821, 12쪽).[204]

여기에서 모순의 한 측면이 완벽하게 표현되어 있다.

노동자의 유지비를 넘어서 자본가를 위한 이윤을 생산할 수 있는 지점에서 노동을 중단시키는 것은 생산을 규율하는 자연 법칙에 대립한다(호[지스킨], 45, Ⅸ).[205]

자본이 축적될수록 요구되는 이윤의 총액은 증가한다. 그리하여 생산과 인구에 인위적인 장애가 등장한다(호[지스킨], 46쪽).

생산 도구 일체로서의 자본과 가치의 생산 도구로서의 자본 사이의 모순들이 맬더스에 의해서는 다음과 같이 설명된다(X, 40쪽 이하).

이윤은 가치에 있어서 불변이며 결코 양적으로는 측정되지 않는다. …

한 나라의 부는 부분적으로 그 나라의 노동에 의해서 달성되는 생산물의 양에 좌우되고, 부분적으로는 이 양에 가치를 부여하도록 계산된 것, 기존 인구의 욕구와 구매력에 이 양이 적응하는 것에 좌우된다. 그[부]가 이들 중 한 요소에 의해만 결정된다는 것만큼 확실한 것은 없다. 그러나 부와 가치는 전자의 생산을 위한 후자의 필요성에 아마 가장 밀접하게 결부되어 있다. 상품들에 대하여 확정된 가치, 즉 인간들이 상품들을 획득하기 위해서 수행할 의향이 있는 노동 희생은 상황에 따라 부가 존재하는 거의 유일한 근거라고 표현될 수 있다. … 생산적인 노동에 종사하는 노동자들에 의해서만 야기되는 소비재 수요는 그 자체만으로 자본 축적과 투하의 동기가 결코 될 수 없다. … 생산력 혼자서는 인구 증가와 마찬가지로 일정 정도의 부의 창출을 보장할 수 없다. 이에 속하는 것은 다량의 교환 가치가 끊임없이 증대되도록 생산물들이 분배되고, 이 생산물들이 그것들을 소비하는 욕구에 적응하는 것이다. 즉, 생산력은 생산되는 것에 대한 자유로운 수요에 의해서만 충분하게 운동될 수 있다. … 이는 한편으로 끊임없이 새로운 산업 영역들(과 기존 생산 영역들의 상호 확대)에 의해서 산출되고, 이에 따라 기존의 새로운 시장들이 보존된다. 사실 생산은 동일한 사업 영역에서 더 많은 노동자를 고용하고, 나아가 새로운 자본가들이 새로운 노동자를 고용하고 동시에 서로 기존의 시장을 위한 시장이 되는 그러한 새로운 사업 영역을 창출함으로써 스스로 수요를 창출한다. 그러나 생산적 노동자 자신에 의해서 창출된 수요는 그가 생산한 것을 모두 포괄할 수는 없으므로 결코 충분한 수요가 될 수 없다. 만약 충분한 수요가 된다면 이윤이 있을 수 없을 것이며, 따라서 그[노동자]를 사용할 동기가 없을 것이다. 바로 어떤 한 상품의 이윤이 존재한다는 것은 그 상품을 생산한 노동자의 수요 이외의 수요를 전제로 한다. 노동자와 자본 양자는 이들을 유익하게 사용할 가능성에 비해서 과도하게 존재해 있을 수 있다.}[206]

{우리가 곧 살펴볼 3항에 관한 한, 자본이 노동에 대하여 마주 서고 자본이 노동에 대하여 강권이 되게 하는, 그러한 잠정적인 축적은

그 자체로 우선 **잉여 생산물** 형태의 잉여 노동에 지나지 않고, 다른 한편으로는 공존하는 **타인 노동에 대한 지불 위탁**에 지나지 않는다.}[207]

물론 여기에서 문제가 되는 것은 아직 과잉 생산을 그것의 규정성에 따라 설명하는 것이 아니라, 그것이 어떻게 자본 자신의 관계에 원초적으로 정립되어 있는가에 대한 구도만을 설명하는 것이다. 따라서 우리는 생산하지 않고 자신의 수입으로 살아가는, 즉 자본과 교환하고 자본을 위한 교환 중심을 이루는 다른 모든 소비하는 유산계급들에 대한 고려도 여기에서 생략한다. 우리는 이들이 자본의 역사적 형성을 위해서 지극히 중요한 [역할을 수행하는 — 역자] 한에 있어서만 부분적으로 (그러나 **축적**에서는 더 잘) 고려할 수 있을 뿐이다.

인구의 대부분이 자신의 노동에 의해 직접 대부분의 자기 욕구를 충족하는 가부장적인 농공업 생산과 마찬가지로, 노예제에 기초한 생산에서 유통과 교환권은 매우 협소하며, 특히 노예는 **교환자로서** 전혀 고려되지 않는다. 그러나 자본에 기초한 생산에서는 모든 지점에서 소비가 교환에 의해 매개되며, 노동은 결코 노동하는 자를 위한 직접적인 사용 가치를 가지지 않는다. 그것의 토대는 전적으로 교환 가치이자 교환 가치를 창출하는 것으로서의 노동이다.

자, 우선 임노동자는 노예와는 달리 스스로가 자립적인 유통 중심, 교환자, 교환 가치 정립자, 교환에 의해 보존되는 자이다. **첫째로**, 급료로 규정된 자본 부분과 살아 있는 노동 능력과의 교환에 의해서 이 자본 부분의 **교환 가치**는 자본이 다시 생산 과정으로부터 나와 유통으로 들어가기 전에 직접 정립되어 있거나, 또는 이 자체가 유통 행위로 이해될 수 있다. **둘째로**, 어떤 자본가에게든 자신의 노동자를 제외하고 다른 모든 노동자 전체는 노동자들이 아니라 소비자들, 즉 자신들의 상품과 교환하는 교환 가치(급료)의 보유자, 화폐의 보유자들로 나타난다. 이들은 그만큼 스스로 교환 행위의 출발점이 되고 자본의 교환 가치를 보존시켜 주는 유통 중심들이다. 그들은 소비자들 중에서 ─ 비록 본래적인 산업 노동자에만 주목한다면, 일반적으로 상상하는 것처럼 매우 큰 것은 아니지만 ─ 비례적으로 매우 큰 부분을 이룬다. 그들의 수 ─ 산업 인구의 수 ─ 와 그들이 보유해야 하는 화폐량이 많을수록, 자본을 위한 유통 영역은 넓다. 우리는 산업 인구 규모를 가능한 한 증대시키는 것이 자본의 경향이라는 것을 살펴보았다.

1월. (1858년)

여기에서 한 자본가가 다른 자본가들의 노동자들에 대해 가지는 관계는 원래 우리의 논의와 무관하다. 그것은 각 자본가의 환상을 보여줄 뿐 노동에 대한 자본 일체의 관계에는 아무런 변화도 가하지 않는다. 각 자본가는 노동자와의 관계에서 그가 생산자로서 소비자와 관계 맺지 않고, 이에 따라 가능한 한 노동자의 소비, 즉 그의 교환 능력, 그의 급료를 제한하기를 원한다는 것을 알고 있다. 그는 물론 다른 자본가들의 노동자들이 가능한 한 자신의 상품의 큰 소비자이기를 원한다. 그러나 각 자본가의 자기 노동자에 대한 관계는 본질적인 관계, 즉 **자본과 노동의 관계** 일체이다. 그러나 바로 여기에서 자기 노동자 이외의 나머지 노동자 계급 전체는 그에게 노동자가 아니라 소비자이자 **교환자**로서 마주 선다는 환상 ─ 다른 모든 자본가들과 구별되는 개별 자본가들에게는 사실인데 ─ 이 생겨난다. 맬더스가 말한 다음과 같은 점이 망각된다.

노트 IV권의 24쪽

어떤 한 사용 대상에 대한 이윤의 존재는 이것을 생산한 노동자의 수요 이외의 다른 수요를 전제로 하며, 따라서 노동자 자신의 수요는 결코 충분한 수요가 될 수 없다.[208]

한 생산은 다른 생산을 운동시키고, 따라서 타인 자본의 노동자들 속에서 소비자를 창출하므로, 개별 자본가에게 생산 자체에 의해 정립된 노동자 계급의 수요는 "충분한 수요"처럼 현상한다. 한편으로 생산 자체에 의해 정립된 이 수요는 수요를 노동자와 관련해서 생산되어야 할 비율을 넘어서게 하고 또 이를 초과할 수밖에 없으며, 다른 한편으로 노동자 자신의 수요 이외의 수요가 사라지거나 축소되면 붕괴한다. 그러면 자본 자신은 노동자에 의한 수요 — 즉, 이 수요의 기초가 되는 임금의 지불 — 를 이익이 아니라 손실로 간주한다. 즉, 자본과 노동의 내재적 관계가 관철된다. 여기에서 개별 자본이 나머지 전체 자본의 노동자들에 대해서 노동자들로 관계하지 못하게 하고, 따라서 올바른 비율을 초과하는 것은 다시 자본들의 경쟁, 자본들의 상호 무차별성, 상호 자립성이다. 자본을 지배 관계로부터 구분하는 것은 바로 노동자가 자본에 대해서 소비자이자 교환 가치 정립자로서의 화폐 보유자, 즉 화폐의 형태로 단순한 유통 중심 — 그의 노동자로서의 규정성이 말소된 무한히 많은 유통 중심 중의 하나가 되는 것이다.

{생산 자체에 의해 산출된 원자재, 중간재, 기계류, 통신 수단에 대한 수요와 염료, 석탄, 수지(獸脂), 비누 등 생산에서 소비되는 보조 재료에 대한 수요도 전적으로 마찬가지이다. 지불하고 교환 가치를 정립하는 수요로서 이 수요는 생산자들이 자기들끼리 교환하는 한에 있어서는 적합하고 충분하다. 그것의 부적합성은 최종 생산물이 직접적이고 최종적인 소비에서 자신의 한계를 발견하자마자 드러난다. 올바른 비율을 초과하는 이러한 외양도 경쟁에서 자세히 설명되는

바와 같이 스스로 반발하는, 전적으로 서로 무차별적인 수많은 자본들인 자본의 본질에 근거한다. 한 자본가가 다른 자본가로부터 구매하는 한, 즉 상품을 구매하거나 판매하는 한, 그들은 단순한 교환 관계에 있는 것이지 서로 자본으로서 관계하는 것이 아니다. 그들이 마침내 자본으로서 증식되기 위해서 서로 교환해야 하는 올바른 (상상된) 비율은 그들의 상호 관계 밖에 놓여 있다.}

우선 자본은 노동자들로 하여금 필요 노동을 초과해서 잉여 노동을 수행하도록 강요한다. 그럴 때라야만 자본은 증식되고 잉여 가치를 창출한다. 그러나 다른 한편에서 그것은 필요 노동이 잉여 노동이고, 이 잉여 노동이 잉여 가치로서 **실현 가능한** 한에 있어서만 필요 노동을 정립한다. 요컨대 자본은 잉여 노동을 필요 노동의 조건으로 정립하고, 잉여 가치를 대상화된 노동, 가치 일체의 한계로 정립한다. 자본은 전자3)를 정립할 수 없게 되자마자 후자4)를 정립하지 않는다. 그리고 자본의 기초 위에서는 자본만이 후자를 정립할 수 있다. 요컨대 자본은 — 영국인들이 인위적인 장애라고 표현하는 바와 같이 — 노동과 가치 창출을 제한하고, 그것도 그것이 잉여 노동과 잉여 가치를 정립하는 것과 동일한 이유에서, 즉 잉여 노동과 잉여 가치를 정립하는 한에 있어서 그렇게 한다. 요컨대 그것은 자신의 본성에 있어서 ‖25‖ 노동과 가치 창출을 무한히 확대하는 자신의 경향과는 모순되는 제약을 노동과 가치 창출에 대하여 정립한다. 그리고 그것은 자신에게 **특유한** 제약을 정립하듯이, 다른 한편으로 **모든** 제약도 뛰어넘으므로 살아 있는 모순이다.

{가치가 자본의 기초를 이루므로, 즉 자본은 반드시 **반대 가치** (*Gegenwert*)와의 교환에 의해서만 실존하므로, 그것은 반드시 자기 자신으로부터 반발한다. 따라서 그것이 교환하는 타인 자본들이 없는

---

3) 수고에는: 후자
4) 수고에는: 전자

보편 자본(*Universalkapital*)이란 — 그리고 지금의 관점에서 보면 자본은 임노동이나 자기 이외의 어느 것과도 마주 서 있지 않다 — 불가능한 것이다. 자본들의 상호 반발은 이미 실현된 교환 가치로서의 자본에 내재한다.}

그리하여 자본이 한편으로 잉여 노동 및 이 잉여 노동의 잉여 노동과의 교환을 필요 노동의 조건으로 만들고, 따라서 교환 중심으로서 노동 능력의 정립 조건으로 만들면서 — 이 측면에서 이미 교환 영역은 협소해지고 제약된다 —, 다른 한편으로 노동자의 소비를 그의 노동 능력의 재생산을 위해서 필요한 만큼으로 제한하는[5] 것 — 필요 노동을 표현하는 가치를 노동 능력 사용의 제약으로 만들고, 따라서 노동자의 교환 능력의 제약으로 만들며, 이 필요 노동의 잉여 노동에 대한 비율을 최소한으로 줄이고자 하는 것 — 도 마찬가지로 자본에게는 본질적이다. 전자와 마찬가지로 자기 증식의 어떤 한계에 대해서도 제약으로서 관계하는 자본의 경향과 동일한 교환 영역의 새로운 제약. 요컨대 자본 가치의 무한한 증대 — 무한한 가치 정립 — 은 여기에서 교환 영역, 즉 증식의 — 생산 과정에서 정립된 가치 실현의 — 가능성에 대한 제약의 정립과 절대적으로 동일하다.

생산력에 대해서도 마찬가지이다. 한편으로는 상대적 잉여 시간을 증대시키기 위해서 생산력을 극도로 제고시키는 것이 자본의 경향이다. 그럼으로써 다른 한편으로는 필요 노동 시간, 즉 노동자들의 교환 능력이 감소된다. 더욱이 우리가 살펴본 바와 같이 상대적 잉여 가치는 생산력보다 훨씬 낮은 비율로 증가하고, 더욱이 이 비율은 생산력이 향상될수록 더욱 낮아진다. 그러나 **생산물의 양도 비슷한 비율로 증가한다** — 만약 그렇지 않다면 새로운 자본 — 유통에 들어가지 않은 노동도 마찬가지로 — 이 방출될 것이다. 그러나 생산물들의 양

---

5) 수고에는: 교환하는

이 증가하는 만큼 — 소비에 대한 요구가 증가하기 때문에 — 그것
들에 포함된 노동 시간이 현금화되는 데 있어서의 애로도 커진다.
(여기에서 우리는 아직 자본의 **증식** 과정이 어떻게 동시에 자본의 **가
치 하락** 과정인가만을 살펴보기로 한다. 자본이 생산력은 무한히 향
상시키는 경향을 갖는 반면 주(主)생산력인 인간 자체는 얼마나 일면
적으로 만들고 제한시키는가 등은 여기에서 논할 것이 아니다. 생산
력을 제한하는 경향을 갖는다는 것.)

요컨대 자본은 필요 노동 시간을 살아 있는 노동 능력의 교환 가치
에 대한 제약으로서, 잉여 노동 시간을 필요 노동 시간에 대한 제약
으로서, 잉여 가치를 잉여 노동 시간에 대한 제약으로서 정립하는 한
편, 자본이 노동 능력을 단순한 교환자로서, 화폐로서 마주 대하고
잉여 노동 시간을 — 잉여 가치의 창조자이므로 — 유일한 제약으로
마주 대하는 한에 있어서 그것은 동시에 이 모든 제약을 뛰어넘는다.
(또는 첫 번째 측면에서 살펴보면, 자본은 잉여 가치들의 교환을 필
요 노동 시간의 교환에 대한 제약으로 정립한다.)

자본은 유통에서 동일한 순간에 **존재하는** 가치들 — 같은 말이지
만, 자본에 의해 정립된 가치들과 자본 자신 및 유통에 전제된 가치
들의 비율 — 을 제약으로서, 자신의 가치 창출을 위해 필요한 제약
으로 정립한다. 다른 한편에서 자신의 생산성을 가치의 유일한 제약
이자 창조자로 정립한다. 요컨대 그것은 끊임없이 한편으로는 자기
자신의 가치 하락으로 나아가고, 다른 한편으로는 생산력 및 가치에
대상화되는 노동의 제동으로 나아간다.

(과잉 생산이 불가능하다는 어리석음(다른 말로 하자면 생산 과정
과 자본의 증식 과정간의 직접적인 일체성에 관한 주장)은 위에서
지적한 바와 같이 적어도 사변적으로, 즉 재치 있게 제임스 밀에 의
해서 다음과 같이 표현되었다. 공급 = 자기 자신의 수요, 즉 수요와
공급이 일치한다는 것이다. 이는 다른 말로 표현하자면 가치는 노동

시간에 의해 결정된다는 것, 즉 교환은 가치에 아무 것도 추가하지 않는다는 것을 뜻할 뿐이다. 다만 여기에서 망각된 것은 교환은 발생해야 하고, 이는 (궁극적으로) 사용 가치에 좌우된다는 것이다. 요컨대 밀이 말하는 바와 같이 수요와 공급이 일치하지 않는다면, 이것은 (공급되는) 어떤 생산물은 너무 많이 생산되었고, (수요되는) 다른 생산물은 너무 적게 생산되었기 때문이다. 이 너무 많음과 너무 적음은 교환 가치가 아니라 사용 가치와 관련된 것이다. 이 재치는 "사용되는" 것보다 공급된 생산물이 더 많다는 것으로 요약된다. 요컨대 과잉 생산은 사용 가치로부터, 따라서 교환 자체로부터 유래한다는 것이다. 세이에게 있어서[209] 이것은 생산물들이 생산물들과만 교환된다고, 즉 기껏해야 한 생산물은 너무 많이 생산되었고, 다른 생산물은 너무 적게 생산되었다고 어리석게 표현되고 있다. 그러면서 1. 가치들이 가치들과 교환되고 생산물은 그것이 가치인 한에 있어서만, 즉 화폐이거나 화폐가 되는 한에 있어서만 다른 생산물과 교환된다는 것, 2. 가치들이 노동과 교환된다는 것이 망각된다. 이 기특한 사람은 교환 가치가 아니라 사용 가치가 문제가 되기 때문에, 실제로 과잉 생산이 불가능한 단순 교환의 관점에 서 있는 것이다.)

∥26∣ 종이 울리는 소리는 듣지만 어디에서 울리는지는 결코 알지 못하는 프루동은 따라서 과잉 생산을 "노동자가 그의 생산물을 재구매할 수 없다"[210]는 사실에서 도출한다. 그는 이 사실을 이 생산물에 이자와 이윤이 부과된다는 것, 또는 생산물의 가격이 그의 실재 가치보다 높게 책정되었다는 것으로 이해한다. 우선 이는 일반적으로 말할 때 과도한 가격 책정을 결코 포함할 수 없는 가치 규정에 대해서 그가 전혀 이해하지 못하고 있다는 것을 입증한다. 실재 거래에서 자본가 a는 자본가 b를 속일 수 있다. 전자가 너무 많이 호주머니에 챙긴다면, 후자는 너무 적게 챙기는 것이 된다. 양자를 합하면 교환의 합계 = 그들에 대상화된 노동 시간의 합계이며, 이중에서 자본

가 a가 자본가 b에 비해서 자기 몫보다 더 많은 것을 호주머니에 챙길 뿐이다. 자본, 즉 자본가 전체가 실현하는 전체 이윤 중에서 1. 불변 자본 부분, 2. 임금 또는 살아 있는 노동 능력을 재생산하기 위해서 필요한 대상화된 노동 시간이 공제된다. 요컨대 그들은 잉여 가치만을 자기들끼리 분배할 수 있는 것이다. 그들이 이 잉여 가치를 자기들끼리 분배하는 비율들은 ― 정당하든 부당하든 ― 자본과 노동 사이의 교환과 교환 비율에는 전적으로 아무런 변화도 일으키지 않는다.

이윤을 포함하는 것이 아니라 오히려 이윤으로부터 공제되어야 하는 **필요 노동 시간**(즉 임금)은 이미 이윤을 포함하고 있는 생산물들의 **가격**에 의해서 결정된다고 말할 수 있을 것이다. 그렇지 않다면 이 노동자를 직접 사용하지 않는 자본가가 노동자와의 교환에서 실현하는 이윤은 어디에서 유래할 수 있겠는가? 예를 들어 방적업자의 노동자는 그의 급료를 곡물 몇 부셸과 교환한다. 그러나 각 부셸의 가격에는 이미 차지농(借地農), 즉 자본가의 이윤이 포함되어 있다. 그러므로 필요 노동 시간 그 자체가 구매하는 생활 수단의 **가격**은 잉여 노동 시간을 포함한다. 방적업자가 자기 노동자들에게 지불하는 급료가, 밀 1부셸의 가격에 차지농을 위한 이윤이 얼마나 들어가든, 노동자가 필요로 하는 부셸만큼의 밀을 구매하기에 충분해야 한다는 것은 우선 분명하다. 그러나 다른 한편으로 옷 **가격**에 방직업자와 방직업자의 이윤이 얼마나 들어가든 차지농이 자기 노동자들에게 지불하는 임금도 마찬가지로 노동자들에게 필요한 양만큼의 옷을 조달해주기에 충분해야 한다. ‖27‖ 이 익살은 1. **가격과 가치**가 혼동되고, 2. 가치 규정 자체와는 무관한 관계들이 개입하는 데에서 유래한다. ― 개념적 관계에 관한 한 ― 노동자가 필요로 하거나 또는 그의 필요 노동이 대상화되는 사용 가치들의 합계를 나타내는 모든 생활 수단을 자본가 A가 스스로 생산한다고 일단 가정하자. 즉, 노동자

는 그가 자본가로부터 받은 화폐로 — 여기 이 거래에서 화폐는 유
통 수단으로만 나타난다 — 생산물의 일정 부분 — 그의 필요 노동
을 나타내는 — 을 자본가로부터 재구매한다고 하자. 자본가 A의 생
산물의 일정 부분의 가격은 물론 다른 어떤 교환자와 마찬가지로 노
동자에게도 동일하다. 그가 자본가로부터 구매하는 순간부터 노동자
로서의 그의 특유한 특질은 사라진다. 그의 화폐에는 그것이 획득된
관계와 작업의 모든 흔적이 사라졌다. 노동자는 유통에서 그에게 W
로 마주 서는 자본가에게 단순히 G로 마주 선다. G의 다른 어떤 대
리인, 즉 구매자와 마찬가지로 그에게도 전제되어 있는 W의 가격의
실현자로서. 자. 그러나 그가 구매하는 상품의 일정 부분의 가격에는
자본에게 귀속되는 잉여 가치를 나타내는 이윤이 포함되어 있다. 따
라서 그의 필요 노동 시간이 20탈러 = 생산물의 일정 부분을 나타
낸다면, 자본가는 이윤이 10%일 때 이 상품을 노동자에게 22탈러로
판매할 것이다.

이것이 프루동이 생각한 방식이며, 따라서 그는 노동자가 그의 생
산물, 즉 총생산물에서 자신의 필요 노동을 대상화하는 비례분할적
부분을 재구매할 수 없다고 결론짓는다. (자본은 충분하게 교환할 수
없고, 따라서 과잉 생산이 발생한다는 그의 다른 결론에 대해서는 곧
언급할 것이다.) 문제를 명확하게 하기 위해서 노동자의 20탈러 =
곡물 4셰펠이라고 가정하자. 노동자는 — 20탈러가 4셰펠의 화폐로
표현된 가치라면 — 자본가가 이 곡물을 22탈러에 판매할 때, 그의
4셰펠을 재구매할 수 없거나 3 7/11셰펠만을 구매할 수 있을 뿐이
다. 다른 말로 표현하자면 화폐 거래가 관계를 왜곡한 것처럼 착각될
것이다. 20탈러는 필요 노동의 가격 = 4셰펠이다. 그리고 자본가는
이것을 노동자에게 준다. 그러나 이제 이 노동자가 그의 20탈러를
가지고 4셰펠을 구입하고자 하면, 그는 3 7/11셰펠만을 받을 수 있
을 뿐이다. 이로써 그가 **필요한** 임금을 받지 못했기 때문에 그는 살

수 없을 것이다. 이러한 프루동 씨의 증명은 지나친 것이다.

{실제로 일반적인 경향뿐만 아니라 예를 들어 현물 임금 제도 (Truck system)[211]에서처럼, **가격을 통해서** 자본이 필요 노동을 직접적으로 속이려고 하고, 이를 자연적인 표준뿐만 아니라 일정한 사회 상태에서 주어진 표준 이하로 인하하려고 한다는 것은 여기에서 논할 문제가 아니다. 여기에서 우리는 어디까지나 **경제적으로 정당한** 임금, 즉 경제의 일반 법칙들에 의해 결정된 임금이 지불된다고 가정해야 한다. 여기에서 모순들은 개별적인 자본가들의 사기(詐欺)가 아니라 일반적인 관계들 자체로부터 발생한다. 이것이 현실에서 어떻게 더 한층 형성되는지는 급료 이론에서 논할 것이다.}

그러나 미안하지만 전제가 틀렸다. 5탈러가 1셰펠의 가치, 즉 이것에 대상화된 노동 시간을 표현하고, 4셰펠은 필요한 임금을 표현한다면, 자본가 A는 이 4셰펠을, 프루동이 생각하듯이, 22탈러가 아니라 20탈러에 판매한다. 그러나 문제는 다음과 같다. (필요 노동 시간과 잉여 노동 시간이 포함된) 전체 생산물이 110탈러 = 22 셰펠이다. 이중에서 16셰펠 = 80탈러가 씨앗, 기계류 등에 지출된 자본을 나타내고, 4셰펠 = 20탈러는 필요 노동 시간, 2셰펠 = 10탈러는 잉여 노동 시간을 나타낸다. 자본가는 각각의 셰펠을 1셰펠의 필요 가치인 5탈러에 판매하지만, 그럼에도 불구하고 그는 셰펠당 10%, 또는 5/10탈러, ½탈러 = 15 은전의 이익을 본다. 이는 어디에서 오는가? 그가 20×5가 아니라 22×5를 판매하기 때문이다. 여기에서 우리는 2셰펠이 깊이 갈기, 잡초 제거, 자본가에게 아무런 비용도 들지 않은 동물성 비료 운반 등 순수한 잉여 노동으로 용해되므로, 자본가가 2셰펠을 더 생산하기 위해서 지출해야 하는 자본은 0으로 놓을 수 있다. ‖28│ 잉여 셰펠에 포함된 가치는 그에게 아무런 비용도 들이지 않았고, 따라서 그의 지출을 초과하는 잉여를 이룬다. 그가 22 셰펠 중에서 20셰펠은 그에게 소요된 비용, 100탈러로 판매하고 그에게 아무런 비용도 들지 않은 — 그러나 그것의 가치 = 그것들에 포함된 노동인 — 2셰펠은 10탈러에 판매한다는 것은 자본가에게 그에게 소요된 비용보다 셰펠당 15은전을 더 받고 판매하는 것과 같다. (½탈러 또는 5탈러의 10% = 5/10.) 요컨대 비록 그가 노동자에게 판매되는 4셰펠에서 2탈러를 번다고 할지라도, 노동자는 셰펠을 이것의 필요 가치로 얻는 것이다. 자본가는 2달러밖에 벌지 못하는데, 그 이유는 그가 이 4셰펠 이외에 18셰펠도 동일한 가격으로 판매하기 때문이다. 그가 16셰펠만을 판매한다면, 그는 아무 것도 벌지 못한다. 왜냐하면 이 경우에 그는 모두 5×20 = 100탈러, 그의 지출 자본만큼을 판매하기 때문이다.

실제로 매뉴팩처의 경우에는 [자본가]가 잉여 가치를 판매하기 위한 자본 지출이 증가하지 않을 수도, 즉 원자재와 기계류의 지출이 증가할 필요가 없을 수도 있다. 동일한 생산물이 — 필요한 원자재 및 도구는 불변으로 놓으면 — 단순한 손노동에 의해서 더욱 가공되고 더 높은 사용 가치를 얻는다고, 즉 더 많은 손노동의 투하에 의해서 그것의 양이 아니라 그것의 질이 상승함으로써, 생산물의 사용 가치가 증가한다고 가정하자. 생산물의 사용 가치 — 이것에 대상화된 노동 — 는 이 노동에 단순 비례해서 증가한다. 이때 자본가가 10% 비싸게 판매한다면, 필요 노동을 나타내는 화폐로 표현된 생산물의 비례분할적 부분은 노동자에게 지불되고, 생산물이 분할될 수 있다면 노동자는 이 비례분할적 부분을 구매할 수 있을 것이다. 자본가의 이윤은 그가 이 비례분할적 부분의 가격을 과도하게 높였기 때문이 아니라 전체 중에서 그가 지불하지 않았고 바로 잉여 노동 시간을 나타내는 비례분할적 부분을 판매하기 때문에 발생하는 것이다. 가치로서의 생산물은 언제나 분할 가능하다. 그것의 자연적인 형태에서는 반드시 그럴 필요가 없다. 여기에서 이윤은 전체 가치가 지불되지 않은 비례분할적 부분을 포함하고 있고, 따라서 전체의 각 비례분할적 부분에는 잉여 노동의 비례분할적 부분이 지불되어 있기 때문에 발생하는 것이다. 위의 예에서 보면 다음과 같다. 자본가가 22셰펠을 판매하는 것, 즉 잉여 노동을 나타내는 2셰펠을 판매하는 것은 그가 각 셰펠마다 1/10셰펠을 더, 즉 1/10 잉여 가치를 판매하는 것과 마찬가지이다. 예를 들어 노동, 자본, 잉여 가치의 비율이 동일한 상태에서 시계 1개가 생산되었다면, 이 시계의 질은 1/10의 노동 시간에 의해 자본가에게 아무런 비용도 들이지 않은 1/10의 가치만큼 향상되었다.

대부분의 매뉴팩처에서 그러하듯이 (그렇지만 채취 산업에서는 그렇지 않다) 자본가가 잉여 노동 시간을 대상화하는 데 더 많은 원자재를 사용하는 (도구는 불변이다. 그렇지만 가변적이라 할지라도 아무런 상관이 없다) 세 번째 경우를 보자. (여기에서 자본은 마찬가지인 것으로 전제될 수 있거나 전제되어야 하므로, 이 문제는 원래 여기에서 논할 것이 아니다. 또한 목면을 생산하는 원자재와 어떤 한 점에서의 잉여 생산도 단순한 잉여 노동으로 용해되어야 하거나, 또는 실재적인 것, 모든 유통 지점들에서의 동시적인 잉여 노동을 전제로 한다.) 그가 50파운드를 지불한 면화 25파운드로 실을 짜고, 이를 위해 30탈러 짜리 기계를 필요로 하며(이 기계는 생산 과정에서 완전히 소비된다고 가정한다), 20탈러의 임금이 필요하다고 하고, 면사 25파운드는 110탈러에 판매한다고 하자. 그러면 그는 면사 1파운드를 4 2/5탈러 또는 4탈러 12은전으로 판매하는 것이 된다. 노동자는 그가 재구매하고자 한다면, 4 6/11파운드 면사를 받을 것이다. 노동자가 자기를 위해서 노동한다면, 그는 1파운드를 4탈러 12은전에 판매하고 — 그가 단순히 필요 노동만을 수행한다고 전제하면 — 이윤을 실현하지 않을 것이다. 그렇지만 그는 더 적은 면화로 실을 짤 것이다.

‖29‖ 우리가 아는 바와 같이, 면사 1파운드의 가치는 오직 그것

에 대상화된 노동의 양뿐이다. 이제 면사 1파운드의 가치 = 5탈러라고 가정하자. 4/5, 즉 4탈러는 면화, 도구 등을 나타낸다고 가정하면, 1탈러는 도구를 매개로 해서 면화에 실현된 노동을 나타낼 것이다. 노동자가 방직업으로 생계를 유지하기 위해서 예컨대 한 달에 20탈러를 필요로 한다면, 그는 — 1파운드 면사를 짬으로써 1탈러를 버는데, 벌어야 하는 것은 20탈러임으로 — 면사 20파운드를 짜야 할 것이다. 만약 그가 면화, 도구[6] 등을 소유하고 있고 자기 자신을 위해서 노동한다면, 즉 자기 자신의 주인이라면, 1파운드에서 1/5, 1탈러만을 벌고 1×20 = 20이므로, 그는 면사 20파운드를 판매해야 할 것이다. 자본가가 이 노동자로 하여금 노동하도록 한다면, 면화 20파운드를 짜는 노동은 필요 노동만을 나타낼 뿐이다. 왜냐하면 전제에 따라 면사 20파운드, 또는 20×5 = 100탈러를 나타내기 때문이다. 80탈러는 구입한 면화와 도구를 나타낼 뿐이고, 새롭게 생산된 가치는 **필요 노동**에 지나지 않을 것이다. 면사 20파운드 중에서 4파운드 = 20탈러는 필요 노동을 나타내고, 16파운드는 불변 자본 부분에 지나지 않을 것이다. 16×5 = 80탈러. 자본가가 20파운드를 초과해서 노동하도록 하는 매 파운드마다 1/5의 잉여 노동, 자본가로서는 잉여 가치가 들어 있다. (자본가가 지불하지 않고 판매한 대상화된 노동.) 그가 1파운드를 더 짜도록 한다면 그는 1탈러를 벌고, 10파운드를 더 짜도록 한다면 10탈러를 번다. 10파운드, 또는 50탈러에서 자본가는 그의 지출 40탈러를 대체해 받고, 10탈러의 잉여 노동을 얻을 것이다. 또는 그가 10파운드를 짜는 데 필요한 재료(기계류 및 면화)를 구매하기 위한 면사 8파운드와 그에게 아무런 비용도 들지 않은 면사 2파운드 또는 그 가치. 이제 자본가의 계산을 총괄하면 다음과 같다. 그가 지출한 것은

---

6) 수고에는: 재료

탈러		탈러	탈러	탈러
		임금:	잉여 가치:	
80+40	= 120(원자재, 도구 등)	20	10	
120		20	10	= 150

자본가는 모두 면사 30파운드(30×5 = 150)를 생산했다. 1파운드 당 5탈러, 1파운드의 정확한 **가치**, 즉 순전히 그것에 대상화된 노동에 의해 결정되고, 이 노동으로부터만 가치를 도출하는 가치. 이 30파운드 중에서 24파운드는 불변 자본을 나타내고, 4파운드는 임금으로 들어가며, 2파운드가 잉여 **가치**를 이룬다. 이 잉여 가치가 자본가가 하듯이 140탈러(또는 28파운드)에 이르는 그의 전체 지출과 비교해 계산되면, 1/14 = 7 1/7%이다(이 예에서 잉여 가치가 노동과 관련되면 50%이지만).

∥30∣ 노동 생산성이 증가하여 노동자가 동일한 노동 지출로 40파운드를 짤 능력이 있다고 가정하자. 우리의 전제에 따라 그는 이 40파운드를 그의 실재 가치, 즉 파운드 당 5탈러, 4탈러는 면화에 대상화된 노동을 나타내고, 1탈러는 새롭게 추가된 노동을 나타내는 가치로 판매할 것이다. 요컨대 그는 다음과 같이 판매할 것이다.

	탈러	탈러
40파운드— 파운드 당 5탈러=40×5=	200;	이 40파운드 중에서
20파운드는 필요 노동 등으로 지출 =	100.	
	100.	그는 처음 20파운드에서 한 푼도 벌지 못했을 것. 나머지는 100탈러에서 4/5 = 4×5 = 80.
	80.	80은 재료 등을 위해서 지출. 나머지는:
	20.	

200탈러의 지불로부터 자본가는 20탈러 또는 10%를 벌었을 것이다. 총지출에 대한 10%. 그러나 실제로 두 번째 100탈러에 대해서

20탈러, 또는 그가 대상화된 노동을 지불하지 않은 두 번째 20탈러를 벌었다. 이제 그가 두 배를 지출할 능력이 있다고 가정하자. 말하자면,

파운드	탈러	
80 ························	400.	이중에서 20파운드는
20 필요 노동 등을 위해서 지출	100.	나머지는
	300.	이중에서 재료 등을 위해
	240.	4/5가 지출된다. 나머지는
	60;	이윤 60
		400에 대한 이윤 60 = 40에 대한 6 = 15%.[7]

사실 위의 예에서 자본가의 지출은 180탈러뿐이다. 이 지출에 대하여 그는 20탈러, 또는 11 1/9%를 벌어들인다.

이윤이 비록 실재 잉여 가치, 즉 잉여 노동과 명백한 관계에 놓여 있지는 않을지라도, 필요 노동을 나타내는 지출 부분이 작을수록 이윤은 크다. 예를 들어 자본가가 10%를 벌기 위해서 면사 40파운드를 짜야 한다고 하자. 노동자는 20파운드 = 필요 노동만 짜면 된다. 잉여 노동 = 필요 노동, 잉여 가치 100%. 이는 우리의 지난번 법칙이다. 그러나 이것이 여기에서 중요한 문제인 것은 아니다.

위의 40파운드의 예에서 1파운드의 **실재 가치**는 5탈러이다. 그리고 노동자가 **노동자로서** 살 수 있을 정도로 원자재 등을 증식할 수 있기 위해서 스스로 선금(先金)을 투하할 수 있는 노동자로서 자기 사업을 영위한다면, 자본가와 마찬가지로 파운드 당 5탈러에 판매할 것이다. 그러나 그는 20파운드만을 생산할 것이며, 이를 판매한 중에서 4/5는 새로운 원자재를 얻기 위해서 사용하고, 1/5은 살기 위해서 사용할 것이다. 100탈러 중에서 그는 자신의 임금만을 획득할 것이다. 자본가의 이윤은 그가 1파운드를 너무 비싸게 판매하기 때문

---

7) 수고에는: 16%+x/x

이 아니라 — 그는 이를 **정확한 가치**로 판매한다 — 이를 (1파운드에 실제로 소요된 비용이 아니라, 왜냐하면 1/5은 노동자의 잉여 노동이기 때문이다) 그에게 소요된 **생산비** 이상으로 판매하기 때문에 발생한다. 그가 5탈러 이하로 판매한다면, 그는 가치 **이하**로 판매하는 것이며, 구매자는 지출 등을 초과해서 면사 1파운드마다 들어 있는 1/5의 노동을 공짜로 얻을 것이다. 그러나 자본가는 다음과 같이 계산한다.

1파운드의 가치 ＝ 5탈러
40파운드의 가치 ＝ 200탈러 이중에서 비용은

$$\frac{180}{20.}$$ 나머지 20.

그는 ‖31‖ 두 번째 100탈러에 대해서 20탈러를 버는 것이 아니라, 그의 전체 지출 180탈러에 대해서 20탈러를 버는 것으로 계산한다. 이것이 그에게는 20%가 아니라 11 1/9%의 이윤을 가져다준다. 나아가 그는 이 이윤을 실현하기 위해서 40파운드를 판매해야 한다고 계산한다. 5탈러씩 40파운드는 그에게 1/5 또는 20%가 아니라 40파운드에 분산되는 20탈러 또는 파운드 당 ½탈러를 가져다준다. 그가 1파운드를 판매하는 가격에 대해서는 5탈러 당 ½탈러 또는 10탈러 당 1탈러, 판매 가격에 대해서 10%를 번다. 가격은 일정 단위(1파운드)의 가격을 판매될 수치와 곱해서 구해진다. 여기에서는 파운드 당 5탈러×40. 이 가격 결정이 자본가의 돈지갑에는 옳을지라도 마치 매 파운드마다 **실재 가치** 이상의 과도한 가격 결정이 이루어지는 것처럼 보이게 하고, 매 파운드의 잉여 가치의 등장이 보이지 않게 함으로써, 이론적으로는 사태를 오도(誤導)하기에 적합하다. **사용 가치의 단위(척도)**(파운드, 엘레, 첸트너 등)의 가치를 생산된 이 단위의 수치와 곱하는 이러한 가격 결정은 나중에 가격론에서 중요하다. 여기에서 이끌어지는 결론은 무엇보다도 — 생산력의 향상과 더불어 나타나는 — 단위 가격 하락과 단위 수의 증가는 이윤이 노동에 비례해서 증가하거나, 또는 잉여 노동에 비한 필요 노동의 비율이 감소한다는 것을 — 바스티아 씨 등이 생각하듯이 그 반대가 아니라 — 보여준다는 점이다. 예를 들어 노동자가 동일한 시간에 이전보다 2배를 더 생산할 수 있을 정도로 노동 생산성이 향상된다면, — 이때 예컨대 면사 1파운드가 얼마의 비용이 소요되든지 전적으로 동일한 용역을 제공해주면, 노동자는 살기 위해서 단지 면사, 옷만을 필요로 한다고 전제된다 — 노동자가 ½시간에 면화 20파운드를 면사로 전환시킬 것이기 때문에, 노동에 의해 면사 20파운드에 추가된 가치는 더 이상 1/5이 아니라 1/10[212]밖에 되지 않을 것이다. 요컨대 원자재에 소요되는 80파운드에는 이제 더 이상 20탈러가 아니라 10탈러만이 추가될 것이다. 20파운드에 90탈러가 소요될 것이며, 1파운드는 90/20 또는 4 9/20[213]탈러가 소요될 것이다. 그러나 총 노동 시간이 동일하다면 이제 노동은 40파운드가 아니라 80파운드의 면화를 면사로 전환시킬 것이다. 80파운드 면사, 파운드 당 4 9/20탈러 = 356 탈러. 자본가에게 계산은 다음과 같을 것이다.

총수입	탈러	
	356;	노동 등에 지출되는
	90	을 빼면
	266	이중에서 지출 등에
239 17/89		
26 72/89		자본가의 이윤은 20이 아니라 26 72/89. 27탈러라면 약간 너무 많다(17/89가 더 많다). 그의 총지출은 330, 파운드 당 이윤은 적을지라도 12%가 넘는다.

사용 가치의 척도(단위) — 파운드, 엘레, 쿼터 등 — 가치에서 자본가의 이윤은 원자재 등에 대한 살아 있는 노동 — 새롭게 추가되는 노동 — 의 비율이 낮아질수록, 즉 단위를 표현하는 형태를 원자

재에게 갖추어주기 위해서 필요한 노동 시간이 적을수록 감소한다. 옷감 1엘레 등. 그러나 다른 한편으로 — 이는 더 높은 노동 생산성 — 또는 잉여 노동 시간의 증가와 동일하므로 — 잉여 노동 시간, 즉 자본가가 지불하지 않는 노동 시간이 포함되어 있는 단위들의 수는 증가한다.

나아가 위의 설명에서 드러나는 것은 가격이 가치 **이하**로 낮아질 수 있고, 그럼에도 불구하고 자본은 이윤을 얻을 수 있다는 점이다. 다만 그는 노동의 필요 가격을 이루는 단위와 곱한 수보다는 많은 단위를 곱한 수만큼을 판매해야 한다. 원자재 등에 대한 노동의 비율이 1/5이라면, 잉여 노동이 자본가에게는 **아무런 비용도 들이지 않으**므로, 그는 예를 들어 불변 가치보다 1/10만 높게 판매할 수 있다. 그러면 그는 잉여 노동의 1/10을 소비자에게 선사하고, 1/10만을 자신을 위해서 증식하게 된다. 이는 경쟁에서 매우 중요하다. 특히 리카도에 의해서 간과되었다. 가격 결정의 근저에는 가치 결정이 놓여 있다. 그러나 새로운 요소들이 추가된다. 원래 화폐로 표현된 가치로만 현상하는 가격이 더 나아가면 스스로 특유한 크기로 규정되는 것이다. 5탈러가 면사 1파운드의 가치라면, 즉 5파운드에 포함된 노동 시간과 동일한 노동 시간이 면사 1파운드에 포함되어 있다면, 면사 4파운드의 가치가 측정되든 4백만 파운드의 가치가 측정되든 이 가치 결정에는 아무런 변화도 일어나지 않는다. 파운드 수의 계기는 필요 노동에 대한 잉여 노동의 비율을 다른 형태로 표현하므로, 가격 결정에서는 결정적으로 중요하다. 10시간 **노동법**[1권 130] 문제 등에서 이 문제는 대중적으로 명백해졌다.

나아가 위의 설명에서 다음이 밝혀진다.

노동자는 면사 20파운드만을 짤 것, 원자재와 기계류 등을 매월 80파운드 어치만 사용할 것이다 — **필요 노동**에 국한하는 노동자로서. 자본가는 노동자의 재생산, 자기 유지에 필요한 원자재 및 기계류 이외에 잉여 노동을 대상화하기 위한 원자재에 (동일한 비율로는 아닐지라도 기계류에도) 반드시 자본을 지출해야 한다. (농업, 어업, 간단히 말해 채취 산업에서 이것은 반드시 필요한 것이 아니다. 그렇지만 그들도 대규모로, 즉 산업적으로 영위되자마자 언제나 필요하다. 그러면 원자재 자체의 추가 지출이 아니라 원자재를 획득하기 위한 도구들의 추가 지출로 나타난다.) 그러면 원래 자본의 특유한 축적, 소위 잠정적 축적을 이루는 것, 자본에 (아직 임시로 말하자면) 특유한 재고 축적은 이 잉여 지출 — 즉, 잉여 노동을 위한 재료 — 잉여 노동의 실현을 위한 대상적 요소들의 제공 — 이다. 왜냐하면 우리가 살펴보게 될 바와 같이 — 살아 있는 노동의 대상적 조건들이 자연에 의해 제공되든 역사적으로 산출되든 주어져 있어야만 한다는 것 — 그것을 자본에 특유한 것으로 간주하는 것은 어리석기 때문이다. 자본이 수행하는 이 특유한 선불(先拂)은 자본이 대상화된 잉여 노동 — 잉여 생산물 — 을 예컨대 이집트의 왕들이나 에트루리아의 귀족 승려처럼 피라미드 등에 투하(지출)하지 않고 새로운 살아 있는 노동에서 증식시킨다는 것을 의미할 따름이다.

더욱이 가격 결정에 있어서는 (우리가 이윤에 관해서 살펴보게 될 바와 같이) 속임수, 상호 사기(詐欺)가 추가된다. 한 사람이 잃는 것을 다른 사람이 얻는다. 이들 — 계급으로서의 자본 — 은 잉여 가치를 서로 분배할 뿐이다. 그러나 비율의 결정에서는 (수요와 공급은 차치하더라도) 가치 결정 자체와는 아무런 상관도 없는 개인적 책략이 발휘될 수 있는 여지가 있다.

요컨대 노동자가 자신의 생산물을 재구매할 수 없다는 프루동 씨의 발견과는 아무런 상관도 없다. 이는 그(프[루동])가 가치 결정이나 가격 결정에 대해서 전혀 이해하지 못한다는 데 기인한다. 그러나 이를 차치하더라도, 이로부터 과잉 생산이 발생한다는 그의 결론은 이 추상에서는 옳지 않다. 노예 관계에서는 노동자들이 소비자로서 주인들과 경쟁하지 않기 때문에 주인들은 아무런 곤란도 겪지 않는다. (고대에 나타난 바와 같은 **사치품 생산**은 노예 관계의 필연적인 결과이다. 엄청나고 기괴한 수준으로까지 발전하면서 고대 국가의 몰락을 특징짓는 것은 과잉 생산이 아니라 과잉 소비와 광적인 소비.)

자본은 **생산물로서** 생산 과정에서 벗어난 후 다시 화폐로 전환되어야 한다. 앞에서는 실현된 상품 등으로만 나타났던 화폐가 지금은 **실현된 자본**으로서, 또 실현된 자본은 화폐로서 나타난다. 이는 (자본의 한 규정일 뿐만 아니라) 화폐의 한 규정이다. 유통 수단으로서의 화폐의 양이 자본을 실현시킬, 즉 **증식시킬** 어려움과 아무런 상관이 없다는 것은 이미 앞의 설명에서 드러난다.

‖33‖ 위의 예에서 자본가가 면사 1파운드를 5탈러에 — 즉, 40파운드를 5파운드씩에 — 판매한다면, 즉 면사 1파운드를 그것의 실재 가치로 판매하고, 그럼으로써 5탈러(판매 가격) 당 $\frac{1}{2}$탈러, 판매 가격에서 10% 또는 $4\frac{1}{2}$탈러에 $\frac{1}{2}$탈러, 즉 그의 지출에 대해서 11 1/9%를 번다면, 그는 10% 이윤을 남기고 판매하는 것 — $4\frac{1}{2}$탈러에 9/20탈러(이는 $\frac{1}{2}$의 1/20 차이를 $4\frac{1}{2}$탈러에 비한 것, 정확하게 1 1/9%의 차이이다)만을 버는 것 — 이 된다. 요컨대 그는 1파운드를 $4\frac{1}{2}$탈러+9/20탈러, 즉 4 19/20탈러에 판매하거나 40파운드를 198탈러에 판매하는 것이다. 이제 다양한 경우가 가능하다. 그가 교환하는 — 그가 자신의 40파운드를 판매하는 — 자본가는 그를 은광 소유자, 즉 은 생산자라고 가정하고, 그에게 면사 40파운드에 대상화된 노동에 대해서 198달러만을 지불한다. 즉 그에게 2탈러 적은 대상화된 노동을 은으로 지불한다. 이 자본가 B에게 있어서도 지출의 비율이 전적으로 동일하다고 가정하자. 자본가 B도 11 1/9%[8])가 아니라 10%만을 취한다면 그는 200탈러에 대해서 면사 40파운드가 아니라

39 3/5파운드만을 요구할 것이다. 요컨대 두 자본가가 동시에 1 1/9% 적게 판매하거나, 또는 한 자본가는 40파운드를 198탈러에 내놓고, 다른 자본가는 39 3/5파운드를 200탈러에 내놓는 것은 불가능하다. 이는 발생할 수 없는 사건이다. 이 가정된 경우에 자본가 B는 면사 40파운드를 구입하면서 1 1/9%를 적게 지불할 것이다. 즉, 그는 교환에서 획득하지 않는 이윤, 11 1/9%의 이윤 이외에 다른 자본가의 손실에 의한 이윤 1 1/9%를 더 얻거나 12 2/9%를 얻을 것이다. 자기 자신의 노동자들 — 자기 자신의 자본으로 운동시킨 노동 — 로부터 그는 11 1/9%를 얻을 것이고, 추가적인 1 1/9%는 자본가 A의 노동자의 잉여 노동으로 그가 점취한 것이다. 경쟁 등이 자본가로 하여금 **가치** 이하로 판매하도록, 즉 잉여 노동의 일부를 자신을 위해서가 아니라 그의 구매자를 위해서 실현하도록 강요함에 따라, 이런저런 사업 영역에서 **일반 이윤율**은 하락할 수 있다. 그러나 일반 비율이 그렇게 하락할 수는 없다. 그것은 필요 노동에 대한 잉여 노동의 비율이 상대적으로 하락함으로써만 하락할 수 있는데, 이는 다시 우리가 앞에서 살펴본 바와 같이 이 비율이 이미 매우 높거나 또는 달리 표현하자면, 기계류 및 원자재와 교환된 자본 부분에 비해 자본에 의해 운동된 살아 있는 노동의 비율 — 살아 있는 노동과 교환된 자본 부분 — 이 매우 작을 때 나타난다. 그러면 **일반 이윤율**은 절대적 잉여 노동이 증가할지라도 하락할 수 있다.

이로써 우리는 다른 사항에 이르렀다. 일반 이윤율 일체는 한 사업 영역에서의 이윤율이 너무 높고 다른 영역에서는 너무 낮음으로써만, 즉 — 잉여 노동에 조응하는 — 잉여 가치의 일부가 한 자본가로부터 다른 자본가로 이전됨으로써만 가능하다. 예를 들어 다섯 사업 영역에서 이윤율이 각각

---

8) 수고에는: 11½%

a,	b,	c,	d,	e
15,	12,	10,	8,	5%라면

평균 이윤율은 10%이다. 그러나 이 평균 이윤율이 현실에서 존재하기 위해서는 C가 불변이지만 자본가 A와 B는 D와 E에게 7%를 넘겨주어야 한다. 즉 D에게 2%를 E에게 5%를 넘겨주어야 한다. 노동 생산성, 원료, 기계류, 임금 사이의 비율, 생산되어야 하는 규모에 따라 잉여 노동의 비율이 전적으로 상이하므로, 100이라는 동일한 자본에 대한 이윤율의 균등성은 불가능하다. 그러나 사업 영역 e가 예를 들어 제빵업자의 영역처럼 필수적이라면, 그에게는 평균적인 10%가 지불되어야 한다. 그러나 이는 a와 b가 그들의 잉여 노동의 일부를 e에게 귀속시킬 때라야만 발생할 수 있다. 자본가 계급은 어느 정도는 개별적인 사업 영역들에서 자본들에 의해 실제로 창출된 잉여 가치가 아니라 자본의 크기에 따라서 총 잉여 가치에 참여하도록 이를 분배한다. — 한 생산 영역 내의 실재적인 잉여 노동, 실제로 창출된 잉여 가치에서 유래하는 — 더 많은 이윤은 경쟁에 의해 이러한 수준으로 하락하고, 다른 사업 영역에서의 잉여 가치의 결손은 이 영역으로부터 자본이 이탈함으로써, 즉 수요와 공급의 관계가 유리해짐으로써 이 수준으로 상승된다. 경쟁은 이 수준 자체를 낮출 수는 없고, 다만 그러한 수준을 창출하는 경향을 가질 뿐이다. 더 이상 자세한 내용은 경쟁에 관한 절에서 설명될 것이다. 이는 어떤 영역에서는 가치 이하로 하락하고, 다른 영역에서는 가치 이상으로 상승하는 상이한 사업 영역들에서의 가격들의 관계에 의해서 실현된다. 그에 따라 마치 상이한 사업 영역들의 동일한 자본액이 동일한 잉여 노동 또는 잉여 가치를 창출하는 듯한 외양이 나타난다.

‖34‖ 위의 예에서 자본가 A가 경쟁에 의해 강요되어 11 1/9%가 아니라 10%의 이윤을 남기면서 판매하고, 따라서 면사 1파운드를 1/20탈러 싸게 판매한다고 가정하면, 이 전제하에서 노동자는 여

전히 그의 필요한 임금을 화폐로는 20탈러를 받겠지만 면사로는 4파운드가 아니라 4 4/99파운드를 받을 것이다. 노동자는 면사와 비교하면 자신의 필요 임금을 4/20[214]탈러 또는 6은전, 즉 그의 임금의 1%를 초과한 만큼 받는 것이 된다. 이 노동자가 그의 소비 영역 밖에 있는 생산물을 생산하는 사업 영역에서 노동한다면, 그는 이 조작에 의해 한 푼도 벌지 못한다. 그에게 이 사태는 그가 잉여 노동의 일부를 직접 자본가A를 위해서가 아니라 간접적으로, 즉 자본가 A를 매개로 하여 자본가 B를 위해서 수행한 것과 같다. 그는 그 자신이 이 생산물의 소비자인 한에 있어서, 그리고 그가 소비자인 정도만큼, 자본가 A가 그의 생산물에 대상화된 노동의 일부를 공짜로 양도하는 것으로부터 벌 수 있다. 요컨대 그의 면사 소비가 지출의 1/10에 이른다면, 그는 이 조작에 의해 정확하게 1/50탈러(2탈러에 1/100탈러, 1탈러에 1/100탈러, 정확하게 2탈러에 1%), 즉 그의 총임금 20탈러에 1/10% 또는 7 1/5페니히를 번다. 이것 — 7 1/5페니히 — 이 그가 자신의 잉여 노동 20탈러에 참여하는 비율일 것이다. 그리고 노동자가 자신이 고용되어 있는 사업 영역에서 가격이 필요한 가치 이하로 하락함으로써 최선의 경우에 얻는 잉여 임금은 이러한 비율로 귀착된다. 최선의 경우에 — 이러한 경우는 불가능한데 — 한계는 6은전 또는 1%, 즉 그가 오직 면사로만 살 수 있다면. 즉, 최선의 경우에 그의 잉여 임금은 잉여 노동 시간에 대한 필요 노동 시간의 비율에 의해 결정된다. 노동자 자신이 소비로부터 배제되어 있는 사치품 산업에서 잉여 임금은 언제나 = 0이다.

이제 자본가 A, B, C가 서로 교환하고 이들의 총생산물이 = 200탈러라고 가정하자. A는 면사를, B는 곡물을, C는 은을 생산한다고 하자. 잉여 노동과 필요 노동의 비율 및 지출과 이윤의 비율이 전적으로 동일하다고 하자. A는 면사 40파운드를 200탈러가 아니라 198탈러에 판매하고, 그리하여 1 1/9%를 잃는다. 마찬가지로 B도 곡물

40세펠을 200탈러가 아니라 198탈러에 판매한다. 그러나 C는 200탈러에 대상화된 노동을 그대로 교환한다. A와 B 사이의 관계는 각자가 상대방과 모두 교환한다면, 누구도 잃지 않는 것이 된다. A는 곡물 40세펠을 받고, B는 면사 40파운드를 받을 것이다. 그러나 각자는 198탈러의 가치만을 받을 것이다. C는 198탈러에 대해서 면사 40파운드나 곡물 40부셸을 받고, 두 경우에 모두 2탈러를 너무 적게 지불하거나 면사 2/5파운드나 곡물 2/5부셸을 너무 많이 받을 것이다. 그러나 A가 그의 40파운드를 은광업자에게 200탈러에 판매하고, 이 은광업자는 곡물업자 B에게 202탈러를 지불하거나 B가 그의 가치보다 2탈러 많이 받는다고 가정하자. A의 면사와 C의 은 사이에는 모든 것이 정상이라고 하자. 양자는 가치를 서로 교환한다고 하자. 그러나 B에게 있어서는 곡물로 표현했을 때 가격이 가치 이상이 되고, 면사 40파운드와 은 200탈러는 1 1/9%만큼 하락하거나 양자는 200탈러로 더 이상 곡물 40부셸과 교환되지 못하고 39 61/101[9]부셸과 교환될 때라야만 그러할 수 있다. 밀 39 61/101 부셸[10]이 200탈러이거나 밀 1부셸이 5탈러가 아니라 5 1/20탈러, 5탈러 1½[11]은전이다. 이제 마지막 관계에서 노동자의 소비가 ½은 밀로 구성되어 있고, 그의 면사 소비는 수입의 1/10, 그의 밀 소비는 5/10라고 가정하자. 1/10에 대하여 그는 자신의 총 임금의 1/10%를 벌고, 밀에 대해서는 5/10를 잃는다. 그리하여 전체적으로는 이익을 보는 것이 아니라 4/10%를 잃는다. 자본가가 그에게 필요 노동을 지불했을지라도, 그의 임금은 곡물업자 B의 과도한 가격 책정으로 인하여 필요한 급료 이하로 하락한 것이다. 이 상태가 계속된다면 그의 필요 임금이 상승해야 할 것이다. 자본가 A의 면사 판매가 노동자 소비의 중요한 부

---

9) 수고에는: 39 2/5
10) 수고에는: 39 2/5파운드
11) 수고에는: 1¼

분을 이루는 곡물이나 다른 사용 가치들의 가격이 가치 이상으로 상승하는 데 기인한다면, 자본가 A의 노동자는 자신에 의해 생산된 값싼 생산물보다 비싸진 생산물을 더 많이 소비하는 정도에 비례해서 손해를 본다. 그러나 A가 면사를 가치보다 1 1/9% 높게 판매하고, B는 가치보다 1 1/9% 낮게 판매했다면, 노동자는 그가 곡물만을 소비할 경우에 기껏해야 6은전의 이익을 볼 수 있을 뿐이고, 우리가 전제한 바와 같이, 절반을 곡물로 소비한다면, 3은전 또는 그의 임금 20탈러에 비한 ½%의 이익을 볼 수 있을 뿐이다. 요컨대 노동자에게는 세 경우가 모두 닥칠 수 있다. 사태 전개에 따른 그의 이익과 손실이 = 0일 수 있다. 사태전개에 따라서는 그의 필요 임금이 절하되어, 그것이 더 이상 충분하지 않고 필요한 최소한 미만으로 하락할 수 있다. 세 번째로, 사태 전개에 따라서는 노동자가 그 자신의 잉여 노동의 극히 적은 부분에 해당되는 잉여 임금을 달성할 수 있다.

우리는 위에서 다른 생산 조건에 대한 필요 노동의 비율이 = ¼[12] (총지출 100 중에서 20) 또는 = 총 가치의 20%[13](= 면사 20 파운드 중에서 면사 4파운드)(또는 100탈러 중에서 원료와 도구가 80탈러, 노동이 20탈러)이고, 필요 노동에 대한 잉여 노동의 비율은 100%(즉 동일한 양)이며, 자본가는 그의 지출에 대해 11 1/9%를 실현한다는 것을 살펴보았다.[215]

그가 10%만을 취하고 소비자들에게 1 1/9% 또는 2탈러를 선사한다면(잉여 가치를 증여한다면), 노동자는 그가 소비자인 한에 있어서 마찬가지로 이익을 보는데, 그가 주인의 생산물만으로 살아가는 최상의 (불가능한) 경우에는, 우리가 살펴본 바와 같이 [다음과 같이 된다].

---

12) 수고에는: 2/5.
13) 수고에는: 40%
14) 수고에는: 5 6/9

	자본가 측에서 1 1/9% (=2탈러) 손실:	노동자의 임금에 대한 이윤 20탈러에 대한 1% = 6 은전 (20탈러에 대한 1/5탈러):
자본가가 면사 1파운드를 5탈러가 아니라 4 15/20(4 3/4)탈러에 판매한다면, 노동자는 파운드 당 5/20, 4파운드에[216] 20/20=1탈러, 20탈러에=1탈러; 1탈러=1/20=5%의 이익을 본다; 자본가는 40파운드를 4 15/20=95/20×40=190탈러에 판매할 것이다. 그의		= 1탈러
지출은 180, 그의 이윤은 = 10 = 5 5/9[14][%], 그의 손실 [또는] 부(負)의 이윤 = 5 5/9. 이 자본가가 4 12/20 탈러에 판매한다면, 노동자는 파운드 당 8/20탈러, 4파운드에 32/20탈러, 그의 전체 급료에 1탈러 12/20 또는 1 3/5탈러, 즉 8[15]%의 이익을 볼 것이다.	5 5/9 (=10탈러)	= 5% (20에 대한 1탈러)
그러나 자본가는 잉여 이윤의 16탈러를 잃거나 또는 180탈러에 4탈러의 이윤=180탈러의 1/45=2 2/9%를 획득할 것이다. 8 8/9%를 잃을 것이다. 끝으로 이 자본가가 면사 1파운드를 4½탈러에, 40파운드를 180탈러에 판매한	= 8 8/9% (= 16)	= 8²% (1탈러 18은전)
다면, 그의 이윤은 = 0이다. 그는 소비자에게 잉여 가치나 노동 시간을 선사하는 것이 된다. 그렇다면 노동자의 이윤=파운드 당 ½탈러=20탈러에 4/2탈러=2탈러=10%이다.	이윤 = 0 (손실 = 11 1/9%)	= 10%(2탈러) (아직 ½파운드가 아니다)

‖36‖ 이에 비해 자본가가 예컨대 그의 사업 영역에서 노동에 대한 수요가 공급을 초과해서 증가했기 때문에, 임금을 10%, 20탈러에서 22탈러로 인상했다면, — 면사 1파운드는 여전히 그의 가치, 즉 5

---

15) 수고에는: 8 48/119

탈러에 판매되는데 ― 그의 이윤은 2탈러, 20탈러에서 18탈러로[16], 즉 1 1/9%하락했을 것이며, 아직도 10%에 머물렀을 것이다.

이로부터 도출되는 결론은 만약 자본가가 예컨대 프루동 씨를 고려해서 상품을 자신에게 초래된 생산비에 판매하고 자신의 총 이윤 = 0이라면, 이는 자본가A로부터 B, C, D 등으로의 잉여 가치 또는 잉여 노동 시간의 이전일 것이며, 그의 노동자와 관련해서는 최상의 경우에 이윤 ― 즉 그 자신의 잉여 노동에 대한 지분 ― 이 그의 급료 중에서 가치 인하된 상품에 소비되는 부분에 국한될 것이라는 점이다. 그리고 만약 그가 임금을 모두 이 가치 인하된 상품에 지출한다면, 총생산물에 대한 필요 노동의 비율(위의 예에서는 20 : 200 = 1/10, 20탈러에 1/10 = 2탈러)을 넘지 못할 것이다. 다른 노동자들에게 있어서도 전적으로 마찬가지이다. 이들도 가치 인하된 상품으로부터 1. 그들이 이 상품을 소비하는 정도, 2. 필요 노동에 의해 결정되는 급료의 규모에 비례해서 이익을 얻을 뿐이다. 가치 인하된 상품이 예를 들어 곡물 ― 생활필수품 중의 하나 ― 이라면, 노동자의 필요 임금은 더 이상 필요 임금이 아니라 이보다 높다는 것을 곡물 생산자, 차지농이 먼저 발견하고, 다음으로 다른 자본가들이 발견할 것이다. 이에 따라 필요 임금은 인하될 것이고, 마침내 자본 a, b, c 등의 잉여 가치와 이들에 의해 고용된 자들의 잉여 노동만이 증대될 것이다.

5[17]명의 자본가 A, B, C, D, E가 노동자들에 의해서만 소비되는 일정한 상품을 생산한다고 가정하자. 그러면 그는 자신의 상품을 순전히 임금과 교환함으로써만 이윤을 실현할 것이다. 그러나 이 이윤은 그의 상품이 노동자의 화폐와 교환되는 데에서 유래하는 것이 아니라, 그의 자본이 살아 있는 노동과 교환되는 데에서 유래한다. 필

---

16) 수고에는: 200탈러에서 198탈러로
17) 수고에는: 4.

요 노동의 비율이 5개 사업 영역에서 모두 1/5이라고 가정하자. 모든 영역에서 1/5이 잉여 노동이고, 불변 자본이 3/5이라고 하자. 자본가 E는 그의 생산물을 자본 a의 1/5, 자본 b의 1/5, 자본 c의 1/5, 자본 d의 1/5과 교환하고, 1/5은 자신의 임금을 구성한다. 우리가 살펴본 바와 같이 이 임금에서 그는 아무런 이윤도 얻지 못할 것이다. 또는 그가 노동자에게 그의 자본의 1/5을 화폐로 주고, 노동자들은 이 1/5을 생산물로서 자본가로부터 재구매하는 데에서 그의 이윤이 유래하는 것은 아닐 것이다 — 이윤은 소비자들 또는 유통 중심들로서의 노동자들과의 교환에서 유래하지 않을 것이다. 소비자들로서의 노동자들과의 전체 거래는 그가 이들에게 그의 생산물을 화폐 형태로 주고, 노동자들은 정확하게 동일한 생산물 부분에 대한 대가로 그에게 동일한 화폐를 다시 준다는 데 기초한다. 그는 A, B, C, D의 노동자들과 자본가 대 노동자의 관계에 있는 것이 아니라 W와 G, 판매자와 구매자의 관계에 있다. 전제에 따라서 A, B, C, D의 노동자들은 자기 자신들의 생산물을 소비하지 않는다. 그렇지만 E는 A, B, C, D[18]의 생산물의 1/5, 즉 이들의 4/5와 교환한다. 그러나 우회적으로 이 교환은 A, B, C, D가 자신들의 노동자들에게 지불하는 임금이다. 이들은 노동자들에게 자신의 생산물의 1/5의 가치를 임금으로서, 또는 생산물의 1/5을 필요 노동에 대한 지불로서 화폐로 준다. 그리고 노동자들은 이 화폐로, 그들 생산물 또는 자본 가치의 4/5로 E의 상품을 구매한다. 요컨대 E와의 이 교환은 자본가들이 필요 노동을 나타내는 자본 부분 — 즉, 자본으로부터의 공제를 투하하는 간접적인 형태이다. 요컨대 자본가들이 이것을 통해 이익을 볼 수는 없다. 이윤은 자본 a, b, c, d의 나머지 4/5의 증식으로부터 유래하며, 이 증식은 바로 각자가 자신의 생산물에 대상화된 노동을 교환을 통

---

18) 수고에는: A, B, C, E

해 다른 형태로 되돌려 받는 것이다. 그들 사이에는 분업이 실존하므로 3/5은 각자에게 불변 자본, 원료, 노동 도구[19]를 대체해준다. 마지막 1/5의 상호 증식이 그들의 이윤이다 — 잉여 노동 시간의 증식. 그들의 잉여 가치로서의 정립. 자본 a, b, c, d가 4/5를 전부 서로 교환할 필요는 없다. 그들이 자본가들로서 동시에 강력한 소비자들이고 결코 공기만을 먹고 살 수는 없으므로, 그러나 그들이 마찬가지로 자본가들로서 자신들의 노동으로 살지도 못함으로, 그들은 타인의 생산물을 교환하거나 소비할 수밖에 없다. 즉 그들은 자신들의 소비를 위해서 바로 잉여 노동 시간, 자본에 의해 창출된 노동을 나타내는 1/5을 교환한다. 각 자본가가 이 1/5의 1/5, 즉 1/25을 자기∥37∣자신의 생산물의 형태로 소비한다고 가정하자. 그러면 4/25만이 교환에 의해서 증식되거나 자기 소비를 위한 사용 가치로 전환되는 것으로 남아 있게 된다. A는 B와 2/25를, C와 1/25을, E와 1/25을 교환할 것이고 B, C, E 측에서도 비슷할 것이다.

우리가 방금 가정한 바와 같이, 자본 E가 그의 이윤을 모두 급료와의 교환에서 실현하는 경우는 가장 유리한 경우이다 — 또는 자본이 생산에서 창출된 잉여 가치를 교환에서 노동자들의 소비를 통해 실현하는 것이 가능해지는 유일하게 올바른 비율을 표현한다. 그러나 이 경우에 자본 a, b, c, d는 그들의 가치를 상호 교환에 의해서만, 즉 자본가 자신들끼리의 교환에 의해서만 실현할 수 있다. 자본가 E는 자신의 생산물의 1/5을 자신의 노동자들에게 지불했고, 1/5은 자본 a의 1/5과, 1/5은 자본 b의 1/5과, 1/5은 자본 c의 1/5과, 1/5은 자본 d의 1/5과 교환했으므로, 자기 자신의 상품은 소비하지 않는다. A, B, C, D는 각 1/5이 자신들의 노동자들에게 지불한 1/5이므로, 이 교환으로부터 아무런 이윤도 실현하지 않는다.

---

19) 수고에는: 노동 재료

우리가 가정한 것처럼, 원료 2/5, 기계류 1/5, 노동자의 생활필수품 1/5, 자본가가 먹고살고 동시에 잉여 가치를 실현하는 1/5의 비율에 따라, A, B, C, D, E의 총 생산물이 각각 = 100이라면, 노동자의 생활필수품을 생산하는 생산자는 E 한 명을 필요로 하고, 다른 자본가를 위해 원료를 생산하는 자본가는 A와 B 두 명을 필요로 하며, 기계류를 생산하는 C 한 명, 잉여 생산물을 제공하는 D 한 명을 필요로 한다. 계산은 다음과 같을 것이다(기계 생산업자 등은 자기 상품의 일부를 스스로를 위해서 생산해야 한다).

	노동	원료	기계	잉여 생산물		
A) 원료 생산자	20 —	40 —	20 —	20	=	100 2½
B) 상동	20 —	40 —	20 —	20	=	100 2½
C) 기계 생산업자	20 —	40 —	20 —	20	=	100 2½
E) 노동자 생활필수품	20 —	40 —	20 —	20	=	100 2½
D) 잉여 생산자	20 —	40 —	20 —	20	=	100
	10 —	20 —	10 —	10	=	50.

요컨대 E는 그의 생산물 전체 100을 자기 자신의 노동자의 임금 20, 원료 생산자 A의 노동자의 임금 20, 원료 생산자 B의 노동자의 임금 20, 기계 생산업자 C의 노동자의 임금 20, 잉여 생산자 D의 노동자의 임금 20과 교환한다. 그 대가로 그는 원료 40, 기계류 20을 사들이고, 20은 노동자의 생활필수품으로 다시 받아들이며, 20은 그 자신이 먹고사는 잉여 생산물의 구매를 위해 남겨둔다. 다른 자본가들도 비율에 있어서는 마찬가지이다. 그들의 잉여 가치를 구성하는 것은 그들 모두가 잉여 생산물과 교환할 수 있는 1/5 또는 20이다. 잉여 전체를 소비한다면,[20] 그들은 마지막에도 처음과 같은 상태에 있을 것이며, 그들 자본의 잉여 가치는 증가하지 않을 것이다. 그들이 10 또는 1/10, 잉여 가치의 절반만을 소비한다고 가정하자. 그러면 잉여 생산자 D 자신은 10을 덜 소비할 것이고, 다른 자본가들은

___
20) 수고에는: 생산한다면

각각 10을 덜 소비할 것이다. 그리하여 전체적으로 그는 자기 상품의 절반 = 50만을 판매할 것이고, 자기 사업을 처음부터 시작할 수 없을 것이다. 그가 생활 수단을 50만 생산한다고 가정하자. 원료, 기계류, 노동자 생활필수품으로 존재하는 400에 자본가의 생활 수단으로는 50이 추가될 뿐이다. 그러나 이제 자본가들은 각자 10의 잉여를 보유하게 되어, 이중 4를 원료에, 2를 기계류에, 2를 노동자 생활필수품에 투하해서, (앞에서 80으로 100을 얻었듯이) 2의 이익을 실현할 것이다. D는 그의 40에 대하여 10의 이익을 실현했고, 동일한 비율로 자기의 생산을 5만큼 증대시킬 수 있다. 그는 다음 해에 $7\frac{1}{2}$이 더 많은 $57\frac{1}{2}$을 생산하게 된다.

‖38‖ 이 예는 나중에 상술될 수도 있고 상술되지 않을 수도 있다. 원래 여기에서 논의될 것이 아니다. 여기에서 분명한 것은 자본가들끼리의 교환에서 증식이 이루어진다는 것인데, 그 까닭은 E가 비록 노동자 소비를 위해서만 생산하지만 임금의 형태로 A의 1/5, B의 1/5, C의 1/5, D의 1/5 등과 교환하기 때문이다. 마찬가지로 A, B, C, D도 E와 교환한다. 각자가 1/5을 자기 노동자의 생활필수품으로서 E로부터 필요로 함으로써 직접적이 아니라 간접적으로. 증식은 각자가 자기 자신의 생산물을 다른 4명의 자본가의 생산물의 일정 부분과 교환하는 것, 그것도 잉여 생산물 중에서 일부는 자본가의 소비를 위해서 남겨두고, 다른 일부는 새로운 노동을 운동시키는 잉여 자본으로 전환시키는 것이다. 증식은 더 큰 증식 — 새롭고 더 많은 가치 생산의 **현실적인 가능성**이다. D와 E, 이중에서 E는 노동자들에 의해 소비되는 모든 소비재를 나타내고, D는 자본가에 의해 소비되는 상품을 나타내는데, 이들이 너무 많이 — 즉 노동자들의 차지가 될 자본 부분에 비해서 너무 많거나 또는 자본가들에 의해서 소비되는 자본 부분에 비해서 너무 많이 — {자본이 증대되어야 하는 비율에 비해서 너무 많이, 그리고 이 비율은 나중에 이자를 그 최소

한계로 한다.} 생산했다면, 즉 일반적 과잉 생산이 발생한다면, 그것은 노동자들에 의해서 소비되거나 자본가들에 의해서 소비될 것이 상대적으로 너무 적게 소비되었기 때문이 아니라 양자가 너무 많이 — 소비하기에 너무 많은 것이 아니라 소비와 증식 사이의 올바른 비율을 고수하기에는 너무 많이 — 생산되었기 때문이다. 즉, 증식을 하기에는 너무 많이 생산되었기 때문이다.

다른 말로 하자면, 생산력 발전의 주어진 관점에서는 — (왜냐하면 이 발전이 잉여 노동에 대한 필요 노동의 비율을 결정하기 때문에) — 생산물이 원료, 기계류, 필요 노동, 잉여 노동으로 적절히 분할되고, 마침내 잉여 노동 자체가 소비에 귀속되는 부분과 다시 자본이 되는 부분으로 분할되는 고정 비율이 있다. 자본의 이러한 개념적인 내적 분할은 교환에서 자본들의 상호 교환에 — 생산이 진행되면서 끊임없이 변하지만 — 일정하고 제한된 비율들이 있는 것으로 현상한다. 예를 들어 원료 2/5, 기계류 1/5, 임금 1/5, 잉여 생산물 1/5, 이중에서 다시 1/10은 소비하도록 되어 있고, 다른 1/10은 새로운 생산을 위해서 지정되어 있는 이러한 비율들 — 자본 내에서의 이러한 분할 — 이 교환에서는 다섯 자본 사이의 분배로 현상하는 것이다. 어쨌든 이 때문에 이루어질 수 있는 교환액과 각 자본이 교환할 뿐만 아니라 생산해야 하는 비율도 주어져 있다. 예를 들어 불변 자본 부분에 대한 필요 노동의 비율이 위의 예에서처럼 $= 1/5 : 3/5$이라면, 우리는 자본가들과 노동자들의 소비를 위해서 노동하는 자본은 $1/5$ + 각각 1을 나타내는 다섯 자본의 $1/10 = 1\frac{1}{2}$자본보다 커서는 안 된다는 것을 보았다. 마찬가지로 각 자본이 그 자신의 일정한 계기가 되는 다른 자본과 교환해야 하는 비율도 주어져 있다. 끝으로 각자가 교환해야 하는 비율 일체도 예를 들어 원료의 비율이 $= 2/5$라면, 원료를 생산하는 자본들은 어떤 마지막 시점에서 언제나 $3/5$만을 교환하는 반면, $2/5$는 고정되어 있는 것으로 간주될 수 있다. (예를 들어 농업에서 씨앗 등으로.) 즉자대자적으로 교환은 개념적으로 서로 규정된 이 계기들에 무차별적인 현존을 부여한다. 그들은 서로 독립적으로 존재한다. 그들의 내적 필연성은 그들의 상호 무차별적인 외양을 강제로 종식시키는 공황에서 드러난다.

생산력의 혁명은 이 비율들을 변화시키는데 — 자본의 관점, 따라서 교환을 통한 증식의 관점에서도 — 잉여 노동에 대한 필요 노동의 비율, 또는 말하자면 살아 있는 노동에 대한 대상화된 노동의 다양한 계기들의 비율을 기반으로 하는 이 비율들 자체를 변화시킨다. 우리가 이미 앞에서 암시한 바와 같이, 생산력의 증대에 의해서 자유롭게 된 자본뿐만 아니라 자유롭게 된 살아 있는 노동 능력도, 생산이 새롭게 발전된 생산력의 기초 위에서 이루어져야 하는 비율로 존재하지 않기 때문에 유휴 상태에 있어야 하는 경우가 있을 수 있다. 이에 상관없이 생산력의 증대가 계속된다면, 결국 교환에서는 어떤 쪽에서든 마이너스, 즉 부(負)의 크기가 등장할 수밖에 없다.

제약은 언제나 교환이 — 또한 생산도 — 필요 노동에 대한 잉여 노동의 비율이 동일하도록 이루어져야 한다는 것이다 — 왜냐하면 이것은 = 자본 증식이 동일한 수준에 머물러 있는 것이기 때문에 —. 두 번째 비율 — 자본에 의해 소비되는 잉여 생산물 부분과 새롭게 자본으로 전환되는 부분 사이의 비율 — 은 첫 번째 비율에 의해서 결정된다. 첫째로, 이 두 부분으로 분할되는 금액의 크기는 원래의 비율에 좌우된다. 둘째로, 자본의 잉여 가치 창출이 잉여 노동의 창출에 기초한다면, 자본의 자본으로서의 증대(축적, 그리고 이것이 없이는 ‖39‖ 자본은 정체되어 있을 것이고, 단순한 인구 증가 등에 의해서 필요해지는 진보의 요소가 되지 못할 것이므로, 그것은 생산의 기반을 이룰 수 없다.)는 이 잉여 생산물의 일부가 자본으로 전화되는 것에 좌우된다. 잉여 가치가 단순히 소비된다면 자본은 증식되지 않을 것이며, 자본, 즉 가치를 생산하는 가치로서 생산되지 않을 것이다.

우리는 ― 200탈러에 대상화된 노동 시간을 포함하고 있기 때문에 ― 200탈러의 가치를 가지는 면사 40파운드가 198탈러에 교환된다면, 면사 공장주는 1 1/9%[21])의 이윤을 잃을 뿐만 아니라 그의 생산물은 가치 인하되며, 설사 그에게 여전히 10%의 이윤을 남겨주는 가격에 판매될지라도, 그것의 실재적인 가치 이하로 판매되는 것이라는 점을 보았다. 다른 한편 은 생산자는 2탈러의 이익을 본다. 2탈러를 자유롭게 된 자본으로 간직한다. 그럼에도 불구하고 총액을 관찰해보면, 가치 인하가 일어났다. 그 까닭은 합계가 400탈러가 아니라 398탈러이기 때문이다. 왜냐하면 은 생산자의 수중에서 200탈러 면사는 이제 198탈러의 가치만 가지기 때문이다. 그에게는 마치 그의 노동 생산력이 증대되어 여전히 대상화된 동일한 노동이 200탈러에 포함되어 있기는 하지만, 이중 2탈러는 필요 지출의 항목에서 잉여가치의 항목으로 이전된 것, 그가 필요 노동에 대하여 2탈러 적게 지불한 것이나 마찬가지이다. 반대의 경우는 은 생산자가 198탈러에 구매한 면사 40파운드를 다시 200탈러에 판매할 수 있을 경우에만 가능할 것이다. 그러면 그는 202탈러를 가지면서, 면사 40파운드에 대하여 견직물 200탈러의 가치를 그에게 주는 견직물 공장주에게 판매했다고 말할 것이다. 그러면 40파운드 면사는 비록 생산자에 의해서 직접적으로가 아니라 그 구매자에 의해서 간접적으로나마 그것의 진정한 가치로 판매된 것이며, 전체 계산은 다음과 같을 것이다. 즉 세 생산물이 교환되는데, 각각은 200탈러 가치의 대상화된 노동을 포함하고 있다. 따라서 자본들의 가치의 합계는 600. A는 면사 공장주, B는 은 생산자, C는 견직물 공장주. A는 198탈러, B는 202탈러(즉 첫 번째 교환으로부터 2탈러 잉여, 그리고 견직물로), C는 200탈

---

21) 수고에는: 1¼%

러. 합계 600. 이 경우에 자본들의 전체 가치는 동일하다. 다만 B가 가치의 일부를 너무 많이 수취하고, A에게 너무 적게 귀속됨에 따라 위치 이동이 일어났을 뿐이다.

면사 공장주 A가 — 그에게 소요된 비용인 — 180탈러 어치만을 판매할 수 있고, 20탈러는 면사로[22] 전혀 판매될 수 없다면, 20탈러의 대상화된 노동은 쓸모 없게 될 것이다. 그가 200탈러의 가치를 180탈러에 주는 경우에도 마찬가지일 것이다. B — 은 생산자 — 에게 있어서는: 면사의 과잉 생산에 의해서 A에게 이러한 필요성이 생겨나는 한, 즉 면사 40파운드에 포함된 가치를 B에게 180탈러 이하로 매각할 수 있는 한 — [B는] 그의 자본 중에서 20탈러를 자유롭게 했을 것이다. 그는 20탈러의 상대적 잉여 가치를 수중에 가질 것이나 절대적 가치 — 그것이 교환 가능한 한에 있어서 대상화된 노동 — 의 합계에 있어서는 여전히 200탈러 — 즉 180탈러 어치의 면사 40파운드와 20탈러의 자유롭게 된 자본 — 뿐이다. 이것이 그에게는 면사 생산비가 감소한 것, 즉 노동 생산력의 증대에 의해 면사 40파운드에 20탈러 적은 노동 시간이 포함되거나, 또는 노동일 = 4탈러이면 면화 x파운드를 면사 40파운드로 전환시키는데 5일의 노동일이 더 적게 필요한 것, 요컨대 그가 더 적은 은으로 대상화된 노동을 면사로 대상화된 노동 시간과 교환해야 하는 것과 마찬가지이다. 그러나 존재하는 가치의 총액은 400이 아니라 380일 것이다. 요컨대 20탈러의 **일반적 가치 하락**이나 또는 20탈러에 달하는 자본의 폐기가 일어났을 것이다. 요컨대 면사 공장주가 40파운드를 200탈러가 아니라 180탈러에 판매하는 **가치 하락**은, 필연적으로 은쪽의 가치 절상, 은에 대한 면사의 가치 인하로 현상한다. 가격들 일체의 **일반적 가치 인하**는 언제나 화폐의 가치 절상, 즉 다른 모든 상품이 평가되

---

22) 수고에는: 면사 20파운드로

는 상품의 가치 절상을 포함한다. 공황 — 가격들의 일반적인 하락
— 에서는 일정한 순간까지 **자본의 일반적 가치 하락** 또는 **폐기**가 동
시에 일어난다. 가치 하락은 가치가 가격처럼 한 상품의 다른 상품에
대한 관계를 표현할 뿐만 아니라 상품에 대상화된 노동에 대한 상품
가격의 관계, 또는 동일한 질의 대상화된 노동의 일정량과 다른 양의
관계도 표현하기 때문에, **가치 인하**처럼 상대적일 뿐만 아니라 절대
적으로도 일반적일 수 있다. 이 양들이 동일하지 않다면 다른 한편이
교환에 의해서 변경될 수 없는 고정된 양의 대상화된 노동을 표현하
므로, 이것의 가치 절상에 의해 상쇄되지 않는 가치 하락이 일어난다.
이 가치 하락이 일반적 공황에서는 살아 있는 노동 능력 자체에까지
미치게 된다.

   위에서 암시된 ‖40‖ 바에 따르면, 공황에서 일어나는 가치와 자
본의 폐기는 생산력의 일반적인 성장과 일치한다 — 또는 같은 의미
이다 —. 그렇지만 이 성장은 노동 생산력의 실재적인 증대가 아니
라, (이 증대가 공황의 결과로서 이루어지는 한에 있어서 여기에서
논할 대상이 아니다) 원료, 기계류, 노동 능력의 기존 가치의 감소에
의해서 이루어진다. 예를 들어, 면화 공장주는 그의 생산물(예를 들
어 면사)에 결합된 자본을 잃게 되지만 동시에 그는 면화, 노동 등에
들어 있는 동일한 가치를 낮은 가격으로 구매하게 된다. 이것이 그에
게는 노동, 면화 등의 **실재 가치**가 감소한 것, 즉 이들이 노동 생산력
의 향상에 의해 보다 값싸게 생산된 것과 마찬가지이다. 다른 한편으
로 생산력의 갑작스러운 일반적 성장은 노동이 낮은 생산력 단계에
서 대상화하는 모든 **기존의 가치**를 기존의 노동 능력과 마찬가지로
상대적으로 하락시킬 것이고 따라서 폐기할 것이다. 공황의 다른 측
면은 — 궁극적으로 모든 것의 기초가 되는 필요 노동과 잉여 노동
사이의 올바른 비율을 회복하기 위해서 — 생산의 감소, 살아 있는
노동의 실재적인 감소로 귀착된다. (요컨대 — 진짜 고리대금업자로

서 — 오버스톤 경이 생각하듯이, 공황이 단지 한편의 방대한 이윤과 다른 한편의 방대한 손실로 귀착되는 것은 결코 아니다.)

교환은 증식의 내적 조건들을 변화시키지 않는다. 그러나 교환은 이 조건들을 밖으로 내던지고 이들에게 상호 자립적인 형태를 부여하며, 그리하여 내적인 통일을 내적인 필연성으로만 존재하도록 하고, 따라서 공황에서 강제적으로 외적으로 표출된다. 따라서 자본의 본질에는 두 가지가 정립되어 있다. 자본의 가치 하락의 지양으로서 생산 과정에 의한 자본의 가치 하락과 자본 증식을 위한 조건들의 창출. 이것이 실제로 진행되는 운동은 현실적인 자본, 즉 경쟁 등 — 실재적인 현실적 조건들 — 이 고찰되자마자 비로소 고찰될 수 있다. 아직 여기에서 논할 대상이 아니다. 다른 한편으로 증식 자체는 교환이 없이는 존재할 수 없으므로, 교환이 없이는 자본 자체의 생산이 존재하지 않을 것이다. 교환이 없다면 생산된 사용 가치의 측정 등, 오직 사용 가치만이 중요할 것이다.

자본이 생산 과정을 통해 1. 증식되었고, 즉 신가치를 창출했고, 2. 가치 하락, 즉 화폐 형태로부터 일정한 상품 형태로 이행한 후에는, 3. 생산물이 다시 유통에 던져지고, W로서 G와 교환됨으로써, 자본은 신가치와 더불어 증식된다. 이 세 번째 과정의 실재적인 어려움은 자본이 일반적으로만 고찰되는 가능성으로서만 존재하고 따라서 가능성으로서 지양되는, 우리가 지금 서 있는 지점에 놓여 있다. 요컨대 이제 생산물은 다시 화폐로 전환되는 것으로 정립되어 있다.

요컨대 이제 자본은 다시 화폐로 정립되었으며, 따라서 화폐는 단순히 실현된 상품가격이 아니라 실현된 자본이라는 새로운 규정으로 정립되어 있다. 또는 가격에서 실현된 상품이 이제는 실현된 자본이다. 우리는 화폐 또는 오히려 화폐로서의 자본의 이 새로운 규정을 나중에 고찰할 것이다. 우선은 화폐의 본성에 따라 자본이 창출한 신가치는 — 자본이 화폐로 전환됨으로써 — 자본에 비교해서 측정될 뿐이다. 즉, 상품의 일반적 척도라는 화폐의 첫 번째 규정이 이제는 잉여 가치 — 자본 증식 — 의 척도로 반복된다. 화폐 형태에서 이 증식은 자기 자신과 비교해서 측정된 것으로 현상하고, 자기 자신을 증식의 척도로 삼는 것으로 현상한다. 원래 자본은 100탈러였다. 자본이 이제 110이 됨으로써 증식의 척도는 자기 자신의 형태로 — 질적으로 부등한 두 가지 노동 — 대상화된 노동과 살아 있는 노동의 비율로 — 또는 필요 노동과 창출된 잉여 노동의 관계가 아니라 생산 과정 및 유통 과정으로부터 반송된(화폐 형태로 반송된) 자본의 원래 자본에 대한 비율로 — 정립된다. 이처럼 자본이 화폐로 정립됨으로써, 자본은 화폐의 첫 번째 규정, 즉 가치 척도로 정립된다. 그러나 여기에서 이 가치는 자기 자신의 가치, 또는 자기 증식의 척도이다. 이에 대해서는 (이윤에서) 다시 논의할 것이다.

　화폐의 두 번째 형태는 유통 수단 형태였는데, 이 측면에서 보면 자본의 화폐 형태는 자본을 다시 교환하기 위해서 사라지는 계기로 현상할 뿐이다. 그러나 유통 수단 일체로서의 화폐처럼 소비하기 위한 상품 — 사용 가치 — 과 교환하기 위해서가 아니라 자본이 자본으로서의 순환을 새롭게 시작할 수 있는 특수한 사용 가치들, 한편으로는 원료와 도구, 다른 한편으로는 살아 있는 노동 능력과 교환하기 위해서이다. ‖41‖ 이러한 규정에 있어서 자본은 **유동 자본**인데, 이에 대해서는 나중에. 그러나 유통 수단의 규정에 있는 화폐로서의 자본의 결과는 정립된 자본으로부터 출발하는 생산 행위의 시작이다. 이는 우리가 더 나아가기에 앞서 여기에서 우선 고찰할 점이다. (첫 번째 규정, **척도**에서 **신가치**는 측정된 것으로 나타나지만 차이는 형식적일 뿐이다. 잉여 노동이 아니라 화폐 — 일정한 상품에 대상화된 잉여 노동. 그러나 이 신가치의 **질적인 본성**도 변화를 겪는다 —, 즉 나중에 비로소 고찰될 척도크기 자체. 둘째로, 유통 수단으로서의 화폐 형태의 사라짐도 아직 **형식적**일 뿐이다. 화폐 형태는 첫 번째 순환뿐만 아니라 두 번째 순환도 종료된 다음에 비로소 **본질적**이 된다. 요컨대 우리가 다시 **증식** 과정의 처음에 서 있는 결과를 낳을 뿐이다. 따라서 우리는 우선 이 점에서 계속해 나아간다.)

유통에 대해 부정적으로 관계하는 자립적인 가치로서 화폐의 세 번째 형태는 상품으로서 생산 과정을 벗어나 화폐가 되기 위해서 다시 교환으로 들어가는 자본이 아니다. 자기 자신과 관계하는 가치 형태로 상품이 되고 유통에 들어가는 자본이다. (**자본과 이자**) 이 세 번째 형태는 앞에서 설명한 자본을 전제로 하며, 동시에 **자본**으로부터 **특수한 자본들**, 현실적 자본들로의 이행을 이룬다. 이제 이 마지막 형태에서 자본은 그 개념에 따라서 이미 자립적인 존재를 가지는 두 자본으로 분열하기 때문이다. 그러면 둘로써 다수 일체가 주어진다. 이것이 이 설명의 과정이다.

{더 나아가기에 앞서 다음을 언급해야 할 것이다. 특수한 자본들과 구별되는 **자본 일반**은 1. 하나의 **추상**으로 현상하되, 자의적인 추상이 아니라 다른 모든 형태의 부 — (사회적) 생산이 발전되는 방식들 — 와 구별되는 자본의 특유한 속성을 파악하는 추상이다. 이는 자본 자체에 공통되거나 또는 어떤 일정한 가치액도 자본으로 만드는 규정들이다. 그리고 모든 종류의 자본이 이 추상의 긍정이거나 부정이므로 (예를 들어 고정 자본이나 유동 자본) 이 추상 내에서의 차이들도 마찬가지로 모든 종류의 자본을 특징 지우는 추상적인 특수성들이다. 2. 그러나 특수한 현실적 자본들과 **구별되는** 자본 일반은 그 자체가 하나의 **현실적** 실존이다. 이는 평범한 경제학에 의해서도 비록 이해되지는 않고 있을지라도 인정되고 있다. 그리고 균등화 등에 관한 그것의 이론을 위해서 매우 중요한 계기를 이루고 있다. 예를 들어 이 **일반적 형태**의 자본은 개별 자본가들에게 속하지만, 자본으로서의 **기본적인 형태**(elemenentarische Form)에서는 은행들에 축적되어 있거나 은행들에 의해 배분되고, 리카도[217]가 말한 바와 같이 생

산의 욕구들에 비례하여 그토록 훌륭하게 배분되는 자본을 이룬다. 마찬가지로 그것은 대부 등을 통해 상이한 나라들 사이의 조정자가 된다. 따라서 증식되기 위해서 이중적으로 정립되어야 하고, 이 이중적인 형태로 이중으로 증식되어야 하는 것이 자본 일반의 한 법칙이라면, 예를 들어 다른 민족에 대립해서 자본 그 자체(*par excellence*)를 대표하는 어떤 특수한 민족의 자본은 증식되기 위해서 제3의 민족에게 대부되어야 한다. 이 경우에 이중 정립, 자기 자신에게 타인의 것으로서 관계하는 것은 빌어먹을 정도로 현실적이다. 따라서 일반적인 것은 한편으로 단지 생각된 종차(種差)인 반면, 그것은 동시에 특수한 것과 개별적인 것의 형태와 공존하는 하나의 특수한 현실적 형태이다. (우리는 경제학적이라기 보다 논리학적이지만, 그럼에도 불구하고 우리의 연구의 진전을 위해서는 대단히 중요하게 부각될 이 점에 대해서 나중에 다시 논의할 것이다. 대수학(代數學)에서도 이는 마찬가지이다. 예를 들어 a, b, c가 숫자 일체, 일반이라면, 이들은 이들을 일반적 요소들로 전제하는 a/b. b/c, c/b, c/a, b/a 등에 대하여 전체 숫자이다.)}

∥42∣ 요컨대 신가치 자체가 자본, 대상화된 노동으로서 살아 있는 노동과의 교환 과정에 들어가는 불변 부분 — 노동의 객체적 조건들인 재료와 도구 — 과 노동의 주체적 조건, 즉 살아 있는 노동 능력의 실존을 위한 조건들, 생활필수품, 노동자를 위한 생활 수단으로 분할되는 것으로 다시 정립된다. 자본이 이러한 형태로 두 번째 등장하게 되면 자본의 첫 번째 현존 — 가치로서의 규정에서 자본으로서의 규정으로 이행하는 화폐 — 에서 전혀 불분명했던 점들이 규명되어 나타난다. 이제 그들은 증식 및 생산 과정 자체에 의해서 지출된다. 첫 번째 현존에서 전제들 자체는 유통에서 유래하는 외적인 것, 자본이 등장하기 위한 외적인 전제들로 현상했다. 따라서 그것의 내적 본질에서 유래하는 것이 아니었고, 그렇게 설명되지도 않았다.

이러한 외적인 전제들이 이제는 자본 운동 자체의 계기들로 현상하게 되어, 자본 스스로 이것들을 — 이것이 역사적으로 어떻게 등장하든 — 자기 자신의 계기들로 전제한 것이 되었다.

잉여 가치, 자본의 강제에 의해서 자극된 잉여 가치는 생산 과정 자체 내에서는 잉여 노동, 즉 살아있는 노동 형태 속의 존재로 나타나는데, 그러나 그것이 그 자체로 무(無)에서는 아무 것도 창출할 수 없으므로, 잉여 노동의 객체적 조건들은 그 앞에 주어져 있는 것으로 나타난다. 이제는 이 **잉여 노동**이 **잉여 생산물**로 대상화되어 나타나고, 이 잉여 생산물은 자본으로 증식되기 위해서 이중적인 형태로 분할된다. 객체적 노동 조건 — 재료 및 도구 — 과 주체적 조건 — 이제 작동될 살아 있는 노동을 위한 생활 수단 — 으로서. 물론 가치 — 대상화된 노동 — 와 유통으로부터 나오는 대상화된 노동이라는 일반적 형태는 자명한 일반적 전제이다. 더욱이 — 잉여 노동을 총체적으로 대상화하는 — 잉여 생산물이 이제는 그 총체성에 있어서 (이 순환을 수행하기 이전의 원래 자본과 비교한) 잉여 **자본**, 즉 그것의 특유한 **사용 가치**로서의 살아 있는 노동 능력에 마주 서는 자립화된 교환 가치로서 나타난다. 살아 있는 노동 능력을 그 **자체와는 독**립적인 일정한 조건들 아래서 소비하고 사용하는 계기들, 낯설고 외적인 권력들로서 살아 있는 노동 능력에 마주 섰던 모든 계기들이 이제는 살아 있는 노동 능력 **자신의 산물**이자 결과로 정립되어 있다.

첫째로, 잉여 가치 또는 잉여 생산물은 일정액의 대상화된 살아 있는 노동 — 일정액의 잉여 노동 — 에 지나지 않는다. 자립적인 가치, 살아 있는 노동과 교환되는 가치, 자본으로서 살아 있는 노동에 마주 서는 이 새로운 **가치**가 노동의 산물이다. 그 스스로 — 객체적인 형태로 존재하고 따라서 가치로서 존재하는 — **필요 노동을 넘는 노동** 일체의 초과분에 지나지 않는다.

둘째로, 따라서 새롭게 증식되기 위해서, 즉 자본으로 정립되기 위해서 이 가치가 취하는 특수한 형체들도 — 한편으로는 원료 및 도구로, 다른 한편으로는 생산 행위 동안 노동을 위한 생활 수단으로 — 마찬가지로 잉여 노동 자체의 특수한 형태들일 뿐이다. 잉여 노동에서 일정액의 필요 노동 — 즉, 생활 수단(이것의 가치)을 재생산하는 살아 있는 노동 — 이 대상화되고, 그것도 지속적으로 대상화될 수 있었다. 동시에 살아 있는 노동의 자기 보존과 자기 생산을 위한 객체적 조건과 주체적 조건의 분리를 끊임없이 새롭게 시작할 수 있도록 하는 비율로, 원료와 도구가 잉여 노동 자체에 의해서 생산되었다 — 또는 잉여 노동 자체가 원료와 도구로 객체적으로 정립되었다. 동시에 살아 있는 노동은 자기의 대상적 조건들의 이러한 재생산을 수행함으로써, 원료와 도구에서 잉여 노동으로, 필요 노동을 넘는 노동으로 실현되고, 따라서 이들을 새로운 가치 창출 재료로 만들 수 있는 그러한 비율로 정립했다. 따라서 — 필요 노동의 객체적 조건들은 그것의 객체성 내에서 노동의 객체적 계기들과 주체적 계기들, 물적 계기들과 주체적 계기들(살이 있는 노동의 생활 수단)로 분할되는데 반해, 필요 노동의 요구를 초과하는 원료 및 도구의 비율로 국한되는 — 잉여 노동의 객체적 조건들은 이제 잉여 노동 자체의 산물, 결과, 객관적 형태, 외적인 존재로 나타나고, 따라서 그러한 것으로 정립되어 있다. 이에 반해 도구와 생활 수단이 살아 있는 노동으로 하여금 필요 노동뿐만 아니라 잉여 노동으로도 실현될 수 있게 하는 규모로 존재했다는 것은 최초에 살아 있는 노동 자체에는 낯선 것으로 — 자본측의 행위로 — 현상했다.

셋째로, 노동자라는 인물의 객체적 조건들이 자본가라는 인물에서 — 자신의 의지와 이해 관계를 가지는 인격화로서 마주 서는 점까지 진척된다. 살아 있는 노동 능력에 대한 가치의 자립적인 대자적 존재 —, 따라서 자본으로서의 그의 현존 —, 살아 있는 ‖43‖ 노동 능력에 대한 객체적 노동 조건들의 지속적인 객관적 무차별성, 낯설음,

살아 있는 노동 능력으로부터 소유, 즉 물적 노동 조건들의 이러한
절대적인 **분열, 분리** — 물적 노동 조건들이 살아 있는 노동 능력에
게 타인의 소유, 다른 법적 인격의 현실, 이 인격의 의지의 절대적인
영역으로 마주 선다는 것 —, 따라서 다른 한편에서는 노동이 자본가
로 인격화된 가치 또는 노동 조건들에 대하여 타인 **노동으로** 현상한
다는 것 — 소유와 노동, 살아 있는 노동 능력과 그것의 실현 조건들,
대상화된 노동과 살아 있는 노동, 가치와 가치 창출 활동 사이의 이
러한 절대적 분리 — 따라서 노동자 자신에 대한 노동 내용의 낯설
음도 —, 이제는 마찬가지로 노동 자체의 산물, 노동 자체의 계기들
의 대상화, 노동 자체의 객체화로 현상한다. 왜냐하면 — 자본과 살
아 있는 노동 사이의 선행하는 교환을 승인한 — 새로운 생산 행위
자체에 의해서 잉여 노동, 따라서 잉여 가치, 잉여 생산물, 노동의 전
체 결과 일체(잉여 노동의 결과뿐만 아니라 필요 노동의 결과)가 자
본으로서, 살아 있는 노동 능력에게 자립적이고 무차별적인 것으로
서, 또는 이것의 단순한 사용 가치에 마주 서는 교환 가치로서 정립
되기 때문이다. 노동 능력은 필요 노동의 주체적 조건들 — 생산하는
노동 능력을 위한 생활 수단, 즉 자기 실현 조건들과는 분리된 단순
한 노동 능력으로서의 재생산 — 만을 점취했다. 그리고 노동 능력은
이 조건들 자체를, 명령하는 낯선 인격화로서 그것에 마주 서는 **사물
들**, 가치들로 정립했다. 살아 있는 노동 능력은 이 과정에 들어갈 때
보다 더 부유해지지 않을 뿐만 아니라 오히려 더 빈곤해져서 이 과
정으로부터 나온다. 왜냐하면 그것은 필요 노동의 조건들을 자본에
속하는 것으로 산출했을 뿐만 아니라 그것에게 가능성으로 존재하는
증식, 가치 창출 가능성이 이제는 마찬가지로 잉여 가치, 잉여 생산
물, 한마디로 말하자면 자본으로서, 살아 있는 노동 능력에 대한 지
배로서, 자신의 권력과 의지를 갖춘 가치로서 추상적이고 객체 없는
순전히 주체적인 빈곤 속에 있는 살아 있는 노동 능력에게 마주 서

서 존재하기 때문이다. 그것은 타인의 부와 자신의 빈곤을 생산했을 뿐만 아니라 자기 자신과 관계하는 부로서의 이 부의 빈곤으로서의 살아 있는 노동 능력에 대한 관계도 생산했는데, 이 빈곤을 소비함으로써 부는 새로운 활력을 흡수하고 새롭게 증식된다. 이 모든 것이 일정량의 대상화된 노동과 살아 있는 노동 능력이 교환되는 교환에서 유래한다. 다만 이 대상화된 노동 — 살아 있는 노동 능력 밖에 실존하는 이것의 현존 조건들과 이 물적 조건들이 그것의 밖에 자립적으로 존재하는 것 — 은 이제 살아 있는 노동 능력 자신의 산물, 그것에 의해서 정립된 것, 자기 자신의 객체화일 뿐만 아니라 그것에 대해 독립적이고, 나아가 그것을 지배하는, 그것 자신의 행위를 통해 지배하는 권력의 객체화로 현상한다.

잉여 자본에서 모든 계기는 타인 노동의 산물 — 자본으로 전환된 타인의 잉여 노동 — 이다. 필요 노동을 위한 생활 수단, 필요 노동이 그것과 생활 수단으로 교환된 가치를 재생산하기 위한 객체적 조건들 — 재료 및 도구 —. 끝으로 새로운 잉여 노동이 실현되거나 또는 새로운 잉여 가치가 창출되기 위해 필요한 양의 재료 및 도구.

자본이 어떤 가치를 자기 쪽에서, 유통으로부터 동반하는 듯한 외양은 생산 과정을 처음 고찰할 때에는 존재했으나 여기에서는 사라졌다. 이제 노동의 객체적 조건들은 — 노동이 가치 일체일 뿐만 아니라 생산을 위한 사용 가치인 한에 있어서 — 노동의 산물로 나타난다. 그러나 이처럼 자본이 노동의 산물로 나타난다면, 노동의 산물도 마찬가지로 자본으로 — 단순한 생산물도 교환 가능한 상품도 아니라 자본, 살아 있는 노동에 대한 지배, 명령으로서의 대상화된 노동으로 현상한다. 노동의 생산물이 타인의 소유로서, 살아 있는 노동에 대해 자립적으로 마주 서는 실존 방식으로서, 또한 대자적으로 존재하는 가치로서 현상하는 것, 노동의 생산물, 즉 대상화된 노동이 살아 있는 노동 자체에 의해서 자신의 정신을 갖추게 되고, 살아 있

는 노동에 대해 **타인의 권력**으로 정착된다는 것도 마찬가지로 노동
의 산물로서 현상한다. 노동의 관점에서 고찰하면 노동은 객체적 조
건들에서의 자기 실현을 동시에 타인의 현실로서 자기로부터 축출하
고, 따라서 그것에게는 소외된, 그것이 아니라 타인에게 속하는 현실
에 대해 스스로를 실체 없는, 즉 단순히 빈곤한 노동 능력으로 정립
하면서, 그가 자기 자신의 실재를 자신을 위한 존재로가 아니라 타인
을 위한 단순한 존재로 정립하고, 따라서 단순한 다른 존재 또는 타
인의 존재를 자기에 대립해서 정립하면서 생산 과정에서 활동하는
것으로 현상한다. 이러한 실현 과정이 마찬가지로 노동의 발전 과정
이기도 하다. 노동은 객체적으로 정립되나 그것은 자신의 이러한 객
체성을 자기 자신의 비존재(Nichtsein), 또는 그것의 비존재의 ― 자
본의 ― 존재로 정립한다. 모든 실재적 부, 실재적 가치의 세계와 노
동 자신의 ‖ 44 ‖ 실현의 현실적 조건들이 노동에 대해 자립적인 존
재들로 정립되어 있기 때문에, 노동은 가치 정립 또는 가치 증식의
단순한 가능성으로서 자신에게 되돌아온다. 생산 과정의 결과 노동
밖에서 실재들로서 ― 그러나 노동에 대립해서 부를 형성하는 노동
에 **낯선 실재들로서** ― 존재하는 것은 살아 있는 노동 자신의 품에서
잠자고 있는 가능성들이다.

잉여 생산물이 잉여 자본으로서 새롭게 증식되는 한, 다시 말해
생산 과정과 자기 증식 과정에 새롭게 들어가는 한, 그것은 다음으로
분할된다. 1. 살아 있는 노동과 교환될 노동자용 생활 수단. **자본의**
이 부분은 **노동 기금**이라 불린다. 이 노동 기금, 즉 노동 능력을 보존
하도록 ― 잉여 자본이 끊임없이 증가하므로 이 노동 능력을 누진적
으로 보존하도록 ― 규정된 부분은 이제 **타인 노동, 자본**에 낯선 노
동의 산물로 현상한다. 2. 노동 능력의 다른 구성 요소들 ― 한 가치
= 이 생활 수단 + 잉여 가치를 재생산하기 위한 물적 조건들.

나아가 이 잉여 자본이 고찰되면, 불변 부분 ― 노동에 앞서 태고

적부터 존재하는 부분, 즉 원료 및 노동 도구 — 과 가변 부분, 즉 살아 있는 노동과 교환 가능한 생활 수단으로의 자본의 분할은 양자가 동일하게 노동에 의해 정립되고, 동일하게 노동에 의해서 노동 자신의 전제들로서 정립되는 한에 있어서, 순전히 형식적인 것으로 현상한다. 자기 자신으로의 이러한 자본 분할은 이제 오히려 노동의 자기 생산물 — 객체화된 잉여 노동 — 이 두 구성 부문 — 노동의 새로운 사용을 위한 객체적 조건들(1)과 이 살아 있는 노동의 가능성, 즉 살아 있는 노동 능력을 살아 있는 노동 능력으로 보존하기 위한 노동 기금(2) — 으로 분리되는 것으로 나타나지만, 이 과정에서 노동 능력은 자기 자신의 결과 — 자기 자신의 객체적 형태로의 현존 — 중에서 노동 기금으로 규정된 부분을 다시 점취할 수 있을 뿐이고, 그것이 자신의 가치를 재생산할 뿐만 아니라 새로운 잉여 노동의 실현과 잉여 생산 또는 잉여 가치의 생산을 위한 객체적 조건들이 되는 새로운 자본 부분도 증식함으로써, 그것에게 마주 서는 낯선 부의 형태로부터 점취할 수 있을 뿐인 것으로 현상한다. 노동 자체는 새로운 필요 노동을 사용하기 위한 새로운 기금을 창출했거나, 또는 같은 말이지만 새로운 살아 있는 노동 능력, 노동자를 보존하기 위한 기금, 그러나 동시에 새로운 잉여 노동이 잉여 자본의 초과 부분에 이용됨으로써만 이 기금이 사용될 수 있는 조건을 창출했다. 요컨대 노동에 의해 생산된 잉여 자본 — 잉여 가치 — 에서 동시에 새로운 잉여 노동의 현실적 필연성이 창출되었고, 이에 따라 잉여 자본 자신은 새로운 잉여 노동과 동시에 새로운 잉여 자본의 현실적 가능성이다. 여기에서 분명한 것은 부의 객체적 세계가 노동 자신에 의해서 누진적으로 노동에 대하여 낯선 권력으로서 확대되고 갈수록 넓고 완전한 존재를 획득해가며, 그리하여 창출된 가치 또는 가치 창출의 현실적 조건들에 비해서 살아 있는 노동 능력의 빈곤한 주체성이 갈수록 뚜렷한 대조를 이룬다는 것이다. 노동에게 타인의 세계 — 타인의 소유

— 로 마주 서는 가치들의 객체적 세계는 노동이 객체화될수록 커진다. 노동 자신은 잉여 자본을 창출함으로써 다시 새로운 잉여 자본을 창출할 강제를 자신에게 강요하곤 한다.

최초의 자본 — 비잉여 자본 — 과 관련하여 노동 능력으로서 관계는 다음과 같이 변했다. 1. 필요 노동과 교환되는 자본 부분이 이 노동 자신에 의해서 재생산되었다. 즉, 더 이상 유통에서 노동에게 다가오는 것이 아니라 노동 자신의 산물이다. 2. 원자재와 도구로서 살아 있는 노동의 사용을 위한 현실적인 조건을 나타내는 가치 부분이 노동 자신에 의해서 생산 과정에서 보존되었다. 어떤 사용 가치든 그 본성에 있어서는 부패되는 물질인데, 교환 가치는 사용 가치 속에서만 존재·실존할 수 있으므로, 이러한 보존은 = 자본가가 소유한 가치들을 몰락에서 보호하는 것, 또는 그 가치들의 부패하는 본성을 부정하는 것, 따라서 이들을 대자적으로 존재하는 가치, 불멸의 부로 정립하는 것이다. 따라서 이 최초의 가치액은 생산 과정에서 비로소 살아 있는 노동에 의해 자본으로 정립되었다.

이제 자본의 관점에서 살펴보자. 잉여 **자본**이 고찰되는 한에 있어서 잉여 자본의 각 계기인 원료, 도구, 생활 수단은 자본가가 기존 가치와의 교환에 의해서 점취하는 것이 아니라 **교환 없이** 점취한 타인 노동으로 환원되므로, 자본가는 대자적으로 존재하는 가치, 세 번째 계기의 화폐, 즉 부를 **타인 노동**의 단순한 **점취**를 통해서 대표한다. 물론 **자본가**에게 속하는 가치의 일부, 또는 그에 의해 소유된 **대상화된 노동**의 일부가 타인의 살아 있는 노동 능력과 교환되는 것은 이 잉여 **자본**을 위한 본원적 **조건**으로 나타난다. 잉여 **자본** Ⅰ, 우리가 최초의 생산 과정에서 나오는 잉여 자본을 이렇게 부른다면, 이것의 형성, 즉 **타인 노동**의 **점취**, 대상화된 **타인 노동**의 **점취**를 위해서는 자본가가 그 일부를 살아 있는 노동 능력과 **형식적으로** 교환하는 가치들을 자본가 측이 점유하고 있어야 한다. 우리가 형식적이라고 말하는 것은 살아 있는 노동이 이 교환된 가치들을 자본가에게 다시 주고 대체해주어야 하기 때문이다. 그러나 그것이 어떻든 간에. 어쨌든 잉여 자본 I 의 형성을 위한 조건, 즉 타인 노동 또는 이것이 대상화되는 가치들의 점취를 위한 조건으로 나타나는 것은 자본가에게 속하고, 그에 의해서 유통에 던져지며, 그에 의해서 살아 있는 노동 능력에게 제공되는 가치들의 — ‖45‖ 그의 살아 있는 노동과의 교환으로부터 유래하거나 그가 자본으로서 노동에 관계하는 것으로부터 유래하는 것이 아닌 가치들의 — 교환이다.

그러나 이제 잉여 자본이 다시 생산 과정에 던져져 교환에서 자신의 잉여 가치를 실현하고, 새로운 잉여 자본으로서 세 번째 생산 과정의 처음에 등장한다고 생각하자. 이 잉여 자본 II 는 잉여 자본 I 과는 다른 전제들을 가진다. 잉여 자본 I 의 전제는 자본가에게 속하고, 그에 의해서 유통에 던져진 가치들, 더 정확하게 말하자면, 살아 있는 노동 능력과의 교환에 던져진 가치들이었다. 잉여 자본 II 의 전제는 다름 아니라 잉여 자본 I 의 실존이다. 즉, 다른 말로 하자면 자본가가 이미 타인 노동을 교환 없이 점취했다는 전제이다. 이는 자본가가 이 과정을 계속 새롭게 시작할 수 있도록 해준다. 물론 잉여 자본 II 를 창출하기 위해서 자본가는 잉여 자본 I 의 가치의 일부를 생활수단의 형태로 살아 있는 노동 능력과 교환해야 했다. 그러나 이 새로운 노동이 실현되고, 잉여 가치를 창출하는 재료 등이 어떻게 교환 없이 단순한 점취에 의해 그의 수중에 들어왔든, 그가 그렇게 교환한 것은 자신의 기금에서 유통으로 보낸 최초의 가치들이 아니라 그가 아무런 등가물을 주지 않고 점취했고 이제 타인의 살아 있는 노동과 다시 교환하는 대상화된 타인 노동이다. 타인 노동의 지나간 점취가 이제는 타인 노동의 새로운 점취를 위한 단순한 조건으로 나타난다. 또는 객체적 형태, 존재하는 가치들의 형태의 타인 노동이 그의 소유에 놓여 있다는 것은 그가 타인의 살아 있는 노동 능력 — 따라서 잉여 노동 —, 즉 등가물 없는 노동을 새롭게 점취할 수 있기 위한 조건으로 나타난다. 자본가가 이미 살아 있는 노동에게 자본으로서 마주 섰다는 것은 그가 자본으로서 보존될 뿐만 아니라 증가하는 자본으로서 갈수록 타인 노동을 등가물 없이 점취하거나, 또는 살아 있는 노동 능력에 대하여 자신의 권력, 자본으로서의 자신의 실존을 확대하며, 다른 한편으로는 살아 있는 노동 능력을 실체 없는 주체적 빈곤성 속에서 살아 있는 노동 능력으로서 끊임없이 새롭게 정립하기 위한 유일한 조건으로 나타난다. 지나간 타인 노동의 소유, 또는 객체화된 타인 노동의 소유가 현재의, 또는 살아 있는 타인 노동의 가일층적인 점취를 위한 유일한 조건으로서 나타나는 것이다. 잉여 자본 Ⅰ이 대상화된 노동과 살아 있는 노동 능력 사이의 단순한 교환 — 그들에 포함된 노동량 또는 노동 시간에 의해 측정되는 등가물 교환 법칙에 전적으로 기초하는 교환 — 에 의해서 창출된 한에 있어서, 그리고 이 교환을 법률적으로 표현하자면, 다름 아니라 자기 생산물에 대한 각자의 소유권과 그에 대한 자유로운 처분만을 전제로 하는 한에 있어서 —, 따라서 잉여 자본 Ⅰ에 대한 잉여 자본 Ⅱ의 관계가 이 첫 번째 관계의 귀결인 한에 있어서 —, 우리는 특수한 논리에 의해서 자본측의 소유권이 타인의 생산물에 대한 소유권, 또는 타인 노동에 대한 소유권, 타인 노동을 등가물 없이 점취하는 권리로 나타나고, 노동 능력 측에서는 자기 자신의 노동, 또는 자기 자신의 생산물에 대해서 타인의 소유로서 관계할 의무로 변증법적으로 반전된다는 것을 살펴보았다. 소유권이 한편에서는 타인 노동을 점취할 권리로 반전되고, 다른 한편에서는 자기 노동의 생산물과 자기 노동 자체를 타인에게 속하는 가치들로서 존중할 의무로 반전된다. 그러나 소유권을 법률적으로 표현했던 최초의 행위로 등장했던 등가물 교환은 한편에서 외견상으로만 교환된 것으로 전도되는데, 이는 살아 있는 노동과 교환된 자본 부분 자체가 첫째로는 등가물 없이 점취된 타인 노동이고, 둘째로는 노동 능력에 의해서 잉여와 함께 대체되어야 하기 때문이다. 다시 말해 사실상 주어지는 것이 아니라 단지 한 형태로부터 다른 형태로 전환될 뿐이기 때문이다. 요컨대 교환이라는 관계는 이제 완전히 사라졌거나 단순한 외양으로 나타난다. 나아가 소유권은 처음에 자기 노동에 기초한 것으로 나타났다. 이제 소유는 타인 노동에 대한 권리, 노동이 자기 자신의 생산물을 점취하지 못할 가능성으로 나타난다. 소유, 그리고 더 더욱 부와 노동의 완전한 분리는 이제 그들의 일치에서 출발한 법칙의 귀결로 나타난다.

끝으로 생산 및 증식 과정의 결과로서 무엇보다도 **자본과 임노동, 자본가와 임노동자의 관계 자체의 재생산과 신생산**이 나타난다. 이 사회적 관계, 생산 관계는 사실상 이 과정의 물질적인 결과들보다 더욱 중요한 결과로 나타난다. 이 과정 내에서 노동자가 노동 능력으로서의 자신과 그에게 마주 서는 자본을 생산하듯이, 다른 한편에서 자본은 자본으로서의 자신과 그에게 마주 서는 살아 있는 노동 능력을 생산한다. 각자는 자기의 타자(他者), 자기의 부정을 재생산함으로써, 자기 자신을 재생산한다. 자본가는 노동을 타인 노동으로 재생산하고, 노동은 자본을 타인 자본으로 재생산한다. 자본가는 노동자를 생산하고, 노동자는 자본가를 생산한다.

[자본의 시초 축적]

자본에 기초한 생산이 일단 전제되면 — 화폐는 원래 잉여 자본 I
의 재생산과 신생산으로 귀결되는 첫 번째 생산 과정의 마지막에서
비로소 자본으로 전환된다. 그러나 잉여 자본 I 자체는 그것이 잉여
자본 Ⅱ를 재생산하자마자, 즉 아직 실재 자본의 운동 밖에 놓여 있
는, 자본으로 이행하는 화폐의 전제들이 사라지고, 따라서 자본이 사
실상 생산에서 출발하는 조건들 자체를 자신의 내재적 본질에 따라
정립하자마자, 비로소 잉여 자본으로 정립·실현된다. — 자본가가
자본으로 정립되기 위해서 자기 노동에 의해서나 또는 — 이미 존재
하는 지나간 임노동에 의한 경우를 제외한다면 — 다른 어떤 방법으
로 이미 창출된 ‖46│ 가치들을 유통에 가지고 들어와야 한다는 조
건은 자본의 태고적 조건에 속한다. 즉, 그 조건들은 역사적인 전제들
로서 과거의 전제들이고 따라서 자본 형성의 역사에 속하지, 결코 자
본의 현재 역사, 즉 자본에 의해 지배되는 생산 양식의 체제에 속하
는 역사적 전제들에 속하지 않는다.

예를 들어 농노들의 도시로의 도주가 도시 체제의 역사적 조건과
전제 중의 하나라고 할 때, 그것은 완성된 도시 체제의 실재의 조건
이나 계기가 아니라 그것의 현존 속에 지양되어 있는 지나간 전제들,
즉 그것의 형성의 전제들에 속한다. 자본의 형성, 등장의 조건들과
전제들은 바로 자본이 아직 존재하지 않고 비로소 생성되고 있다는
것을 가정한다. 요컨대 이것들은 실재적 자본, 즉 자본의 실재에서
출발하여 자기 실현 조건들을 스스로 정립하는 자본과 더불어 사라
진다. 그러므로 예를 들어 화폐, 또는 대자적으로 존재하는 가치가
최초로 자본으로 형성되면서 자본가 측에서 비자본가로서 수행한 축
적 — 아마도 자기 노동에 의해 창출된 생산물과 가치의 절약 등에
의해서 — 이 전제되었다면, — 즉 화폐가 자본으로 형성되는 전제들

이 자본의 등장을 위한 주어진 외적 **전제들**로 나타난다면, 자본 자체가 형성되자마자 자본은 자기 자신의 전제들, 즉 교환 없이 신가치를 창출하기 위한 현실적인 조건들의 소유를 자기 자신의 생산 과정에 의해 창출하기 시작한다. 처음에는 자본 형성의 조건들로서 나타났던 — 따라서 자본으로서의 그것의 행동에서 유래할 수 없는 — 이러한 전제들이 이제는 자본 자신의 실현의 결과, 실재의 결과로서, 그것에 의해 정립된 것으로서 — **그것의 등장의 조건들이 아니라 그것의 현존의 결과로서** — 나타난다. 자본은 형성되기 위해서 더 이상 전제로부터 출발하는 것이 아니라 스스로 전제되었고 그 자신으로부터 출발하면서 자신의 보존과 성장의 전제들 자체를 창출한다. 따라서 지구가 유동의 불바다와 증기 바다에서 현재의 형태로 이행한 과정들이 완성된 지구로서의 그것의 생활의 저편에 놓여 있듯이, 잉여 자본 I 의 창출에 선행했거나 또는 자본의 형성을 표현하는 조건들은 자본이 전제로서 기여하는 생산 양식의 영역에 속하지 않고, 자본 형성의 역사적 전(前)단계들로서 그것의 이면에 놓여 있다. 즉, 개별 자본들은 여전히 축장에 의해 형성될 수 있다. 그러나 이러한 축장은 노동의 착취에 의해 비로소 자본으로 전환된다. 자본을 영원하고 (역사적이 아니라) 자연적인 생산 형태로 간주하는 부르주아 경제학자들은 자본 형성의 조건들을 자본의 현재적 실현의 조건들로 선언함으로써, 즉 자본가가 — 아직 생성 중이기 때문에 — 아직 비자본가로서 점취하고 있는 계기들을 그가 바로 **자본가로서** 점취하고 있는 조건들로 주장함으로써, 다시 자본을 정당화하고자 한다. 이러한 옹호론적 시도들은 자본으로서의 자본의 점취 방식을 자본주의 사회 자체에 의해서 선포된 **일반적인 소유 법칙들**과 조화시키려는 사악한 양심과 무기력을 증명해준다.

　다른 한편, 이것이 더욱 중요한데, 우리의 방법은 역사적 고찰이 개입해야 하거나 또는 부르주아 경제가 생산 과정의 단순한 역사적 형체로서 자신을 뛰어넘어 과거의 역사적 생산 방식들을 가리키는 지점들을 보여준다. 따라서 부르주아 경제 법칙들을 설명하기 위해서 생산 관계들의 실재 역사를 기술할 필요는 없다. 그러나 이 생산 관계들을 스스로 역사적으로 형성된 관계들로서 올바르게 파악하고 추론하는 것은 언제나 이 체제의 뒤에 놓여 있는 과거를 가리키는 — 예를 들어 자연 과학에서 경험적 수치들과 같은 — 최초의 균등화들로 인도한다. 그러면 현재에 대한 올바른 파악과 더불어 이러한 암시들은 과거를 이해하는 열쇠를 제공해준다 — 바라건대 우리가 나중에 수행할 작업 자체. 다른 한편으로 이러한 올바른 고찰은 생산 관계들의 현재 형체의 지양 — 그러므로 미래의 전조, 형성되는 운동이 암시되는 지점들에 도달한다. 한편에서 전(前)부르주아적 국면들이 단지 역사적인 전제, 즉 지양된 전제들로 나타난다면, 생산의 현재 조건들은 스스로 지양되는 것, 따라서 새로운 사회 상태를 위한 역사적 전제들을 정립하는 것으로 나타난다.

지금 우리가 우선 형성된 관계, 가치의 자본으로의 기형성(旣形成; Gewordensein)과 자본에 무일푼으로 마주 서 있는 사용 가치로서의 살아 있는 노동을 고찰하여, 살아 있는 노동이 대상화된 죽은 노동을 증식시키고 활력을 불어넣는 정신으로 관통하며, 자기 자신의 정신을 대상화된 죽은 노동에 빼앗기기 위한 단순한 수단으로서 나타나면, — 그리고 그 결과 한편으로는 사회적 부를 타인의 것으로 생산했고, 자신의 것으로는 살아 있는 노동 능력의 빈곤을 생산했을 뿐이다 — 사태는 다만 과정에서, 그리고 과정 자체에 의해서 살아 있는 노동의 물적 조건들 — (즉, 살아 있는 노동이 증식되어 들어가는 재료, 증식되는 데 사용되는 도구, ‖47∣ 살아 있는 노동 능력의 불꽃을 노동으로 부추기고 꺼지지 않도록 보호하며, 그것의 생활 과정에 필요한 소재를 공급하는 생활 수단) — 이 정립되었다는 것으로 나타난다. 다시 말해 타인의 자립적인 실존들로서 — 또는 낯선 인격의 실존 방식으로서, 저 조건들로부터 고립되어 주체적으로 서 있는 살아 있는 노동 능력에 [대하여] 즉자적으로 자기를 고수하는 대자적으로 존재하는 가치들, 따라서 노동 능력에게 낯선 부, 자본가의 부를 이루는 가치들로 ― 정립된 것으로 나타난다.

살아 있는 노동의 객체적 조건들이 주체적 현존으로서의 살아 있는 노동 능력에 대하여 분리된, 자립화된 가치들로 나타나고, 따라서 이 노동 능력은 그 조건들에 대하여 단지 다른 종류의 가치로서 (가치로서가 아니라 저들과는 상이한 사용 가치로서) 현상할 뿐이다. 이러한 분리가 일단 전제되면, 생산 과정은 이 객체적 조건들을 새롭게 생산하고 재생산하며, 더욱 큰 규모로 재생산할 수 있을 뿐이다. 생산 과정이 어떻게 그렇게 하는가는 [이미 앞에서 ― 역자] 살펴보았다. 살아 있는 노동 능력의 객체적 조건들은 살아 있는 노동 능력에 대하여 자립적인 실존으로 전제되었고, 살아 있는 노동 능력과는 구별되고 이에 대하여 자립적으로 마주 서는 주체의 객체성으로 전제되었다. 따라서 이 객체적 조건들의 재생산과 증식, 즉 확대는 동시에 이들을 노동 능력에게 무차별적이고 자립적으로 마주 서는 낯선 주체의 부로서 재생산하고 신생산하는 것이다. 재생산되고 신생산되는 것은 살아 있는 노동의 이 객체적 조건들의 현존일 뿐만이 아니라 이 살아 있는 노동 능력에 대하여 자립적인, 즉 낯선 주체에게 속하는 가치들로서의 그것들의 현존이다. 노동의 객체적 조건들이 살아 있는 노동 능력에 대하여 주체적 실존을 획득하는 것이다 ― 자본에서 자본가가 되어 나온다. 다른 한편에서 자기 자신의 조건들에 대한 노동 능력의 단순한 주체적 현존은 노동 능력에게 그 조건들에 대하여 무차별적일 뿐인 객체적 형태를 부여한다 ― 노동 능력은 다른 사용 가치를 가지는 가치들인 자기 자신의 증식 조건들 곁에 있는 특수한 사용 가치를 가지는 가치일 뿐이다. 따라서 그것들은 생산 과정에서 노동 능력의 실현 조건들로서 실현되지 않고, 반대로 노동 능력이 그것들을 자신에 대하여 대자적으로 존재하는 가치로 증식하고 보존하기 위한 단순한 조건으로서 이 생산 과정으로부터 나온다.

살아 있는 노동 능력이 가공하는 재료는 타인의 재료이다. 도구도 마찬가지로 타인의 도구이다. 그의 노동은 실체인 이것들의 보조물(Akzessorium)로 현상할 뿐이며, 따라서 그에게 속하지 않는 것에서 대상화된다. 그렇다. 살아 있는 노동 자체가 그것을 자신의 노동으로 하고 자기 자신의 생명의 표현으로 하는 노동 능력에 대하여 타인의 것으로 현상한다. 왜냐하면 노동이 대상화된 노동, 즉 노동 자체의 산물을 받고 자본에게 양도되었기 때문이다. 노동 능력은 타인의 것으로서의 살아 있는 노동과 관계한다. 자본이 노동 능력을 노동시키지 않고 지불하고자 한다면, 노동 능력은 기꺼이 이 거래에 응할 것이다. 요컨대 그 자신의 노동이 그에게는 재료 및 도구와 마찬가지로 타인의 것이다 — 그리고 이 노동은 그의 지휘 등에 있어서도 그러하다 —. 따라서 생산물도 그에게는 타인의 재료, 타인의 도구, 타인 노동의 결합으로서 — 타인의 소유로서 — 현상한다. 이에 따라 생산 후에 노동 능력은 지출된 생명력만큼 빈곤해질 뿐이고, 그의 생활 조건들로부터 분리되어 존재하는 단순히 주체적인 노동 능력으로서 노고를 새롭게 시작한다. 생산물들을 자기 자신의 것으로 인식하고, 자신의 실현 조건들로부터의 분리를 부당하고 강제적인 것으로 판단하는 것 — 이는 대단한 의식[의 발전]인데, 이 의식 자체는 자본에 기초한 생산 양식의 산물이며, 이것의 몰락을 알리는 종소리이다. 이는 스스로 타인의 소유일 수 없다는 노예의 의식, 그의 인격체로의 의식과 더불어 노예제가 인위적인 현존만을 계속 낳았을 뿐 생산의 토대로서 존속하기를 중지했던 것과 마찬가지이다.

이에 반해 우리가 화폐가 자기 증식 과정에 들어가기 전의 최초의 관계를 고찰하면, 화폐가 자본이 되고 노동이 자본 정립적이고 자본 창출적인 노동, 즉 임노동이 되기 위해서는 역사적으로 등장해 있거

나 주어져 있어야 하는 다양한 조건들이 등장한다. (여기에서 우리만
이 사용하는 엄격한 경제적인 의미에서의 **임노동**은 — 그리고 우리
는 나중에 이것을 일급 등을 받는 다른 노동 형태들과 구별해야 할
것이다 — 자본 정립적이고 자본 생산적인 노동, 즉 활동으로서의 그
의 실현의 대상적 조건들뿐만 아니라 노동 능력으로서의 현존의 객
체적 계기들을 자신에게 마주 서는 타인의 권력으로서, **대자적으로
존재하고 그로부터 독립적인 가치들로서** 생산하는 살아 있는 노동이
다.) 최초에 나타나는 관계에 본질적인 조건들이 스스로 정립되어 있
다. 1. 한편에는 살아 있는 노동 능력이 자기의 객체적 실재로부터
분리되고, 따라서 살아 있는 노동 능력의 **생존 수단, 생활 수단,** 자기
보존 수단과 같은 살아 있는 노동의 조건들로부터도 마찬가지로 분
리된 단순히 주체적인 실존으로 존재해야 한다. 한편에는 이러한 완
전한 추상 속에 있는 노동의 살아 있는 가능성. 2. 다른 한편에 있는
가치, 또는 대상화된 노동은 단지 살아 있는 노동 능력을 재생산하거
나 보존하기 위해서 뿐만 아니라 잉여 노동을 흡수하기 위해서도 필
요한 생산물들, 또는 가치들을 생산하기 위한 대상적 조건들을 공급
하기에 — 잉여 노동을 위한 객체적 재료를 공급하기에 — 충분히
많은 사용 가치들의 축적이어야 한다. 3. 양자 사이의 자유로운 교환
관계 — 화폐 유통 —. 지배 예속 관계가 아니라 교환 가치에 기초한
양극 사이의 관계. 즉, 생산자에게 교환 가치를 직접 공급하는 것이
아니라 교환에 의해 매개되고, 따라서 타인 노동을 직접적으로 장악
하지 못하고, 이를 노동자 자신으로부터 사들여야 하는 생산. 끝으로
4. 자립적이고 대자적으로 존재하는 가치의 형태를 가지는 노동의
대상적 조건들인 — 후자가 가치로서 등장해야 하고 — 직접적인 향
유 또는 사용 가치의 창출이 아니라 — 가치 창출, 자기 증식, 화폐
창출을 최종적인 목적으로 간주해야 한다.

　양측이 자신의 노동을 **대상화된 노동**의 형태로만 교환하는 한, 이

러한 관계는 불가능하다. 살아 있는 노동 능력 자체가 교환자가 아니
라 다른 한편의 소유로 등장하는 경우에도 마찬가지로 이 관계는 불
가능하다. (이것은 부르주아 생산 체제 안에서 노예제가 개별적인 지
점들에서 가능하다는 것과 모순되지 않는다. 그러나 이때 노예제는
다른 지점들에서 존재하지 않기 때문에만 가능하며, 부르주아 체제
자체에 대한 변칙으로 나타난다.)

관계가 최초로 나타나거나 또는 이 관계의 형성의 역사적 전제들
로서 나타나는 조건들은 첫눈에 이중적인 성격 — 한편에서는 살아
있는 노동의 보다 낮은 형태의 해체와 다른 한편에서는 이 노동의
보다 행복한 형태의 해체 — 을 보여준다.

우선 첫 번째 전제는 노예제나 농노제의 관계가 지양되었다는 것
이다. 살아 있는 노동 능력이 자기 자신에게 속하며, 교환을 통해서
자신의 활동을 처분한다. 양측은 인격체로 마주 선다. **형식적으로 그**
들의 관계는 교환자들의 평등하고 자유로운 관계이다. 법률적 관계
가 고찰되는 한에 있어서, 이 형태가 외양이고 그것도 기만적 외양이
라는 것은 이 관계의 밖에 속하는 것으로 현상한다. 자유로운 노동자
가 판매한 것은 언제나 일정하고 특수한 양의 활동일 뿐이다. 노동
능력은 총체성으로서 어떤 특수한 발현보다 우월하다. 그는 그가 개
별자로서 독립적으로 마주 서는 특수한 자본가에게 특수한 활동을
판매한다. 이것이 자본으로서의 자본의 존재, 즉 자본가 계급에 대한
그의 관계가 아니라는 것은 분명하다. 그럼으로써 다만 실재의 개별
적인 인격체에 관한 한, 그에게는 넓은 범위의 선택, 임의(任意), 따라
서 형식적 자유가 허용되어 있다. 노예 관계에서 그는 자신을 노동
기계로 가지는 **개별적인, 특수한** 소유자에게 속한다. 활동의 총체성
으로서, 노동 능력으로서 그는 타인에게 속하는 사물이며, 따라서 그
의 특수한 활동이나 살아 있는 노동 행위에 대하여 주체로서 관계하
지 않는다. 농노 관계에서 노동자는 토지 소유 자체의 한 계기로 현

상하며, 역축(役畜)과 똑같이 대지의 부속물이다. 노예 관계에서 노동자는 살아 있는 노동 기계에 지나지 않으며, 따라서 타인을 위한 가치를 가지거나 또는 차라리 그 자체로 가치이다. 자유 노동자의 노동 능력의 총체성은 노동자의 소유로서, 그가 주체로서 장악하고 판매함으로써 보존하는 자신의 한 계기로서 현상한다. 이는 나중에 임노동에서 자세히 설명할 것.

살아 있는 노동과 대상화된 노동의 교환은 아직 한편에 자본을, 다른 한편에 임노동을 구성하지 않는다. 구두닦이로부터 왕에 이르는 소위 서비스 계급 전체가 이 범주에 속한다. 우리가 동양의 공동체나 자유로운 토지 소유자들로 구성된 서양의 공동체가 — 인구 증가, 전쟁 포로 석방, 개별자가 빈곤해져 자기 보존의 객체적 조건들을 상실하는 우연, 분업 등의 결과로서 — 개별적인 요소들로 해체되는 곳 어디에서나 간헐적으로 발견하는 자유로운 일일 노동자도 마찬가지이다. A가 B의 서비스, 즉 살아 있는 노동을 받기 위해서 가치나 화폐, 요컨대 대상화된 노동을 교환한다면 이는 다음에 속할 수 있다.

1. 단순 유통 관계. 양자는 사실상 사용 가치를 서로 교환할 뿐이다. 후자는 생활 수단을, 전자는 노동을, 즉 그가 소비하고자 하는 서비스를 직접적으로 — 개인적으로 서비스를 제공 — 받거나, 또는 그가 후자에게 그의 노동에 의해, 그의 노동의 대상화에 의해 후자가 소비할 사용 가치를 창출하는 재료 등을 제공한다. 예를 들어 옛날에 그러했듯이, 농부가 떠돌이 재단사를 집으로 불러들여 옷을 말들어 달라고 옷감을 준다면, 또는 내가 건강을 회복하기 위해서 의사에게 화폐를 준다면 그러하다. 이들 경우에 있어서 중요한 것은 양자가 수행하는 서비스이다. 네가 **행하도록 내가 준다**(*do ut facias*)가 여기에서는 네가 **주도록 내가 행한다**(*facio ut des*)나 또는 네가 **주도록 내가 준다**(*do ut des*)와 전적으로 동일한 차원에서 나타난다.[218] 나에게 옷감으

로 옷을 만들어주고 내가 재료를 공급해 준 사람은 나에게 사용 가
치를 준다. 그러나 이 사용 가치를 대상적 형태로 주는 것이 아니라
활동의 형태로 준다. 나는 그에게 완성된 사용 가치를 준다. 그는 나
에게 다른 사용 가치를 제작해 준다. 여기에서 과거의 대상화된 노동
과 현재의 살아 있는 노동의 차이는 하나는 과거에 있고 다른 하나
는 현재에 있는 상이한 노동 시점들의 형식적인 차이로만 현상한다.
B[23])가 먹고살아야 하는 생활 수단을 스스로 생산하든, 또는 그가 생
활 수단을 스스로 생산하는 것이 아니라 생활 수단을 A[24])로부터 받
고 그 대신 옷을 생산하면서 이에 대한 대가로 A[25])와의 교환에서 생
활 수단을 받든, 그것은 사실상 분업과 교환에 의해 매개된 형식적인
차이로 현상할 뿐이다. 두 경우에 있어서 그는 어떤 대상적 형태를
취하든 궁극적으로 자기 자신의 살아 있는 노동으로 귀착되는 등가
물을, 교환이 종결되기 이전이든 교환의 결과로서든, A에게 대가로
줌으로써만 A가 소유한 사용 가치를 자기 것으로 만들 수 있다. 이
제 옷은 일정한 형태 부여 노동 — 노동의 운동에 의해서 옷감에게
전달된 일정한 유용성 형태 — 뿐만 아니라 일정량의 노동도 — 따
라서 사용 가치뿐만 아니라 가치 일체, **가치 자체도** — 포함하고 있
다. 그러나 이 가치는 A를 위해서 존재하는 것이 아닌데, 왜냐하면
그는 옷을 소비할 뿐 옷을 판매하지 않기 때문이다. 요컨대 그는 노
동을 가치 정립하는 노동이 아니라 효용, 사용 가치를 창출하는 활동
으로서 구매한 것이다.

‖49‖ 개인적인 서비스 제공의 경우에 이 사용 가치는 운동 형태
로부터 사물 형태로 이행하지 않고 그 자체로 소비된다. 단순한 관계
들에서 자주 그러하듯이, 서비스 제공자가 **화폐**를 받지 않고 직접 사

---

23) 수고에는: A
24) 수고에는: B
25) 수고에는: B

용 가치를 받는다면, 이쪽이나 저쪽에서 사용 가치와는 구별되는 가치가 문제인 것 같은 외양도 사라진다. 그러나 A가 서비스에 대하여 화폐를 지불하는 경우에조차 그것은 그의 화폐가 자본으로 전화된 것은 아니며, 오히려 소비 대상, 일정한 사용 가치를 얻기 위해서 화폐를 단순한 유통 수단으로 정립한 것이다. 따라서 이 행위는 부를 생산하는 행위가 아니라 반대로 부를 소비하는 행위이다. A에게는 노동 자체, 일정한 노동 시간, 즉 가치가 옷감에 객체화되는 것은 전혀 중요하지 않고 일정한 욕구가 충족되는 것이 중요하다. A는 그의 화폐를 가치 형태로부터 사용 가치 형태로 옮김으로써 증식하는 것이 아니라 탈가치화 한다. 여기에서 노동은 가치를 위한 사용 가치로 교환된 것이 아니라 스스로 특수한 사용 가치, 사용 가치를 위한 가치로서 교환된 것이다. A[26]는 교환을 자주 반복할수록 빈곤해진다. 그에게 이 교환은 부유화 행위, 가치 창출 행위가 아니라 그가 소유하고 있는 기존의 가치들의 탈가치화 이다. A[27]가 여기에서 살아 있는 노동 — 한 사물에 객체화되는 자연 서비스 또는 서비스 — 을 받고 내준 화폐는 자본, 즉 노동의 매입에 의해 그 자체로 보존되고 증식되려는 화폐가 아니라, 가치 형태를 단순히 사라지는 것으로만 정립하고 있는 사용 가치를 얻기 위한 수입, 즉 유통 수단으로서의 화폐이다. 수입, 단순한 유통 수단으로서의 화폐의 살아 있는 노동과의 교환은 결코 화폐를 자본으로 정립할 수 없고, 따라서 노동을 경제학적인 의미에서 임노동으로 정립할 수 없다. 화폐를 소비하는 것이 화폐를 생산하는 것이 아니라는 점은 부연 설명할 필요가 없다. 잉여 노동의 대부분이 농업 노동으로 나타나고, 따라서 토지 소유자가 잉여 노동 뿐만 아니라 잉여 생산물의 소비자인 상태에서, 자유 노동자를 위한 노동 기금을 이루는 것은 토지 소유자의 수입이다. 매뉴팩처(여

---

26) 수고에는: B
27) 수고에는: B

기에서는 수공업) 노동자들에게 있어서는 농업 노동자들과 반대이다. 이들과의 교환, 한 무리의 하인들의 개인적 서비스 제공, 빈번히 외양으로만 서비스를 제공받는 교환은 — 자기 수입의 다른 일부를 직접 배분하는 — 토지 소유자의 소비의 한 형태이다. 왕이 농업 잉여 생산물의 배타적인 점유자로 등장하는 아시아 사회들에서, 기본적으로 떠도는 야영장에 지나지 않는 모든 도시들은, 왕의 수입이 — 스튜어트가 명명한 바와 같이 — 자유로운 노동자들[219]과 교환됨으로써 형성된다. 이 관계에서 임노동은 존재하지 않는다. 비록 그것이 노예제 및 농노제와 대립하면서 존재할 필요가 없을지라도, 임노동은 그렇게 존재할 수 있는데, 그 까닭은 이 관계가 전체 노동 조직의 다양한 형태 아래서 계속 반복되기 때문이다. 화폐가 이 교환을 매개하는 한에 있어서 양측에서의 가격 결정은 중요해지지만 A[28)]에게는 노동의 가치가 문제가 되는 한에 있어서가 아니라 그가 노동의 사용 가치에 대하여 너무 비싸게 지불하지 않으려는 한에 있어서만 그러하다. 처음에는 보다 관습적이고 전통적인 이 가격이 점차 경제적으로, 처음에는 수요와 공급의 비율에 의해서, 마침내는 그러한 살아 있는 서비스를 판매하는 자 자신이 산출될 수 있는 생산비에 의해 결정된다고 해도, 가격 결정이 여전히 단순한 사용 가치들의 교환을 위한 형식적인 계기로만 머물러 있기 때문에, 이 관계의 본질은 변하지 않는다. 그러나 이러한 결정 자체는 다른 관계들에 의해서, 마치 이 특수한 교환 행위의 배후에서 관철되는 지배적인 생산 양식의 일반 법칙들과 자기 규정에 의해서 야기된다. 고대 공동체에서 이러한 종류의 급료 지불이 가장 먼저 등장하는 형태 중의 하나가 군제(軍制)이다. 일반 사병의 급료는 최소한으로 인하되며 — 순전히 그가 조달될 수 있는 생산비에 의해 결정된다. 그러나 그가 그의 서비스

---

28) 수고에는: B

제공과 교환하는 것은 **자본**이 아니라 국가의 수입이다.

부르주아 사회 자체에서는 개인적인 서비스 제공의 수입과의 모든 교환이 — 요리, 바느질 등, 정원 노동 등 개인적 소비를 위한 노동, 국가 종사자들, 의사들, 변호사들, 학자들 등 모든 비생산적인 계급들에 이르기까지도 — 이 부류와 범주에 속한다. 가장 미천한 노동자에서부터 가장 고고한 노동자에 이르기까지, 이 모든 노동자는 그들의 — 빈번히 강요된 — 서비스 제공을 통해 잉여 생산물, 자본가의 수입의 일정 몫을 자신에게 중개한다. 그러나 자본가가 자신의 수입을 그러한 서비스 제공과 교환함으로써, 즉 자신의 사적 소비를 통해서 자본으로 정립된다는 생각은 누구에게도 떠오르지 않는다. 그렇게 함으로써 그는 오히려 자기 자본의 결실을 지출하는 것이다. 수입이 그러한 살아 있는 노동과 교환되는 비율 자체가 일반적인 생산 법칙들에 의해서 결정된다고 해서 이 관계의 본질이 변하는 것은 아니다.

우리가 이미 **화폐** 절에서 설명한 바와 같이[220] 여기에서 원래 가치를 정립하는 자, 가치와 화폐를 받고 사용 가치 — 일정한 종류의 노동, 서비스 등 — 를 처분하는 자는 서비스 제공자이다. 따라서 중세에는 소비하는 토지 귀족에 대립하여 화폐의 생산 및 축적을 지향하는 자들, 즉 축적하고 그리하여 가능성에 있어서 훗날 자본가가 되는 것은 부분적으로 살아 있는 노동으로부터 출발한다. 해방된 농노가 부분적으로 자본가가 된다.

따라서 급료 수령자가 일급을 받는지 아니면 사례금이나 왕실비를 받는지는 — 그리고 그가 서비스에 대한 대가를 지불하는 자보다 더 고귀하게 나타나는지 아니면 천하게 나타나는지는 — 관계 일체가 아니라 서비스 제공의 자연적인 특수한 특질에 달려 있다. 물론 지배 권력으로서의 자본의 전제 아래서는 이러한 모든 관계가 다소 **불명예스럽게** 될 것이다. 그렇지만 이는 — 전통에 의해서 아무리 고귀한 성격이 덧붙여졌을지라도 개인적인 서비스 제공의 이러한 **신성 박탈**은 — 아직 여기에서 논할 필요가 없다.

요컨대 자본, 따라서 임노동을 구성하는 것은 단순히 — 이 관점에서 보면 두 가지 상이한 규정, 상이한 형태의 사용 가치들로서, 한 쪽은 객체적 형태의 규정이고 다른 한쪽은 주체적 형태의 규정으로 나타나는 — **대상화된 노동**과 **살아 있는 노동**의 교환이 아니라, 가치로서, 자기 유지하는 가치로서 대상화된 노동이 그의 사용 가치, 일정한 특수한 사용이나 소비를 위한 사용 가치가 아니라 **가치**를 위한 사용 가치로서 살아 있는 노동과 교환되는 것이다.

‖50‖ 직접적인 소비를 위해서 화폐가 노동이나 서비스와 교환될 때에는 언제나 실제적인 교환이 이루어진다. 양측에서 **노동량**이 교환된다는 점에는 노동의 **특수한 유용성** 형태들을 서로 측정하기 위해서 **형식적인** 관심이 주어질 뿐이다. 그것은 교환의 **형식**과 관계될 뿐 내용을 이루는 것은 아니다. 자본과 노동의 교환에서 **가치**는 두 가지 사용 가치의 교환을 위한 척도가 아니라 **교환의 내용** 자체이다.

2. 전(前)부르주아적 관계들의 해체기에는 소비 목적을 위해서가 아니라 생산 목적을 위해서 그들의 서비스 제공이 구매되는 자유 노동자들이 간헐적으로 등장했다. 그러나 이는 첫째로, 대규모로는 **가치** 생산을 위해서가 아니라 **직접적인 사용 가치**의 생산을 위해서이다. 둘째로, 예컨대 귀족이 농노보다 자유 노동자를 선호하고 그의 생산물의 일부를 다시 판매하며 그리하여 자유 노동자가 그에게 **가치**를 창출해 줄지라도, 이러한 교환은 잉여에 대해서만 이루어질 뿐이고 잉여, **사치품 소비**를 위해서만 발생한다. 요컨대 기본적으로 직접적인 소비를 위한 매입, 또는 사용 가치로서의 타인 노동의 위장된 매입일 뿐이다. 그런데 자유 노동자가 증대되고, 이 관계가 증가하는 곳에서 낡은 생산 방식 — 공동체적·가부장적·봉건적 등 — 은 해

체 중이었고, 실재의 임노동을 위한 요소들이 준비된다. 그러나 이 자유로운 하인들은, 예컨대 폴란드 등에서처럼 생산 양식을 변화시 키지 않고 등장했다가 다시 사라질 수도 있다.

{자본과 임노동이 맺는 관계들을 소유 관계들이나 법칙들로 표현 하기 위해서 우리는 점취 과정으로서의 증식 과정에서 양측의 행태를 표현하기만 하면 된다. 예를 들어 잉여 노동이 자본의 잉여 가치로 정립된다는 것은, 노동자가 자기 자신의 노동의 생산물을 점취하지 않는다는 것, 생산물이 그에게 타인의 소유로 나타난다는 것, 반대로 타인 노동이 자본의 소유로 나타난다는 것을 뜻한다. 첫 번째 소유 법칙이 전화되는 — 그리고 상속권 등에 의해서 개별 자본가의 한시 성(限時性)의 우연으로부터 독립적인 실존을 획득하는 — 이 두 번째 부르주아적 소유 법칙이 첫 번째 법칙과 마찬가지로 법칙으로 수립 된다. 첫 번째 법칙은 노동과 소유의 일치이다. 두 번째 법칙은 부정 된 소유로서의 노동이거나 타인 노동의 낯설음(Fremdheit)의 부정으 로서의 소유이다. 사실상 자본의 생산 과정에서 노동은, 나중에 생산 과정을 자세히 설명하면서 보여지는 바와 같이, 총체성 — 노동들의 결합 — 인데, 이것의 개별적인 구성 부분들은 서로 낯설기 때문에, 총체성으로서의 총노동은 개별 노동자의 작업이 아니라 상이한 노동 자들의 공동의 작업이며, 그것도 이들이 서로 결합자로서 관계하는 것이 아니라 결합되어 있는 한에 있어서만 그러하다. 이 노동은 결합 속에서 타인의 의지와 타인의 지능에 봉사하고, 이에 의해 지도되는 것으로 나타난다 — 그것의 살아있는 통일을 자신 밖에 가질 뿐만 아 니라 그것의 물질적 물적 통일도 기계류의 대상적 통일, 즉 고정 자본 에 복속되는 것으로 나타난다. 고정 자본은 살아있는 괴물로서 과학 적 사고를 객체화했으며 사실상 총괄자이지 개별 노동자에게 결코 도구로서 관계하지 않는다. 오히려 개별 노동자는 살아있는 개별적 정확성, 고정 자본의 살아있는 고립된 부속물로 존재한다. 그러므로

결합된 노동은 이중적인 측면에서 즉자적인 결합이다. 협동하는 개인들의 관계도 아니고, 이들의 특수하거나 개별화된 기능이나 노동 도구에 대한 총괄로서의 결합이 아니다. 따라서 노동자가 자신의 생산물을 타인의 생산물로 관계하는 것처럼, 그는 노동의 결합을 비록 그것이 자신에게 속하는 것이고 동시에 자신의 삶의 표현임에도 불구하고, 그에게 낯선 활동, 강요된 활동으로 관계하며, 따라서 애덤 스미스 등은 [이 노동을 — 역자] 고난, 희생 등으로 파악하였다.[221] 노동 생산물과 마찬가지로 노동 자체도 특수한 개별화된 노동자의 노동으로 부정된다. 부정된 개별화된 노동은 이제 사실상 가정된 공동 노동 또는 결합된 노동이다. 그러나 이렇게 정립된 공동 노동 또는 결합된 노동은 — 활동으로서 뿐만 아니라 객체라는 휴지(休止) 형태에서도 — 동시에 직접적으로 실제로 존재하는 개별 노동에게 다른 것으로 — 타인의 객체성(타인 소유)으로 뿐만 아니라 타인의 주체성(자본의 주체성)으로 — 정립되어 있다. 요컨대 자본은 노동뿐만 아니라 이것의 생산물도 부정된 개별화된 노동으로, 따라서 개별화된 노동자의 부정된 소유로 대표한다. 따라서 자본은 사회적 노동의 실존 — 주체 및 객체로서의 이 노동의 결합 — 이지만, 이러한 실존은 노동의 실재적인 계기들에 대해서 자립적으로 — 요컨대 스스로 이들 곁에 있는 특수한 실존으로 — 존재한다. 따라서 자본 자신은 총괄적 주체이자 타인 노동의 소유자로 나타나며, 그의 관계 자체는 임노동의 관계와 마찬가지로 완전한 모순의 관계이다.}

[자본주의적 생산에 선행하는 형태들]

자유 노동과 이 자유 노동의 화폐와의 교환 — 이는 화폐를 재생산하고 증식하기 위한 것, 향유를 위한 사용 가치로서가 아니라 화폐를 위한 사용 가치로서 화폐에 의해서 소비되기 위한 것이다 — 이 임노동의 전제이고 자본의 역사적 전제의 하나라면, 또 다른 전제는 자유 노동이 그것의 객체적 실현 조건들로부터 — 노동 수단 및 노동 재료로부터 — 분리되는 것이다. 요컨대 무엇보다도 노동자의 자연적 작업장으로서의 대지로부터 노동자가 분리되는 것 — 따라서 자유로운 소토지 소유뿐만 아니라 동양의 공동체(Kommune)에 기초하는 공동 토지 소유의 해체이다. 두 가지 형태에서 노동자는 노동의 객체적 조건들에 대하여 자신의 소유로서 관계한다. 이는 노동과 노동의 물적 전제들의 자연적 통일이다. 따라서 노동자는 노동과는 독립해서 대상적 실존을 가진다. 개인은 자기 자신에 대해서 소유자로서, ‖51‖ 자기 실재성의 조건들의 주인으로서 관계한다. 그는 다른 개인들에 대하여 — 그리고 이 전제가 공동체에서 출발하는 것으로 정립되어 있는가, 아니면 공동체를 구성하는 개별 가족들에서 출발하는 것으로 정립되어 있는가에 따라 — 공동 소유자로서, 그만큼 공동 소유의 체현들로서, 또는 그의 곁에 있는 자립적인 소유자들로서, 자립적인 사적 소유자들로서 관계한다 — 이들 곁에는 과거에 모든 것을 흡수하고 모두를 총괄하는 공동 소유 자체가 특수한 **공유지**로서 수많은 사적 소유자들 곁에 정립되어 있다.

두 가지 형태에서 개인들은 노동자가 아니라 소유자로서 그리고 동시에 노동하는 공동체 구성원들로서 관계한다. 이 노동의 목적은 — 그들이 타인의 생산물, 즉 잉여 생산물을 교환하기 위해서 잉여 노동을 수행할지라도 — **가치** 창출이 아니다. 그 목적은 개별 소유자와 그 가족뿐만 아니라 전체 공동체의 보존이다. 이처럼 개인을 적나라하게 노동자로 정립하는 것조차 역사적 산물이다.

이 토지 소유의 첫 번째 형태에서 — 우선 자생적인 공동체가 첫 번째 전제로 나타난다. 가족과 부족(Stamm)[222]에서 확장된 가족 또는 가족들간의 상호 혼인에 의해서, 또는 종족들의 결합. 유목 생활, 이주(移住) 일체가 실존 방식의 첫 번째 형태라고 가정할 수 있으므로, 종족이 일정한 주거지에 정착한 것이 아니라 그가 주어져 있는 것으로 발견하는 목초를 모두 뜯어먹는다고 가정할 수 있으므로 — 인간들이 천성적으로 정주(定住)하는 것은 아니다. (그렇게 하기 위해서는 원숭이처럼 한 나무에 정착할 수 있을 정도로 특별히 비옥한 자연 환경에 놓여 있어야 할 것이다. 그렇지 않으면 야생 동물들처럼 떠돌아다닌다.) — 종족 공동체, 자연적 공동체는 공동의 점취(일시적인)와 토지 이용의 결과가 아니라 전제로서 나타난다. 마침내 그들이 정착할 때 이 최초의 공동체가 얼마나 수정되는가는 다양한 외적인, 기후적인, 지리적인, 물리적인 조건들 등뿐만 아니라 그들의 특수한 기질 — 그들 종족의 성격 — 등에도 좌우될 것이다. 자생적인 종족 공동체, 또는 달리 표현하자면 군서(群棲) — 혈통, 언어, 관습 등의 공동성 — 가 그들 생활의 객체적인 조건들의 점취와 재생산되고 대상화되는 생명 활동(유목민, 사냥꾼, 농민 등으로서의 활동)의 첫 번째 전제이다.

대지는 커다란 작업장, 즉 노동 수단뿐만 아니라 노동 재료와 공동체의 토대인 주거지를 제공해주는 작업장이다. 그들은 대지에 대하여 공동체의 소유로서, 살아 있는 노동에서 생산되고 재생산되는 공동체의 소유로서 순진하게 관계한다. 각 개별자는 소유자 또는 점유자로서의 이 공동체의 일원, 구성원으로서 관계한다. 노동 과정에 의한 실제적 점취는 이러한 전제들 아래서 이루어지는데, 이 전제들 자체는 노동의 생산물이 아니라 노동의 자연적인, 또는 천부적인 전제들로 나타난다. 동일한 토지 소유 관계를 기초로 삼는 이러한 형태는 그 자체로 매우 다양하게 실현될 수 있다. 예를 들어 대부분의 아시아적 기본 형태들에서 이 모든 소규모 공동체들 위에 서 있는 **종합적 통일체**는 상위의 소유자, 또는 유일한 소유자로 나타나고, 따라서 실재적 공동체들은 **세습적 점유자**로 나타난다는 것이 저 형태에 결코 모순되지 않는다. 통일체가 실재적 소유자이고 공동 소유의 실재적 전제이므로 — 이 통일체 자체가 수많은 실재적인 특수한 공동체들 위의 한 **특수자**로 나타날 수 있는데, 그러면 개별자는 사실상 무소유이고, 소유 — 즉, 개별자가 노동과 재생산의 **자연적** 조건들에 대하여 자기에게 속하는 것, 무기적인 자연으로서 주어져 있는 것으로 발견하는 것, 객체적인, 자기 주체성의 신체로서 관계하는 것 — 는 그에게, 수많은 공동체의 아버지인 전제 군주에 실현되어 있는 전체 통일체가 특수한 공동체의 매개에 의해서 개별자들에게 양도됨으로써 매개되어 나타난다. 이로써 잉여 생산물 — 덧붙여 말하자면 이는 노동에 의한 실재적인 점취의 결과로 법적으로 결정된다 — 은 저절로 이 최고의 통일체에 속한다. 따라서 동양적 전제정과 법률적으로는 여기에 존재하는 것처럼 보이는 무소유 상태의 한 가운데에서, 실제로는 이 종족 소유 또는 공동체 소유가 전적으로 자급자족적이 되고, 재생산 및 잉여 생산의 모든 조건들을 자체 내에 포함하는 소규모 공동체들 내에서의 매뉴팩처와 농업의 결합에 의해 대부분 산출되어 기반으로 존재한다. 결국 이들의 잉여 노동의 일부는 **인격으로서** 실존하는 상위의 공동체에 속하고, 이 잉여 노동은 공납 등뿐만 아니라 통일체, 즉 때로는 전제 군주, 때로는 생각된 종족체(種族體), 신을 예찬하기 위한 공동 노동의 형태를 띠게 된다.

　이러한 종류의 공동체 소유는 그것이 실제로 노동에서 실현되는 한에 있어서 소규모 공동체들이 서로 독립적으로 생활하고 그 안에서 개별자는 자신에게 할당된 필지에서 가복(家僕)과 함께 노동하는 것으로 나타나거나, (말하자면 한편으로는 **공동 재고**, **보험**을 위한 일정한 노동과 **공동체 자체의 비용을 조달**하기 위한, 즉 전쟁, 예배 등을 위한 일정한 노동. 원래적인 의미에서의 통치권자의 처분권은 여기에서, 예를 들어 슬라브 공동체, 루마니아 공동체 등에서 처음으로 발견된다. 부역 등으로의 이행이 여기에 있다.) 또는 통일체가 멕시코, 특히 페루, 고대 켈트족, 몇몇 인도 종족에서처럼 형식을 갖춘 체제일 수 있는 노동 자체의 공동성에까지 확장될 수 있다. 나아가 종족 안에서의 공동성은 통일체가 종족 가족의 한 우두머리에서 대표되는 것으로 나타나거나, 또는 가장들의 상호 관계로 나타날 수 있다. 그에 따라 이 공동체의 보다 전제적인 형태나 보다 민주적인 형태. 그러면 노동에 의한 실재적 점취의 공동 조건들, 아시아 민족들에게 있어서 매우 중요한 **수로**(水路), 소통 수단 등은 상위의 통일체 — 소규모 공동체들의 위에 떠있는 전제적 정부 — 의 과업으로 나타난다. 여기에서 본래적인 도시들은 대외 무역을 위해서 특별히 유리한 지점이 있거나 국가 수반이 그의 수입(잉여 생산물)을 노동과 교환하고 이를 노동 기금으로 지출하는 곳에서 이 농촌들 옆에서 나란히 형성된다.

∥52∣ 두 번째 형태 — 그리고 그것은 첫 번째 형태와 마찬가지로 지역적·역사적 등으로 본질적인 수정을 겪었다 — 최초의 종족들의 보다 격동적인 역사적 생활, 숙명, 수정의 산물 — 도 공동체를 첫 번째 전제로 가정한다. 그러나 첫 번째 경우처럼 개인들이 단순히 우연들이거나 순전히 자생적으로 구성 요소들을 이루는 실체로서가 아니다. 두 번째 형태는 농촌을 토대로 전제하는 것이 아니라 도시를 이미 농민들(토지 소유자들)의 창출된 주거지로 전제한다. 경작지는 도시의 영토로 나타난다. 촌락은 도시의 단순한 부속물로 나타나지 않는다. 즉자적인 대지는 — 그것이 자신을 가공하고 실제로 점취하는 데 아무리 걸림돌을 놓을지라도 — 살아 있는 개인의 무기적 자연으로서, 그의 작업장, 주체의 노동 수단, 노동 대상, 생활 수단으로

서 자신에게 관계하는 데 아무런 걸림돌도 놓지 않는다. 공동체가 마주치는 난관들은 토지를 이미 점령했거나 점령하고 있는 공동체를 불안하게 만드는 다른 공동체들로부터만 유래할 수 있다. 따라서 살아 있는 현존의 객체적 조건들을 점령하기 위해서 필요하든, 이 조건들의 점령을 보호하고 영구화하기 위해서 필요하든, 전쟁은 막중한 전체 과업, 즉 막중한 공동 노동이다. 따라서 가족들로 구성된 공동체들은 우선 전쟁에 맞게 조직된다 — 전쟁 기구 및 군제(軍制)로서. 이는 소유자로서 그들의 현존 조건 중의 하나이다. 거주지의 도시 집중은 이 전쟁 조직의 기반. 즉자적인 종족 체제는 보다 높거나 낮은 문벌에 이르는데, 이는 복속된 종족들 등과의 혼합에 의해 더욱 발전되는 차이이다.

공동체 소유 — 국가 소유로서 — 공유지는 여기에서 사적 소유와 분리된다. 여기에서 개별적인 소유는 첫 번째 경우에서와는 달리 직접 공동체 소유가 아니다. 즉 개별자의 소유는 공동체로부터 분리된 것이 아니라 오히려 개별자가 공동체의 점유자로 나타난다. 개별자의 소유가 공동 노동 때문에 실제로 실현될 수 없을수록 — 요컨대 예를 들어 동양에서의 수로처럼 —, 종족의 순전히 자생적인 성격이 역사적 운동, 이주에 의해 중단될수록, 나아가 종족이 그의 최초의 주거지로부터 멀어지고 낯선 토지를 점령할수록, 즉 본질적으로 새로운 노동 조건들에 들어가고 개별자의 에너지가 발전될수록 — 종족의 공동 성격이 소극적인 대외적 통일체로서 나타날수록 —, 그리고 그렇게 나타나야 할수록 —, 개별자는 토지 — 특수한 분할지 — 의 사적 소유자가 되어, 그와 그의 가족에게 토지의 경작이 맡겨진다. 공동체는 — 국가로서 — 한편으로는 자유롭고 평등한 이 사적 소유자들의 상호 관계이고, 그들의 대외적인 결속이며, 동시에 이것의 보증이다. 여기에서 공동체는 구성원들이 노동하는 토지 소유자들, 분할지 농민들로 구성되어 있다는 데 기초할 뿐만 아니라 공동체 구성원들로서의 상호 관계에 의한 이들의 자립성, 공동의 욕구들과 공동의 업적 등을 위한 공유지의 확보에 기초한다. 여기에서도 토지를 점취하기 위한 전제는 공동체 구성원이라는 것이지만, 공동체 구성원으로서 개별자는 사적 소유자이다. 그는 그의 사적 소유인 토지에 관계하지만 동시에 공동체 구성원으로서의 그의 존재에도 관계한다. 그리고 그 자신의 보존은 공동체의 보존이며, 그 반대도 성립한다. 여기에서 공동체는 비록 이미 사실에 있어서 뿐만 아니라 의식에 있어서도 역사적 산물이고, 따라서 하나의 역사적 기원을 가지지만 토지에 대한 소유 — 즉, 노동의 자연적 전제들에 대하여 노동하는 주체가 그에게 속하는 것으로서 관계하기 — 의 전제이다. 그러나 이 귀속성은 국가 구성원으로서의 그의 존재, 국가의 존재에 의해서 — 따라서 천부적인 것으로 간주되는 전제에 의해서 — 매개된다. 농촌을 영토로 삼으면서 도시에 집중. 직접적인 소비를 위해 노동하는 소농업. 부녀자들의 가내 부업으로서(방적 및 방직), 또는 개별적인 부문들에서만 자립화된 매뉴팩처(단단한 재료를 사용하는 수공업자 fabri[223] 등).

이 공동체의 지속을 위한 전제는 그것의 자유로운 자급자족적인 농민들 사이의 평등과 이들의 소유를 지속시키기 위한 조건인 자기 노동이다. 이들은 노동의 자연적인 조건들에 대하여 소유자로서 관계한다. 그러나 실제로 이 조건들은 개인적인 노동에 의해서 끊임없이 개인의 인격, 그의 개인적 노동의 조건들이자 객체적 요소들로 정립되어야 한다. 다른 한편으로 이 작은 호전적인 공동체의 방향은 이 제약들 등을 뛰어넘는다(로마, 그리스, 유태인 등). 니부르가 말하기를,

예언들이 누마(Numa)에게 신의 허락을 보증했을 때 경건한 왕의 첫 번째 걱정은 제사가 아니라 인간적인 것이었다. 그는 로물루스(Romulus)

가 전쟁에서 획득해서 점령하도록 방치해 두었던 토지들을 분배했다. 그는 경계의 수호신(테르미누스)에게 예배를 드렸다. 과거의 모든 입법자들, 누구보다도 모세가 덕, 정직, 좋은 관습을 성공적으로 지시할 수 있었던 것은, 가능한 한 많은 수의 시민을 위한 토지 소유, 또는 적어도 보장된 세습적 토지 점유에 기초했기 때문이다(제I권, 245, 제2판. 『로마사』).[224]

개인은 그의 목적이 부의 획득일 수 없었고 자기 보존, 공동체 구성원으로서의 자기 재생산, 분할지 소유자로서의 자기 자신의 재생산, 그리고 그러한 소유자, 공동체 구성원으로서의 재생산인 생활 수단 획득 조건들에 놓여 있었다. 공동체의 지속은 바로 잉여 노동을 공동체, 전쟁 노동 등에 귀속시키는 모든 공동체 구성원의 자급자족적 농민으로서의 재생산이다. 자기 노동에 대한 소유가 노동 조건 — 토지— 에 대한 소유에 의해 매개되는데, 이 소유는 다시 공동체의 현존에 의해서, 그리고 이 공동체는 다시 공동체 구성원들의 전쟁 복무 등의 형태의 잉여 노동에 의해서 보장된다. 공동체 구성원이 재생산되는 것은 부를 생산하는 노동에서의 협업이 아니라, 대내외적인 결합을 유지하기 위한 (가상적이고 실재적인) 공동 이익을 위한 노동에서의 협업에 의해서이다. 소유는 시민 소유(quiritarium),[225] 로마적 소유. 사적 토지 소유자는 로마인으로서만 그러한 소유자가 될 수 있지만, 로마인으로서 그는 사적 토지 소유자이다.

‖53‖ 노동하는 개인들, 자급자족적 공동체 구성원들의 자연적인 노동 조건들에 대한 소유의 세 번째 형태는 게르만적 소유이다. 여기에서는 특유하게 동양적인 형태에서처럼 공동체 구성원 자신이 공동체적 소유의 공동 점유자도 아니고, (소유가 공동체 소유로만 실존하는 곳에서는 어떤 부분의 소유도 구성원 자신에게 속하는 것이 아니라 공동체의 직접적인 구성원으로서의 그에게, 즉 공동체와 구별되

는 그가 아니라 공동체와 직접적으로 통일되어 있는 그에게 속하므로, 개별적인 구성원 자신은 세습적이든 아니든, 특수한 부분의 한 점유자일 뿐이다. 요컨대 이 개별자[29]는 **점유자**일 뿐이다. **공동체적 소유**(_Gemeinschaftliches_ Eigentum)와 사적 점유만이 실존할 뿐이다. 이러한 점유 방식은 공동 소유에 비해 노동 자체가 사적 점유자에 의해 고립적으로 수행되는가, 아니면 다시 공동체에 의해서 결정되는가, 아니면 특수한 공동체들 위에 떠있는 통일체에 의해서 결정되는가에 따라서 역사적·지역적으로 전혀 상이하게 수정될 수 있다) — 로마 및 그리스 형태(간단히 말해 고전적 고대 형태)에서처럼 토지가 공동체에 의해서 점령되어 있지 않고 로마 토지가 아니다. 일부는 공동체 구성원들과 구별되는 공동체 자체에 다양한 형태의 공유지로 남아 있고, 다른 부분은 분배되어 각 분할지가 사적 소유, 한 로마인의 영역, 작업장에서 그에게 속하는 지분인 까닭에 로마적이다. 그러나 그는 로마 대지 중 그의 부분에 대한 절대적인 권리를 가지는 한에 있어서만 로마인이다.

{고대에 도시의 공업과 상업은 경시되었으나 농업은 존경되었다. 중세에는 정반대의 평가[니부르, 418쪽].}

{점유에 의한 공유지 **사용권**은 처음에 귀족들(Patrizier)에게 귀속되었고, 이들은 다시 그들의 예속민들(Klienten)[226]에게 봉토를 주었다. 공유지에 대한 소유의 양도는 평민들(Plebejer)에게 배타적으로 귀속되었다. 평민들에게 유리한 모든 어음 발행과 공유지 지분에 대한 배상. 도시 성벽 아래 지역을 제외하고 **본원적인 토지** 소유는 처음에는 평민들의 수중에만[435-436쪽]. (나중에 채택된 농촌 공동체들.)}

---

29) 수고에는: 이 통일

{그들의 시민 소유에서 불리는 바와 같은 농민들의 총체로서의 로마 평민들의 토지 제도 원로들은 토지 경작을 만장일치로 자유인의 본래적인 사업으로, 군인들의 학교로 간주했다. 여기에서 민족의 오랜 종족이 보존된다. 내국인들이 사업이 그들을 유혹하는 곳으로 이주하듯이, 외국 상인들과 사업가들이 정착해 있는 도시들에서는 민족이 변한다. 노예가 있는 곳에서는 어디에서나 해방된 자가 사업을 통해 생계 수단을 버는데, 그는 이 사업에서 빈번히 부를 축적한다. 그리하여 이 공업들은 고대에도 대부분 저들의 수중에 있었고, 그러므로 시민들에게는 어울리지 않았다. 따라서 수공업자들에게 완전한 시민권을 허용하는 것은 염려스럽다는 견해(이들은 대체로 고대 그리스인들에게 있어서는 배제되었다). 로마인은 그의 생계 수단을 상인이나 수공업자로서 벌어서는 안 된다.[227] 고대인들은 중세의 도시 역사에서와 같은 존경할 만한 수공업 조합 제도에 관한 관념이 없었다. 여기에서조차 수공업 조합들이 문벌들에 대해 승리를 거두자 상무정신(尙武精神)은 침체되었고, 마침내 완전히 사라졌다. 즉, 도시에도 외부의 존경과 자유가 주어졌다[614-615쪽].}

{고대 국가들의 종족들은 두 가지 방식으로 수립되었다. 혈통에 따라서나 장소에 따라서. 혈통 종족들은 그 연령에 있어서 지역 종족들보다 나중에 나타나고 거의 모든 곳에서 이들에 의해 추방된다. 그들의 엄격한 극단적 형태가 카스트 제도인데, 여기에서 한 카스트는 다른 카스트와 결혼권도 없이 서로 분리되고 품위에 있어서도 완전히 다르며, 각 카스트는 불변의 배타적인 직업을 가진다. 지역 종족들은 지방들과 촌락들로의 지역 분할에 조응한다. 그러므로 이들이 건설되던 당시에 클라이스테네스(Cleisthenes) 치하의 아티카(Attica)에서 촌락에 정착했던 자는 이 촌락이 지역적으로 속했던 종족(Phyle)[229]에서 이 촌락의 평민(Demotes)[228]으로 등록되었다. 이제 그의 후손들은 거주지에 상관없이 대체로 동일한 종족과 동일한 데모스에 머물렀다. 그럼으로써 이 분류가 가문의 외양을 띠게 되었다[317, 318쪽].}

로마의 씨족들은 혈연이 아니라는 것. 키케로(Cicero)는 공동체의 명칭에다가 특징으로서 자유인들의 가문을 덧붙인다. 로마의 씨족들에게 공통적인 성물(Sacra)은 나중에 (이미 키케로 시대에) 중단되었다. 일족과 유언이 없는 씨족 성원의 상속은 가장 오래 유지되었다. 곤궁한 자가 일상적이 아닌 부담을 감당해야 할 경우에는 도와주는 것이 고대 씨족 성원(Geneten)[230]의 의무. (독일인들에게 있어서는 도처에서 처음부터, 디트마르쉔인들[231]에게서 가장 오랜 동안.)[326, 328, 329, 331쪽] 씨족의 조합들(Innungen).

고대 세계에서 씨족들로서의 일반적인 규정은 없었다. 그러므로 갈렌[232]에서는 캠프벨 귀족 가문과 그의 가신들(Vasallen)이 족벌(Clan)을 형성한다[333, 335쪽].}

고위 귀족은 공동체를 대표하므로 그는 공유지의 점유자이고, 이를 그의 피보호자들 등을 동원해 이용한다(이를 점차 점취하기도 한다). 게르만 공동체는 도시에 집중되지 않는다. — 농촌 생활의 중심지, 농촌 노동자들의 거주지이자 전쟁 수행의 중심지로서 도시의 — 어떤 단순한 집중에 의해서든 공동체 자체는 개별자의 실존과는 구별되는 외적인 실존을 가진다. 고전적인 고대사는 도시 역사이다. 그러나 토지 소유와 농업에 기초한 도시들의 역사이다. 아시아의 역사는 도시와 농촌의 일종의 무차별적 통일이다. (여기에서 원래적인 대도시들은 단순히 군주의 진영, 원래 경제적인 구조물 위의 상부 구조로 간주될 수 있다.) 중세(게르만 시대)는 역사의 거점으로서 농촌에서 출발한다. 그러다가 역사의 계속적인 발전은 도시와 농촌의 대립 속에서 진행된다. 근대의 [역사]는 고대에서처럼 도시의 농촌화가 아니라 농촌의 도시화이다.

‖ V-1 ‖ [233] 도시의 집합에서는 공동체 자체가 하나의 경제적 실존을 가진다. 도시 자체의 단순한 현존은 독립적인 가구들의 단순한 다수와는 다르다. 여기에서 전체는 그것의 부분들로 구성되어 있지 않다. 그것은 일종의 자립적인 유기체이다. 개별적인 가장들이 긴 도로에 의해 분리되어 숲 속에 정주해 있는 게르만족에게 있어서는 즉자적으로 존재하는 그들의 통일성이 혈통, 언어, 공통된 과거, 역사 등에 정립되어 있기는 하지만, 외적으로 관찰해도 공동체는 이미 공동체 구성원들의 그때그때의 집합에 의해서만 실존한다. 요컨대 **공동체가 결사**(Verein)가 아니라 **집합**(Vereinigung)으로서, 통일체(Einheit)가 아니라 토지 소유자들이 자립적인 주체들을 이루는 동의(Einigung)로서 나타난다. 따라서 공동체는 **도시**로 실존하지 않기 때문에, 고대와는 달리 사실상 **국가**, 국가 체제로서 실존하지 않는다. 공동체가 실재적 실존에 이르기 위해서는 자유로운 토지 소유자들이 **집회**를 열어야 하는 데 반해, 공동체가 예컨대 로마에서는 이 집회들 이외에 **도시** 자체의 현존에서, 그리고 도시에서 임명된 관리들의 현존에서 **실존한다**.

게르만족에게 있어서도 개별자의 소유와는 구별되는 공유지나 인민 토지(Volksland)가 나타난다. 사냥터, 방목지, 벌목터 등이 일정한 형태로 생산 수단으로 기여하려면 분배될 수 없는 토지 부분으로 나타난다. 그렇지만 예를 들어 로마인들에게서처럼 이 **공유지**가 사적 소유자들 곁에 있는 국가의 특수한 경제적 현존으로 나타나는 것이 아니기 때문에, 이 사적 소유자들은 평민들처럼 공유지의 이용으로부터 **배제된**, 박탈된 한에 있어서 엄밀하게 **사적** 소유자들 자체이다. 공유지가 게르만족에게 있어서는 오히려 개인적 소유의 보완으로만 나타날 뿐이고, 소유로서 나타나는 것은 그것이 적대적인 종족들에 대항해서 한 종족의 공동 점유로 주장되는 한에 있어서만 이다. 개별자의 소유가 공동체에 의해서 매개되어 나타나는 것이 아니라 공동체와 공동체 소유의 현존이 매개된 것으로서, 즉 자립적인 주체들의 상호 관계로서 나타난다. 기본적으로 경제적 전체(das ökonomische Ganze)는 대자적으로 생산의 자립적인 중심을 이루는 각 개별적인 가구에 포함되어 있다(순전히 부녀자의 가내 부업으로서의 매뉴팩처 등). 고대 세계에서는 도시가 그의 영토와 더불어 경제적 전체이다. 게르만 세계에서 경제적 전체는 스스로 자신에게 속하는 토지에서 점으로서 나타날 뿐인 개별적인 거주지, 즉 수많은 소유자의 집중이 아니라 자립적인 단위로서의 가족이다. 아시아적(적어도 지배적인) 형태에서 개별자는 소유가 아니라 점유만 할 수 있다. 공동체가 원래 적인 실제적 소유자 — 요컨대 소유는 토지에 대한 **공동** 소유로서만.

고대인들(고전적인 예로서 로마인들, 사태가 가장 순수하고 가장 두드러진 형태로)에게 있어서는 국가 토지 소유와 사적 토지 소유의 대립적인 형태가 나타나 후자가 전자에 의해 매개되거나 전자 자체 가 이중적 형태로 실존한다. 따라서 사적 토지 소유자는 동시에 도시 의 시민. 경제적으로 국민 신분(Staatbügertum)은 농민이 도시 주민 이라는 단순한 형태로 귀착된다. 게르만적 형태에서 국민은 농민이 아니라, 즉 도시 주민이 아니라 고립되고 자립적인 가족 거주지를 기 초로 하는데, 동일한 종족의 다른 가족 거주지들과의 동맹(Verband) 과 전쟁, 종교, 중재 등을 위한 그때그때의 회합에 의해서 그러한 상 호 보증이 보장된다. 개인적 토지 소유가 여기에서는 공동체의 토지 소유의 대립적인 형태나 공동체에 의해 매개되는 것으로 나타나지 않고 오히려 정반대이다. 공동체가 이 개인적인 토지 소유자들 자신 의 상호 관계에서만 실존하는 것이다. 공동체 소유 자체는 개인의 저 택과 개인의 토지 점취에 대한 공동체적 부속물로 나타날 뿐이다. 공 동체는 개별자가 단순한 우연으로 나타나는 실체가 아니며, 그 자체 가 개별자의 표상에서뿐만 아니라 도시 및 개별자들의 욕구들과는 구별되는 도시 욕구들의 실존, 또는 공동체 성원의 특수한 경제적 현존과는 구별되는 공동체의 현존인 도시의 토지에서도 존재하는 통일체의 일반성도 아니다. 한편에서 공동체는 즉자적으로 언어, 혈연 등의 공동성으로서 개인적 소유자에게 전제되어 있다. 그러나 다른 한편에서 현존으로서의 공동체는 공동의 목적을 위한 **실재적 집회**에서 실존할 뿐이다. 그리고 공동체가 공동으로 이용되는 사냥터, 목초지 등에서 특수한 경제적 실존을 가지는 한에서, 이것은 각 개별적인 소유자에 의해서 이용되는데, (로마에서처럼) 국가의 대표자로서가 아니라 그 자체로 이용된다. 도시에서 개별자로서 스스로 하나의 별도의 실존을 가지는 소유자들의 연합체의 소유가 아니라 개인적인 소유자들의 실재적인 공동 소유.

원래 여기에서 중요한 것은 다음과 같은 것이다. 토지 소유와 농업이 경제 질서의 토대를 이루고, 따라서 사용 가치의 생산이 경제의 목적이고, 개인을 토대로 하는 공동체와 일정한 관계들에 들어 있는 개인의 **재생산**이 경제적 목적인 이 모든 형태에서는 — 다음이 존재한다. 1. 자연적인 노동 조건, 최초의 노동 도구, 작업장뿐만 아니라, 노동에 의한 원료의 보관자인 대지의 점취가 아니라 노동에 전제된 것으로서의 점취. 개인은 객체적 노동 조건들에 대하여 단순히 자신의 것, 그들에 대하여 자신의 주체성 자체가 실현되는 **무기적 자연**으로 관계한다. 객체적인 주(主) 노동 조건 자체가 노동의 생산물로 나타나는 것이 아니라 자연으로서 주어져 있는 것으로 발견된다. ‖2│ 한편에는 살아 있는 개인이, 다른 한편에는 대지가 그의 재생산을 위한 객체적 조건으로서. 2. 그러나 소유로서의 토지, 대지에 대한 노동하는 개인의 이러한 **형태** — 따라서 이 개인은 마치 그가 비록 생활 과정에서 재생산하고 발전시키지만, 이 재생산 과정에 다시 **전제되어** 있는 그의 피부나 감각 기관처럼, 처음부터 단순히 노동하는 개인으로서 이러한 추상 속에서 나타나지 않고, 그의 활동에 전제되어 있으며 이 활동의 결과로서 나타나는 것이 아니라, 그의 활동의 전제인

객체적 실존 방식을 대지에 대한 소유에서 가진다 — 는 자생적인,
다소 역사적으로 발전되고 수정된 한 공동체의 구성원으로서의 개인
의 현존 — 한 종족 등의 성원으로서의 그의 자생적 현존 — 에 의해
즉각 매개된다.

고립된 개인이 말을 할 수 없는 것과 마찬가지로 그는 토지에 대
한 소유도 가질 수 없을 것이다. 물론 그는 동물들이 그러하듯이, 토
지를 실체로 소비할 수는 있을 것이다. 대지에 소유로서 관계하는 것
은 언제나 종족, 다소 자생적이거나 또는 이미 역사적으로 발전된 어
떠한 형태의 공동체에 의한 토지의 평화적이거나 강제적인 점거에
의해서 매개된다. 여기에서 개인은 결코 그가 맨손의 자유 노동자로
나타난다는 엄밀성을 가지고 등장할 수 없다. 그의 객체적 노동 조건
들이 그에게 속하는 것으로 전제되어 있다면, 그 자신은 토지에 대한
그의 관계를 매개하는 공동체의 구성원으로서 주체적으로 전제되어
있다. 객체적 노동 조건들에 대한 그의 관계는 공동체 성원으로서의
그의 현존에 의해 매개된다. 다른 한편에서 공동체의 실제적 현존은
객체적 노동 조건들에 대한 그의 일정한 소유 형태에 의해 결정된다.
공동체에서의 현존에 의해 매개되는 이 소유가 개별자는 점유자일
뿐이고 토지에 대한 사적 소유는 없는 공동 소유로 나타나든 — 또는
소유가 국가 소유와 사적 소유의 이중적인 형태로 나타나서 후자가
전자에 의해서 정립된 것으로서 나타나고, 따라서 국민만이 소유자
이고 또 그래야 하든, 다른 한편에서 국민으로서의 그의 소유가 동시
에 특수한 실존을 가지든 —, 또는 마지막으로 공동체 소유가 개인적
소유에 대한 보완으로만 나타나되, 이 개인적 소유가 토대로서 나타
나고, 공동체는 공동체 구성원들의 집회와 공동의 목적을 위한 결합
이외에는 그 자체로 실존을 가지지 않든, — 공동체 또는 종족 구성
원들의 종족 토지 — 종족이 정착한 대지 — 에 대해 갖는 다양한 관
계 형태는, 부분적으로 종족의 천성(Naturanlage)에, 부분적으로는 그

가 실제로 소유자로서 토지에 관계하는, 즉 그의 결실을 노동에 의해 점취하는 경제적 조건들에 좌우되는데, 후자는 다시 기후, 토지의 물리적 속성, 물리적으로 조건 지워진 토지 이용 방식, 적대적인 종족이나 인근 종족에 대한 관계 행위, 그리고 이주, 역사적 경험 등이 초래하는 변화들에 좌우된다. 공동체가 그 자체로 전래의 방식으로 존속하기 위해서는 그 구성원들이 전제된 객체적 조건들 아래서 재생산되어야 한다. 생산 자체, 인구 증가(이것도 생산에 속한다)는 점차 필연적으로 이 조건들을 지양한다. 이것들을 재생산하는 것이 아니라 파괴한다. 그리고 그럼으로써 공동체는 그가 기초하고 있던 소유 관계들과 더불어 몰락한다. 아시아적 형태가 필연적으로 가장 끈질기고 가장 오래 유지된다. 이는 개별자가 공동체에 대하여 자립적이 되지 않는다는 것과 자급자족적 생산 영역, 농업과 수공업 매뉴팩처의 통일 등과 같은 그것의 전제에 기인한다. 개별자가 공동체에 대한 자신의 관계를 변화시키면, 그럼으로써 그는 공동체뿐만 아니라 그것의 경제적 전제에 파괴적으로 작용한다. 다른 한편에서 이 경제적 전제의 변화는 ― 그 자신의 변증법에 의해 매개되어 ― 빈곤화 등. 특히 예컨대 로마에서 본질적으로 공동체 자체의 경제적 조건들에 속하는 전쟁과 정복의 영향은 공동체가 기초하는 현실적인 유대를 지양한다.

이 모든 형태에서 공동체에 대한 개별자의 전제된 ― 다소 자생적이거나 또는 역사적으로 형성되었으나 관습적이 된 ― 관계들의 재생산과 노동 조건들뿐만 아니라 그의 동료 및 종족 동무 등에 대한 관계 행위에서의 **일정한 현존**, 즉 그에게 **사전에 결정된 객관적 현존**은 발전의 기반이다. 이것은 처음부터 **제약된** 발전이기는 하지만, 제약의 지양과 더불어 쇠퇴와 몰락을 나타내는 발전이다. 이에 따라 로마인들에서 노예제의 발전, 토지 점유의 집중, 교환, 화폐 제도, 정복 등, 비록 이 모든 요소가 일정한 점까지는 기반과 조화를 이루는 것

처럼 보이며, 때로는 순진하게 이를 확대하는 것처럼 보이고, 때로는
단순한 악습으로서 여기에서 성장해 나오는 것처럼 보이지만. 여기
에서는 일정한 범위 안에서 커다란 발전들이 일어날 수 있다. 개인들
이 위대하게 나타날 수 있다. 그러나 개인의 자유롭고 완전한 발전도
사회의 그러한 발전도 본원적인 관계와 모순되므로 여기에서는 생각
할 수 없다.

∥3∥ 우리는 어떤 토지 소유 형태 등이 가장 생산적이었고 가장
많은 부를 창출했는가에 관한 연구를 고대인들에게서는 결코 발견할
수 없다? 비록 카토(Cato)는 어떤 토지 경작이 가장 많은 수확을 올
릴 수 있는지를 연구할 수 있었고, 또는 브루투스(Brustus)는 가장 많
은 이자를 받고 그의 돈을 대부해 줄 수도 있었지만, 부는 생산의 목
적으로 나타나지는 않는다. 연구는 언제나 어떤 방식의 소유가 가장
훌륭한 국민들(Staatsbürger)을 창출하는가 이다. 부는 중세 사회의
유태인 등처럼, 고대 세계의 틈새에 사는 소수의 상업 민족들 — 운
송업 독점자 — 에게 있어서만 자기 목적으로 나타난다. 이제 부는
한편으로 사물이고, 인간이 주체로서 마주 서는 사물들, 물적 생산물
들에 실현된다. 다른 한편으로 가치로서의 부는 지배 목적을 위해서
가 아니라 사적 향유 등의 목적을 위한 타인 노동에 대한 단순한 통
제이다. 모든 형태에서 그것은 사물이거나 또는 개인의 밖에 그리고
우연히 개인의 곁에 놓여 있는 사물에 의해 매개된 관계일지라도 사
물의 형체로 나타난다. 그리하여 인간이 어떠한 편협한 민족적·종
교적·정치적 규정에서든, 생산의 목적으로 나타나는 고대의 관념은,
생산이 인간의 목적으로 나타나고 부가 생산의 목적으로 나타나는
근대 세계에 비해 고귀한 것처럼 보인다. 그러나 사실 편협한 부르주
아적 형태가 탈피된다면, 부란 보편적 교환에 의해 산출된 개인들의
욕구, 능력, 향유, 생산력 등의 보편성이 아니고 무엇인가? 자연력,
소위 자연의 힘뿐만 아니라 자기 자신의 본성(Natur)의 힘에 대한 지

배의 완전한 발전? 발전, 즉 **사전에 주어진** 척도에 따라 측정되지 않는 모든 인간적 힘 자체의 발전의 이러한 총체성을 자기 목적으로 삼는 지나간 역사적 발전 이외의 다른 전제는 없이 그의 창조적 소질의 절대적 성취? 그가 한 규정성에서 재생산되는 것이 아니라 그의 총체성을 생산하는 곳? 어떤 형성된 것으로 머무르고자 하지 않고 형성의 절대적 운동 속에 있는 것이 아니고 무엇인가? 부르주아 경제학에서는 — 그리고 그에 조응하는 생산 시기에는 — 인간 내부의 이러한 완전한 성취가 완전한 방기(放棄; Entleerung)로 현상하고, 이러한 보편적인 대상화는 총체적 소외로서, 모든 일정한 일방적 목적들의 철거는 전적으로 외적인 목적에 대한 자기 목적의 희생으로 나타난다. 따라서 한편으로 유치한 고대 세계가 보다 고상한 것으로 현상한다. 다른 한편으로 봉쇄된 형체, 형태와 주어진 제한이 추구되는 곳에서 그것은 어디에서나 실제로 보다 고상하다. 고대 세계는 편협한 관점에서의 충족이다. 반면에 근대성은 충족되지 않은 채 놓아두거나, 또는 그것이 내적으로 충족된 것으로 나타나는 곳에서는 비속하다.

프루동 씨가 토지 소유를 의미하면서 소유의 **경제외적 등장**이라고 부른 것[234]은 노동의 객체적 조건들, 즉 처음에는 노동의 **자연적인** 객체적 조건들 — 왜냐하면 노동하는 주체가 자연적 개인, 자연적 현존이었듯이 그의 노동의 최초의 객체적 조건은 자연, 대지, 그의 무기적 신체로 나타났기 때문이다 — 에 대한 개인의 전(前)부르주아적 관계이다. 개인의 노동 자체는 유기적 신체일 뿐만 아니라 주체로서의 이 무기적 자연이다. 이러한 조건은 그의 산물이 아니라 주어져 있는 것으로 발견된다. 그의 밖에 자연적 현존으로 전제되어 있다. 우리가 이를 더 분석하기 전에 다음 점을 더. 대담한 프루동은 **자본**과 **임노동**이 — 소유 형태들로서 — **경제외적으로** 등장했다고 책망할 수 있을 뿐만 아니라 그렇게 해야만 할 것이다. 왜냐하면 객체적 노동 조건들이 노동자 쪽에서 보면 자신에게서 분리되어 있는 것, 즉 **자본으로** 발견되는 것과, 자본가 쪽에서 보면 **노동자가** 무산자, 즉 추상적인 노동자로서 발견되는 것 ― 가치와 살아 있는 노동 사이에서 이루어지는 바와 같은 교환 ― 은 **역사적 과정** ― 자본과 임노동 자신이 이 관계를 재생산하고 그 객관적 범위를 확장할 뿐만 아니라 심화시키기도 하지만 ―, 다시 말해 우리가 살펴본 바와 같이 자본과 임노동의 형성사를 이루는 역사적 과정을 전제하기 때문이다. 다른 말로 하자면, 소유의 **경제외적 등장**이란 부르주아 경제, 즉 정치경제학의 범주들에 의해 이론적으로 표현되거나 관념적으로 표현되는 생산 형태들의 **역사적 등장**을 의미할 뿐이다. 전(前)부르주아 역사와 이것의 각 국면이 경제와 운동의 경제적 기반을 가진다는 것은, 기본적으로 인간의 생활이 옛날부터 우리가 그 관계들을 바로 경제적 관계들이라고 부르는 그러한 생산에 기초한다는 것, 즉 이런저런 방식으로 **사회적인** 생산에 기초한다는 말의 단순한 동어반복이다.

　생산의 본원적 조건들 ― (또는 같은 말이지만, 두 성(性)의 자연적 과정에 의해 증가하는 인간 수의 재생산. 왜냐하면 이 재생산이 한편에서 주체들에 의한 객체들의 점취로 현상한다면, 다른 한편에서는 객체들의 형성으로, 주체의 목적에 대한 객체들의 복속으로 현상한다. 이들의 주체적 활동의 결과 및 보존자로의 전환이기 때문이다) ― 은 처음에는 **스스로 생산될 수 없다** ― 생산의 결과일 수 없다. 살아 있는 활동하는 인간들과 이들의 자연과의 소재대사의 자연적·무기적 조건들의 통일, 따라서 이들의 자연 점취가 아니라 ∥4∣ 인간 현존의 이 무기적 조건들과 이 활동하는 현존의 **분리**, 임노동과 자본의 관계에서 처음으로 완벽하게 정립된 바와 같은 분리는 설명을 요하거나 또는 역사적 과정의 결과이다. 이러한 분리는 노예 관계 및 농노 관계에서는 일어나지 않고 사회의 한 부분이 다른 부분 자체에 의해서 자기 자신의 재생산을 위한 단순한 **무기적·자연적** 조건으로 취급된다. 노예는 자기 노동의 객체적 조건들과 아무런 관계에 있지 않다. 노예의 형태뿐만 아니라 농노의 형태에서도, **노동 자체**는 생산의 **무기적 조건**으로서 다른 자연물들의 대열에, 가축 옆에 나란히 또는 대지의 부속물로서 세워진다.

다른 말로 하자면, 최초의 생산 조건들은 자연 전제들, **생산자의 자연적 실존 조건들**로 나타나는데, 이는 비록 생산자가 그의 살아 있는 신체를 재생산하고 발전시킬지라도, 처음에는 그 자신에 의해서 정립되지 않고 그 자신의 **전제**로 나타나는 것과 전적으로 마찬가지이다. 그 자신의 (신체적) 현존은 그가 정립하지 않은 자연적 전제이다. 그가 자신에게 속하는 무기적 신체로서 관계하는 **자연적 실존 조건들**은 그 자체로 이중적이다. 1. 주체적 자연과 2. 객체적 자연. 그는 한 가족, 종족, 부족(Tribus) 등의 성원으로서 주어져 있는 것으로 발견된다 — 그러다가 다른 것들과의 혼혈 및 대립에 의해서 역사적으로 다양한 형체를 취한다. 그리고 그러한 성원으로서 생산자는 그 자신의 무기적 현존, 그의 생산 및 재생산의 조건인 일정한 자연(예컨대 여기에서는 여전히 대지, 토지)과 관계한다. 그는 공동체의 자연적 성원으로서 공동체적 소유에 참여하고, 이것의 특수한 부분을 점유한다. 이것은 그가 타고난 로마 시민으로서 공유지에 대한 (적어도) 관념적 청구권과 일정 면적의 토지에 대한 현실적인 청구권 등을 가지는 것과 마찬가지이다. 생산자의 소유, 즉 생산의 자연적 전제들에 대한 그의 관계, 즉 그에게 속하는 것들, 그 자신의 것들로서의 관계는 그 자신이 한 공동체의 자연적 구성원이라는 사실에 의해서 매개된다. (구성원들이 언어 등 이외에는 공통성을 가지지 않거나 이것마저도 거의 가지지 않는 공동체의 추상은 훨씬 훗날의 역사적 상태의 산물임이 분명하다.) 개별자에 관해 살펴보면, 예를 들어 그 자신은 한 인간 공동체의 자연적 구성원으로서만 언어에 대하여 자기 **자신의 언어**로서 관계한다는 것이 명백하다. 개별자의 산물로서의 언어란 어불성설(語不成說; Unding)이다. 그러나 소유도 마찬가지이다.

언어가 공동체의 산물인 것과 마찬가지로, 언어 자체는 다른 점에서 보면 공동체의 현존이고 공동체의 자명한 현존이다. {예를 들어 페루에서 발견되는 바와 같은 공동 생산과 공동 소유는, 인도와 슬라브족에게서 발견되는 바와 같은 공동 소유 및 공동 생산을 오래된 단순한 형태로 가졌던 정복 종족들에 의해 도입되고 이전된 이차적 형태임이 분명하다. 예를 들어 우리가 예일즈의 켈트족에게서 발견하는 형태도 이들에게 이전된, 정복자들에 의해서 낮은 단계에 있는 피정복 종족들에게 도입된 이차적 형태인 것처럼 보인다. 최고의 중앙에 의한 이들 체제의 완성과 체계적인 개선은 그것들이 보다 뒤늦게 등장했음을 말해준다. 프랑스에서 자생적으로 등장한 봉건제보다 영국에 도입된 봉건제가 형태에 있어서 더 완성되었던 것과 전적으로 마찬가지로.} {이동하는 유목 종족들에게 있어서 — 그리고 모든 유목 민족은 이동한다 — 대지는, 예를 들어 아시아 스텝 지방과 아시아 고원 지대에서 다른 자연 조건들과 마찬가지로 원시적으로 무한한 상태로 나타난다. 그것은 군서 민족들의 생활 수단이 되는 가축 떼에 의해 모조리 뜯어 먹히는 등 소비된다. 그들은 이 소유를 결코 고정시키지는 않지만 대지에 대하여 그들의 소유로서 관계한다. 아메리카의 야만적인 인디언 종족들의 사냥터가 그러하다. 종족은 일정한 지역을 자신의 사냥터로 간주하고, 이를 다른 종족들에 대하여 강제력으로 유지하거나, 또는 다른 종족들을 이들이 유지하는 사냥터로부터 추방하고자 한다. 이동하는 유목 종족들에게 공동체는 사실상 언제나 결합되어 있고, 이 생활 방식의 조건들로부터 여행단, 카라반, 무리와 상명하복 형태들이 발전되어 나온다. 여기에서 점취되고 재생산되는 것은 사실상 가축 떼(Herde)일 뿐 대지가 아니다. 그러나 대지는 언제나 그때그때의 체류지에서 일시적으로 공동으로 이용된다.} 공동체가 **자신의 것인** 자연적인 생산 조건들 — 대지 —
과의 관계에서 발견할 수 있는 유일한 제약은 (우리가 바로 정착 민
족으로 비약한다면) 이들을 이미 자기의 무기적 신체로서 주장하는
다른 공동체이다. 따라서 **전쟁**은 이 자생적인 공동체들이 각각 소유
를 유지하기 위해서 뿐만 아니라 소유를 새롭게 획득하기 위한 최초
의 노동 중의 하나이다. (우리는 여기에서 사실상 최초의 토지 소유
에 관해 언급하는 것으로 만족할 수 있다. 왜냐하면 유목 민족들에게
있어서 자연적으로 발견되는 최종 생산물 — 예컨대 양(羊) — 에 대
한 소유는 동시에 그들이 지나가는 초원에 대한 소유이다. 결국 토지
에 대한 소유에는 토지의 유기적 생산물에 대한 소유도 포함되어 있
다.) {인간 ‖5‖ 자신이 토지의 유기적 부속물로서 토지와 함께 정
복되면, 그는 생산 조건의 하나로서 같이 정복된 것이고 그리하여 노
예제와 농노제가 등장한다. 이들은 모든 공동체의 최초의 형태들을
곧 변조시키고 수정하며, 스스로 공동체들의 토대가 된다. 그럼으로
써 단순한 구성은 부정적으로 규정된다.}

　요컨대 소유란 인간이 그의 자연적인 생산 조건들에 대하여 그에
게 속하는 것으로서, 자기의 것으로서, 그 **자신의 현존**과 더불어 전제
되어 있는 것으로서 관계하는 것, 다시 말해 생산 조건들에 대하여
자신의 연장된 신체를 이룰 뿐인 자기 자신의 **자연적 전제들**로서 관
계하는 것을 뜻한다. 원래는 그가 자신의 생산 조건들에 관계하는 것
이 아니라 이중적으로, 즉 그 자신으로서 주체적으로 뿐만 아니라 그
의 실존의 자연적인 무기적 조건들에서 객체적으로 존재한다. 이 자
연적 생산 조건들은 이중적이다. 1. 공동체 성원으로서의 그의 현존.
요컨대 최초의 형태에서 **종족** 단체이고 다소 수정된 **종족** 단체인 이
공동체의 현존. 2. **토지**에 대하여 공동체를 매개로 해서 자신의 것으
로서 관계하기, 공동의 토지 소유, 동시에 개별자에게는 개별적인 점
유이거나 또는 결실들만 분배되도록 하는 것. 그러나 토지 자체와 경

작은 공동으로 남아 있다. (그렇지만 주거지 등은 그것이 스키타이족
의 수레일지라도 언제나 개별자의 점유로 나타난다.) 살아 있는 개인
을 위한 자연적 생산 조건의 하나는 개인이 자생적인 사회, 종족 등
에 소속되어 있다는 것이다. 예를 들어 이것은 이미 그의 언어 등을
위한 조건이다. 그 자신의 생산적 현존은 이러한 조건 아래서만 이루
어진다. 그럼으로써 그의 주체적인 현존은 그러한 것으로서 조건 지
워지는데, 이는 그 현존이 그의 작업장인 대지에 관계하는 것에 의해
서 조건 지워지는 것과 마찬가지이다. (소유는 원래 동산 動産 이다.
왜냐하면 인간은 우선 동물, 특히 기를 수 있는 동물을 비롯한 대지
의 완성된 결실들을 장악하기 때문이다. 그렇지만 이러한 상태 — 수
렵, 어업, 유목, 나무 열매로 먹고살기 등 — 조차, 고정된 거주지에
서든 떠돌아 다니면서든 동물 등을 위한 방목을 위해서든, 언제나 대
지의 점취를 전제한다.)

　　요컨대 소유란 한 종족(공동체)에게 속하는 것(여기에서 주체적·
객체적 실존을 가지는 것)을 의미하며, 이 공동체가 토지, 대지에 대
하여 자신의 무기적 신체로서 관계하는 것을 매개로 해서 개인이 토
지, 생산의 외적인 원초 조건에 대하여 — 대지는 원료, 도구, 결실에
있으므로 — 그의 개별성에 속하는 전제들, 개별성의 실존 방식으로
서 관계하는 것을 의미한다. 우리는 이 소유를 생산 조건들에 관계하
는 것으로 귀착시킨다. 최초에 개인의 생산 행위는 소비할 수 있도록
자연 자체에 의해서 마련되는 완성된 대상들을 점취함으로써 자기
자신의 신체를 재생산하는 것에 국한되는데, 왜 소비 조건들에 관계
하는 것으로 귀착시키지 않는가? 찾아내고 발견할 것밖에 없는 곳에
서조차 이것은 머지 않아 주체의 노고, 노동 — 사냥, 고기잡이, 목축
처럼 — 과 일정한 능력의 생산(즉 발전)을 요구한다. 그러나 그러면
주어져 있는 것을 아무런 도구(즉, 이미 생산을 위해서 일정한 노동
생산물)도 없이 (이미 목축에서조차 이루어지는)형태의 변화도 없이

이용할 수 있는 상태는 금방 지나가는 상태이고, 어디에서도 정상적인 상태로, 정상적인 원시 상태로 간주될 수 없다. 덧붙여 말하자면 최초의 생산 조건들은 열매, 동물 등처럼 노동이 없이도 직접 소비 가능한 소재를 저절로 포함한다. 그러므로 소비 기금 자체는 **최초의 생산 기금의 구성 부분으로** 나타난다.

(최초에 공동체가 귀결되는) 종족 단체(Stammwesen)에 기초하는 소유의 기본 조건 ― 종족의 구성원이라는 것 ― 은 종족에 의해 점령된 낯선 종족, 복속된 종족을 무소유로 만들고, 이 종족 자체를 공동체가 자신의 것으로 관계하는 무기적 재생산 조건에 포함시킨다. 따라서 노예제와 농노제는 종족 단체에 기초하는 소유의 **한층 더 발전된 형태들**이다. 그것들은 필연적으로 모든 소유 형태를 수정한다. 그것들은 아시아적 형태에서 소유를 가장 적게 수정할 수 있다. 이 형태가 기초하는 매뉴팩처와 농업의 자급자족적 통일에서는 **토지 소유,** 농업이 배타적으로 지배적인 곳에서처럼 정복이 필요 조건은 아니다. 다른 한편으로 이 형태에서 개별자는 결코 소유자가 되지 못하고 점유자만 될 수 있을 뿐이므로, 기본적으로 그 자신은 공동체의 통일을 구현하는 자의 소유, 즉 노예이다. 그리고 여기에서 노예제는 노동 조건들을 지양하지도 본질적인 관계를 수정하지도 않는다.

‖6‖ 나아가 다음과 같은 점이 명백하다.

소유가 생산 조건들에 대해 의식적으로 **자기 것으로서** ― 그리고 개별자와 관련해서는 공동체에 의해 정립되며 법으로 공포되고 보장되어 ― 관계하는 것인 한에 있어서, ― 요컨대 생산자의 현존은 그**에게 속하는** 조건들에서의 현존으로 현상한다 ― 소유는 생산 자체에 의해서 비로소 실현된다. 실제적 점취는 이 조건들에 대한 생각된 관계가 아니라 활동적인 현실적 관계에서 비로소 이루어진다 ― 이 조건들을 그의 주체적 활동의 조건들로 실제로 정립하기.

그러나 이에 따라 이 조건들이 변한다는 것도 동시에 명백하다. 대지는 종족들의 사냥에 의해 비로소 사냥터가 된다. 농경에 의해 대지, 토지는 비로소 개인의 연장된 신체로 정립된다. 로마 도시가 건설되고 주변의 전경지(全耕地)가 그 시민들에 의해서 경작된 후에 — 공동체의 조건들은 이전과는 다른 것이 되었다. 이 모든 공동체들의 목적은 그것들을 구성하는 개인들을 소유자로 재생산하는 것, 즉 구성원들의 상호 관계 행위를 이루고, 따라서 동시에 공동체 자체를 이루는 동일한 객체적 실존 방식에서 개인들을 보존, 재생산하는 것이다. 그러나 이러한 재생산은 필연적으로 신생산이자 동시에 낡은 형태의 파괴이다. 예를 들어 각 개인이 많은 토지를 점유해야 하는 곳에서는 이미 인구 증가가 방해된다. 이것이 저지되려면 식민화가 필요해지고, 이는 정복 전쟁을 필요하게 만든다. 그에 따라 노예 등. 예를 들어 공유지도 확장되고, 그에 따라 공동체를 대표하는 귀족도 증가한다. 그리하여 낡은 공동체의 보존은 그것이 기초하는 조건들의 파괴를 포함하며, 반대물(Gegenteil)로 전화한다. 예를 들어 동일한 공간에서 생산성이 생산력의 발전(이것이 전래의 농경에서는 가장 일반적이다) 등에 의해서 향상될 수 있다고 생각된다면, 이는 하루 중 많은 부분을 농업에 사용하는 새로운 방식들과 노동 결합들을 포함할 것이며, 따라서 다시 공동체의 낡은 경제적 조건들을 지양한다. 재생산 행위 자체에서, 예컨대 농촌이 도시가 되고 황무지가 정리된 경지가 되는 등, 객체적 조건들이 변할 뿐만 아니라 생산자들도 자신에게서 새로운 자질들을 발굴해내고, 생산에 의해 스스로를 발전시키고 개조하며, 새로운 힘과 새로운 표상들을 형성하고, 새로운 교류 방식, 새로운 욕구, 새로운 언어를 형성함으로써 변화한다. 생산 방식 자체가 전래의 것일수록 — 그리고 이것이 농업에서는 오래 지속되고, 농업과 매뉴팩처가 동양적으로 보완하는 곳에서는 더욱 오래 지속된다 —, 즉 점취의 **실제적** 과정이 변하지 않을수록 낡은 소유 형태들은 불변이고, 그에 따라 공동체 자체도 불변이다. 사적 소유자로서의 구성원이 도시 공동체 및 도시 영토 소유자로서의 자신과 분리되는 곳에서는 개별자가 그의 소유, 즉 그를 동등한 시민, 공동체 구성원으로 만들고, 또한 그를 소유자로 만드는 이중적인 관계를 상실할 수 있는 조건들도 이미 나타난다. 동양적 형태에서는 전적으로 외적인 영향에 의한 경우를 제외하고는 이러한 상실이 거의 불가능한데, 그것은 공동체의 개별적인 구성원이 공동체에 대하여 자유로운 관계를 맺고, 따라서 그의 (공동체에 대한 객체적·경제적) 유대를 잃는 것이 결코 불가능하기 때문이다. 그는 밀착되어 있다. 이는 또한 매뉴팩처와 농업, 도시(촌락)와 농촌의 결합에도 기인한다. 고대인들에게 있어서 매뉴팩처는 이미 타락(해방 노예, 평민, 이방인의 사업) 등으로 현상한다. 이방인, 노예 등과의 교류, 잉여 생산물을 교환하고자 하는 욕망 등에 의해서 필연적으로 발전되는 (자유인의 가내 노동인 농업, 농업 및 전쟁용으로 규정되거나 예배와 — 주택 건설, 도로 건설, 사원 건설과 같이 — 공동체에 투하되는 노동에의 순수한 복속으로부터 분리된) 생산적 노동의 이러한 발전은 공동체가 기초하고, 따라서 객체적 개별자, 즉 로마인, 그리스인 등으로 규정된 개별자가 기초하는 생산 양식을 해체한다. 교환도 마찬가지 영향을 미친다. 채무 등.

공동체(종족)의 특수한 형태 및 이와 연관된 자연 소유, 또는 객체적 생산 조건들에 대하여 자연적 현존으로서, 공동체에 의해 매개된 개별자의 객체적 현존으로서 관계하는 것 사이의 최초의 통일 — 한편으로는 특수한 소유 형태로 나타나는 이 통일 — 은 일정한 생산 방식 자체에서 그것의 살아 있는 실재를 가지는데, 이 생산 방식은 ‖7‖ 무기적 자연에 대하여 개인들이 일정하게 활동적으로 관계하는 것, 일정한 노동 방식(언제나 가족 노동, 자주 공동체 노동)이면서 또한 개인들이 서로 관계하는 것으로도 나타나는 방식이다. 공동체 자체가 첫 번째 커다란 생산력으로 나타난다. 특수한 종류의 생산 조건들(예를 들어 목축, 농경)에서는 특수한 생산 방식과 특수한 생산력, 개인들의 속성들로 나타나는 주체적인 생산력뿐만 아니라 객체적인 생산력도 발전된다.

노동하는 주체들의 일정한 상호 관계와 자연에 대한 이들의 관계가 조응하는 생산력의 일정한 발전 단계 — 공동체뿐만 아니라 이것에 기초하는 소유도 궁극적으로는 이것으로 귀착된다. 일정한 점까지는 재생산. 그러다가 해체로 전화된다.

요컨대 소유란 원래 노동하는(생산하는) (또는 스스로를 재생산하는) 주체가 그의 생산이나 재생산 조건들에 대하여 자신의 것으로서 관계하는 것을 뜻한다 — 그리고 아시아적·슬라브적·고대적·게르만적 형태에서는 그러하다 —. 따라서 그것은 이 생산 조건들에 따라 상이한 형태들을 가진다. 생산 자체는 생산자의 이러한 객체적 현존 조건들 속에서, 그리고 이것들과 더불어 생산자를 재생산하는 것을 목적으로 한다. 소유자로서의 이러한 관계 행위 — 노동, 즉 생산의 결과가 아니라 전제로서 — 는 (일정한 점까지는 개인 자신이 소유물인) 종족이나 공동체의 구성원으로서의 개인의 일정한 현존을 전제로 한다. — 요컨대 소유가 더 이상 자기 노동하는 개인의 객체적 노동 조건들에 대한 관계 행위가 아니라 — 노동자 자신이 제3자 또는 공동체를 위한 자연적 생산 조건들로 나타나는 노예제, 농노제 등(예를 들어 이는 동양의 일반적 노예제에서는 그렇지 않고 유럽의 관점에서 볼 때에만 그러하다)은 비록 공동체와 공동체에서의 노동에 기초하는 소유의 필연적이고 일관된 결과이지만 언제나 이차적일 뿐 결코 일차적인 것이 아니다. 강자, 신체적으로 우세한 자가 먼저 동물을 잡은 후에 인간을 잡아 그로 하여금 동물을 잡게 한다고, 한마디로 말해서 인간을 다른 모든 자연 존재와 마찬가지로 자연적으로 발견되는 그의 재생산 조건으로 이용한다(이때 그의 자기 노동은 지배하는 것 등으로 해소된다)고 상상하는 것은 매우 단순하다. 그러나 그러한 견해는 **개별화된** 인간의 발전으로부터 출발하므로 — 주어진 종족이나 공동체의 관점에서 보면 옳을지라도 — 어리석은 것이다. 인간은 역사적 과정을 통해 비로소 개별화된다. 처음에 그는 **유적 존재, 종족 존재, 군서 동물**로 등장한다 — 정치적 의미에서 정치적 동물은 결코 아닐지라도 교환 자체가 이러한 개별화의 주요 수단이다. 교환은 군서를 불필요하게 만들고 해체한다. 인간이 개별화된 자로서 오직 자신과 더 많이 관계하도록 사태가 변하자마자, 그러나 자신을 개별화된 자로서 정립하기 위한 수단들이 그의 자기 일반화와 공동화가 되자마자. 이 공동체에서 소유자, 예를 들어 토지 소유자로서 개별자의 객관적 현존은 전제되어 있고, 그것도 그를 공동체에 붙들어 매거나 또는 공동체의 사슬의 한 고리로 만드는 일정한 조건들 아래서 그러하다. 부르주아 사회에서 노동자는 예컨대 순전히 객체 없이 주체적으로만 존재한다. 그러나 그에게 마주 서는 사물이 이제는 그가 먹어 치우고자 하고 그가 먹히는 **진정한 공동체**가 되었다.

공동체가 생산 조건들과 일정한 객관적 통일 속에 있는 주체들을 전제로 하거나, 일정한 주체적 현존이 공동체 자체를 생산 조건들로 전제하는 (다소 자생적이지만 동시에 모두 역사적 과정들의 결과인) 모든 형태들은, 필연적으로 제한되고 원칙적으로 제한된 생산력 발전에만 조응한다. 생산력의 발전은 그것들을 해체한다. 그리고 그것들의 해체 자체가 인간의 생산력의 발전이다. 처음에는 일정한 기반 위에서 — 처음에는 자생적으로 — 노동이 행해지다가 나중에는 역사적 전제하에서 행해진다. 그러나 그러다가 이러한 기반이나 전제 자체는 지양되거나 또는 발전하는 인간 무리의 전개를 위해서는 너무 협소해진, 사라지는 전제로 정립된다.

고전적 토지 소유가 근대적 분할지 소유에서 재등장하는 한에 있어서, 그 자체는 정치경제학의 대상이며 토지 소유에 관한 절에서 재론하기로 한다.

‖8‖ (이 모든 것에 대해 보다 깊이 있고 자세하게 재론할 것.)

여기에서 일단 우리에게 문제가 되는 것은 다음과 같다. 노동이 자본 또는 자본으로서의 객체적 노동 조건들에 대하여 관계하는 것은, 노동자가 소유자이거나 소유자가 노동하는 다양한 형태들을 해체하는 역사적 과정을 전제로 한다. 요컨대 무엇보다도 1. 그가 자기 자신의 무기적 현존, 그의 힘의 실험실이자 의지의 영역으로서 관계하는 자연적 생산 조건으로서 대지 — 토지 — 에 대하여 관계하는 것의 해체. 이 소유가 나타나는 모든 형태는 구성원들이 형식적인 차이는 있을지라도, 공동체 구성원으로서는 소유자들로 되어 있는 공동체를 전제로 한다. 따라서 이 소유의 일차적 형태는 스스로 직접적인 공동 소유(슬라브적 토지 소유에서는 수정되어 있고 고전적 소유와 게르만적 소유에서는 대립으로까지 발전했으나, 아직은 감추어진 기반이 되어 있는 동양적 형태)이다. 2. 노동자가 도구의 소유자로서 등장하는 관계들의 해체. 위의 형태의 토지 소유가 실질적인 공동체를 상정하듯이, 노동자의 이 도구 소유는 수공업 노동으로서의 매뉴팩처 노동이 발전하는 특수한 하나의 형태를 상정한다. 이것과 관련된 것이 준프트-동업조합(Zunft-Korporationswesen) 등이다. (고대 동양의 매뉴팩처 제도는 이미 1에서 고찰될 수 있다.) 여기에서는 아직 노동 자체가 절반쯤은 예술적이고 절반쯤은 자기 목적 등이다. 장인 제도. 자본가 스스로 아직 장인. 특수한 노동 숙련을 가짐으로써 도구에 대한 점유도 보장되었다 등등. 그리고 어느 정도는 노동 조직 및 노동 도구와 더불어 노동 방식의 세습성. 중세의 도시 제도. 아직 자기 노동이고 일방적인 능력들의 일정한 자급자족적 발전 등으로서의 노동. 3. 두 경우에 포함되어 있는 것은 노동자가 생산자로서 — 즉 그가 생산하는 동안에, 생산이 종료되기 전에 — 살기 위해 필요한 소비 수단을 생산 이전에 점유하고 있다는 것이다. 토지 소유자로서 그는 필요한 소비 기금을 직접 갖추고 있는 것으로 나타난다. 수공업 장인으로서 그는 이 기금을 상속받고 벌며 저축했으며, 처음에는 수공업 생산자로서 아직 실제적인 자립적 노동자로서 등장하지 않고, 장인과 음식을 가부장적으로 나누어 갖는 **도제**(*Lehrling*)이다. (실재적인) 직인(Gesell)으로서는 장인이 점유하는 소비 기금의 일정한 공유성(Gemeinschaftlichkeit)이 있다. 이 기금이 직인의 소유는 아닐지라도 춘프트의 법, 전통 등에 의해서 적어도 공동 점유 등이 있다. (이에 대해 상론할 것.) 4. 다른 한편에서는 마찬가지로 **노동자 자신, 살아 있는 노동 능력 자체가 직접적으로 객체적인 생산 조건에 속하고 그러한 것으로서 점취되는** — 즉, 노예이거나 농노인 — **관계들의 해체**. 자본에게 노동자는 생산 조건이 아니라 노동일 뿐이다. 자본은 기계에 의해서나 또는 물, 공기 등에 의해서 노동을 더욱 잘 수행하도록 할 수 있다. 그리고 자본은 노동자를 점취하는 것이 아니라 그의 노동을 점취한다 — 직접적으로가 아니라 교환을 매개로 해서.

이것은 한편에서 노동자가 그의 비소유, 타인의 소유, 대자적으로 존재하는 **가치**, 자본으로서의 객체적인 생산 조건들에 맞서 자유로운 노동자로서, 객체 없는 순전히 주체적인 노동 능력으로서 발견되기 위한 역사적인 전제들이다. 그러나 다른 한편에서 노동자가 자신에게 맞서는 **자본**을 발견하기 위해서는 어떤 조건들이 필요한가라는 질문이 제기된다.

{살아 있는 노동이, 노동하는 동안에 필요한 생활 수단과 마찬가지로 원자재와 도구에 대해서도 부정적으로, 비소유로서 관계하는 자본의 공식에는 우선 비 **토지 소유**(*Nicht-Grundeigentum*)가 포함되어 있거나, 또는 노동하는 개인이 토지, 대지에 대하여 자기 자신의 것으로서 관계하는, 즉 토지의 소유자로서 노동하고 생산하는 상태가 부정된다. 최상의 경우에 이 개인은 토지에 대하여 노동자로서 관계할 뿐만 아니라 노동하는 주체로서의 자신에 대하여 토지 소유자로

서 관계한다. 토지 소유는 잠재적으로 원자재뿐만 아니라 원초적 도
구(Urinstrument), 즉 대지 자체와 대지의 자생적인 결실에 대한 소
유도 포함한다. 가장 본원적인 형태로 정립되었다는 것은, 대지에 대
하여 자신의 것으로 관계하고, 대지에 원자재, 도구를 주어져 있는
것으로 발견하며, 노동에 의해서가 아니라 대지 자체에 의해서 창출
된 생활 수단을 주어져 있는 것으로 발견한다는 뜻이다. 이 관계가
재생산되면 이차적 도구들과 노동 자체에 의해 창출된 대지의 결실
은 원시적 형태의 토지 소유에 포함되어 있는 것으로 현상한다. 보다
완전한 소유 관계 행위로서의 이러한 역사적 상태는 우선 자본으로
서의 노동 조건에 대한 노동자의 관계에서 부정된다. 이 상태는 후자
의 관계에서는 부정되거나 역사적으로 해체된 것으로 전제되는 역사
적 상태 제1번이다. 그러나 둘째로, ‖9‖ **도구에 대한 소유**, 또는 노
동자가 도구에 대하여 자신의 것으로서 관계하는 것이 있는 곳, 그가
도구의 소유자로서 노동하는 곳(이는 동시에 도구가 그의 개인적 노
동에 복속되어 있다는 것, 즉 노동 생산력의 특수한 협소한 발전을
전제로 한다), 소유자 또는 **노동하는 소유자**로서의 이러한 형태의 **노
동자**가 **토지 소유**와 나란히 자립적인 형태로 정립되어 있지 — 노동
의 수공업적·도시적 발전 —, 첫 번째 경우에서처럼 토지 소유의 부
속물로서 토지 소유에 포섭되어 있지 않은 — 요컨대 원자재와 생활
수단도 수공업자의 소유에 의해서, 그의 수공업에 의해서, 도구에 대
한 그의 소유에 의해서 비로소 **매개되는** — 곳에서는, 이미 첫 번째
단계와 나란히 두 번째 역사적 단계가 전제되어 있는데, 이 첫 번째
단계는 스스로 두 번째 종류의 소유 또는 **노동하는 소유자의 자립화**에
의해서 현저히 수정되어 등장해야 한다. 도구 자체가 이미 노동의 산
물, 즉 소유를 구성하는 요소이고 노동에 의해 정립되어 있기 때문
에, 공동체는 여기에서 더 이상 첫 번째 경우처럼 자생적인 형태로
등장하는 것이 아니라, — 이러한 종류의 소유가 기초하는 공동체 —

스스로 생산된, 형성된, 이차적인 공동체, 즉 노동자 자신에 의해서 생산된 공동체로서 등장한다. 도구에 대한 소유가 노동의 생산 조건들에 대한 소유로서의 관계 행위인 곳에서는 도구가 실재적인 노동에서 개인적 노동의 **수단으로만** 나타난다는 것, 도구를 실제로 점취하고 노동 수단으로 사용하는 기예가 노동자를 도구의 소유자로 정립하는 노동자의 특수한 숙련으로서 나타난다는 것은 분명하다. 간단히 말해 수공업적 노동을 주체, 소유자로서 구성하는 준프트-동업조합의 본질적인 성격은 생산 도구 — 노동 도구에 대하여 소유물로서 관계하는 것으로 귀착되는데, 이는 대지, 토지(원자재 자체)에 대하여 자기 것으로 관계하는 것과는 다르다. 생산 조건들의 이러한 계기에 대한 관계 행위가 노동하는 주체를 소유자로서 구성하고 그를 노동하는 소유자로 만든다는 것, 이러한 역사적 상태는 그 본성에 있어서 수정된 첫 번째 상태의 대립이자 동시에 보완으로만 — 마찬가지로 자본의 첫 번째 공식에서는 부정되는데 — 존재할 수 있는 제2번이다.

토지에 대해서도 도구에 대해서도, 즉 노동 자체에 대해서도 자기 것으로 관계하지 않고, 생활 수단에 대해서만 소유자로서 관계하고, 생활 수단을 노동하는 주체의 자연적인 조건으로서 주어져 있는 것으로 발견하는 세 번째 **가능한 형태**가 기본적으로 노예제와 농노제의 공식인데, 이것도 마찬가지로 자본으로서의 생산 조건들에 대한 노동자의 관계에서는 부정되고 역사적으로 해체된 상태로 정립되어 있다. 소유의 원초적 형태들은 필연적으로 생산을 조건짓는 다양한 객체적 계기들에 대해 자기 것으로 관계하는 것으로 귀착된다. 그것들은 다양한 형태의 공동체의 기반을 이루는데, 이는 그것들 자체가 일정한 형태들의 공동체를 전제로 하는 것과 마찬가지이다. 이들 형태는 노동 자체를 객체적 생산 조건들 아래 옮겨놓음으로써 본질적으로 수정되고(농노제와 노예제), 그에 따라 제1번에서 나열되는 모든 소유 형태들의 단순한 긍정적 성격도 상실되고 수정된다. 그것들은 모두 노예제를 그 가능성으로 내포하며, 따라서 자기 자신의 지양으로서 내포한다. 특수한 종류의 노동이 이 노동에서의 명인(名人; Meisterschaft)이고, 그에 따라 노동 도구에 대한 소유 = 생산 조건에 대한 소유인 제2번에 관한 한, 그것은 노예제와 농노제를 배제한다. 그러나 카스트 제도의 형태에서 유사한 부정적인 발전을 거칠 수 있다.} {생활 수단에 대한 세 번째 소유 형태는 — 그것이 노예제와 농노제로 해체되지 않는다면 — 노동하는 개인의 생산 조건들에 대한 관계, 따라서 현존 조건들에 대한 관계를 포함할 수 없다. 따라서 이 형태는 빵과 유희(panes et circenses)[235]의 시대의 로마 평민들처럼 자신의 토지 소유는 상실하였으되 아직 제2번 종류의 소유로까지 진전되지는 않은, 토지 소유에 기초한 원초적 공동체의 구성원들의 관계일 뿐이다.} {지주에 대한 하인의 관계나 신체적 봉사의 관계는 본질적으로 상이하다. 왜냐하면 그것은 기본적으로 더 이상 노동하지 않고, 그의 소유 자체가 노동자 자신을 농노 등으로서 생산 조건에 포함하고 있는 토지 소유자 자신의 생존 방식을 이루는 데 지나지 않기 때문이다. 여기에서는 점취의 본질적인 관계로서의 **지배 관계**. 동물, 토지 등에 대해서는 비록 동물이 봉사하기는 하지만 기본적으로 점취에 의한 지배 관계가 이루어질 수는 없다. 타인 의지의 점취가 지배 관계의 전제이다. 즉, 예컨대 동물처럼 의지가 없는 것은 봉사할 수는 있으나 그 소유자를 **지배자**로 만들지는 않는다. 그러나 여기에서 우리는 마찬가지로 지배 복속 관계가 어떻게 생산 도구의 이러한 점취 공식에 속하는지를 목격하게 된다. 그리고 이 지배 복속 관계는 그것이 모든 본원적인 소유 관계 및 생산 관계의 편협성을 표현하듯이, 이들 관계의 발전과 몰락의 필연적인 효소를 이룬다. 물론 이 **지배 복속 관계**는 자본에서 — 매개된 형태로 — 재생산되고, 마찬가지로 자본 해체의 효소를 이루며 자본의 편협성의 문장

紋章 이기도 하다.}

‖ 10 ‖ {궁핍해서 자신과 자신의 육친을 판매하는 권한은 비통한 일 반적인 권리였다. 그것은 그리스 및 아시아에서와 마찬가지로 북부에서 도 유효했다. 지불을 연체한 채무자를 자신의 노복으로 만들고, 충분한 경우에는 그의 노동이나 그의 인신의 판매에 의해서 지불 받는 채권자 의 권리도 거의 마찬가지로 확산되어 있었다(니부르. I부, 600쪽).}

{어디에선가 니부르는 아우구스투스 시대에 저술한 그리스 작가 들은 귀족(Patrizier)과 평민(Plebejer) 사이의 관계를 이해하기 어려웠 고, 잘못 이해했으며, 이 관계를 후견인(Patron)과 의탁인(Klient) 사 이의 관계와 혼동하고 있었다고 썼다. 따라서 그들은 "부자와 빈자가 유일하게 진정한 시민 계급들이었고, 궁핍한 자는 자신의 출신이 아무 리 귀족일지라도 후견인을 필요로 했으며, 백만장자는 그가 해방 노 예일지라도 후견인으로서 수소문되었던 시대에 저술했다. 그들은 세 습적인 충성 관계에 대해서는 거의 아무런 흔적도 알지 못했다."(I부, 620쪽)고 기술했다.}

{두 계급 — 동거인(Metöken)[236]과 해방 노예 및 이들의 후손 — 에 서 수공업자들이 나타났고, 농경을 포기한 평민은 수공업자들이 제한적 으로 향유하던 공민권을 획득하게 되었다. 이들도 법적 조합의 영예를 누리지 못한 것은 아니었다. 그리고 사람들이 누마를 그들의 창립자라고 불렀을 정도로 그들의 조합들은 존중되었다. 그들은 아홉이었다: 적수(笛 手), 금 세공사(細工師), 목수, 염색공, 마구사(馬具師), 제혁공(製革工), 구 리 세공사, 도공(陶工), 그리고 나머지 조합 중에서 아홉 번째 춘프트 이 들 중에서 누가 자립적인 도시 밖 시민(Pfahlbürger)[237]이었는가는 후견 인에게 의탁하지 않은 — 그러한 권리가 있었다면 — 준시민(準市民: Isopoliten),[238] 후견인의 대가 단절됨으로써 속박이 풀린 예속농의 후예

들. 이들은 플로렌스의 준프트들이 굴펜가(家)와 기벨리넨가(家)의 반목
과는 거리가 멀었듯이,[239] 의심할 나위 없이 구시민들 및 부락들의 불화
와 거리가 멀었다. 예속농들은 아마도 모두 귀족의 명령 하에 놓여 있었
을 것이다(I부, 623).}

한편에서는 처음에 한 나라 등의 다수의 개인을 진정한 자유 노동
자는 아니지만 그 가능성에 있어서는 자유 노동자이고, 그들의 유일
한 소유가 그들의 노동 능력이며, 이를 기존의 가치와 교환할 가능성
을 가지는 노동자의 상태로 빠뜨리는 역사적인 과정들이 전제된다.
모든 객체적 생산 조건들이 타인의 소유로서, 그들의 비소유이지만
동시에 가치들로서 교환 가능하고, 따라서 어느 정도는 살아 있는 노
동에 의해서 점취될 수 있는 것으로서 마주 서는 개인들. 그러한 역
사적인 해체 과정들은 노동자를 토지와 토지의 주인에게 묶을지라
도, 사실상 생활 수단에 대한 소유는 전제하는 예속 관계들의 해체일
뿐만 아니라 — 이는 실제로 토지로부터 노동자의 분리 과정, 노동자
를 자유농(yeomen),[240] 노동하는 자유로운 소토지 소유자나 차지농
(colonus),[241] 자유농으로 구성했던 토지 소유 관계의 해체이다 —
{보다 오래된 형태의 공동 소유와 실질적 공동체의 해체는 물론이
다}, 노동 도구에 대한 노동자의 소유를 전제로 하고 노동 자체를 일
정한 수공업적인 숙련성, 소유(소유의 원천일 뿐만 아니라)로서 전제
하는 준프트 관계들의 해체이며, 다양한 형태의 의탁인 관계 — 상상
의 것이든 실재적인 것이든, 비소유자들이 그들 주인의 종자(從者)들,
잉여 생산물의 공동 소비자들로서 등장하고, 그 대가로 그들 주인의
제복을 입고, 주인의 결투에 참여하며, 몸소 봉사를 하는 — 의 해체
이다. 자세히 검토해보면 이 모든 해체 과정에서 보여지는 것은 사용
가치의 생산, 즉 직접적인 사용을 위한 생산이 지배적이던 생산 관계
들이 해체된다는 것, 교환 가치와 이것의 생산이 다른 형태의 지배를

전제로 한다는 것, 따라서 이 모든 관계에서는 현물 공납과 현물 부역이 화폐 지불과 화폐 부역을 압도한다는 것이다. 그렇지만 이는 지나가는 길에 덧붙인 설명이다. 보다 자세히 관찰해보면 이 모든 해체된 관계들은 일정한 정도의 물질적 생산력의 발전이 있을 때에만 가능하다는 것도 발견될 것이다.

여기에서 우리에게 우선 관계되는 것은 다음과 같다. 한 나라 등의 다수의 개인을 잠재적인 자유 노동자 — 그들의 무소유에 의해서만 노동과 노동 판매에 강제된 개인들 — 로 전환시키는 해체 과정은, 다른 한편에서 이 개인들의 지금까지의 소득 원천과 — 부분적으로는 — 소유 조건들이 **소멸했다**는 것을 전제로 하는 것이 아니라, 반대로 단지 이것들의 사용이 달라졌고 이것들의 현존 방식이 전환되었으며 **자유로운 기금**으로서 타인의 수중에 넘어가거나 부분적으로 **동일한 수중**에 머물기도 한다는 것을 전제로 한다. 그러나 다음과 같은 사실은 분명하다. 즉, 다수의 개인을 객체적인 **노동 조건들**에 대한 지금까지의 — 이런저런 방식으로 — 긍정적인 관계들로부터 분리시키고, 이 관계들을 부정하며, 그럼으로써 이 개인들을 **자유 노동자**로 전환시킨 동일한 과정은, 이제 이 객체적인 노동 조건들 — 토지, 원자재, 생활 수단, 노동 도구, 화폐나 이 모든 것들 — 을 이 조건들에서 분리된 개인들에 대한 **지금까지의 결합** 상태에서 해방시킬 가능성을 품고 있다는 것이다. 그들은 여전히 **존재**하지만 다른 형태로, 즉 모든 낡은 정치적 관계 등이 해소되고, 저 분리된 무산 개인들에 대하여 **가치**, 자기 고수(固守)하는 가치의 형태로만 마주 서는 **자유로운 기금**으로 존재한다. 객체적 노동 조건들에 대해 대중을 자유 노동자로서 마주 세우는 동일한 과정이 이 조건들을 ‖11‖ **자본**으로서 자유 노동자들에게 마주 세웠다. 이 역사적 과정은 지금까지 결합된 요소들을 분리하는 것이었다 — 따라서 그 결과는 한 요소가 사리지는 것이 아니라 각 요소가 다른 요소와 부정적인 관계 속에서 나타나는 것이다 — 한편에는 (그 가능성에 있어서) 자유 노동자이고, 다른 한편에서는 (그 가능성에 있어서) 자본. 자유 노동자로 전환된 계급들과 객체적 조건들의 분리는 그만큼 반대 극에서는 이 조건들의 자립화로 나타나야 한다.

자본과 임노동의 관계가 이미 스스로 생산 전체에 대하여 결정적이고 지배적인 것으로 고찰되는 것이 아니라 {왜냐하면 이 경우 임노동의 조건으로 전제된 자본은 자기 자신의 산물이고, 임노동 자신에 의해서 조건으로 전제되며, 임노동을 위한 전제로서 임노동 자신에 의해서 창출되기 때문이다} 역사적으로 형성되는 것으로서 고찰되면 — 즉, 화폐의 자본으로의 최초의 전환, 한편으로 그 가능성에 있어서만 존재하는 자본과 다른 한편으로 그 가능성에 있어서만 존재하는 자유 노동자 사이의 교환 과정이 고찰되면 —, 경제학자들이 야단법석을 떠는 다음과 같은 언급, 즉 생산이 완료되기 전에 생산하는 동안 노동자가 살 수 있기 위해서 자본으로 등장하는 측은 원자재, 노동 도구, 생활 수단을 점유하고 있어야 한다는 주장이 떠오른다. 나아가 이는 자본가로 하여금 노동자를 노동시키고 효율적으로 유지하며 살아 있는 노동 능력으로서 유지할 수 있게 하는 축적 — 노동으로부터 유래하는 것이 아니라 노동에 선행하는 축적 — 이 자본가 측에서 선행되어야 한다는 것으로 나타난다. {자본과 임노동이 일단 자신들의 전제, 즉 생산 자체에 전제된 토대로서 정립되자마자 처음에 사태는 노동자 자신이 재생산되기 위해서는 자본가가 원자재와 노동 수단의 기금 이외에 필요한 생활 수단을 창출하는 것, 즉 필요 노동을 실현하고 노동자가 자신의 잉여 노동, 즉 자본가의 이윤을 실현시키는 원자재와 노동 수단의 기금을 점유하는 것으로 현상한다. 이를 계속 분석해보면 노동자가 끊임없이 이중적인 기금을 자본가를 위해서 또는 자본의 형태로 창출하는데, 이중 일부는 노동자 자신의 실존 조건을 부단히 창출하고, 다른 일부는 자본 실존의 조건을 끊임없이 충족시키는 양상으로 나타난다. 우리가 살펴본 바와 같이 잉여 자본 — 그리고 노동에 대한 그의 태고적 관계와 비교한 잉여 자본 — 에서는 모든 실재적이고 현재적인 **자본**, 자본의 모든 요소가 대상화되고 자본에 의해서 점취되는 **타인 노동**으로서 교환 없이, 즉 그것에 충분한 등가물이 주어지지 않고 **점취**된다.} 그러다가 노동에 독립적이고 노동에 의해 정립되지 않은 자본의 이러한 행위는 자본의 이러한 형성사로부터 현재로 옮겨지며, 자본의 현실성, 활동성, 자기 형성의 한 계기로 전환된다. 그리하여 마침내는 여기에서 타인 노동의 결실에 대한 자본의 영원한 권리가 도출되거나, 또는 자본의 취득 방식이 단순하고 "정당한" 등가물 교환 법칙으로 설명된다.

화폐 형태로 존재하는 부는 객체적 노동 조건들이 노동 자체로부터 분리되었기 때문에 그리고 분리되어 있을 때에만 이들과 교환될 수 있다. 우리는 등가 교환의 순수한 경로를 통해서 화폐가 부분적으로 집적될 수 있다는 것을 살펴보았다. 그렇지만 이는 역사적으로 언급할만한 가치가 없을 정도로 사소한 원천이다 — 화폐가 자기 노동의 교환에 의해서 취득되는 것이 전제된다면. 본래적인 의미에서의 자본, 즉 산업 자본으로 전환된 것은 오히려 — 특히 토지 소유에 대해서도 자행된 — 고리대금과 상인 이윤에 의해 집적된 동산 — 화폐 자산 — 이다. 두 형태에 관해서는 — 그들이 스스로 자본 형태가 아니라 과거의 자산 형태로서, 자본을 위한 전제로서 등장하는 한에 있어서 — 아래에서 상술할 기회가 있을 것이다.

우리가 살펴본 바와 같이 자본이 **화폐**에서 출발하고, 따라서 화폐 형태로 존재하는 자산에서 출발한다는 것은, 자본 개념, 즉 자본의 등장에 속하는 것이다. 자본이 유통에서 유래하는 것, 유통의 산물로 현상하는 것도 마찬가지로 자본 개념에 속한다. 따라서 자본 형성은 토지 소유에서 출발하는 것이 아니고(기껏해야 여기에서는 농업 생산물을 거래하는 상인인 **차지농**에서 출발한다), (비록 가능성은 있지만) 준프트에서 출발하는 것도 아니며, 상인 자산과 고리대금 자산에서 출발한다. 그러나 이들 자산은 노동이 역사적 과정에 의해 자신의 객체적 실존 조건들에서 분리되자마자 비로소 자유 노동을 구매할 조건들을 발견한다. 그리고 나서 비로소 이 조건들 자체를 구매할 가능성도 발견한다. 예컨대 준프트 조건하에서 단순 화폐는 그 자체가 준프트 화폐, 장인의 화폐가 아니라면, 다른 사람으로 하여금 노동하도록 하기 위한 베틀을 살 수 없다. [이러한 조건하에서는 — 역자] 한 사람이 몇 개나 사용할 수 있는지 등이 규정되어 있었다. 간단히 말해 도구가 아직 살아 있는 노동의 영역으로 등장하였을 뿐 실제로 유통하지는 않을 정도로 살아 있는 노동 자체와 유착되어 있었다. 화폐 자산이 자본이 될 수 있는 조건은 한편으로 자유로운 노동자를 주어져 있는 것으로 발견하고, 둘째로 지금은 객체 없이 되어버린 대중의 이런저런 소유였던 생활 수단과 재료 등을 마찬가지로 **자유롭**고 판매될 수 있는 것으로 발견하는 것이다. 그러나 자본의 이러한 전기(前記)나 초기에 자본은 다른 노동 조건 — 일정한 숙련성, 노동 수단으로서의 도구 등 — 을 부분적으로는 도시 준프트의 결과로서, 부분적으로는 가내 공업이나 농경에 부속물로 부착되어 있는 공업의 결과로서 이미 **주어져 있는 것으로 발견**한다. 역사적 과정은 자본의 결과가 아니라 자본을 위한 전제이다. 이 과정에 의해서 자본가도 (역사적) 중개인으로서 토지 소유 또는 소유 일체와 노동 사이에 밀어 넣어진다. 역사는 자본가와 노동자가 결사를 맺는다는 등의 안락한 망상을 ‖12│ 알지 못하며, 자본 개념의 발전에서는 그러한 망상의 흔적도 발견될 수 없다. 전혀 다른 시대에 속하는 틀의 한가운데서, 예컨대 이탈리아 도시들처럼 간헐적으로 **매뉴팩처**가 준프트들 옆에서 국지적으로 발전할 수는 있다. 그러나 한 시기에 일반적으로 지배적인 형태로서 자본을 위한 조건들은 국지적으로 뿐만 아니라 대규모로 발전되어 있어야 한다. (준프트들의 해체가 개별적인 준프트

장인들을 산업 자본가로 전환시킨다고 해서 이것이 방해되는 것은 아니다. 그렇지만 이러한 경우는 드물고, 자본 형성의 조건들의 대규모적 발전만이 사태의 본질에 속한다. 자본가와 노동자가 등장하는 곳에서는 대체로 준프트제, 즉 장인과 직인은 몰락한다.)

과거의 생산 양식들, 객체적 노동 조건들에 대한 노동자의 과거의 관계 행위 방식들의 해체기가 동시에 **화폐 자산**이 한편으로는 이미 일정한 폭으로 발전되었고, 다른 한편으로는 그러한 해체를 촉진하는 동일한 여건들에 의해서 급속하게 성장하고 확장되는 **시기**라는 것은 자명하다 — 그리고 여기에서 논의되고 있는 역사적 시기를 보다 자세히 살펴보면 증명된다. 그러한 해체가 화폐 자산이 자본으로 전환되기 위한 조건이듯이 화폐 자산 자체가 동시에 그러한 해체의 행위자 중의 하나이다. 그러나 **화폐 자산의 단순한 현존**과 이 자산에 의한 일종의 우세의 획득 자체는 **자본으로의** 그러한 해체가 발생하는 데 결코 충분하지 않다. 그렇지 않다면 고대 로마, 비잔틴 등이 자유 노동과 자본으로 자신의 역사를 마쳤거나 새로운 역사를 시작했을 것이다. 그곳에서도 낡은 소유 관계의 해체는 화폐 자산 — 상업 등 — 의 발전과 결부되어 있었다. 그러나 이러한 해체는 공업으로 이어진 것이 아니라 사실상 도시에 대한 농촌의 지배로 이어졌다. — **자본의 시초 형성**(Urbildung des Kapitals)은 흔히 상상되듯이 자본이 생활 수단과 노동 도구, 원재료, 간단히 말해서 토지에서 분리되고 스스로 이미 인간 노동과 유착된 **객체적 노동 조건들을 집적**하면서 진행되지 않는다.

{한편에서 자본을 작동시켜야 하는 노동자들이 자본으로 정립되기 위해서는 이제 **자본의 집적**에 의해 창출·탄생되어야 하고 자본의 **형성**을 기다려야 하며, 다른 한편에서 자본이 존재하기 전에는 노동이 수공업적 노동, 소농업의 노동 등과 같은 형태들, 간단히 말해 **집적할 수 없거나** 미미하게 밖에 집적할 수 없는 형태들, 적은 잉여

생산물만을 허용하고 이를 대부분 소비하는 형태들로밖에는 사용될
수 없기 때문에, 자본 자체가 타인 노동이 없이는 집적될 수 없고, 기
껏해야 자기 노동밖에 집적할 수 없을 것이라는 것, 즉 스스로 비자
본과 비화폐의 형태로 존재한다는 것이 얼마나 진부한 순환 논리인
가는 첫눈에 명백하다. 이러한 집적 관념에 대해서는 더 자세히 연구
해야 할 것이다.}

자본은 객체적 노동 조건들을 창출하는 식으로 이루어진 것이 아
니다. 자본의 시초 형성은 화폐 자산으로 실존하는 가치가 낡은 생산
양식의 역사적 해체 과정에 의해서 한편으로는 객체적 노동 조건들
을 구매하고, 다른 한편으로는 자유롭게 된 노동자들로부터 살아 있
는 노동 자체를 돈을 주고 매입할 수 있게 됨으로써 이루어진다. 이
모든 계기들은 주어져 있다. 그것들의 분리는 역사적 과정, 해체 과
정이고, 화폐가 자본으로 전환되는 능력을 주는 것은 바로 이 과정이
다. 화폐가 역사에서 더불어 활동한다면, 그것은 그 자신이 대단히
활력 있는 분리 수단으로서 이 과정에 개입하고, 그리고 박탈된, 객
체 없는 자유 노동자들을 창출하는 데 동참하는 한에서만 그러하다.
그러나 분명한 것은 화폐가 자유 노동자를 위해서 이들의 실존에 필
요한 객체적 노동 조건들을 창출함으로써가 아니라 이 조건들로부터
노동자들의 분리 ― 노동자들의 무소유성 ― 를 촉진하는 데 조력함
으로써 그러하다는 것이다. 예컨대 영국의 대토지 소유자들이 그들
과 함께 토지의 잉여 생산물을 소비하던 하인들을 해고하고, 나아가
이 토지 소유자들의 차지농들이 소작인들을 추방했다면, 그것은 첫
째로 대량의 살아 있는 노동력, 이중적인 의미에서 자유로운, 즉 낡
은 후견 관계나 예속 관계 및 복무 관계로부터 자유롭고, 둘째로는
모든 재산과 어떤 객체적·물질적 현존 형태를 가지지 않은 노동력,
어떤 소유도 가지지 않고 유일한 생계 원천으로서 그들 노동력의 판
매나 또는 구걸, 떠돌이, 약탈에 의존하는 대량의 노동력이 노동 시

장에 내던져진 것이다. 그들이 처음에는 후자를 시도하다가 교수대, 효수대, 채찍에 의해 이 길에서 노동 시장에 이르는 좁은 길로 몰렸다는 것은 — 예를 들어 헨리 7세, 8세 등의 정권들이 역사적 해체 과정의 조건들이자 자본의 실존 조건들의 창출자로 등장하는 때에 — 역사적으로 확인되었다. 다른 한편으로 토지 소유자들이 과거에는 하인들과 함께 먹어치우던 생활 수단 등이 이제는 그것의 매개를 통해 노동을 구매하기 위해서 그것을 구매하고자 하는 화폐의 처분에 맡겨졌다. 화폐가 이 생활 수단을 창출한 것도 아니고 축적한 것도 아니다. 생활 수단은 화폐의 매개에 의해 소비되고 재생산되기 전에 존재했고 소비되었으며 재생산되었다. 변한 것이 있다면 그것은 이 생활 수단이 지금은 교환 시장에 던져졌다는 것 — 하인 등의 입과의 직접적인 연관으로부터 분리되고 사용 가치로부터 교환 가치로 전환되어 화폐 자산의 영역과 ‖13‖ 패권 아래 놓이게 되었다는 것 — 뿐이다.

노동 도구도 마찬가지이다. 화폐 자산이 물레나 직조기를 발명한 것도 아니고 생산한 것도 아니다. 그러나 그들의 토지로부터 분리된 방적공과 방직공은 그들의 물레 및 직조기와 더불어 화폐 자산의 지배하에 놓이게 되었다. 자본에게 고유한 것은 다만 그가 주어진 것으로 발견하는 대량의 손과 도구를 결합하는 것뿐이다. 자본은 이것들을 자신의 지배 아래서 응집시킨다. 이것이 자본의 실재적인 축적, 노동자들을 도구들과 더불어 일정한 지점들에 축적시키는 것이다. 이에 대해서는 소위 자본 축적에서 보다 자세히 다룰 것이다. 물론 화폐 자산 — 상인 자산으로서 — 은 낡은 생산 관계들이 해체되는 것을 촉진했고 조력했으며, 예를 들어 애덤 스미스가 이미 잘 설명한 바와 같이,[242] 토지 소유자가 자신이 생산한 것을 하인들과 함께 탕진하고 부의 대부분을 그와 더불어 소비하는 다수의 하인들에게서 발견하는 대신, 그의 곡물, 가축 등을 외지에서 가져온 사용 가치들과 교환하

는 것을 가능케 해주었다. 토지 소유자에게 있어서 이것은 그의 수입
의 **교환 가치**에 보다 큰 의미를 부여하는 것이었다. 이러한 사태는
이미 반쯤은 자본가였지만 아직도 매우 치장하던 차지농에게서도 일
어났다.

교환 가치의 발전은 — 상인 신분의 형태로 존재하는 **화폐**에 의해
촉진되어 — 직접적인 사용 가치를 보다 더 지향하는 생산과 이에
조응하는 소유 형태들 — 객체적 노동 조건들에 대한 노동의 관계들
— 을 해체하고, 그리하여 **노동 시장**(노예 시장과는 구별되어야 할
것)의 형성을 재촉했다. 그렇지만 화폐의 이러한 작용도 자본과 임노
동에 기초하는 것이 아니라 준프트 등의 노동 조직에 기초하는 **도시
수공업**의 전제하에서만 가능하다. 부분적으로 스스로 농업 생산물의
도시 등으로의 판매가 증가한 결과인 개량 농업에게 낡은 소유 관계
들이 부담되었듯이, 도시 노동은 준프트에게 부담되는 생산 수단을
창출했다. 예를 들어 16세기에 화폐 유통량과 마찬가지로 상품 유통
량을 증대시켰고, 새로운 욕구를 창출했으며, 따라서 토착 생산물의
교환 가치 등을 증가시켰고 가격 등을 인상시킨 다른 정황들은, 한편
으로는 낡은 생산 관계들의 해체를 재촉했고, 노동자나 비노동자이
되 노동 능력이 있는 자를 그의 객체적 재생산 조건들로부터 분리하
는 것을 촉진했으며, 그리하여 화폐의 자본으로의 전화를 촉진했다.
따라서 자본의 이러한 **시초 형성**을 마치 자본이 객체적 생산 조건들
— 생활 수단, 원자재, 도구 — 을 집적했고 창출했으며, 이를 **박탈당**
한 노동자에게 공급하는 것처럼 이해하는 것만큼 어리석은 것은 없
다. 오히려 화폐 자산은 노동 능력 있는 개인들의 노동력이 이 조건
들을 **박탈당하는** 것을 부분적으로 보조했다. 그리고 부분적으로 이
분리 과정은 화폐 자산이 없이도 진행되었다. 시초 형성이 일정한 수
준에 이르렀을 때, 화폐 자산은 그렇게 방출된 객체적 생활 조건들
과, 자유로워졌지만 무일푼이 된 살아 있는 노동력 사이에 매개자로

나설 수 있었고, 전자로써 후자를 구매할 수 있었다. 그러나 이제 자본으로 전화되기 이전의 **화폐 자산**의 **형성** 자체에 관한 한, 그것은 부르주아 경제의 전사(前史)에 속한다. 여기에서는 고리대업자, 상업, 도시화, 이들과 더불어 등장하는 국고(國庫)가 주역을 담당한다. 비록 정도는 낮지만 차지농, 농부 등의 **축장** 역시.

여기에서는 동시에 어디에서나 상업에 의해 매개되는, 또는 그 매개가 상업이라 불릴 수 있는 — 유통이 상업에서 그러하듯이 화폐는 상인 신분에서 자립적인 실존을 획득한다 — 교환과 교환 가치의 발전이 어떻게 한편에서는 **노동**에 의한 **실존** 조건들의 소유 관계들의 해체뿐만 아니라 객체적 생산 조건 아래 배치된 노동을 수반하는지, 즉 사용 가치와 직접적인 사용을 지향하는 생산의 우위뿐만 아니라 아직 생산의 전제로서 존재하는 현실적인 공동체의 우위를 표현하는 관계들의 해체를 수반하는지가 드러난다. 교환 가치에 기초하는 생산과 이 교환 가치들의 교환에 기초하는 공동체는 — 우리가 화폐에 관한 앞장에서 살펴본 바와 같이, 이들은 소유를 단순히 노동의 성과로 정립하고 자기 노동의 생산물에 대한 소유를 조건으로 — 그리고 노동을 부의 일반적 조건으로 — 정립하는 모습을 가지기는 하지만 — 객체적 노동 조건으로부터 노동의 분리를 상정하고 생산한다. 이러한 등가물 교환의 진행은 **교환**은 **없는**, 그러나 **교환의 외양**은 가지는 타인 노동의 점취에 기초하는 생산의 표층일 뿐이다. 이 교환 체제는 **자본**을 그 토대로 한다. 그리고 이 체제가 표층 자체에서 드러나는 바대로 자본과 분리되어 **자립적인** 체제로 고찰되면, 그것은 단순한 외양, 그러나 필연적인 외양이다. 따라서 교환 가치들의 체제 — 노동으로 측정된 등가물들의 교환 — 가 반전되거나 또는 오히려 교환 없는 타인 **노동의 점취**, 노동과 소유의 완전한 분리를 자신의 숨겨진 배경으로 보여준다는 것에 더 이상 놀랄 필요가 없다. 즉, 교환 가치 자체와 교환 가치를 생산하는 생산의 지배는 ‖14‖ 교환 가치로서의 타인의 노동 능력 자체를 — 즉, 객체적 노동 조건들로부터 살아 있는 노동 능력을 분리하고, 이 조건들에 대하여 — 또는 자신의 대상성에 대하여 — 타인 소유로서 관계하는 것, 한마디로 말하자면 이 조건들에 대하여 **자본**으로서 관계하는 것 — 을 **상정**한다. 황금기는 아직 내부에서 싸우던 봉건제의 몰락기에만 — 14세기와 15세기 전반기 영국에서처럼 — 해방된 노동에게 주어졌다. 노동이 자신의 객체적 노동 조건들에 대해서 다시 자기 소유로 관계하기 위해서는, 우리가 살펴본 바와 같이 대상화된 노동과 노동 능력의 교환을 정립하고, 따라서 교환 없는 살아 있는 노동의 점취를 정립하는 사적 교환 체제를 다른 체제가 대체해야 한다.

화폐가 자본으로 전화되는 방식은, 상인이 지금까지 방직과 방적을 농촌 부업으로 수행하던 다수의 방직공과 방적공으로 하여금 자기를 위해서 노동하도록 만들고, 이들의 부업을 주업으로 만들었다가 이들을 마음대로 하고 임노동자로서 자기의 예속 하에 두는 식으로, 역사적으로 명백하게 자주 나타난다. 그러다가 이들을 고향에서 축출하고 노역소에 모으는 것이 다음 조치이다. 이 간단한 과정을 보면 그것이 방직공과 방적공을 위해서 원자재도, 도구도, 생활 수단도 준비하지 않았다는 것은 분명하다. 이 과정이 행한 것이라고는 그들을 판매에 종속시키고, **구매자, 상인**에게 종속시키며, 마침내는 상인을 위해서 그리고 상인을 **통해서**만 생산하는 방식으로 점차 노동을 한정시키는 것이 전부이다. 처음에 상인은 자신의 생산물을 판매함으로써만 그들의 노동을 구매했다. 그들이 교환 가치의 생산에만 한정되고, 그리하여 교환 가치들을 직접 생산하게 되자마자, 존속하기 위해서 자기 노동을 전적으로 화폐와 교환하게 되자마자, 그들은 상인에 예속되게 되고 마침내는 그들이 상인에게 생산물을 판매하는 것과 같은 외양도 사라진다. 처음에 상인은 노동을 구매하여 그들로부터 생산물에 대한 소유를 **빼앗았고**, 머지 않아 도구에 대한 소유를 빼앗거나 또는 자신들의 생산비를 절감하기 위해서 저들에게 의사소유(擬似所有; Scheineigentum)만을 허용한다.

자본이 처음에 간헐적으로나 **국지적으로** 낡은 생산 양식들의 곁에서 등장하다가 점차로 도처에서 이것들을 깨뜨리면서 등장하는 본원적인 역사적 형태들은 한편으로는 본래적인 **매뉴팩처이다**(아직 공장이 아니다). 이는 수출하기 위해서, 해외 시장을 위해서 — 즉 대규모 해상 무역 및 육상 무역에 기초해서 — 대량으로 생산되던 곳에서, 이탈리아 도시들, 콘스탄티노플, 플랑다르 도시들, 네덜란드 도시들, 바르셀로나 등의 몇몇 스페인 도시들과 같은 화물 집산지에서 발생한다. 매뉴팩처는 처음에 소위 **도시 공업**이 아니라 **농촌 부업,** 방적과 방직을 장악하는데, 이는 준프트적 숙련, 기예 교육을 가장 덜 요구하는 노동이다. 해외 시장의 토대를 주어진 것으로 발견하는, 즉 생산이 **자생적으로** 교환 가치를 지향하는 — 즉, 해운과 직접 관련되는 매뉴팩처들, 조선 자체 등 — 대규모 화물 집산지들 이외에서 매뉴팩처는 그의 첫 번째 주거지를 도시가 아니라 농촌에, 준프트가 아닌 촌락 등에 둔다. 농촌 부업은 매뉴팩처의 광범한 기초를 담고 있는 반면, 도시 공업이 공장 식으로 영위될 수 있기 위해서는 고도의 생산 진보를 요구한다. 유리 공장, 금속 공장, 제재소 등과 같이 처음부터 노동력 집중을 더 많이 요구하는 생산 영역들, 처음부터 자연력을 더 많이 가공하고 대량 생산을 요구하며 노동 수단 등의 집중도 요구하는 생산 영역들도 마찬가지이다. 제지 공장 등도 마찬가지. 다른 한편에서는 차지농의 등장과 농경 인구의 자유로운 일일 노동자로의 전화. 이러한 전화가 농촌에서 마지막으로 가장 철저하고 가장 순수한 형태로 관철되지만, 그것은 이미 오래 전부터 시작되었다. 따라서 본래적인 도시의 기예를 넘어서지 못한 고대는 결코 대공업에 다다를 수 없었다. 대공업의 첫 번째 전제는 농촌을 사용 가치의 생산이 아니라 교환 가치의 생산으로 전면적으로 끌어들이는 것이다. 유리

공장, 제지 공장, 제철소 등은 준프트식으로 영위될 수 없다. 이들은 대량 생산, 일반 시장에서의 판매, 기업가의 **화폐 자산**을 필요로 한다 ― 기업가가 주체적이든 객체적이든 조건들을 창출하는 것은 아니다. 그러나 이 조건들은 낡은 소유 관계들 및 생산 관계들과는 결합될 수 없다. ― 그리고 나서 농노 소유 관계의 해체는 매뉴팩처의 등장과 마찬가지로 점차 모든 생산 영역을 자본에 의해 영위되는 영역으로 전화시킨다. ― 물론 도시들 자체는 준프트에 속하지 않는 일일 노동자층, 하수인 등을 본래적인 임노동의 형성에 필요한 요소로 가진다.

‖15‖ 화폐의 자본으로의 전화가 객체적 노동 조건들을 분리하고, 이것을 노동자에 대하여 자립시키는 역사적 과정을 전제로 한다는 것을 살펴보았다면, 다른 한편에서 모든 생산을 복속시키고 도처에서 노동과 소유 사이, 노동과 객체적 노동 조건들 사이의 분리를 전개시키고 관철시키는 것은 일단 등장한 자본과 그의 과정의 효과이다. 자본이 수공업 노동, 노동하는 소토지 소유를 폐기하고, 노동과 대립하지 않는 것으로 나타나는 형태들 ― **소규모 자본**, 그리고 낡은 (또는 자본의 기초 위에서 갱신된 바와 같은) 생산 양식과 자본 자신에 적합한 전형적인 생산 양식 사이의 중간종, 잡종에서 어떻게 자기 자신을 폐기하는가가 후술될 것이다.

자본의 등장에서 전제되는 유일한 축적은 즉자대자적으로 고찰할 때 유통에서 유래하고 또 유통에만 속하므로, 전혀 생산적이지 않은 **화폐 자산**의 축적이다. 자본은 모든 농촌 부업을 멸망시킴으로써, 즉 자본이 모두를 위해서 실을 뽑고 옷감을 짜며 옷을 지음으로써, 간단히 말해서 이전에는 직접적인 사용 가치로 창출된 상품들을 교환 가치들로 만듦으로써 내부 시장을 창출한다. 그런데 이는 노동자를 토지와 생산 조건들에 대한 소유(예농적 형태일지라도)로부터 분리시킴으로써 저절로 생겨나는 과정이다.

도시 수공업에 있어서는 비록 그것이 대체로 교환에 기초하고 교환 가치의 창출을 목표로 하지만 이 생산의 직접적인 목적, 주목적은 수공업자로서의, 수공업 장인으로서의 생계, 즉 사용 가치이지 치부(致富), 교환 가치로서의 교환 가치가 아니다. 따라서 생산은 어디에서나 전제된 소비에 복속되었고 공급은 수요에 복속되었으며 단지 천천히 확장될 수 있었을 뿐이다.

요컨대 자본가들과 임노동자들의 생산이 자본 증식 과정의 주생산물이다. 생산된 사물들에만 주목하는 보통의 경제학은 이를 완전히 망각하고 있다. 대상화된 노동이 이 과정에서 동시에 노동자의 비대상성으로서, 노동자에게 대립된 주체성의 대상성으로서, 노동자에게 낯선 의지의 소유로서 정립되어 있으므로, 동시에 자본은 필연적으로 자본가이다. 그리고 자본은 필요하지만 자본가는 필요하지 않다고 생각하는 몇몇 사회주의자들의 견해는 전적으로 오류이다. 객체적 노동 조건들 — 그리고 이들은 노동 자신의 생산물이다 — 이 노동에 대하여 인격을 가지거나, 또는 같은 표현이지만 그들이 노동에 낯선 인격의 소유로 정립되어 있다는 것은 자본 개념에 정립되어 있다. 자본 개념에는 자본가가 포함되어 있다. 그렇지만 이러한 오류는 예컨대 고대에서의 자본, 로마 자본가, 그리스 자본가를 논하는 모든 문헌학자들의 오류보다는 결코 크지 않다. 이는 로마와 그리스에서 노동이 자유로웠다는 것에 대한 다른 표현에 지나지 않는 것인데, 저 학자들이 이렇게 주장하고 싶어하지는 않을 것이다. 우리가 지금 미주(美洲)의 농장주들을 자본가로 부르고 또 그들이 실제로 자본가라는 것은 그들이 자유로운 노동에 기초하는 세계 시장에서 비정상(非正常)으로 실존하고 있다는 데 의거한다. 고대인들에게서는 나타나지 않는 자본이라는 단어에 관한 한 {따라서 그리스인들에게 있어서 대부의 기본 금액은 원금이라고 불린다[243]고 하지만}, 자본이 원래 가축을 뜻하고, 바로 그 때문에 자본 부족으로 인해 남부 프랑스에서 자주 맺어진 분익소작계약(分益小作契約; Metairievertrag)이 바로 예외적으로는 **가축임대차계약**(*Bail de bestes à cheptel*)이므로, 고(高)아시아 초원 지대에서 가축 떼를 가지고 이동하는 유목민들이 가장 큰 자본가들이다. 서툰 라틴어로 참견한다면 우리의 자본가들, 또는 수령(*Capitales Homines*)은 "인두세를 빚진"(*qui debent censum de Capite*)[244] 사람들이다.

자본의 개념 규정에는 화폐에서는 나타나지 않는 어려움들이 발견된다. 자본은 본질적으로 **자본가**이다. 그러나 동시에 다시 자본가와는 구별되는 존립 요소 또는 생산 일체로서도 다시 **자본**이다. 그러므로 우리는 자본 개념에 따르면 속하지 않는 것처럼 보이는 많은 것이 자본에 포괄되어 있다는 것을 뒤에서 알게 될 것이다. 예를 들어 자본은 대부된다. 자본이 축적된다 등. 이 모든 표현들에서 자본은 단순한 사물이고, 그것을 구성하는 질료와 전적으로 일치하는 것처럼 보인다. 그렇지만 이 점과 다른 점은 설명이 진행됨에 따라 규명될 것이다. (곁들여서 농담으로 언급하자면, 모든 비유적인 표현 방법을 매우 신비스럽게 받아들이는 아담 뮐러는 일상 생활에서 죽은 **자본**에 대립되는 살아 있는 **자본**에 관해서도 전해 듣고는 이것을 신지교적(神智敎的; theosophisch)으로 정리하고 있다[226, 228쪽]. 그에 대해서는 에델스탄(Aethelstan) 왕이 그에게 가르침을 줄 수 있었다.

짐은 신에게 내 소유, 살아 있는 재산뿐만 아니라 대지의 죽은 결실도 십일조로 바칠 것이다.)[245]

화폐는 동일한 기체(基體; Substrat)에 있어서는 동일한 형태로 남아 있고, 따라서 쉽게 더 단순한 사물로 파악될 수 있다. 그러나 동일한 것, 상품, 화폐 등이 자본을 나타낼 수도 있고 수입을 나타낼 수도 있다. 화폐가 알기 쉬운 것이 아니라 동일한 사물이 때로는 자본이라는 규정에 포괄될 수 있고, 때로는 다르고 대립적인 규정에 포괄될 수 있으며, 따라서 자본이기도 하고 아니기도 하다는 것은 경제학자들에게조차 분명하다. 그러므로 그것은 명백히 한 관계이며 생산관계일 수밖에 없다.

[자본의 순환]

∥16∣ 우리는 어떻게 순환의 마지막에서 비로소 자본의 진정한 본성이 드러나는가를 살펴보았다. 우리가 이제 고찰할 것은 **자본의 순환** 자체 또는 **자본의 회전**이다. 처음에 생산은 유통의 저 편에 있고, 유통은 생산의 저 편에 있는 것처럼 보였다. 자본의 순환 — 자본의 유통으로서 정립된 유통 — 은 두 요소를 포괄한다. 여기에서 생산은 유통의 종착점이자 출발점으로 나타나고, 그 역도 성립한다. 생산의 피안성(彼岸性)과 마찬가지로 이제 유통의 자립성은 단순한 외양으로 전락된다.

{위의 내용에 관하여 한 가지 더 언급할 것. 자기 노동의 생산물에 대한 소유를 전제로 하는 것 — 따라서 **노동에 의한 점취**, 자기 것으로 만드는 실재적인 경제적 과정, 객체화된 노동에 대한 소유를 동일한 것으로 정립하는 것. 앞에서는 현실적인 과정으로 나타났던 것이 여기에서는 법률적 관계로서, 즉 생산의 일반적 조건으로 인정되고, 그리하여 법적으로 인정되고 일반 의지의 표현으로 정립되어 있다 — 처럼 보이는 등가물 교환이 반전되어, 필연적인 변증법에 의해서 노동과 소유의 절대적인 분리, 즉 교환 없는, 등가물 없는 타인 노동의 점취로 나타난다. 그 표층에서 이러한 등가물 교환이 이루어지는 교환 가치에 기초한 생산은 그 토대에 있어서 사용 가치로서의 살아 있는 노동과 교환 가치로서의 대상화된 노동의 교환, 달리 표현하자면 객체적 노동 조건에 대하여 — 따라서 노동 자신에 의해 창출된 대상성에 대하여 타인 소유로서 관계하는 것이다. **노동의 외화** (*Entäusserung der Arbeit*). 다른 한편에서 교환 가치의 조건은 노동 시간에 의한 교환 가치의 측정이며, 따라서 가치 척도로서의 살아 있는 노동 — 이것의 가치가 아니라 — 이다. 모든 생산 상태에서 생산, 따라서 사회가 **단순 노동**(*blosse Arbeit*)과 노동의 교환에 기초하는 것처

럼 생각하는 것은 착각이다. 노동이 노동의 생산 조건들에 대하여 자기 소유로 관계하는 다양한 형태들에서 노동자의 재생산은 결코 단순 노동에 의해 정립되지 않는다. 그 까닭은 노동자의 소유 관계가 그의 노동의 결과가 아니라 전제이기 때문이다. 이것은 토지 소유에서 분명하다. 노동을 구성하는 특수한 종류의 소유가 단순 노동이나 또는 노동의 교환에 의거하는 것이 아니라 노동자가 주어진 것으로 발견하고 그가 자신의 토대로서 출발점을 삼는 조건들과 공동체와의 노동자의 객관적인 연관에 의거한다는 것이 준프트제에서도 분명해져야 한다. 이러한 조건들도 노동, 세계사적 노동, 공동체의 노동 — 개별자들의 노동이나 개별자들의 노동들의 교환으로부터 출발하지 않는 공동체의 역사적 발전 — 의 산물들이다. 따라서 단순 노동이 증식의 전제인 것도 아니다. 단순 노동이 노동과 교환되는 — 직접적인 생명성의 형태로든 생산물의 형태로든 — 상태는 노동이 객체적 노동 조건들과의 본원적인 결합 상태로부터 분리된 것을 상정한다. 그러므로 한편에서는 노동이 단순 노동으로 나타나고, 다른 한편에서는 노동의 생산물이 대상화된 노동으로서 노동에 대하여 가치로서 전적으로 자립적인 현존을 획득한다. 노동과 노동의 교환 — 겉보기에는 노동자 소유의 조건 — 은 노동의 토대로서 노동자의 무소유에 기초한다.}

(임노동에 대한 자본의 관계에서 노동, 생산적 활동이 자신의 조건들과 생산물들에 대하여 보이는 극단적인 소외 형태가 필연적인 통과점이라는 것 — 따라서 즉자적으로, 비록 전도된, 물구나무선 형태로나마 이미 모든 편협한 생산 전제들의 해체를 담고 있고, 오히려 무조건적인 생산 전제들을 창출하고 산출하며, 따라서 개인의 생산력의 총체적·보편적 발전을 위한 충분한 물적 조건들을 창출하고 산출한다는 것은 나중에 고찰될 것이다.)

화폐 유통은 무한히 많은 점들에서 출발했으며, 무한히 많은 점들로 되돌아왔다. 귀환점이 결코 출발점으로 정립되지 않았다. 자본의 회전에서는 출발점이 귀환점으로 정립되어 있고, 귀환점이 출발점으로 정립되어 있다. 자본가 자신이 출발점이자 귀환점이다. 그는 화폐와 생산 조건들을 교환하고 생산하며, 생산물을 화폐로 전환시키며, 그리고 나서 이 과정을 새롭게 시작한다. 화폐 유통은, 대자적으로 고찰하면, 움직이지 않는 사물인 화폐에서 필연적으로 소멸한다. 자본의 유통은 끊임없이 새롭게 자신에 의해 점화되고, 그것의 상이한 계기들로 분리되며, 영구기관(永久機關; perpetum mobile)이다. **가치가** 화폐 유통과 무관하게 정립되어 있는 한, 화폐 유통 측에서의 가격 정립은 순전히 형식적이었다. 자본의 유통은 그것이 가치를 정립하는 한에 있어서 형식적으로 뿐만 아니라 실질적으로도 **가격 정립적** 이다. 가치 자체가 자본의 유통 내에서 전제로 나타난다면, 그것은 다른 자본에 의해서 **정립된 가치**로서만 그럴 수 있다. 화폐 유통은 그 궤도의 폭을 미리 측정되어 있는 것으로 발견한다. 화폐 유통을 촉진하거나 지체시키는 여건들은 외적인 동인들이다. 자본은 자신의 회전 속에서 스스로 확장되고 ‖17‖ 그의 궤적과 회전의 완급은 스스로 유통의 한 내재적 계기를 이룬다. 자본은 회전 속에서 질적으로 변하며, 그의 유통의 계기들의 총체성은 스스로 자본 생산의 — 그의 재생산뿐만 아니라 그의 신생산의 — 계기들이다.

{우리는 두 번째 순환, 즉 추가 자본으로 사용된 잉여 가치의 순환의 마지막에서는 자본가가 무언가를 노동자 자신의 대상화된 노동의 일부로서 노동자와 교환하는 듯한 환상이 어떻게 사라지는가를 살펴보았다. 물론 이미 자본 자체에 기초하는 생산 양식 내에서 개별 자본에게는 원자재와 도구를 나타내는 자본 부분이 자본에게 **전제된** 가치로 현상하고, 자본이 구매하는 노동에게도 마찬가지로 전제되어 있는 것으로 현상한다. 이러한 두 가지 항목은 **타인 자본**에 의해 정립된 것으로, 요컨대 다시 **자본**에 의해서, 다만 다른 자본에 의해서

정립되었을 뿐인 것으로 귀착된다. 한 자본가에게 원자재인 것이 다른 자본가의 생산물이다. 한 자본가에게는 생산물인 것이 다른 자본가에게는 원자재이다. 한 자본가의 **도구**는 다른 자본가의 생산물이며, 다른 도구를 생산하기 위한 원자재로 기능할 수도 있다. 그러므로 개별 자본에게 전제로서 나타나는 것, 우리가 불변 가치라고 불렀던 것은 자본에 의한 자본의 전제, 상이한 산업 영역들에서 자본들이 상호 전제이자 조건으로 정립된다는 것에 지나지 않는다. 어떤 자본이든 대자적으로 고찰하면 살아 있는 노동에 대하여 **가치**로 **자립화**된 죽은 노동으로 귀착된다. 궁극적으로 모든 자본은 노동 이외에 아무 것도 담고 있지 않다 — 무가치한 자연 질료를 제외한다면. 여기에서 **수많은** 자본들의 도입이 고찰을 방해해서는 안 된다. 오히려 **수많은** 자본들의 관계는 모든 자본이 자본으로서 공통적으로 가지는 것이 고찰된 다음에 설명될 것이다.}

자본의 회전은 동시에 그것의 형성과 성장 및 그것의 생활 과정이다. 무언가 혈액 순환에 비유될 필요가 있다면, 그것은 화폐의 형식적인 유통이 아니라 자본의 내용 있는 유통이다.

유통이 모든 점들에서 생산을 전제로 한다면 — 그리고 화폐든 상품이든 생산물의 유통이되 그것 자체가 어디에서나 자본의 과정인 생산 과정으로부터 유래한다면, 이제는 화폐 유통 자체가 자본의 유통에 의해서 규정되는 것으로 나타나는데 반해, 이전에는 생산 과정과 나란히 놓여 있는 것처럼 보였다. 이 점에 대해서는 후술하기로 한다.

이제 자본의 유통 또는 회전을 전체로서 고찰하면, 그 안에서 두 계기들, 생산과 유통 자체가 커다란 두 가지 구별로서, 양자가 자본 유통의 계기들로서 나타난다. 자본이 생산 과정의 영역에 얼마나 오래 머무르는가는 이 과정의 기술적 조건들에 좌우된다. 그리고 이 국면에서의 체류는 — 그 기간이 생산의 종류나 대상 등에 따라 아무리

상이할 수밖에 없다고 할지라도 — 생산력의 발전과 직접적으로 부
합된다. 여기에서 기간은 생산물의 산출에 필요한 노동 시간일 따름
이다(틀렸다!).[246] 이 노동 시간이 짧을수록 우리가 살펴본 바와 같이
상대적 잉여 가치는 크다. 이는 주어진 양의 생산물을 위해서 더 적
은 노동 시간이 필요하다거나, 주어진 노동 시간에 더 많은 완제품이
공급될 수 있다는 것과 마찬가지이다. 일정량의 자본이 본래적인 유
통에서 벗어나 도상(途上)에 있는 생산 과정에 체류하는 기간의 단축
은, 한 생산물의 산출을 위해 필요한 노동 시간의 단축 — 생산력의
발전, 자연력, 기계류의 이용뿐만 아니라 사회적 노동의 자연력 —,
노동자들의 결집, 노동의 결합과 분업 — 의 발전 — 과 일치한다. 요
컨대 이러한 측면에서 보면 아무런 새로운 계기도 추가되지 않는 것
처럼 보인다. 그렇지만 개별 자본과 관련하여 원자재와 도구(노동 수
단)를 구성하는 자본 부분이 타인 자본의 생산물이라는 것이 고찰되
면, 그 자본이 생산 과정을 갱신할 수 있는 속도는 동시에 다른 모든
산업 영역들에서의 생산력 발전에 의해서도 결정된다는 것이 밝혀진
다. 동일한 자본이 그의 원자재들, 도구들, 최종적인 생산물들을 생
산한다고 생각하면 이것은 아주 분명하다. 상이한 자본들이 전제되
면, 자본이 생산 과정의 국면에 체류하는 기간 자체는 유통의 한 계
기가 된다. 그렇지만 우리는 아직 여기에서는 수많은 자본들과 관계
하는 것이 아니다. 요컨대 이러한 계기는 아직 여기에 속하지 않는
다.

두 번째 계기는 자본이 생산물로 전환되고 나서 화폐로 전환될 때
까지 경과하는 시간이다. 주어진 시간 동안에 자본이 얼마나 자주 생
산 과정, 자기 증식을 새롭게 시작할 수 있는가는 분명히 이 시간이
경과하는 속도 또는 그 길이에 좌우된다. 자본 — 예를 들어 원래
100탈러 — 이 1년에 4번의 회전을 완수하고, 이익은 매 번 자본 자
신의 5%이며, 신가치가 자본화되지 않는다면, 그것은 예컨대 400으

로 양이 4배 큰 자본이 동일한 비율로 1년에 **한차례의** 회전을 마친
것과 마찬가지이다. 매 번 20탈러. 요컨대 회전 속도가 — 나머지 생
산 조건들이 동일하다면 — 자본의 양을 대신한다. 또는 ∥18∥ 4배
큰 자본이 한 번만 자본으로 실현되는 동일한 기간 동안에 4배 작은
자본이 4번 자본으로 실현된다면, 보다 작은 자본측의 이익 — 잉여
가치의 생산 — 은 보다 큰 자본측의 이익만큼 크다 — **적어도 그만**
큼 크다. "적어도"라고 말했다. 그 이익은 더 클 수 있는데, 왜냐하면
잉여 가치 자체가 다시 추가 자본으로 사용될 수 있기 때문이다. 예
를 들어 100의 자본에게 그가 얼마나 자주 회전하든 이윤(여기에서
는 계산을 위해서 잉여 가치의 이 **형태**가 선취된다)이 매 번 10%라
고 가정하자. 그렇다면 첫 번째 석 달 후에는 110, 두 번째 석 달 후
에는 121, 세 번째 석 달 후에는 133 1/10, 마지막 회전 후에는 146
41/100인데 비해, 일년에 한 번 회전하는 400의 자본에게는 440일
뿐이다. 첫 번째 경우에 이익은 = 46 41/100이고, 두 번째 경우에는
= 40. (자본이 매 번 증대될 때마다 동일한 이윤율을 낳는 것이 아
닌 한에 있어서 이 전제가 틀렸다는 것은 이 사례에 아무런 영향도
미치지 않는다. 그 까닭은 여기에서 중요한 것은 얼마나 더 많은가가
아니라 어찌되었든 — 바로 이것인데 — 첫 번째 경우에 40보다는
많다는 것이다.) 양이 속도를 대체하는 법칙과 속도가 양을 대체하는
법칙은 이미 화폐 유통에서 마주친 바 있다. 그 법칙은 역학에서와
마찬가지로 생산에서도 관철된다. 그것은 이윤율, 가격 등이 균등화
될 때 재론될 정황이다. 여기에서 우리가 관심을 갖는 문제는 다음과
같은 것이다. 노동으로부터 독립적인, 노동으로부터 직접 출발하지
않고 유통 자체로부터 유래하는 가치 규정의 계기가 들어오는 것은
아닌가?

{신용이 자본 회전에 있어서의 차이들을 균등화한다는 것은 아직
여기에 속하는 것이 아니다. 그러나 이 문제 자체는 단순한 자본 개

념 — 일반적으로 고찰된 — 에서 유래하는 것이기 때문에 여기에 속한다.}

주어진 기간 동안 자본 회전이 보다 빈번하다는 것은 북부 나라들에 비해 남부 나라들에서 자연적인 1년 동안에 이루어진 수확의 반복이 보다 더 빈번하다는 것과 마찬가지이다. 이미 위에서 말한 바와 같이, 여기에서 우리는 자본이 생산 국면에 — 생산적인 증식 과정 자체에 머물러야 하는 시간을 완전히 사상한다. 곡식이 땅 속에 씨앗으로 심어지면 그것의 직접적인 사용 가치를 상실하듯이, 즉 직접적인 사용 가치로서는 **무가치하게**(*entwertet*) 되듯이, 자본은 생산 과정이 종료되면서부터 화폐로 재전환되고, 거기에서 다시 자본으로 전환될 때까지는 **무가치하게** 된다.

{자본이 화폐 형태로부터 다시 생산 조건들로 전화되는 — 이러한 생산 조건들에는 노예제에서처럼 노동자 자신은 등장하지 않고 노동자와의 교환이 등장한다 — 이 속도는 노동자의 현존뿐만 아니라 생산 속도 및 그 자본에게 원자재와 도구를 공급하는 나머지 자본들의 지속성에 좌우되고, 이러한 측면에서 상대적 과잉 인구는 자본을 위한 최상의 조건이다.}

{자본 a)의 생산 과정을 전적으로 도외시하면, 생산 과정 b)의 속도와 연속성은 자본 a)가 화폐 형태로부터 산업 자본 형태로 재전환되는 것을 조건 지우는 계기로 나타난다. 그리하여 자본 b)의 **생산 과정의 기간**이 자본 a)의 **유통 과정의 속도**에서 한 계기로 나타난다. 전자의 생산 국면의 기간이 후자의 유통 국면의 속도를 결정한다. 이들의 동시성은 a)의 유통이 방해받지 않기 위한 조건이다 — 그가 교환해야 하는 자기 자신의 요소들이 생산과 유통에 동시에 던져지는 것. 예를 들어 18세기 3/3분기에 수공 방적은 방직을 위한 원자재를 필요한 양만큼 공급할 수 없었다 — 또는 동일한 표현인데, 방적이 필요한 동시성 속에서 — 동시적인 속도로 아마나 목화로 하여금 생

산 과정을 거치도록, 즉 이들로 하여금 섬유로의 전환을 거치도록 할수 없었다. 그 결과는 동일한 노동 시간에 비교할 수 없을 정도로 많은 생산물을 공급하거나, 또는 같은 말인데, 동일한 생산물을 위해서 비교할 수 없을 정도로 적은 노동 시간을 — 비교할 수 없을 정도로 짧은 방적 과정에의 체류를 필요로 하는 방적 기계의 발명이었다. 자본의 일반 개념에 따라 고찰하면, 자본에 포함되어 있는 것으로 현상하는 자본의 모든 계기들은, 자본이 실질적으로 수많은 자본들로서 나타나자마자 비로소 자립적인 현실성을 획득하고 드러난다. 그리하여 그 때가서야 비로소 경쟁 내부에서 그리고 경쟁에 의해 이루어지는 살아 있는 내적 조직은 더 상세하게 전개될 수 있다.}

자본의 전체 회전을 고찰하면 4 가지 계기가 나타난다. 또는 생산 과정과 유통 과정이라는 두 개의 큰 계기를 두 가지 계기로 고찰하면, 이들 각각은 다시 이원적으로 나타난다. 여기에서 우리는 유통이나 생산을 출발점으로 삼을 수 있다. 지금까지 우리가 말한 것은 생산에 의해 비로소 자본으로서의 자본이 되므로, 유통 자체가 생산의 한 계기라는 것, 유통 자체가 생산 과정의 전체로서 고찰되는 한에 있어서 생산은 유통의 한 계기에 지나지 않는다는 것이다. 계기들은 Ⅰ. 실재적인 생산 과정과 그 기간. Ⅱ. ‖19 ｜ 생산물의 화폐로의 전화. 이 작업의 기간. Ⅲ. 화폐가 적절한 비율로 원료, 노동 수단 및 노동, 간단히 말해서 생산적 자본으로서의 자본의 요소들로 전환되기. Ⅳ. 노동 시장은 생산물 시장 등과는 다른 법칙들에 의해 지배되므로, 일부 자본의 살아 있는 노동과의 교환은 특수한 계기로 고찰될 수 있고 고찰되어야 한다. 여기에서는 인구가 주요 문제인데, 절대적 인구가 아니라 상대적 인구이다. 이미 말한 바와 같이 여기에서 계기 Ⅰ은 증식 조건들 일체와 일치하므로 고찰되지 않는다. 계기 Ⅲ은 자본 일체가 아니라 수많은 자본들이 논의될 때 비로소 고찰될 수 있다. 계기 Ⅳ는 노임 등에 관한 절에 속한다.

여기에서 우리는 계기 Ⅱ에 대해서만 고찰한다. 화폐 유통에서는 화폐와 상품으로서의 교환 가치의 형식적인 교대만이 있었다. 여기에는 화폐, 생산 조건으로서의 상품이 있고, 마지막으로 생산 과정이 있다. 여기에서 계기들은 이전과는 달리 내용이 차 있다. Ⅱ에 의해 정립되는 바와 같은 자본 회전에 있어서의 차이는 — 그것이 노동과의 교환에서의 보다 큰 난관이나 원료, 노동 수단의 유통에서의 비동시적인 현존에 의한 체류, 생산 과정의 상이한 기간에 좌우되는 것이 아니므로 — 증식에서의 보다 큰 난관으로부터만 유래할 수 있을 것이다. 이는 관계 자체로부터 유래하는 내재적인 상태가 아니며, 자본 일반을 고찰하는 여기에서는 우리가 증식과 동시에 발생하는 가치 감소(Entwertung)에 대해 설명한 것과 일치한다. 어떤 사업도 자신이 다른 사업보다 더 어렵게 생산물을 판매하는 것을 겨냥하지는 않을 것이다. 그것이 시장이 보다 작은 데에서 유래한다면 — 전제된 것처럼 — 보다 큰 시장을 가진 다른 사업에서보다 더 큰 자본이 아니라 더 작은 자본이 사용될 것이다. 그러나 그것은 시장이 공간적으로 더 멀고, 따라서 회수가 늦은 것과 관련될 수 있다. 여기에서 자본 a)가 증식되기 위해서 필요로 하는 더 긴 시간은 그것이 상품으로서 화폐와 교환되기 위해서 생산 과정 이후에 거쳐야 하는 공간적 거리가 더 먼 데서 유래했다. 그러나 중국을 위해서 생산된 생산물을 예로 들자면, 그것이 중국 시장에 운반되었을 때 비로소 그것의 생산 과정이 완료되었다고 간주될 수 있는가? 그것의 증식 비용은 영국으로부터 중국까지의 수송 비용 때문에 증가할 것이다. (자본이 보다 오래 유휴 상태에 있는 것에 대한 보상은 아직 여기에서 언급할 수 없다. 왜냐하면 이를 위해서는 이차적인, 즉 파생된 잉여 가치 형태들 — 이자 — 이 전제되어 있어야 할 것이기 때문이다.) 생산 비용은 직접적 생산 과정에서 대상화된 노동 시간 + 수송에 포함되어 있는 노동 시간으로 나누어질 것이다.

이제 문제는 우선 다음과 같다. 우리가 지금까지 정립한 원칙들에 따를 때 수송으로부터 잉여 가치가 얻어질 수 있는가? 수송에서 소모된 불변 자본 부분, 즉 배, 차량 등과 이들을 이용하기 위해서 필요한 모든 것은 이 문제에 아무런 영향도 미치지 않고, 그것을 0이나 x로 놓는다고 할지라도 무관하므로 이 요소는 빼자. 이제 수송 비용에 잉여 노동이 들어 있고, 자본이 수송 비용으로부터 잉여 가치를 얻어내는 것이 가능한가? 이 문제는 필요 노동, 또는 이것이 대상화된 가치가 어느 것인가라는 문제로 쉽게 답변될 수 있다. 생산물은 1. 자기에 대상화되어 있는 자신의 교환 가치와 2. 선원, 차부 등이 상품 수송에 사용한 잉여 시간을 반제(返濟)해야 한다. 그가 이들을 얻어낼 수 있는가는 생산물을 운반해 가는 나라의 부와 이 나라의 욕구 등, 이 나라에서의 생산물의 사용 가치에 좌우된다. 직접적 생산에서 공장주가 노동자로 하여금 노동하도록 하는 모든 잉여 노동은, 그에게 아무런 비용도 들이지 않고 새로운 사용 가치들에 대상화된 노동이므로, 공장주를 위한 잉여 가치라는 것이 분명하다. 그러나 수송 시간에서는 그가 수송이 필요로 하는 시간보다 더 오래 노동자를 사용할 수 없다는 것은 명백하다. 그렇게 한다면 그는 노동 시간을 내버리는 것이지 현금화하는, 즉 사용 가치로 대상화하는 것이 아니다. 선원, 차부 등이 일년을 살기 위해서 반년의 노동 시간만을 필요로 하다면(이것이 일반적으로 생존에 필요한 노동의 비율이라면), 자본가는 그를 일년간 사용하면서 반년을 지불한다. 자본가는 수송된 생산물의 가치에는 일년 노동 시간을 가산하면서 절반만을 지불하므로, 필요 노동에 비해 100%의 잉여 가치를 획득한다. 이 경우는 직접적 생산에서와 전적으로 동일하다. 수송된 생산물의 본래의 잉여 가치는 수송 시간의 일부가 노동자들이 살기 위한 필요 노동을 **초과하는** 잉여 시간이기 때문에 노동자들에게 **지불되지 않는** 데에서 유래한다. 개별적인 생산물이 수송 비용 때문에 교환될 수 없을 정도로 비싸진다 해도 — 생산물의 가치와 수송된 생산물로서의 그것의 잉여 가치 사이의 불균형 때문인데, 이것은 생산물이 현지에 도착하자마자 그것에게서 소멸하는 속성이다 —, 문제의 핵심에는 변함이 없다. 어떤 공장주가 면사 1파운드를 뽑기 위해서 자신의 기계 전체를 움직여야 한다면, 이 1파운드의 가치는 팔리기 어려울 정도로 상승할 것이다. 외국 생산물의 가치 등귀는 중세의 빈약한 소비 등과 마찬가지로 바로 이러한 이유에서 유래한다. 내가 ‖20‖ 금속을 광산에서 가져오든 상품을 소비지로 가져가든 그것은 장소 운동이다. 수송 통신 수단의 개량도 마찬가지로 생산력 일체의 발전의 범주에 속한다. 생산물이 수송비를 어느 정도 감당할 수 있는지는 생산물의 가치에 달려 있다는 것, 나아가 수송 비용을 절감하고 — 100톤 용량의 배 한 척은 동일한 생산 비용으로 2와 100톤을 운반할 수 있다 등 — 통신 수단이 수익을 낳기 위해서는 대량 운수가 필요하다는 것 등은 여기에 속하지 않는다. (그렇지만 통신 수단은 자체적인 증식 법칙을 가지는 고정 자본의 형태를 이루므로 별도의 절을 할애할 필요가 있을 것이다.) 동일한 자본이 생산도 하고 수송도 한다고 생각하면 두 행위는 직접적인 생산에 속하며, 우리가 지금까지 고찰한 바와 같은 유통, 즉 화폐로의 전화는 생산물이 사용될 수 있기 위한 마지막 형태, 유통 가능한 형태를 획득하자마자, 그것이 목적지까지 운반되자마자 비로소 시작될 것이다. 현지에서 생산물을 판매하는 다른 자본가에 비해 이 자본가의 회수가 늦은 것은, 우리가 아직 여기에서는 논하고 있지 않는 고정 자본을 더 많이 사용하는 다른 형태로 귀착된다. a)가 b)보다 100탈러 더 많은 도구를 필요로 하거나, 그의 생산물을 목적지로, 시장으로 운반하기 위해서 100탈러를 더 필요로 하는 것은 동일하다. 두 경우에 고정 자본, 직접적 생산에서 소비되는 생산 수단은 더 많이 사용된다. 요컨대 이러한 측면에서 보면 여기에는 아무런 내재적인 경우도 정립되어 있지 않다. 그것은 고정 자본과 유동 자본의 차이에 대한 고찰에 속한다.

그렇지만 여기에서 하나의 계기가 추가된다. 단순 유통 개념에 들어 있지 않고 아직 우리와 전혀 관계가 없는 유통 비용. 경제 행위로서의 — 수송 통신 수단처럼 직접적인 생산 도구가 아니라 생산 관계로서의 — 유통에서 유래하는 유통 비용에 대해서는 이자에서, 특히 신용에서 비로소 논할 수 있다. 우리가 고찰한 바와 같은 유통은 전환 과정, 즉 가치가 화폐로, 생산 과정으로, 생산물로, 화폐와 추가 자본으로 재전환되는 것과 같은 상이한 형태들에서 나타나는 가치의 질적 과정이다. 이러한 전환 과정 자체 내에서 — 한 규정으로부터 다른 규정으로의 이행에서 새로운 규정들이 발생되는 한에 있어서. 예를 들어 생산물의 화폐로의 이행에서 유통 비용은 반드시 포함되어 있는 것이 아니다. 그것은 0과 같을 수 있다.

그렇지만 유통 자체가 비용을 발생시키고 스스로 잉여 노동을 필요로 하는 한에 있어서, 유통 자체는 생산 과정에 포함되어 있는 것으로 나타난다. 이러한 측면에서 유통은 직접적인 생산의 한 계기로 나타나는 것이다. 직접적인 사용을 지향하고 잉여만을 교환하는 생산에서 유통 비용은 주(主)생산물이 아니라 잉여에 대해서만 발생한다. 생산이 교환 가치에 기초하고 따라서 교환에 기초할수록, 그 생산에게는 교환의 물적 조건들 — 통신 수송 수단이 중요해진다.

자본은 그 본성에 있어서 어떤 공간적 제약이라도 뛰어넘는다. 교환의 물질적 조건들의 창출 — 요컨대 자본에게는 통신 수송 수단이 전혀 다른 정도로 필요해진다 — 시간에 의한 공간의 절멸. 수송 비용이 감소함에 따라 직접적 생산물이 먼 시장들에서 대량으로 현금화될 수 있는 한에 있어서만, 그리고 다른 한편에서 통신 수단과 수송 자체가 증식, 자본에 의해 영위되는 노동 영역을 제공하는 한에 있어서만, 대량 운수가 이루어지는 한에 있어서만 — 이에 의해 필요 노동 이상이 보상된다 —, 저렴한 수송 통신 수단의 생산은 자본에 기초한 생산의 조건이 되며, 따라서 자본에 의해서 산출된다. 완성된 생산물을 유통에 던져 넣기 위해서 필요한 ─ 생산물은 시장에 놓이자마자 비로소 경제적 유통에 놓이게 된다 ─ 모든 노동은 자본의 관점에서 보면 극복될 제약이다 ─ 생산 과정을 위한 조건으로서 필요한 모든 노동과 마찬가지로(예를 들어 교환의 안전을 위한 비용 등). 특히 상업 민족들의 저절로 걷고 저절로 움직이는 길로서의 수로. 다른 한편에서 통신 도로는 그 나라의 공동 잉여 생산물의 산출이지만, 부의 원천을 구성하지는 않는 ─ 즉, 그 생산비를 보전해주지 못하는 ─ 순수한 생산 공제로서 처음에는 공동체에 귀속되었고, 나중에는 오랫동안 정부에 귀속되었다. 한편으로 원래의 아시아적·자급자족적 공동체들은 도로에 대한 욕구를 가지지 않았다. 다른 한편으로 도로 결핍은 이 공동체들을 격리 상태에 묶어놓고, 따라서 이들의 변함없는 지속의 중요한 계기를 이룬다(인도에서처럼). 부역에 의한 도로 건설이나 이와는 다른 형태인 조세에 의한 도로 건설은 이 나라의 일부 잉여 노동이나 잉여 생산물을 강제로 도로로 전환시키는 것이다. 개별 자본이 이를 수행하기 위해서는, 즉 직접적인 생산 과정 밖에 놓여 있는 생산 과정 조건들을 갖추기 위해서는 ─ 노동이 사용되어야 한다.

a와 b 사이에 일정한 도로가 전제되면(토지는 아무런 비용이 들지 않는다고 하자), ‖21‖ 이 도로는 일정량의 노동, 요컨대 가치만을 포함한다. 자본가가 도로를 건설하든 국가가 도로를 건설하든 마찬가지이다. 자본가는 여기에서 잉여 노동을 창출하고, 그리하여 잉여 가치를 창출함으로써 이익을 얻는가? 우선 혼란을 야기하는 것과 고정 자본으로서의 그것의 본성에서 유래하는 것은 배제하자. 도로가 치마나 1톤의 철과 마찬가지로 즉시 판매될 수 있다고 생각하자. 도로 생산에 12개월이 소요된다면, 그것의 가치는 12개월과 같다. 일반적 노동 수준이 예컨대 노동자가 6개월의 대상화된 노동으로 살 수

있을 정도일 때, 그가 도로 전체를 건설한다면, 자본가는 6개월 노동의 잉여 가치를 창출할 것이다. 또는 공동체가 도로를 건설하고 노동자는 필요 시간만을 노동하고자 한다면, 6개월 노동하는 다른 노동자가 동원되어야 할 것이다. 이에 반해 자본가는 한 노동자로 하여금 12개월 노동하도록 강요하고 6개월만 지불한다. 그의 잉여 노동을 포함하는 도로 가치 부분이 자본가의 이윤을 이룬다. 생산물이 나타나는 현실적인 형태는 객체화된 노동 시간에 의한 가치론의 정립을 전혀 방해하지 않는다.

그러나 문제는 바로 자본가가 도로를 현금화할 수 있을지, 그가 도로 가치를 교환에 의해 실현할 수 있을지 이다. 이러한 문제는 물론 어떤 생산물에나 존재하지만 일반적 생산 조건들에 있어서는 특수한 형태를 취한다. 도로의 가치가 현금화되지 않는다고 가정하자. 그러나 도로는 필요한 사용 가치이기 때문에 건설된다. 그렇다면 사태는 어떻게 되는가? 도로의 생산 비용이 도로와 교환되어야 하는 한에 있어서 그것은 산출되어야 하고 지불되어야 한다. 도로는 노동, 노동 수단, 원료 등을 일정하게 소비함으로써만 실존하게 된다. 산출이 부역에 의해 이루어지든 조세에 의해 이루어지든 결과는 똑같다. 그러나 도로가 산출되는 것은 그것이 공동체에게 필요한 사용 가치이기 때문이고, 공동체가 여하간 그것을 필요로 하기 때문이다. 그렇지만 이는 개별자가 부역의 형태로든 조세라는 간접적 형태로든, 자신의 생존을 위해서 필요한 직접적인 노동을 초과해서 수행해야 하는 잉여 노동이다. 그러나 이 잉여 노동이 공동체와 공동체 **구성원**으로서의 모든 개별자를 위해서 필요한 한에 있어서, 그것은 개별자가 수행하는 잉여 노동이 아니라 그의 필요 노동의 일부, 즉 개별자가 공동체 **구성원**으로 **재생산**되고 그럼으로써 — 개별자의 생산적 활동의 일반적 조건이 되는 — 공동체가 재생산되기 위해 필요한 노동의 일부이다. 노동 시간이 직접적 생산에서 모두 소비되었다면(또는 매개적으로 표현하자면 이 일정한 목적을 위해서 초과 조세를 징수하는 것이 불가능하다면), 도로는 건설되지 않는 채 있어야 할 것이다. 전체 사회가 한 개인으로 간주된다면, 필요 노동은 분업에 의해 자립화된 모든 특수 노동 기능들의 합계일 것이다. 이 한 개인은 예를 들어 얼마만큼의 시간은 농업을 위해 사용하고, 얼마만큼은 공업을 위해서, 얼마만큼은 상업을 위해서, 얼마만큼은 도구들을 생산하기 위해서, 또 얼마만큼은, 우리의 주제로 돌아와서 도로 건설과 통신 수단을 위해서 사용해야 할 것이다. 이 모든 필요성들은 상이한 목적들을 지향하고 특수한 활동들에서 지출되어야 하는 얼마만큼의 노동 시간으로 귀착된다. 그러한 노동 시간이 얼마나 사용될 수 있는지는 노동 능력의 양(= 사회를 구성하는 노동 능력 있는 개인들의 규모)과 노동 생산력의 발전(주어진 시간에 노동이 창출할 수 있는 생산물 규모)에 좌우된다.

분업을 전제로 하고 교환 자체의 정도에 따라서 많거나 적게 발전되는 교환 가치는, 이 한 개인(사회)이 상이한 노동들을 수행하고 그의 노동 시간을 상이한 형태로 사용하는 것이 아니라, 각 개인의 노동 시간이 필요한 특수한 기능들에만 바쳐질 것을 전제로 한다. 우리가 필요 노동 시간에 대해 말한다면, 분리된 특수한 노동 영역들은 **필요한** 것으로 나타난다. 이러한 상호 필요성은 교환 가치의 기초 위에서는 교환에 의해 매개되며, 각각의 대상화된 특수한 노동, 각각의 특수하게 세분화되고 물질화된 노동 시간이 일반적 노동 시간, 대상화된 노동 시간 일체의 산물이자 상징인 화폐와 교환되고, 그리하여 어떤 특수한 노동과도 다시 교환될 수 있다는 데에서 바로 드러난다. 이러한 필요성은, 욕구들이 생산물 및 다양한 노동 숙련과 마찬가지로 생산되므로, 자기 변동하는 필요성이다. 이 욕구들과 필요한 노동들 내에서 과다나 과소가 발생한다. 스스로 역사적으로 — 생산 자체에 의해서 창출된 욕구들, 사회적 욕구들 —, 스스로 사회적 생산과

교류의 결과인 욕구들이 많이 **필요한** 것으로 정립될수록, 실재적인
부의 발전 수준은 높다. 소재적으로 고찰하면 부는 욕구의 다양성에
있을 뿐이다. 수공업 자체는 방적, 방직 등을 가내 부업으로 영위하
는 자급자족적 농업 곁에서는 필연적인 것으로 나타나지 않는다. 그
러나 예를 들어 농업 자체가 ‖22‖ 과학적 경영에 기초하고 — 기
계, 상업에 의해 운반되어 온 화학 비료, 먼 나라에서 온 종자 등을
필요로 하고, 조야한 가부장적 매뉴팩처가 사라졌다면 —, 이미 전제
에 포함되어 있듯이 — 기계 공장, 대외 무역, 수공업 등은 농업에게
욕구로 나타난다. 분화석(糞化石: Guano)[247]은 아마도 비단 제품을
수출함으로써만 조달될 수 있을 것이다. 그러면 비단 매뉴팩처는 더
이상 사치 산업이 아니라 농업을 위해 필요한 산업으로 나타나게 된
다. 요컨대 이것은 주로 그리고 대체로 농업이 자기 자신의 생산 조
건들을 더 이상 자체 내에 자생적으로 주어져 있는 것으로 발견하는
것이 아니라, 이러한 조건들이 자립적인 산업으로서 농업 밖에 실존
하며, — 그리고 산업이 농업 밖에 존재함으로써 이 낯선 산업이 실
존하고 있는 복잡한 모든 연관도 농경의 생산 조건들의 범위에 들어
온다 — 과거에 사치품으로 나타났던 것이 이제는 필요하고, 예를 들
어 소위 사치 욕구들이 가장 순수한 자연 필요성 속에서 등장했고
가장 자생적인 산업을 위한 필요성으로 나타나기 때문이다.

　이처럼 각 산업의 기반 아래 있는 자생적 기반을 제거하고 각 산
업의 밖에 있는 그것의 생산 조건들을 일반적 연관으로 전이시키는
것 — 그리하여 불필요한 것으로 나타났던 것을 필요한 것, 역사적으
로 산출된 필요성으로 전환시키는 것 — 이 자본의 경향이다. 일반적
교환 자체, 세계 시장이 모든 산업의 일반적 기초가 되고, 따라서 세
계 시장을 구성하는 활동, 교류, 욕구 등의 전체가 모든 산업의 일반
적 기초가 된다. 사치는 **자연적으로 필요한**(*naturnotwendigen*) 것의 대립
이다. 필요한 욕구들은 스스로 자연 주체로 환원된 개인의 욕구들이

다. 산업의 발전은 저 사치와 마찬가지로 이 자연필요성(naturnotwen -digkeit)도 지양한다 — 그렇지만 부르주아 사회에서는 그 자신이 다시 일정한 사회적 척도만을 사치에 맞서서 필요한 것으로서 정립하기 때문에 대립적일 뿐이다. 욕구 체계와 노동 체계에 관한 이 문제들, 이를 어디에서 취급할 것인가? 진행하다 보면 밝혀질 것이다.

다시 우리의 도로로 돌아가자. 도로가 건설될 수 있다면 그것은 사회가 그것의 건설을 위한 노동 시간(살아 있는 노동과 객체화된 노동)을 가지고 있다는 것을 증명한다.

{물론 여기에서는 사회가 올바른 본능을 따른다고 전제되고 있다. 이 사회가 종자를 먹어치워 농경지를 놀리면서 도로를 건설할 수도 있을 것이다. 그렇다면 그 사회는 재생산되지 않을 것이고, 이 노동에 의해 살아 있는 노동 능력으로 유지되지 않을 것이므로, 필요 노동을 수행하지 않은 것이 될 것이다. 또는 예를 들어 표트르 I 세가 페트로그라드를 건설하기 위해서 그러했듯이, 살아 있는 노동 능력이 직접 살해될 수도 있다. 그러나 이러한 것은 여기에 속하지 않는다.} 교환 가치에 기초한 생산과 분업이 나타나자마자 도대체 왜 도로 건설은 개별자들의 사적 사업이 되지 못하는가? 그것이 국가의 조세에 의해 영위되는 곳에서는 사적 사업이 아니다. 우선 사회, 집합된 개별자들은 도로를 건설하기 위한 잉여 시간을 가질 수 있으나 그것은 집합되어 있을 때에만 가능하다. 집합(Vereinigung)은 언제나 각 개별자가 자신의 특수한 노동 이외에 도로 건설에 사용할 수 있는 노동 능력 부분의 합산이다. 그러나 그것이 단지 합산에 불과한 것은 아니다. 그들 힘의 집합이 그들의 생산력을 증대시킨다고 할 때, 그것은 — 그들이 협업하지 않는다면, 즉 그들의 노동 능력의 합계에 그들의 집합된, 결합된 노동에 의해서만 그리고 그 속에서만 실존하는 잉여가 추가되지 않는다면 — 그들이 수적으로 모두를 합한 노동 능력을 가질 것이라는 것을 결코 의미하지 않는다. 따라서 이집트,

에트루리아, 인도 등에서 강제 건축물과 공공의 강제 공사를 위한 민족의 강제적인 결집. 자본은 동일한 집합을 다른 방식으로, 자유로운 노동과의 교환 방식에 의해 이룩한다. {자본이 이미 즉자대자적으로 결합된 하나의 사회적 힘인 것과 마찬가지로 자본이 개별화된 노동이 아니라 결합된 노동과 관계한다는 것은, 아마도 여기 자본의 일반적 발생사에서 논의되어야 할 사항이다.} 둘째로. 한편에서는 인구가 충분하게 발전되어 있고, 다른 한편에서는 그 인구가 기계 사용 등에서 발견하는 지원이 매우 커서 단지 물질적인 대규모 집합 ― 그리고 고대에는 언제나 강제 집단 노동의 이러한 대규모 작용이 있다 ―에서 생겨나는 힘은 불필요하고 상대적으로 보다 적은 살아 있는 노동 규모가 필요하다. {생산이 아직 단순한 손 노동, 근육력의 사용 등 간단히 말해 개별자들의 육체적 진력과 노동에 기초할수록, 생산력의 증대는 개별자들의 대규모 협업에 있다. 반(半)기예적인 수공업에서는 특수화와 개별화의 대립이 두드러지게 나타난다. 개별적이되 결합되지 않는 노동의 숙련성. 그러나 자본은 그것이 진정으로 발전하면서, ‖23‖ 대규모 노동을 숙련과 결합해서 전자가 자신의 육체적 권력을 상실하고, 숙련이 노동자가 아니라 기계에 실존하도록 하고, 기계와의 과학적 결합에 의해 전체로서 작동하는 공장에 실존하도록 한다. 노동의 사회적 정신이 개별적인 노동자 밖에서 객관적인 실존을 획득한다.} 국가에 의해 투입되는 도로 건설자들의 특수한 계급이 형성되거나 {로마인들에게서는 군대에 대중이 있었다 ― 그러나 이미 전체 인민으로부터 분리되어 존재하고 노동하도록 규율이 잡혀 있으며 동시에 그 잉여 시간이 국가에 속하는 대중, 노동자가 자본가와 그러하듯이, 그들의 전체 노동 시간이 봉급을 받고 국가에 판매되고 그들의 생명을 유지하기 위해서 필요한 봉급과 그들의 전체 노동 능력을 전적으로 교환하는 대중. 이는 로마 군대가 더 이상 시민 군대가 아니라 용병 군대였던 시대에 해당된다. 여기에서도 마찬가지로 군인 쪽에서 보자면 노동의 자유로운 판매이다. 그러나 국가가 가치 생산을 위해 이들을 구매한 것은 아니다. 그러므로 비록 봉급 형태가 원래 군대에서 등장하는 것처럼 보일 수 있지만 — 그럼에도 불구하고 이러한 용병 제도는 임노동과 본질적으로 구별된다. 국가가 권력과 부의 증대를 이루기 위해서 군대를 사용함으로써 몇 가지 유사점}, 또는 자본가가 아니라 보다 많은 교육을 받은 평민으로서 노동하는 일정수의 건축 장인 등과 함께 일시적 실업 인구의 일부가 그것에 사용된다. (이 숙련 노동 등에 대해서는 나중에.) 이 경우에 노동자는 임노동자이지만 국가는 이들을 임노동자가 아니라 평민 하인(menial servants)으로 사용하는 것이다.

이제 자본가가 도로 건설을 자기 비용으로 사업으로서 수행하기 위해서는 {국가가 그러한 일을 국가 임차인으로 하여금 추진하도록 한다고 할지라도, 그것은 언제나 부역이나 조세에 의해 매개되어 이루어진다} 자본에 기초한 생산 양식이 이미 고도로 발전한 것과 일치하는 다양한 조건들이 필요하다.

첫째로. 자본의 크기, 그러한 규모와 그처럼 느린 회전, 증식의 노동들을 떠맡기 위해서 자본가의 수중에 집중된 자본의 규모 자체가 전제되어 있다. 따라서 대부분 **주식 자본**인데 이 형태에서 자본은 더 이상 **즉자적으로** 뿐만 아니라, 즉 그의 실체에 있어서 뿐만 아니라 그의 **형태**에 있어서도 사회적 힘이자 산물로 정립되어 있는 그의 최후의 형태로 발전해 있다.

둘째로. 주식 자본에게 필요한 것은 이윤을 가져다주는 것이 아니라 이자를 가져다주는 것이다. (그것이 이자 이상을 낳을 수 있지만 이것이 필요한 것은 아니다.) 이 점은 여기에서 아직 더 이상 연구되지 않는다.

셋째로. 그러한 교류 — 무엇보다도 사업상의 교류 — 의 전제로서 도로가 수익을 가져다준다는 것, 즉 도로 사용에 대해 요구되는 가격이 생산자에게 교환 가치만큼 가치 있거나 또는 도로 사용에 대해 그만큼 지불할 수 있는 생산력을 제공해준다는 것.

넷째로 이 교통 수단에 그의 수입을 지출하는, 향유하는 부[의] 일부를. 그러나 요점은 두 가지 전제이다. 1. 이자로 만족하는 자본이 이 대상에 필요한 규모로 사용 가능하다는 것. 2. 도로에 대한 가격을 지불하는 것이 생산적 자본들, 즉 산업 자본에게 유용해야 한다. 예컨대 리버풀과 맨체스터 사이의 첫 번째 철도는 리버풀의 면화 중개인들에게 생산필요성(Produktionnotwendigkeit)이 되었으며, 맨체스터의 매뉴팩처 주인에게는 더욱 그러했다. {지금까지의 생산력 발전이 아직, 예를 들어 철도의 필요성에 이르지 않은 나라에서는 경쟁이 철도의 필요성을 낳을 수 있다. 국민들 사이의 경쟁 작용은 국제 교류에 관한 절에 속한다. 여기에서는 특히 자본의 문명화 작용이 분명해진다.} 자본 자체 — 필요한 범위만큼 정립된 자본의 현존 — 는 도로의 생산이 생산자들, 특히 산업 자본 자신에게 필요성이 될 때라야만 비로소 도로를 생산할 것이다. 자본가의 영리 행위를 위한 하나의 조건. 그러면 도로도 수익을 가져다준다. 그러나 이러한 경우들은 이미 대규모 교류를 전제하고 있다. 동일한 전제가 이중적으로 존재하고 있다. 한편으로 그 나라의 부는 그러한 작업을 자본의 증식 과정으로 추진하기에 충분할 정도로 집중되어 있고, 자본 형태로 전환되어 있어야 한다. 다른 한편으로 교류의 규모가 충분하고 통신 수단 부족이 놓는 제약이 자본가가 도로로서의 도로의 가치를 (즉 그것의 이용을) (시간적으로 일정 분량씩이자 조금씩) 실현할 수 있기에 충분할 정도로 제약으로 느껴야 한다.

도로, 운하 등과 같은 모든 일반적인 생산 조건들은 그것들이 유통을 용이하게 하든 또는 비로소 그것을 가능하게 하든 또는 — 생산력을 증대시키든 (아시아와 그밖에 유럽에서도 정부들에 의해 건설된 관개 灌漑 등처럼) 공동체 자체를 대표하는 정부가 아니라 자본

에 의해 수행되기 위해서 자본에 기초한 생산의 극도의 발전을 전제
로 한다. 국가의 공공 사업의 해체와 함께 자본 자신에 의해 수행되
는 사업 영역으로 이것이 이행하는 것은 실질적인 공동체가 자본의
형태로 구성되어 있는 정도를 보여준다. 예를 들어 미국과 같은 나라
는 생산 관계에서조차 철도의 필요성을 느낄 수 있다. 그럼에도 불구
하고 ‖24‖ 이것에 의해서 생산에 발생하는 직접적인 이익이 너무
작아 지출이 손해 사업으로 나타날 수도 있다. 그러면 자본은 철도를
국가의 부담으로 전가시키거나, 또는 — 국가가 전통적으로 자본에
대하여 우월한 지위를 차지하는 곳에서는 — 동시에 일반적 생산 조
건으로서 나타나고 따라서 어떤 자본가에게 특수한 조건으로 나타나
지 않는 일반적으로 유용한 사업에 국가가 그의 자본이 아니라 수입
의 일부를 투하하도록 강요할 수 있는 특권과 의지를 가진다 — 그
리고 자본이 주식 회사의 형태를 취하지 않는 한 그것은 언제나 자
신의 특수한 증식 조건들만을 구하며, 공동의 조건들은 국가적 욕구
로서 나라 전체에 미룬다. 자본은 이익이 있는 사업들, 즉 그 자체의
의미에 있어서 이익이 되는 사업들만을 수행한다.

　물론 자본은 잘못 투기하기도 하며, 우리가 뒤에서 살펴볼 바와
같이 그렇게 하지 않을 수 없다. 그 경우 자본은 수익성이 없고 일정
한 정도 무가치해졌을 때 비로소 수익성이 생기는 투자를 한다. 따라
서 첫 번째 자본 투하는 손해 사업이 되어 최초의 기업가들은 망하고
— 투자 자본이 가치 감소에 의해서 적어지면서 두 번째나 세 번째
수중에서 비로소 증식되는 사업들이 많다. 덧붙여 말하자면, 국가 자
신 및 그것과 결부되는 것은 수입에서의 이러한 공제, 말하자면 개별
자들을 위한 소비 비용, 사회를 위한 생산 비용에 속한다. 도로 자체
는 이제야 수익이 있게 되는 교류를 창출할 정도로 생산력을 증대시
킬 수 있다. 자본의 의미에서 생산적이지 않으면서도, 즉 포함된 잉
여 노동이 유통, 교환에 의해서 잉여 가치로 실현되지 않으면서도 필

요한 사업들, 지출들이 있을 수 있다. 예를 들어 한 노동자가 도로 하나를 놓기 위해서 1년 동안 매일 12시간씩 노동하고 일반적인 필요 노동 시간이 평균적으로 = 6시간이라면, 그는 6시간의 잉여 노동을 수행하는 것이다. 그러나 이 도로가 12시간으로 판매될 수 없고 혹시 6시간으로 판매될 수밖에 없다면, 도로 건설은 자본을 위한 사업이 될 수 없고 자본을 위한 생산적인 노동이 아니다. 자본은 도로를 판매해서 필요 노동뿐만 아니라 잉여 노동도 현금화하거나(판매의 양식과 시점은 여기서 논외이다), 또는 잉여 가치를 창출한 것처럼 일반적 잉여 기금 — 잉여 가치 기금에서 그만한 부분을 자신에게 귀속시켜야 한다. 이러한 관계는 나중에 이윤과 필요 노동에서 연구할 것.

자본의 최고의 발전은 사회적 생산 과정의 일반적 조건들이 사회적 수입의 공제, 조세가 아니라 — 자본이 아니라 수입이 노동 기금으로 나타나는 곳에서 노동자가 다른 노동자와 마찬가지로 비록 자유 노동자일지라도 경제적으로는 다른 관계에 놓여 있다 — **자본으로서의 자본**으로 갖추어질 때 존재한다. 한편에서 이는 자본이 일반적 생산 조건들을 복속한 정도를 보여주며, 따라서 다른 한편에서 사회적인 재생산적 부가 어느 정도 **자본화되었으며**, 모든 욕구가 어느 정도 교환 형태로 충족되는가를 보여준다. 또한 **사회적인 것으로 정립된 개인의 욕구들**, 즉 개인이 사회에서 개별적인 개인으로서가 아니라 다른 개인들과 공동으로 소비하고 필요로 하는 욕구들이 — 이들의 소비 방식은 사물의 본성 상 사회적 소비이다 — 어느 정도 교환, 개인적 교환에 의해서 소비되고 생산되는가를 보여준다. 위에서 거론한 도로의 경우에 있어서 노동자가 노동 능력을 농경으로 전환시킬 때와 마찬가지로 도로로 전환된 일정한 노동 시간이 노동자에게 노동 능력을 재생산시켜줄 수 있을 정도로 유익해야 한다. 가치는 어떤 형태로든 객체화된 노동 시간에 의해 규정된다. 그러나 이제 이

가치가 실현될 수 있는지의 여부는 그것이 실현되어 있는 사용 가치
에 좌우된다. 여기에서 도로는 공동체를 위한 욕구라고 전제되어 있
다. 따라서 사용 가치가 전제되어 있다. 다른 한편 자본이 도로 건설
을 맡기 위해서는 **필요 노동 시간** 뿐만 아니라 노동자가 노동하는 **잉
여 노동 시간**도 — 따라서 그의 이윤도 — 지불되는 것이 자본에게
전제되어 있다. (개별적인 교환자들이 자유로운 교환에서 **기껏해야**
필요 노동만을 지불하게 될 경우에 자본가는 간혹 보호 관세, 독점,
국가 강제에 의해 이러한 지불을 강요한다.)

잉여 노동 시간이 존재하지만 이것이 지불되지 않는 것은 결코 예
외적인 현상이 아니다(이는 모든 개별 자본가에게 발생할 수 있다).
자본이 지배하는 곳에서 (노예제와 농노제, 또는 어떤 종류이든 부역
이 지배하는 곳에서와 전적으로 마찬가지로) 노동자의 절대적 노동
시간은 노동자가 필요 노동 시간을 노동할 수 있기 위한 조건, 즉 그의
노동 능력의 유지를 위해서 필요한 노동 시간을 자신을 위한 사용 가치
들로 실현시킬 수 있기 위한 조건이다. 이 때 어떤 종류의 노동에서도
노동자가 충분한 시간을 — 요컨대 잉여 노동 시간을 — 노동해야
한다는 것은 경쟁을 수반한다. 그러나 이 잉여 노동 시간이 비록 생
산물에는 포함되어 있을지라도 교환될 수 없는 경우가 있을 수 있다.
노동자 자신에게 — 다른 노동자들과 비교해서 — 그것은 잉여 노동
이다. 사용자에게는, 예를 들어 그의 요리사처럼 그것이 비록 그에게
사용 가치를 가지기는 하지만 교환 가치는 가지지 않는, 즉 ∥25∣
필요 노동 시간과 잉여 노동 시간의 구분 전체가 실존하지 않는 노동
이다. 노동은 생산적이지 않으면서 필요할 수 있다. 따라서 모든 일
반적인 공동의 생산 조건들은 — 그것들의 산출이 아직 자본 자체에
의해서 자본의 조건들 아래서 이루어질 수 없는 한 정부 — 나라 —
수입의 일부로 충당되고, 노동자들은 그들이 비록 자본의 생산력을
증대시킨다고 할지라도 생산적 노동자들로서 나타나지는 않는다.

그런데 우리의 주제에서 벗어난 논의의 결과는 통신 수단의 생산, 유통의 물질적 조건들이 고정 자본 생산의 범주로 분류되지, 특수한 경우를 구성하지 않는다는 것이다. 다만 이 지점에서는 아직 세밀하게 묘사될 수 없는 전망을 부차적으로 열었을 뿐인데, 그것은 특수한 자본 및 그의 특수한 생산 과정의 조건들과는 다른 사회적 생산의 공동체적인 일반적 조건들에 대한 자본의 특유한 관계에 관한 것이다.

유통은 시간과 공간 속에서 이루어진다. 공간적 조건, 즉 생산물을 시장으로 운반하는 것은 경제적으로 고찰하면 생산 과정 자체에 속한다. 생산물은 그것이 시장에 놓이게 되자마자 비로소 실제로 완성된 것이다. 그것이 그곳에 이르는 운동은 여전히 생산 비용에 속한다. 이 운동은 가치의 특수한 과정으로 고찰된 유통의 필요 계기를 이루지 않는데, 왜냐하면 어떤 생산물은 자신의 생산 현장에서 구매되고 소비될 수 있기 때문이다. 그러나 이러한 공간적 계기는 시장의 확장, 생산물의 교환 가능성이 그것과 연관되는 한에서 중요하다. (공간에서) 이 현실적인 유통 비용의 감축은 자본에 의한 생산력의 발전, 그것의 증식 비용의 감소에 속한다. 그러나 일정한 측면에 비추어 볼 때 유통이라는 경제적 과정을 위한 외적인 실존 조건으로서의 이 계기는 유통의 생산 비용으로 계산된다. 이 계기에서 유통 자체는 생산 과정 일반의 계기일 뿐만 아니라 직접적인 생산 과정의 계기로도 나타날 수 있다. 어쨌든 여기에서는 생산력과 자본에 기초한 생산 일체의 일반적인 발전 정도에 의한 이 계기의 규정이 나타난다. 이러한 지역적 계기 — 생산물을 시장으로 운반하기 — 이는 생산지 자체가 시장인 경우를 제외하고는 유통을 위한 필요 조건인데 — 는 생산물의 **상품으로의** 전환으로 간주될 수 있다. 생산물은 시장에서 비로소 상품인 것이다. (이것이 특수한 계기를 이루는지의 여부는 우연적이다. 자본이 주문에 따라 작업한다면, 그에게 이 계기나 화폐로의 전환은 특수한 계기로 실존하지 않는다. 주문에 따라 노

동하는 것, 즉 선행하는 수요에 조응하는 공급이 일반적이거나 지배적
인 상태는 대공업에 조응하는 것이 아니며, 결코 자본의 본성으로부
터 유래하는 조건이 아니다.)

둘째로 시간 계기. 이는 대체로 유통 개념에 속한다. 상품에서 화
폐로30) 이행하는 행위가 계약에 의해 확정되어 있다고 가정하면, 이
를 위해서는 시간 — 계산하기, 무게 달기, 측정하기 — 이 소요된다.
이러한 계기의 단축도 마찬가지로 생산력의 발전이다. 이것도 상품
상태로부터 화폐로 이행하기 위한 외적인 조건으로 파악된 시간일
뿐이다. 이행하는 것은 전제되어 있다. 이 전제된 행위 동안에 소요되
는 시간이 문제인 것이다. 이는 유통 비용에 속한다. 상품이 화폐로
이행하기 전에 흐르는 시간, 또는 상품이 상품으로 남아 있는, 실재
적 가치가 아니라 잠재적 가치일 뿐인 시간은 이와 다르다. 이러한
시간은 순수한 손실이다.

위에서 말한 내용에서 볼 때 유통이 자본의 중요한 과정으로 나타
난다는 것은 분명하다. 생산 과정은 상품이 화폐로 전환되기 전에는
새롭게 시작될 수 없다. 자본에 기초한 생산에서는 과정의 부단한 연
속성, 가치가 한 형태로부터 다른 형태로, 또는 한 생산 국면에서 다
른 국면으로 막힘 없이 흐르듯이 이행하는 것이, 과거의 모든 생산
형태들에서와는 전혀 다른 정도로 기본 조건으로 나타난다. 다른 한
편으로 이러한 연속성의 필요성이 정립되어 있는 반면에 국면들은
서로 무차별적인 특수한 과정들로 시간적으로나 공간적으로 분리되
어 있다. 그리하여 자본에 기초한 생산에서 그것의 총 과정을 구성하
는 상이한 과정들의 연속성이라는 중요한 조건이 충족되는지의 여부
는 우연적으로 나타난다. 자본 자신에 의한 이러한 우연성의 지양이
신용이다. (신용은 다른 측면들도 가진다. 그러나 이러한 측면은 생

---

30) 수고에는: 화폐에서 상품으로

산 과정의 직접적인 본성으로부터 유래하는 것이며, 따라서 신용의
필요성의 기초이다.) 따라서 어느 정도 발전된 형태의 **신용**은 과거의
어떤 생산 양식에서도 나타나지 않는다. 과거의 생산 양식에도 차입
하고 대부하는 것은 존재했고, 고리대업자는 태고의 자본 형태들 중
에서 가장 오래된 형태이다. 그러나 노동이 **산업 노동**이나 **자유로운
임노동**을 구성하지 않듯이, 차입과 대부가 **신용**을 구성하는 것은 아
니다. 본질적이고 발전된 생산 관계로서의 신용은 **역사적으로** 자본이
나 임노동에 기초한 유통에서만 등장한다. (상이한 생산 영역들에서
요구되는 시간의 불균등이 ‖26‖ 교환에 대립하는 한, 화폐 자체는
그것을 지양하기 위한 형태이다.) **고리대업자**는 비록 **부르주아화한,
자본에 적응된 형태**에서는 신용의 한 형태이지만, 그의 **전(前)**부르주
아적 형태에서는 오히려 **신용 부족**의 **표현**이다.

(객체적 생산 계기들, 또는 생산 조건들로의 화폐의 재전환은 이
조건들이 주어져 있다는 것을 전제로 한다. 이러한 재전환은 생산자
가 이것들을 상품으로서 ― 상인의 수중에 ― 주어져 있는 것으로
발견하는 다양한 시장들을 이룬다. (노동 시장 이외에) 직접적인, 개
인적, 최종적 소비를 위한 시장들과는 본질적으로 구별되는 시장들.)

화폐는 그것의 유통에서 상품으로 전환되었다. 그리고 G―W의
교환에서 소비는 과정을 종식시켰다. 또는 상품이 화폐와 교환되었
다. 그리고 W―G의 교환에서 과정이 다시 소비로 종식될 경우에는
G가 다시 W와 교환되기 위해서 사라지거나, 또는 화폐가 유통으로
부터 물러나서 죽은 보화와 단지 상상된 부로 전환되었다. 어디에서
도 이러한 과정은 스스로 촉발되지 않았으며, 화폐 유통의 전제들은
화폐 유통 밖에 놓여 있었고, 화폐 유통은 끊임없이 밖으로부터의 새
로운 동인(動因)을 필요로 했다. 두 계기들이 교환되는 한, 유통의 형
태 변화는 형식적일 뿐이었다. 그러나 그것이 내용적이었다면 그것
은 경제적 과정에서 벗어났다. 그 내용은 경제적 과정에 속하지 않았

다. 화폐로서의 상품도 상품으로서의 화폐도 보존되지 않았다. 각각
은 이것이거나 저것이었다. 가치 자체는 그것의 전환 과정, 그것의
형태 변화를 총괄하는 것으로서 유통 안에서 또는 유통에 의해서 보
존되지 않았다. **사용 가치** 자체가 (자본의 생산 과정에서 그러했듯이)
교환 가치에 의해 생산되는 것도 아니었다.

자본에게 있어서 상품의 소비 자체는 최종적인 것이 아니다. 그것
은 생산 과정에 속한다. 스스로 생산의, 즉 **가치 정립**의 계기로 나타
난다. 그러나 이제는 자본이 정립되어 있다. 그러나 그가 때로는 화
폐로서, 때로는 상품으로서, 때로는 교환 가치로서, 때로는 사용 가
치로 나타나는 각각의 계기에서 자본은 이러한 형태 변화에서 형식
적으로 보존될 뿐만 아니라 증식되는 가치, 가치로서의 자신과 관계
하는 가치로 정립되어 있다. 한 계기로부터 다른 계기로의 이행은 특
수한 과정으로 나타나지만, 이들 과정 각각은 다른 과정으로 이행하
는 것이다. 그리하여 자본은 각각의 계기에서 자본인 진행하는 가치
(prozessierender Wert)로 정립되어 있다. 그리하여 자본은 **유동 자본**
으로 정립되어 있다. 각각의 계기에서 자본이고 한 규정에서 다른 규
정으로 순환한다. 회귀점이 동시에 출발점이고 그 역도 성립한다 —
즉 **자본가**. 모든 자본은 유통을 생산하고, 자본 자신의 궤도로 기술
하는 것과 마찬가지로 원래 유통 자본이고 유통의 산물이다. 화폐 유
통 자체는 — 지금의 관점에서 볼 때 — 이제 자본 유통의 한 계기로
만 나타나고, 그것의 자립성은 단순한 외양으로 정립된다. 모든 측면
에서 볼 때, 화폐 유통은 우리가 후술하게 될 자본 유통에 의해 결정
되어 나타난다. 그것이 자본 유통 곁에서 자립적인 운동을 이루는 한
이러한 자립성은 자본 유통의 연속성에 의해서만 정립되어 있고, 이
에 따라 이 한 계기는 고정되어 대자적으로 고찰될 수 있다.

{자본 — 더 이상 몰락하지 않는 배증되는 영원한 가치. 이 가치가 자

기를 창출한 상품으로부터 떨어진다. 형이상학적인, 비(非)실재적인 특질
과 똑같이 언제나 (예를 들어) 동일한 농부에 의해 점유되어 있는데 그
에게 저 가치는 다양한 형태를 취한다(시스몽디. Ⅵ).[1권 119]

　　노동을 자본과 교환하면서 노동자는 살기 위해서 생계를 요구하고, 자
본가는 벌기 위해서 노동을 요구한다(시스몽디. 앞의 책, [91쪽].) 직공장
은 분업이 성취한 모든 생산력 증가로부터 이익을 얻고 이윤을 취한다
(앞의 책, [92쪽].)

　　노동의 판매 = 노동의 모든 결실의 포기(셰르불리에, ch. X X Ⅷ).[248]
자본의 세 가지 구성 요소들은 비례적으로 증가하지 않는다(즉 원자재,
공구, 생활 수단 기금). 그들은 또한 상이한 사회 단계들에서 동일한 비율
을 가지는 것도 아니다. 생활 수단 기금은 생산의 속도가 아무리 빠르게
증가하고, 그 결과 생산물의 양이 아무리 빠르게 증가한다고 할지라도,
일정한 시대에는 동일하게 머물러 있다. 요컨대 생산 자본의 증가가 반
드시 노동 가격의 형성에 영향을 미치는 생활 수단 기금의 증대를 유발
하는 것은 아니다. 생활 수단 기금의 감소와 병행될 수 있다(앞의 책,
[61-63쪽]).}

　　{생산의 재갱신이 완성된 생산물의 판매, 상품의 화폐로의 전환과
화폐의 생산 조건들 — 원료, 도구, 급료 — 로의 재전환에 좌우되는
한에 있어서, 자본이 이 규정들의 하나에서 다른 규정으로 이행하기
위해서 거치는 궤적은 유통의 단락들을 이루며, 이 단락들이 일정한
시간에 걸쳐서 통과되는 한에 있어서 (장소적인 거리마저도 시간으
로 귀착된다. 예를 들어 시장의 공간적인 멀고 가까움이 문제가 되는
것이 아니라 시장에 도달되는 속도 — 시간량이 문제가 된다) 주어
진 시간 동안에 얼마나 많은 생산물이 생산될 수 있는가, 주어진 시
간 동안에 자본이 얼마나 자주 증식될 수 있는가, 그것의 가치를 재

생산하고 배증시킬 수 있는가는 유통의 속도, 유통이 경과하는 시간
에 좌우된다. 요컨대 여기에서 사실상 ‖27‖ 자본에 대한 노동의 직
접적인 관계에서 유래하지 않는 **가치 규정**의 한 계기가 들어온다. 동
일한 자본이 주어진 시간 동안에 생산 과정(신가치의 창출)을 반복할
수 있는 비율은 분명히 생산 과정 자체에 의해서 직접 정립되지 않
는 조건이다. 따라서 유통이 오직 노동에만 있는 **가치 규정**의 계기
자체를 야기하는 것은 아니지만, 생산 과정이 반복되고 가치들이 창
출되는 속도는 유통의 속도에 좌우된다 — 요컨대 **가치**들은 그렇지
않을지라도 가치들의 분량은 어느 정도 즉, 생산 과정에 의해 정립
된 가치들 및 잉여 가치들과 주어진 시간 동안에 생산 과정이 반복
될 수 있는 회수를 곱한 것.

자본의 회전 속도에 대하여 논하면서 우리는 (공황과 과잉 생산
등에서처럼) 생산 과정과 유통 자체로부터 발생하는 것이 아닌 외적
인 제약들만이 한 국면으로부터 다른 국면으로 이행하는 것을 억제
한다고 상정한다. 요컨대 생산물에 실현된 노동 시간 이외에 가치 창
출 — 생산적 노동 자체 — 의 계기로서 자본의 **유통 시간**이 들어온
다는 것이다. 노동 시간이 가치 정립 활동으로 나타난다면, 자본의
이 유통 시간은 가치 감소 시간(Zeit der Entwertung)으로 나타난다.
차이는 다음과 같은 점에서 간단하게 보여진다. 자본에 의해서 지휘
되는 노동 시간 전체가 극대치, 예컨대 무한대 ∞로 놓여져서 필요
노동 시간이 이 ∞의 무한히 작은 부분을 이루고 잉여 노동 시간이
이 ∞의 무한히 큰 부분을 이룬다면, 이는 자본 증식의 극대일 것이
며, 또한 이는 자본이 추구하는 경향이다. 다른 한편에서 **자본의 유통
시간** = 0이어서 자본 전환의 상이한 단계들이 현실에서도 사고에서
와 마찬가지로 빨리 이루어진다면, 그것도 또한 생산 과정이 반복될
수 있는 인수(因數), 즉 일정한 시간 동안의 자본 증식 과정의 회수의
극대치가 될 것이다. 생산 과정의 반복은 생산 과정 자신이 거치는

시간, 원료를 생산물로 전환시키기 위해서 흐르는 시간에 의해서만 제한될 것이다. 따라서 **유통 시간**은 적극적인 가치 창출 요소가 아니다. 유통 시간이 0과 같다면, 가치 창출은 최고일 것이다. 잉여 노동 시간이나 필요 노동 시간 = 0이라면, 즉 필요 노동 시간이 모든 시간을 흡수하거나 생산이 아무런 노동이 없이도 이루어질 수 있다면, 가치도 자본도 가치 창출도 존재하지 않을 것이다. 따라서 유통 시간은 노동 시간의 가치 증식에 대하여 **자연적인 제약**으로 나타나는 한에 있어서만 가치를 규정한다. 요컨대 유통 시간은 사실상 잉여 노동 시간으로부터의 공제, 즉 필요 노동 시간의 증가이다. 유통 시간이 느리게 진행되든 빨리 진행되든, **필요 노동 시간**이 지불되어야 한다는 것은 분명하다.

예를 들어 특유한 노동자들이 요구되는 데 생산물들이 한 계절에만 판매 가능하기 때문에, 노동자들이 연중 일부 기간 동안에만 고용될 수 있는 사업들에서는 노동자들에게 1년 분이 지불되어야 할 것이다. 즉, 주어진 시간 동안에 노동자들이 고용될 수 없음에도 불구하고, 어떤 방식으로든 지불되어야 하는 데 비례해서 잉여 노동 시간은 감소된다. (예를 들어 4개월 임금이 노동자들을 1년간 유지시키는 데 충분한 형태로.) 자본이 노동자들을 12개월 동안 사용할 수 있을 경우에도 그는 더 많은 급료를 지불하지 않을 것이며, 그만큼 많은 잉여 노동을 획득할 것이다. 요컨대 유통 시간은 노동 생산성의 제약 = 필요 노동 시간의 증대 = 잉여 노동 시간의 감소 = 잉여 가치의 감소 = 자본의 자기 증식 과정의 장애·제약으로 나타난다. 요컨대 자본은 한편으로 교류, 즉 교환의 모든 장소적 제약을 무너뜨리고, 지구 전체를 그의 시장으로 정복하고자 하지만, 다른 한편으로는 시간에 의해 공간을 절멸시키고자 한다. 즉 한 장소로부터 다른 장소로의 이동에 소요되는 시간을 극소치로 줄이고자 한다. 자본이 발전할수록, 따라서 자본이 유통하고 자본 유통의 공간적 궤적을 이루는 시장이 확대될수록, 자본은 동시에 더 큰 공간적 시장 확대와 시간에 의한 공간의 절멸을 추구한다. (노동 시간이 개별적인 노동자의 노동일이 아니라 불특정 노동자 수의 불특정 노동일로 고찰된다면, 여기에서는 모든 인구 관계가 들어온다. 따라서 인구에 관한 기본 이론들은 이윤, 가격, 신용 등에 관한 기본 이론들과 마찬가지로 자본에 관한 이 첫 번째 장에 포함되어 있다.)

여기에서 자본을 과거의 모든 생산 단계와 구별짓는 자본의 보편적 경향이 나타난다. 자본은 그 본성에 있어서 편협하지만 생산력의 보편적 발전을 추구하며, 일정한 상태를 재생산하고 기껏해야 확장하기 위한 생산력의 발전에 기초하는 것이 아니라, 생산력 자체의 자유롭고 제약받지 않으며 전진적이고 보편적인 발전이 사회의 전제를 이루는 생산 양식, 따라서 사회의 재생산의 전제를 이루며 출발점을 넘어서는 것이 유일한 전제가 되는 새로운 생산 양식의 기초가 된다. 이러한 경향 ― 자본이 가지고는 있으나 동시에 편협한 생산 형태로서의 그 자신과 모순되고, 따라서 자본 자신을 해체로 몰고 가는 경향 ― 은 자본을 과거의 모든 생산 양식과 구별시켜 주며, 동시에 자본이 단순한 통과점으로 정립되어 있다는 것을 내포한다. 지금까지의 모든 사회 형태는 ‖28‖ 부 ― 또는 같은 말이지만 ― 사회적 생산력의 발전 때문에 몰락했다. 따라서 의식을 가졌던 고대인들에게 있어서 부는 공동체의 해체 [요인으]로 직접 비난되었다. 봉건제는 다시 도시 공업, 상업, 근대적 농업 때문에 몰락했다. (화약과 인쇄기와 같은 개별적인 발명 때문에도.)

부 ― 따라서 또한 개인들의 새로운 힘과 확대된 교류 ― 의 발전과 더불어 공동체가 기초했던 경제적 조건들, 공동체에 조응했던 공동체의 다양한 구성 부분들의 정치적 관계들, 혹은 공동체가 관념화되어 관조되었던 종교(그리고 양자는 다시 모든 생산력의 귀착점이 되는 자연에 대한 주어진 관계에 기초했다), 개인들의 성격, 관념 등이 해체되었다. 과학 — 즉, 부의 산물일 뿐만 아니라 생산자이기도 한 부의 가장 공고한 형태 — 의 **발전만으로도** 이 공동체를 해체하기에 충분했다. 그러나 과학의 발전, 관념적인 동시에 실천적인 부의 이러한 발전은 인간 생산력의 발전, 즉 부의 발전이 나타나는 한 측면, 한 형태일 뿐이다. 관념적으로 고찰하면 한 시기 전체를 사멸시키는 데에는 일정한 의식 형태의 해체로 충분했다. 실제로 의식의 이러한 제약은 물질적 생산력, 따라서 부의 일정한 발전 정도에 조응한다. 물론 낡은 토대 위에서 발전이 이루어졌을 뿐만 아니라 이 **토대 자체의 발전**도 이루어졌다. 이 토대 자체의 최고의 발전(토대가 개화 開花이지만 언제나 이 토대, 꽃으로서의 이 식물이다. 따라서 개화 다음에, 그리고 개화의 결과로서의 시들음)은 토대 자체가 생산력의 최고의 발전과 조화를 이룰 수 있고, 따라서 개인의 가장 풍부한 발전과도 조화를 이룰 수 있는 형태로 완성된 시점이다. 이 점에 이르자마자 더 이상의 발전은 쇠퇴로 나타나며, 새로운 발전은 새로운 토대로부터 시작된다. 우리는 생산 조건들에 대한 소유가 공동체의 일정한 제한된 형태, 요컨대 그러한 공동체를 구성하기 위한 속성들 — 제한된 속성들과 공동체의 생산력의 제한된 발전 — 을 가지는 개인의 형태와 동일한 것으로 정립되어 있었다는 것을 앞에서 살펴보았다. 이 전제 자체는 다시 생산력, 부, 아울러 부를 창출하는 방식의 제한된 역사적 발전 단계의 결과였다. 공동체와 개인의 목적은 — 생산의 조건과 마찬가지로 — 이러한 일정한 생산 조건들의 재생산이고, 개별적으로 뿐만 아니라 사회적인 분리들과 관계들 속에 있는 개인들의 — 이 조건들의 살아 있는 담지자들로서의 — 재생산이다.

자본은 부의 생산 자체를, 따라서 생산력의 보편적 발전, 그것의 주어진 전제들의 끊임없는 혁신을 자신의 재생산의 전제로 정립한다. 가치는 사용 가치를 배제하지 않는다. 요컨대 어떤 특수한 종류의 소비, 교류 등을 절대적인 조건으로 포함하지 않는다. 그리고 마

찬가지로 자본에게 사회적 생산력, 교류, 지식 등의 모든 발전 정도
는 그것이 극복하고자 노력하는 제약으로 나타날 뿐이다. 자본의 전
제 자체 — 가치 — 는 산물로 정립되어 있지 생산 위에서 떠도는 보
다 높은 전제로 정립되어 있는 것이 아니다. **자본의 제약은** 이러한
모든 발전이 대립적으로 이루어지고, 생산력, 일반적 부 등, 지식 등
의 발전이 노동하는 개인 스스로가 **외화되는**(*entäussert*) 것, 자신으로
부터 추출된 조건들에 대하여 **자기 자신의 부의 조건들이** 아니라 타
인의 부와 자기 자신의 빈곤의 조건들로 관계해야 하는 것으로 나타
난다는 것이다. 그러나 이러한 대립적인 형태 자체는 소멸하는 것이
며, 그 자신의 지양의 현실적인 조건들을 생산한다. 그 결과는 다음
과 같다. 즉, 그것의 경향과 가능성에 따른 생산력 — 부 일체 — 의
토대로서의 일반적인 발전, 아울러 교류의 보편성, 따라서 토대로서
의 세계 시장. 개인의 보편적인 발전 가능성으로서의 토대, 그리고
신성한 한계로 간주되는 것이 아니라 제약으로 인식된 개인들의 제약
을 끊임없이 지양하는 것으로서의 이 토대로부터 개인들의 실질적인
발전. 생각되거나 상상된 것이 아니라 개인의 현실적이고 관념적인
관계들의 보편성으로서의 개인의 보편성. 따라서 또한 그 자신의 역
사를 하나의 과정으로 파악하고, 자연을 그의 현실적 육체로 인식하
기(마찬가지로 자연에 대한 실천적 권력으로서의 현존). 발전 과정
자체가 과정의 전제로 정립되고 의식되기. 그러나 이를 위해서 무엇
보다도 필요한 것은 생산력의 충분한 발전이 **생산 조건으로** 정립되
어 있는 것이지 일정한 **생산 조건들이** 생산력의 발전에 대한 한계로
정립되어 있는 것은 아니다.

　이제 자본의 유통 시간으로 돌아가면 유통 시간의 단축은 (그것이
생산물을 시장에 내가기 위해서 필요한 통신 수송 수단의 발전이 아
닌 한) 부분적으로는 계속적인 시장의 창출, 따라서 끊임없이 더욱
확장된 시장의 창출이며, 부분적으로는 ‖29‖ 유통 시간을 **인위적으**

로 단축시키는 경제적 관계들의 발전, 자본 형태들의 발전이다. (모든 형태의 신용.)

{이 자리에서 덧붙여 언급되어야 할 점은, 자본은 스스로 자본의 생산 조건들을 가지므로, 즉 그 조건들을 충족시키며 실현하고자 노력하므로, 모든 지점들에서 유통의 전제들, 유통의 생산적 중심들을 형성하고, 이 점들을 자신에게 동화시키는, 즉 자본화하는 생산 또는 자본의 생산으로 전환시키는 것이 자본의 일반적 경향이라는 점이다. 이러한 선전적(문명화하는) 경향은 — 과거의 생산 조건들과는 달리 — 오직 자본에게만 고유하게 나타난다.}

유통이 내재적이고 지배적인 생산 조건을 이루지 않는 생산 양식들은 당연히 자본의 특유한 유통 욕구들을 가지지 않고, 따라서 경제적 형태들뿐만 아니라 이들에 조응하는 현실적 생산력도 산출하지 못한다.

자본에 기초한 생산은 원래 유통에서 출발했다. 지금 우리는 어떻게 이 생산이 유통을 자기 자신의 조건으로 정립하고, 또한 유통 과정을 그 총체성에 있어서의 생산 과정의 한 국면으로 정립하는 것처럼, 그 직접성에 있어서의 생산 과정을 유통 과정의 계기로 정립하는가를 보고 있다.

상이한 자본들이 상이한 유통 시간들을 가진다면(예를 들어 한 자본은 시장이 먼 데 다른 자본은 시장이 가깝다거나, 한 자본은 화폐로의 전환이 확실한 데 다른 자본은 모험적이거나, 한 자본은 고정 자본을 더 많이 가지는 데 다른 자본은 유동 자본을 더 많이 가진다면), 그것은 자본들에게 증식에서의 차이들을 이룬다. 그러나 이것은 부차적인 가치 증식 과정에서 비로소 등장한다. 유통 시간 자체는 가치 증식의 제약이다. (필요 노동 시간도 물론 제약이다. 그러나 그것이 없이는 가치와 자본이 없어지기 때문에 동시에 가치 증식의 요소이기도 하다.) 잉여 노동 시간의 공제, 또는 잉여 노동 시간에 대한 필요 노동 시간의 증대. 살아 있는 노동은 가치 창출적인 데 반해 유통은 가치 실현적이다. 유통 시간은 이러한 가치 실현의 제약일 뿐이며, 그러한 한에 있어서 가치 창출의 제약이다. 생산 일체로부터 유래하는 것이 아니라 자본의 생산에 특유한 제약이고, 따라서 이를 지양하는 것 — 또는 이것과의 투쟁 — 은 자본의 특유한 경제적 발전에 속하고, 신용 등에서 자본 형태들의 발전에 동인을 제공한다.}

{자본 자체는 모순이다. 즉, 자본은 필요 노동 시간을 끊임없이 지양하고자 하지만(그리고 이는 동시에 노동자의 최소한으로의, 즉 단순한 살아 있는 노동 능력으로서의 그의 실존으로의 축소이다), 잉여 노동 시간은 대립적으로만, 필요 노동 시간과의 대립 속에서만 실존한다. 요컨대 자본은 필요 노동 시간을 자신의 재생산과 증식의 조건을 위해서 필요한 것으로 정립한다. 물질적 생산력의 발전 — 동시에 노동자 계급의 힘의 발전 — 은 일정한 시점에서 자본 자체를 지양한다.}

{기업가는 완성된 생산물을 판매하고, 그것의 가격을 새로운 재료와 새로운 임금의 구매를 위하여 사용한 다음에만 생산을 다시 시작할 수 있다. 그러므로 유통이 이 두 가지 목적을 신속하게 달성할수록 기업가는 그의 생산을 더 빨리[249] 새로 시작할 수 있으며, 그럴수록 자본은 주어진 시간 동안에 생산물을 더 많이 공급한다(쉬토르흐. 35쪽).[250]}

{자본가의 특유한 선불은 의류 등으로 이루어져 있는 것이 아니라 노동으로 이루어져 있다(맬더스 IX, 29쪽).}[251]

{작업하는 노동자들의 수중이 아닌 다른 수중에 사회적 총자본을 축적하는 것은, 자본 소유자가 시간과 정황에 따라 받는 통상적인 자본 보상의 증가를 제외하면, 필연적으로 전체 산업의 진보를 지연시킨다. … 지금까지의 체계들에서 생산력은 실재적인 축적들 및 기존의 분배 방식의

영구화와 관련하여 그리고 이것들에 복속되어 고찰되었다. 실재적인 축적과 분배가 생산력에 복속된다(톰슨, 3쪽).}[252]

생산 과정에 대한 유통 시간의 관계에서 도출되는 결론은 어떤 주어진 기간 동안에 생산되는 가치액, 또는 자본의 총 증식은 자본이 생산 과정에서 창출한 신가치, 또는 생산 과정에서 실현한 잉여 시간에 의해서 단순히 결정되는 것이 아니라 이 잉여 시간(잉여 가치)을 자본의 생산 과정이 일정한 시간 동안에 얼마나 자주 반복할 수 있는가를 표현하는 수치와 곱한 것에 의해서 결정된다는 것이다. 이러한 반복을 표현하는 수치는 생산 과정의, 또는 생산 과정에 의해 창출된 잉여 가치의 계수로 간주될 수 있다. 그런데 이 계수는 유통 속도에 의해서는 적극적으로가 아니라 소극적으로 결정된다. 즉, 유통 속도가 절대적이라면, 즉 유통에 의한 생산 과정의 중단이 일어나지 않는다면, 이 계수는 가장 클 것이다. 예를 들어 어떤 주어진 나라에서 밀의 생산 조건들이 일모작만을 허용한다면, 유통 속도가 이것을 이모작으로 만들 수는 없다. 그러나 유통에서 장애가 발생하여 차지 농이 그의 밀을, 예를 들어 새로운 노동자를 고용하기에 충분할 정도로 빨리 판매할 수 없다면, 생산은 지체될 것이다. 주어진 시간 동안의 생산 과정 또는 증식 과정의 계수의 극대치는 ‖30‖ 생산 국면 자체가 걸리는 절대적인 시간에 의해서 결정된다. 유통이 완료되면 자본은 생산 과정을 새로 시작할 능력을 가진다. 요컨대 유통이 아무런 정체도 야기하지 않고, 유통 속도가 절대적이며, 그 기간이 0과 같고 유통이 순식간에 경과된다면, 그것은 자본이 자기의 생산 과정을 완료하자마자 곧장 새로 생산 과정을 시작할 수 있는 것과 마찬가지일 것이다. 즉, 유통이 생산에 대해 조건 지우는 제약으로서 존재하지 않을 것이며, 일정한 시간에 생산 과정의 반복은 생산 과정의 기간에 절대적으로 좌우되고 이것과 일치할 것이다.

요컨대 산업 발전이 100파운드의 자본으로 4달 동안에 x파운드의 면사를 생산할 수 있도록 해준다면, 생산 과정은 동일한 자본으로 일 년에 3차례만 반복될 수 있을 것이고, 3x파운드의 면사가 생산될 수 있을 것이다. 유통 속도는 자본의 생산, 또는 오히려 자본 증식 과정의 반복을 이 점 이상으로 상승시킬 수 없을 것이다. 이러한 상승은 생산력 제고의 결과로만 발생할 수 있을 것이다. 유통 시간 자체는 자본의 생산력이 아니며, 교환 가치로서의 자본의 본성에서 유래하는 자본 생산력의 제약이다. 여기에서 유통이 다양한 국면들을 경과하는 것은 생산의 제약, 자본 자체의 특유한 본성에 의해 정립된 제약으로 나타난다. 유통 시간 — 유통 과정 — 의 촉진과 단축에 의해서 발생할 수 있는 모든 것은 자본의 본성에 의해 정립된 제약을 완화하는 것이다. 예를 들어 농업에서의 생산 과정의 반복에 대한 자연적인 제약들은 생산 국면의 한 순환의 기간과 일치한다. 자본에 의해서 정립된 제약은 파종과 수확 사이에 걸리는 기간이 아니라 수확과 수확의 화폐로의 전환 및 화폐, 예컨대 노동력 구매로의 재전환 사이에 걸리는 기간이다. 유통 속도를 통해서 자본 자체에 의해 정립된 자본 재생산의 장애들을 단축시키는 것 이외의 다른 어떤 것을 할 수 있다고 상상하는 유통 기술자들은 잘못된 길에 들어서 있다(유통 시간의 지속을 지양하는 신용 기구들과 신용 발명들에 의해서 완성된 생산물의 자본으로의 전환이 필요로 하는 생산의 정지, 중단을 제거할 뿐만 아니라 생산하는 자본과 교환하는 자본 자체를 불필요하게 만든다고 상상하는, 즉 교환 가치의 기초 위에서 생산함과 동시에 이 기초 위에서 필요한 생산 조건들은 제거하려는, 일종의 마술로 없애려는 유통 기술자들은 물론 더욱 가관이다). — 단순 유통과 관계되는 — 이러한 측면에서 볼 때, 생산 과정의 연속성을 위한 다른 모든 조건들이 존재해 있다면, 즉 교환 상대가 될 자본이 실제로 존재한다면, 신용이 수행할 수 있는 최고의 것은 생산의 연속성을 유지하는 것이다.

자본의 화폐로의 전환은 생산에 의한 자본의 증식과 자본에 의한 노동의 착취를 위한 조건으로 유통에 정립되어 있다. 또한 유통 과정에는 자본과 자본의 교환이 {왜냐하면 현재의 관점에서 우리는 여전히 모든 유통점들에서 노동이나 자본을 가지고 있기 때문에} 자본과 노동과의 교환이나 그 반대에 대한 제약으로 정립되어 있다.

자본은 생산을 새로 시작하기 위해 유통 국면들, 자본 전환의 다양한 계기들을 거치는 한에 있어서만 자본으로 실존하며, 이 국면들 자체는 자본 증식의 — 그러나 우리가 살펴본 바와 같이 동시에 자본의 가치 감소의 — 국면들이다. 자본이 완성된 생산물의 형체로 고정되어 머물러 있다면, 그것은 활동하는 자본이 아니라 부정된 자본이다. 그것의 증식 과정은 그만큼 지체되었으며, 그 과정을 거치는 가치(*prozessierender Wert*)는 부정되었다. 그리하여 자본에게 그것은 손실, 그 가치의 상대적 손실로 나타나는데, 그 까닭은 그것의 가치가 바로 증식 과정에 있기 때문이다. 다른 말로 하자면 자본의 이러한 손실은 만약 적체(積滯)가 발생하지 않았더라면 살아 있는 노동과의 교환에 의해서 자본이 잉여 노동 시간, 타인 노동을 점취할 수 있을 시간이 자본에게 이용되지 않은 채 경과한다는 뜻에 지나지 않는다.

이제 모두가 **필요한** (이것은 한 사업 영역으로부터 자본이 대량으로 이동해나가면 이 영역에서의 공급이 수요 이하로 하락하고, 그에 따라 시장 가격이 자연 가격 이상으로 상승할 것이라는 데에서 나타난다) 특수한 사업 영역들에 있는 **수많은** 자본들을 생각하고, 한 사업 영역, 예를 들어 자본 a)가 다른 사업 영역들에서보다 더 오래 가치 감소의 형태에 머물러 있기를 요구한다면, 즉 그 자본이 다양한 유통 국면을 경과하는 시간이 더 길 것을 요구한다고 하면, 이 자본 a)는 그것이 창출할 수 있을 더 적은 신가치를 적극적인 손실로 간주하고, 그것이 동일한 가치를 창출하는 데 그만큼 더 많이 지출한 것으로 간주할 것이다. 따라서 그것에 비례해서 이 자본은 동일한 이익 율을 차지하기 위해서 자신의 생산물들에 대하여 다른 자본들보다 높은 교환 가치를 부과할 것이다. 그러나 사실상 이것은 그 손실이 다른 자본들에게 분배됨으로써만 일어날 수 있을 것이다. a)가 생산 물에 객체화되어 있는 것보다 더 많은 교환 가치를 요구할 때 ‖31 ┃ 이 **초과분**을 받을 수 있는 것은 다른 자본들이 그들 생산물의 현 실적 가치보다 더 적게 받음으로써만 이다. 즉, a)의 생산이 이루어 지는 보다 열악한 조건들이 그것과 교환하는 모든 자본가들에 의해 비례분할적으로 부담될 것이고, 그리하여 동일한 평균 이익이 생겨 날 것이다. 그러나 자본들에 의해 창출된 잉여 가치의 합계를 살펴보 면, 이는 자본 a)가 다른 자본들에 비해 덜 증식한 만큼 정확히 감소 될 것이다. 이러한 감소가 오직 자본 a)에게만 귀속되지 않고 일반적 손실로서, 모든 자본들에 의해서 비례분할적 손실로 부담될 것이다. 따라서 자본들 내에서의 잉여 노동의 분배가 개별적인 자본이 창출 한 잉여 노동에 비례해서 이루어지는 것이 아니라, 자본들 전체가 창 출했고 따라서 개별적인 자본에게는 그의 **특수한** 노동력 착취로 직 접 설명할 수 있는 것보다 더 높은 가치 창출이 귀속될 수 있게 하는 총 잉여 노동에 비례해서 이루어지므로, 노동 착취 이외에 자본이 노 동과 분리된 **근원적인 가치 창출**의 원천을 이룬다는 망상(예를 들어 램지 참조)보다 더 우스꽝스러운 것은 없다. 그러나 한편에서의 이 **초과분**은 다른 한편에서의 **부족분**에 의해 보상되어 있어야 한다. **평 균**이란 다른 어떤 의미가 아니다. 타인 자본에 대한 자본의 관계, 즉 자본들 사이의 경쟁이 어떻게 잉여 가치를 분배하는가의 문제가 이 잉여 가치의 절대량과는 아무런 상관이 없다는 것은 분명하다. 따라 서 자본이 자신의 예외적인 유통 시간을 보상하도록 한다고 해서, 즉 그의 상대적인 과소 증식을 적극적인 추가 증식으로 감안한다고 해 서, 이제 자본들을 총괄한 **자본**(*das Kapital*)이 무(無)로부터 무엇인가

를 만들어 내는 능력, 부(負)로부터 정(正)을, 부의 잉여 노동 시간 또
는 부의 잉여 가치로부터 정의 잉여 가치를 만들어내는 능력을 가지
고, 따라서 타인 노동의 점취와 무관한 **신비스러운** 가치 창출 원천을
가진다고 결론짓는 것만큼 어리석은 것은 없다. 자본들 등이 잉여 가
치에서의 비례분할적 몫을 — 그들이 실행하는 잉여 노동 시간에 의
해서 뿐만 아니라 그들의 **자본 자체가 노동한**31) 시간, 즉 유휴하고 있
던, 가치 감소 국면에 놓여 있던 시간에 따라서도 결정되는 — 계산
하는 방식이 물론 그들이 서로 분배해야 하는 잉여 가치의 총액을
조금이라도 변화시키는 것은 아니다. 이 총액 자체는 자본 a)가 유휴
하지 않고 잉여 가치를 창출했을 경우의 총액보다 더 작다고 해서,
즉 자본 a)가 동일한 시간에 다른 자본들보다 더 적은 가치를 창출한
다고 해서 증가할 수 있는 것이 아니다. 이러한 **유휴 상태**가 자본 a)
에게도 이익이 되는 것은 이 상태가 특수한 생산 영역의 조건들에서
필연적으로 발생하고, 따라서 **자본 일체**와 관련하여 가치 증식의 저
해, 자본 증식 일체의 **필연적인** 제약으로 나타나는 한에 있어서만 이
다. 분업은 이러한 제약을 이 특수한 자본의 생산 과정의 제약으로만
간주하도록 한다. 생산 과정을 자본 일체에 의해 영위되는 것으로 간
주하면, 유휴 상태는 자본 일체의 증식의 **일반적인** 제약이다. 노동
자체만이 생산한다고 생각하면, 노동이 가치 증식하는 동안에 필요
로 하는 모든 대규모 선대(先貸)는 그것의 본래의 모습 — **잉여 가치**
의 **공제** — 으로 나타난다.

  유통이 **가치**를 창출할 수 있는 것은 그것이 생산 과정에서 직접
소비되는 노동 이외에 — **타인 노동의** — 새로운 사용을 필요로 하는
한에 있어서만 이다. 이것은 생산 과정에서 더 많은 **필요 노동**이 직
접 사용된 것과 마찬가지이다. 다만 실재적인 **유통 비용**은 생산물의

---

31) [역자 '노동하지 않은'이 올바를 것 같다.

가치를 증대시키지만 잉여 가치는 감소시킨다.

자본의 유통(생산물 등)이 단지 생산 과정을 새로 시작하기 위해서 필요한 국면들을 표현하지 않는 한, 이러한 유통은 (쉬토르흐의 예 참조)[253] 총체성에 있어서 생산의 계기를 이루지 않는다. 따라서 그것은 생산에 의해 정립된 유통이 아니며, 그것이 비용을 유발한다면 이러한 비용은 생산의 불필요비용이다. 유통 비용 일체, 즉 유통의 생산 비용은 그것이 단순히 경제적인 계기들, 본래적인 유통에 관계하는 한에 있어서 (생산물을 시장으로 운반하는 것은 생산물에 새로운 사용 가치를 준다) 잉여 가치의 공제, 즉 잉여 노동에 비한 필요 노동의 증대로 간주될 수 있다.

생산의 연속성은 유통 시간이 지양되었다고 상정한다. 유통 시간이 지양되지 않으면 자본이 통과해야 하는 다양한 형태 전환들 사이에 시간이 경과해야 한다. 자본의 유통 시간은 생산 시간의 공제로 나타나야 한다. 다른 한편에서 자본의 본성은 자본이 유통의 다양한 국면들을 통과하고, 그것도 한 개념이 다른 개념으로 순식간에, 일순간에 전환되는 표상에서가 아니라 시간적으로 떨어져 있는 상태들로 통과한다고 상정한다. 자본은 나비로 날기 전까지 한참 동안은 누에고치로서 시간을 보내야 한다. 요컨대 자본의 본성 자체로부터 유래하는 자본 생산의 조건들은 서로 모순된다. 이러한 모순이 지양되고 극복될 수 있는 것은 {모든 자본이 상호 주문에 따라 작업하고, 따라서 생산물이 언제나 직접적으로 화폐라고 상상하는 경우를 제외하고는. 이는 자본의 본성에 모순되고 따라서 대공업의 실천에도 모순되는 상상이다} ∥32∣ 다음과 같은 두 가지 방식을 통해서만 가능하다.

첫째로 신용. 한 의사(擬似) 구매자 B) — 즉, 실제로 지불하되 실제로 구매하지는 않는 — 가 자본가 A)에게 그 생산물의 화폐로의 전환을 매개한다. 그러나 B) 자신에게는 자본가 C)가 A)의 생산물을 구매한 이후에야 비로소 지불된다. A)가 자신의 생산물을 판매함으로써, 노동, 원료 및 노동 도구를 보전하기 전에, 이 신용 공여자 B)가 A)에게 노동을 구매하기 위해서 화폐를 지불하든, 원료와 노동 도구를 구매하기 위해서 화폐를 지불하든, 사태는 변화하지 않는다. 기본적으로 우리의 전제하에서라면 B)는 A)에게 양자 — 즉, 모든 생산 조건(그러나 이것들은 A)가 생산 과정을 개시한 최초의 가치보다 더 큰 가치를 나타낸다)을 주어야 한다. 이 경우 자본가 B)는 A)를 대신한다. 그러나 양자가 동시에 증식된 것은 아니다. 이제는 B)가 A)를 대신한다. 즉, B)의 자본이 자본 C)와 교환될 때까지 유휴한다. B)의 자본은 자신의 생산물을 자본 B)로 유동화한 A)의 생산물에 고정되어 있다.

[잉여 가치와 이윤에 관한 이론들]

{[254]리카도의 노동 시간에 의한 가치 규정과 관련한 경제학자들의 절대적인 혼동은 — 그 자신의 전개의 근본적인 결함에 근거하는데 — 램지 씨에게서 매우 분명하게 드러난다. 램지는 (앞에서는 자본들의 유통 시간이 이것들의 상대적 가치 증식, 즉 일반적 잉여 가치의 상대적 분배 미친 영향으로부터 "이것은 자본이 어떻게 노동과는 상관없이 가치를 규율할 수 있는가를 보여준다."(Ⅸ, 84. R, 43쪽)},[255] 또는 "자본이 노동과는 상관없는 가치의 원천이다."(앞의 책, 55쪽) 라는 어리석은 결론을 이끌어낸 다음) 문자 그대로 다음과 같이 말한다.

유동 자본(생활 수단 기금)은 이전에 그 자신에게 투하된 것보다 더 많은 노동을 언제나 유지할 것이다. 왜냐하면 이전에 그에게 투하된 것보다 더 많은 노동을 사용할 수 없다면, 그것의 사용 자체로부터 소유자에게 어떤 이익(유용)이 발생하겠는가?(앞의 책, 49쪽)

각각 일정한 시간 동안 노동하는 남자 100명의 노동에 의해 산출된 동일한 가치를 가지는 두 개의 자본이 있는데, 그 중 하나는 모두 유동적이고 다른 하나는 모두 고정(고정 투하)되어 있어서 아마도 숙성하도록 저장되어 있는 포도주로 이루어져 있을 수 있다고 가정하자. 남자 100명의 노동에 의해 조달된 이러한 유동 자본이 이제 남자 150명을 운동시킬 것이다. 그러면 이 경우에 다음 해 말의 생산물은 남자 150명의 노동의 결과일 것이다. 그러나 아직 그 생산물은 포도주가 비록 지난 시기에는 남자 100명만을 사용했을지라도 동일한 시기가 지난 후에 가지는 가치보다 더 많은 가치를 가지는 것은 아니다(50쪽).

또는 각각의 유동 자본이 사용할 노동의 양이 이 자본에게 이전에 투하된 양과 동일한 것이 아니라고 단언하고자 할 것인가? 즉, **지출된 자본의 가치 = 생산물의 가치**(52쪽).

자본에 투하된 노동과 그 자본이 사용할 노동 사이의 커다란 혼동. 노동 능력과 교환되는 자본, 생활 수단 기금 — 그는 이것을 여기에서 **유동 자본**이라 부른다 — 은 결코 자신에게 투하된 것보다 더 많은 노동을 사용할 수 없다. (생산력의 발전이 기존의 자본에 미치는 반작용은 여기에서 논외이다.) 그러나 그가 지불한 노동보다도 거기에 투하된 노동이 더 많았는데 — 잉여 노동이 있었는데, 이는 잉여 가치와 잉여 생산물로 전화되었고, 상호성이 전적으로 일방적인 이 유익한 사업을 자본이 더욱 확장된 규모로 반복할 수 있도록 해준다. 생산 과정에 들어가기에 앞서서 자본을 구성했던 축적된 노동 이상으로 생산 과정 동안에 일정량의 신선한 노동이 자본에 투하되었기 때문에, 그 자본은 더 많은 새로운 살아 있는 노동을 사용할 수 있다.

램지 씨는 만약 자본이 (필요 시간과 잉여 시간을 합쳐) 20노동일의 생산물이라면, 20노동일의 이 생산물이 30노동일을 사용할 수 있다고 망상하는 것처럼 보인다. 그러나 실제로는 결코 그렇지 않다. 생산물에 10 필요 노동일과 10 잉여 노동일이 사용되었다고 하자. 그러면 잉여 가치 = 10 잉여 노동일. 자본가는 이 잉여 노동일을 다시 원료, 도구, 노동과 교환함으로써, 잉여 **생산물**과 함께 새로운 필요 노동을 운동시킬 수 있다. 중요한 점은 자본가가 생산물에 들어 있는 것보다 더 많은 노동 시간을 사용했다는 것이 아니라 그에게는 아무런 비용도 소요되지 않은 잉여 노동 시간을 새롭게 필요 노동 시간과 교환한다는 것 — 즉, 그가 생산물에 투하된 **전체 노동 시간**을 사용하면서도 일부에 대해서만 지불한다는 것이다. 각각의 유동 자본이 사용하고자 하는 노동량이 이전에 이 자본에 투하된 노동량보다 많지 않았다면, 지출된 자본의 가치는 생산물의 가치와 같을 것

이라는, 즉 잉여 가치가 남지 않을 것이라는 램지 씨의 결론은 자본
에 투하된 노동량이 **전부 지불되었을** 경우에만, 즉 자본이 노동의 일
부를 **등가물 없이는** 점취하지 않았을 경우에만 옳을 것이다.

리카도의 이러한 오해들은 그 자신이 이 과정에 대해서 확실히 알
지 못했고, 또 부르주아로서 그럴 수도 없었다는 데에서 유래한다.
이러한 과정에 대한 통찰 = A. 스미스가 생각하듯이 자본은 모든
교환 가치가 그 보유자에게 **구매 권력을** 주기 때문에 그와 동일한 의
미에서 타인 노동에 대한 지배권(Kommando)을 행사할 뿐만 아니라
교환 없이, 등가물 없이, 그러나 교환의 외양을 가지고 타인 노동을
점취하는 권력이라는 설명. 가치는 노동에 의해 결정되면서 동시에
노동의 가격(임금)에 의해 결정된다고 하는 동일한 오류에 **빠졌던** A.
스미스와 다른 사람들에 대하여 리카도는 다음과 같은 방식 이외의
다른 반박 방법을 알지 못했다. 즉, 리카도는 동일한 양의 생산물로
때로는 더 많은 노동을 운동시키고, 때로는 더 적은 노동을 운동시킨
다고 말하는 것이다. 즉, 그는 노동의 생산물을 노동자와 관련해서는
사용 가치로만 ─ 그가 노동자로서 살 수 있기 위해서 필요로 하는
생산물 부분으로만 간주한다. 그러나 이미 ‖33│ 결코 일반적이지
못하고 언제나 개별적인 예들에 의해서 예증되는 A. 스미스에 대한
그의 반론이 증명하듯이, 동시에 교환에서 사용 가치만을 대표하거
나 또는 **사용 가치만을** 교환으로부터 끌어내는 것이 어떻게 가능한
가는 그에게 결코 분명하지 않다.

생산물의 가치에서 차지하는 노동자의 지분이 생산물의 가치가
아니라 생산물의 사용 가치에 의해서 결정된다는 것, 요컨대 생산물
에 사용된 노동 시간이 아니라 살아 있는 노동 능력을 유지하는 생
산물의 특질에 의해서 결정된다는 것은 도대체 어디에서 유래하는
가? 그가 혹시 이것을 노동자들 사이의 경쟁으로 설명한다면, 이에
대해서는 리카도가 자본가들의 경쟁에 대하여 A. 스미스에게 답변한

바와 같이, 이러한 경쟁이 이윤의 수준을 평준화 · 균등화할 수는 있으나, 결코 이 수준의 척도를 창조하는 것은 아니라고 답변할 수 있을 것이다. 말하자면 노동자들의 경쟁이 보다 높은 노임을 인하시키는 것 등은 가능할 것이지만, 노임의 일반적 수준 또는 리카도가 말하는 바와 같이 노임의 자연 가격은 노동자와 노동자 사이의 경쟁에 의해 설명될 수 없고, 자본과 노동 사이의 본원적인 관계를 통해서만 설명될 수 있을 것이다. 경쟁 일체, 부르주아 경제의 본질적인 이 견인차는 부르주아 경제의 법칙들을 확립하는 것이 아니라 그것들의 집행자일 뿐이다. 그러므로 무한 경쟁은 경제 법칙들의 진실성의 전제가 아니라 그 결과 — 이러한 법칙들의 필연성이 실현되는 현상 형태 — 이다. 리카도가 그러하듯이 무한 경쟁의 실존을 전제하는 경제학자들에게는 그 종차(*differentia specifica*)에 있어서의 부르주아적 생산 관계들의 완전한 현실과 실현이 전제되어 있다. 따라서 경쟁은 그 법칙들을 **설명**하는 것이 아니라 그것들을 **보이게** 한다. 경쟁이 이러한 법칙들을 생산하는 것은 아니다.

또는 리카도도 [『정치경제학의 … 원리에 관하여』, 86쪽에서] 다음과 같이 말한다. 살아 있는 노동의 생산 비용은 이 노동을 재생산하는 데 필요한 가치들을 산출하기 위한 생산비에 좌우된다고. 그가 노동자와 관련하여 앞에서는 생산물을 사용 가치로만 고찰했다면, 여기에서는 생산물과 관련해서 노동자를 **교환 가치**로만 고찰한다. 생산물과 살아 있는 노동이 이러한 관계를 맺게 되는 역사적인 과정은 그의 관심을 끌지 않는다. 그러나 그는 이 관계가 영속화되는 방식에 대해서도 마찬가지로 전혀 알지 못한다. 그에게 있어서 자본은 **절약의 결과**이다. 이것은 이미 그가 자본의 등장 과정과 재생산 과정을 오해하고 있음을 보여준다. 따라서 그는 지대 없는 자본은 가능하지만 자본 없이는 생산도 불가능하다고 생각한다. 그에게 있어서 이윤과 잉여 가치의 차이는 존재하지 않는다. 그가 전자의 본성에 대해서 뿐만 아니라 후자의 본성에 대해서도 알지 못한다는 증거. 그의 절차가 이미 처음부터 이것을 보여준다. 처음에 그는 노동자로 하여금 노동자와 교환하도록 한다 — 그리고 이들의 교환은 등가물에 의해서, 생산에서 상호 지출된 노동 시간에 의해서 규정되어 있다. 그리고 나서 그의 경제학의 본래적인 문제가 등장하는데, 이것은 이러한 가치 규정이 자본들의 축적에 의해서는 — 즉, 자본의 현존에 의해서는 변화하지 않는다는 것을 증명하는 것이다.

첫째로, 그는 자본의 첫 번째 자생적인 관계 자체가 자본에 기초한 생산이 추상된 관계에 지나지 않는다는 것을 인식하지 못한다. 둘째로, 그에게 있어서는 비록 증가할 수 있는 일정량의 **객체적 노동 시간**이 존재하기는 하지만 그는 어떻게 이것이 **분배될** 것인가를 자문하고 있다. [그러나] 문제는 오히려 그것이 어떻게 창출되는가 이며, 이것이 바로 자본과 노동의 관계의 특유한 본성이다. 또는 이것을 설명하는 자본의 종차(種差). 실제에 있어서는 퀸시가 표현한 바와 같이(X, 5쪽)[256] 근대의 (리카도의) 경제학에서는 배당금들이 문제가 될 뿐이고, 총생산물은 그것에 사용된 노동의 양에 의해 규정되어 고정된 것으로 간주된다 — 그것의 가치는 그에 따라 평가된다. 따라서 리카도가 잉여 가치를 이해하지 못한다고 비판받는 것은 당연했다. 비록 그의 반대론자들은 잉여 가치를 더욱 이해하지 못했지만. 자본은 노동의 (생산물의) 기존 가치에 의해 규정된 부분을 점취하는 것으로 서술된다. 자본이 재생산된 자본을 초과해서 점취하는 이러한 가치의 창출은 잉여 가치의 원천으로 서술되지 않고 있다. 이 창출은 **교환 없는 타인 노동의 점취**와 일치하며, 따라서 부르주아 경제학자들에 의해서는 결코 명료하게 이해될 수 없었다.

램지는 고정 자본(이는 생활 수단 이외의 자본을 구성하는데, 램지에게 있어서는 **도구**와 더불어 **원자재**)이 자본가와 노동자가 분배해야 하는 합계로부터 떨어져 나온다는 것을 리카도가 망각하고 있다고 비난한다.

리카도는 전체 생산물이 임금과 이윤으로 분배될 뿐만 아니라 고정
자본을 대체하기 위한 부분도 필요하다는 것을 잊고 있다(Ⅸ, 88쪽. 램
지, 174쪽, 주).

실제에 있어서 리카도는 살아 있는 노동에 대한 대상화된 노동의
관계 ― 주어진 노동량의 배당금을 통해 추론될 수 있는 것이 아니
라 잉여 노동의 정립을 통해 추론될 수 있는 ― 를 그 관계의 살아
있는 운동 속에서 파악하지 않고, 따라서 자본의 다양한 구성 부분들
의 관계도 파악하지 않기 때문에, 그에게 있어서 이러한 관계는 전체
생산물이 임금과 이윤으로 분배되어 그 결과 자본의 재생산 자체가
이윤에 산입되는 외양을 띤다. 퀸시는 다음과 같이 리카도의 이론을
정리한다(앞의 책, Ⅹ권, 5쪽).

가격이 10실링이라면 임금과 이윤은 합쳐서 10실링을 넘을 수 없다.
그러나 반대로 가격을 규정하는 것은 임금과 이윤의 합이 아닌가? 아니
다. 그것은 시대에 뒤떨어진 낡은 교의이다(204쪽).

새로운 경제학은 생산하는 노동의 비례적인 양에 의해서, 그리고 오직
그것에 의해서만 어떤 가격이든 규정되고 있다는 것을 밝혔다. 가격 자
체가 일단 확정되어 있으면, 가격은 임금뿐만 아니라 이윤도 그들의 특
수한 지분들을 끌어내는 기금을 결정한다(앞의 책, 204쪽).

여기에서 자본은 잉여 가치, 즉 잉여 노동의 정립이 아니라 주어
진 노동량의 공제로만 나타난다. 그러면 도구와 원자재가 이 배당금
들을 점취하는 것은 생산에서의 이것들의 사용 가치에 의해서만 설
명되어야 하고, 그러면 여기에는 원자재와 도구가 노동으로부터의

그들의 분리에 의해서 사용 가치를 창출한다는 우둔함이 전제되어 있는 것이 된다. 왜냐하면 이러한 분리가 원자재와 도구를 자본으로 만들기 때문이다. 대자적으로 고찰하면 그들 자체는 노동, 과거의 노동이다. 그밖에 이것은 당연히 상식과 정면으로 충돌하는데, 왜냐하면 자본가는 그가 노임과 이윤을 생산 비용으로 계산하고, 그에 따라 필요 가격을 규율한다는 것을 잘 알고 있기 때문이다. 생산물이 상대적 노동 시간에 의해서 규정되고, 이 노동 시간의 총계에 의한 임금 및 이윤 총계의 제한에 의해서 규정되며, 실재에 있어서의 현실적인 가격 정립에 의해서 규정된다는 이러한 모순은, 단지 이윤이 그 자체로 잉여 가치의 파생적인·이차적인 형태로 이해되지 않고, 자본가가 당연히 자신의 생산 비용이라고 간주하는 것으로 이해된다는 데 기인한다. 그의 이윤은 단지 생산 비용의 일부가 그에게 아무런 비용도 들이지 않은 데에서, 즉 그의 지출, 그의 생산 비용에 들어가지 않는 데에서 유래한다.

‖VI-1‖ 임금과 이윤 사이의 기존 관계를 혼란시키는 모든 변화는 임금에서 출발해야 한다(퀸시, 앞의 책(X, 5쪽), 205쪽).

이것은 잉여 노동량의 어떤 변화도 필요 노동과 잉여 노동 사이의 관계의 변화에서 도출되어야 하는 한에 있어서만 옳다. 그러나 이러한 변화는 필요 노동이 더욱 비생산적이 되고, 그리하여 총 노동에서 더 큰 부분이 필요 노동이 되거나 또는 총 노동이 보다 생산적이 되어 필요 노동 시간이 감소하는 경우에도 마찬가지로 발생할 수 있다. 노동의 이러한 생산력이 임금에서 출발한다고 말하는 것은 어불성설이다. 상대적 임금의 감소는 오히려 노동 생산력의 결과이다. 그러나 노동 생산력의 증대는 1. 분업, 저렴한 원료를 조달해주는 상업, 과학 등의 결과인 생산력의 성장을 자본이 점취함으로써 이루어진다. 2. 그러나 생산력의 이러한 증대는 그것이 더 많은 자본의 사용 등에 의해 실현되는 한에 있어서 자본에서 출발하는 것으로 간주되어야 한다. 더욱이 이윤과 임금은 비록 필요 노동과 잉여 노동의 비율에 의해서 결정되지만 이것들과 일치하는 것은 아니며, 다만 이것들의 이차적인 형태일 뿐이다. 그러나 중요한 점은 다음과 같은 것이다. 리카도주의자들에게 있어서는 일정량의 노동이 전제되어 있으며, 이것이 생산물의 가격을 규정하고, 이제 이것으로부터 노동은 임금으로, 자본은 이윤으로 자신의 배당금을 이끌어낸다. 노동자의 배당금 = 필요한 생활 수단들의 가격. 따라서 「임금과 이윤 사이의 기존 관계들」에서 이윤율은 그 최대치에, 임금율은 그 최저치에. 자본가들 사이의 경쟁은 자본가들이 총 이윤에 참여하는 비율을 교환할 수 있을 뿐이지 총 이윤과 총 임금 사이의 비율을 변화시키지는 않는다. 일반적인 이윤 수준은 총 임금에 대한 총 이윤의 이러한 비율이고, 이 비율은 경쟁에 의해 변하지 않는다. 그렇다면 변화는 어디에서 유래하는가? 분명히 이윤율이 자발적으로 감소함으로써 그렇게 되지는 않을 것이다. 이윤율이 자발적으로 감소해야 하는 이유는 경쟁이 이러한 결과를 가지지 않기 때문이다. 그러므로 임금의 변화에 의해서. 임금의 필요 비용은 자연적인 원인에 기인하는 노동 생산력의 감소의 결과로 상승할 수도 있다(농업이 처해 있는 토지의 누진적 악화에 관한 이론, 즉 지대 이론). 이에 대하여 캐리가[257] 이윤율은 생산력의 감소가 아니라 생산력 증가의 결과로 하락한다고 반박하는 것은 정당하다(그러나 그가 이를 설명하는 방식은 역시 부당하다). 이 모든 것은 이윤율이 절대적인 잉여 가치에 주목하는 것이 아니라 사용된 자본에 비한 잉여 가치에 주목함으로써, 생활 수단을 대표하는 자본 부분이 불변 자본을 대표하는 부분에 비해서 상대적으로 감소하는 것을 생산력의 증대가 수반함으로써, 따라서 필연적으로 자본이 운동시킨 사용된 총 노동의 자본에 대한 비율이 감소하고 잉여 노동이나 잉여 가치로서 나타나는 노동 부분도 감소함으로써 간단하게 해결된다. 근대적 생산의 가장 두드러진 현상의 하나를 설명할 수 없는 이러한 무능력 때문에, 리카도는 그 자신의 원칙을 이해하지 못했다. 그러나 그가 그의 제자들을 어떤 어려움에 빠뜨렸는지는 퀸시의 다음과 같은 언급 등에서 드러난다.

동일한 농장에 언제나 남자 5명이 고용되었는데, 1800년에는 그들의 생산물이 25쿼터였으나 1840년에는 50쿼터였을 때, 아마도 생산물만을 가변적인 것으로 간주하고, 노동을 불변적인 것으로 간주하는 것은 일상적인 잘못된 결론이다. 이와는 반대로 실제로는 양자가 변한다. 1800년에는 각 쿼터에 한 남자의 1/5이 소요되어야 했고, 1840년에는 각 쿼터가 한 남자의 1/10밖에 소요되지 않았다는 것이다(앞의 책, 214쪽).

두 가지 경우에 절대적 노동 시간은 똑같이 5일이다. 그러나 1840년에는 노동의 생산력이 1800년에 비해 배증했고, 따라서 필요 노동의 생산을 위한 비용이 더 적었다. 1쿼터에 투하된 노동은 적었으나 총 노동은 동일했다. 그러나 노동 생산력이 생산물의 가치를 규정한다는 것을 — 비록 생산력 증대에 비례하는 만큼은 아닐지라도, 노동 생산력이 잉여 가치를 규정하지만 — 퀸시 씨는 리카도에게서 알았을 것이다. 리카도에게 제기하는 이의들뿐만 아니라 그의 제자들의 절망적인 궤변들(예를 들어 잉여 노동으로 잉여 가치를 설명하고, 오래된 포도주를 새 포도주에 앞서 놓는 맥컬록 씨).[258] 가치는 한 단위에 소요된 노동, 즉 단위 쿼터의 가격에 의해서 규정되는 것도 아니다. 오히려 개수를 곱한 가격이 가치를 구성한다. 1840년의 50쿼터와 1800년의 26쿼터는 동일한 노동량을 객체화했으므로 동일한 가치를 가졌다. 개별 쿼터, 한 단위의 가격은 상이할 수밖에 없었다. (화폐로 표현된) 총 가격은 매우 다양한 이유 때문에 상이할 수 있었다. (퀸시가 기계에 대해서 다음과 같이 말한 것은 노동자에게도 적용된다.

기계는 그것의 비밀이 알려지자마자 생산된 노동으로 판매되는 것이 아니라 생산될 노동으로 판매된다. … 더 이상 그 기계는 일정한 결과들과 맞먹는 한 원인으로 간주되는 것이 아니라 알려진 이유 때문에 알려진 비용으로 의심할 나위 없이 재생산되는 하나의 결과로 간주된다(84, 85쪽).)

드 퀸시는 맬더스에 대해서 다음과 같이 말하고 있다.

맬더스는 그의 정치경제학에서 만일 두 남자가 10과 5라는 상이한 결과를 산출한다면, 후자의 경우는 전자에 비해 결과의 각 단위가 두 배 많은 노동을 소요했다는 것을 인식하지 않고 고집스럽게 이것을 부정하기조차 한다. 정반대로 그는 남자가 두 명 있기 때문에 **노동으로 계산된 비용**(*the cost in labour*)은 불변이라고 완고하게 주장한다(앞의 책, 215쪽, 주).

실제로 10과 5에는 전제에 따라 동일한 노동이 포함되어 있기 때문에 노동으로 계산된 비용은 불변이다. 그러나 **노동의 비용**(*the cost of labour*)은 불변이지 않은데, 그 이유는 첫 번째 경우에 노동 생산력이 두 배이기 때문에, 필요 노동에 속하는 시간이 일정한 비율로 적어지기 때문이다. 우리는 바로 뒤에서 맬더스의 견해를 상론하고자 한다. 우리 자신의 견해와 리카도의 견해 차이를 보다 극명하게 확인하기 위해서 우리는 자본의 유통 시간과 노동 시간에 대한 이 유통 시간의 관계에 대하여 계속 논의하기에 앞서 여기에서 이러한 대상에 대한 리카도의 전체 이론을 미리 고찰할 필요가 있다. (리카도 인용문

들은 노트 Ⅷ에.)[259]

그에게 있어서 첫 번째 전제는 "무한 경쟁"과 공업에 의해 생산물을 임의로 증대하는 것이다(19. R. 3).32)[260] 이것은 다른 말로 하자면 자본의 법칙들은 무한 경쟁과 공업 생산 내에서만 완벽하게 실현된다는 것에 지나지 않는다. 후자의 생산적 토대와 전자의 생산 관계 위에서 자본은 적절하게 발전된다. 요컨대 그의 내재적 법칙들이 완벽하게 실현되게 된다. 그러므로 무한 경쟁과 공업 생산은 자본 자신이 점차 생산해야 하는 자본의 실현 조건들이라는 점(자본 자신에 대한 자본의 관계에서 자유 경쟁과 자본의 생산적 실존 방식을 자본의 자기 발전으로 정립하는 것이 아니라 순수하게 현상하기 위한 자본의 생산된 전제들로 외적이고 자의적으로 정립하는 평범한 이론가의 가설을 보여주는 대신)이 밝혀져야 할 것이다. 덧붙여 말하자면 리카도가 부르주아적 경제 법칙들의 역사적 본성에 대하여 예감하는 곳은 여기가 유일한 곳이다. 이러한 전제 아래서 상품들의 상대적 가치는 동일한 노동 시간에 생산될 수 있는 상이한 양에 의해서, 또는 상품들에 상대적으로 실현된 노동량에 의해서 규정된다(4쪽. 노트, 19쪽). (앞으로는 첫 번째 숫자는 노트 쪽수, 두 번째 숫자는 리카도의 쪽수.)

이제 노동에 의해서 규정된 등가물로서의 가치에서 비등가물로, 또는 교환에서 잉여 가치를 정립하는 가치로, 즉 가치에서 자본으로, 한 규정에서 겉보기에는 반대되는 규정으로 어떻게 옮겨왔는가는 리카도에게 관심의 대상이 되지 않는다. 그에게 있어서 문제는 비록 축적된 노동의 소유자와 살아 있는 노동의 소유자가 노동으로는 등가물들을 교환하지 않음에도 불구하고, 즉 자본과 노동의 관계에도 불구하고, 상품들의 가치 비율이 어떻게 동일하게 머물러 있으며, 어떻

---

32) 수고에는: 19. R. 5

게 상대적인 노동량에 의해 규정될 수 있고 규정되어야 하는가 뿐이다. 그리고 나서 상품 A)와 상품 B)의 생산자들이 생산물 A)나 이와 교환된 생산물 B)를 상이하게 분배하지만, A)와 B)는 그것들에게 실현된 노동의 비율에 따라 교환될 수 있다는 매우 간단한 산술 문제가 있다. 그러나 여기에서는 모든 분배가 교환에 기초해서 이루어지므로, 왜 한 교환 가치 — 살아 있는 노동 — 는 그것에 실현된 ‖2‖ 노동 시간에 따라 교환되나 다른 교환 가치 — 축적된 노동, 즉 자본 — 는 그것에 실현된 노동 시간의 척도에 따라 교환되지 않는가가 전혀 설명될 수 없는 것으로 현상한다. 이러한 경우에 **축적된 노동**의 점유자는 자본가로서 교환할 수 없을 것이다. 따라서 예를 들어 브레이는 그가 말하는 살아 있는 노동과 죽은 노동 사이의 평등 교환 (equal exchange)이라는 말로 리카도로부터 처음으로 올바른 결론을 이끌어냈다고 믿는다.[261] 단순한 교환의 관점에서 볼 때 **노동자의 급료 = 생산물의 가치**여야 할 것, 즉 노동자가 급료로 받는 객체적 형태의 노동의 양 = 그가 노동으로 지출하는 주체적 형태의 노동의 양이어야 할 것이라는 점은 A. 스미스가 빠지게 된[262] 필연적 귀결이다. 이에 반해 리카도는 올바른 것을 고수하고 있다. 그러나 어떻게?

노동의 가치와 일정한 노동량을 구매할 수 있는 상품량은 동일하지 않다.

왜 그런가?

그 까닭은 노동자의 생산물 또는 이 생산물의 등가물이 = 노동자에 대한 보수가 아니기 때문이다.

즉, 차이가 존재하기 때문에 동일성이 존재하지 않는다.

> 그러므로 (그렇지 않기 때문에) 노동의 가치는 상품량에 투하된 노동과는 달리 가치의 척도가 될 수 없다(19, 5쪽).

노동의 가치는 노동에 대한 보수와 동일하지 않다. 그 까닭은 그들이 상이하기 때문이다. **그러므로** 그들은 동일하지 않다. 이것은 기묘한 추론이다. 기본적으로 여기에서 근거가 되는 것은 실제에 있어서 그렇지 않다는 것뿐이다. 그러나 이론적으로 그러해야 할 것이다. 왜냐하면 가치들의 교환은 이것들에 실현된 노동 시간에 의해 규정되기 때문이다. 따라서 등가물들이 교환된다. 요컨대 살아 있는 형태의 일정량의 노동 시간이 과거 형태의 동일한 양의 노동 시간과 교환되어야 할 것이다. 교환 법칙이 바로 그것의 반대로 전화된다는 것이 이제 증명되어야 할 것이다. 여기에서는 이 법칙이 이러하다는 예감이 언급되지도 않고 있다. 또는 이 예감은 자주 반복되는 혼동 방지에 놓여 있어야 할 것이다. 과거 노동과 살아 있는 노동의 차이도 그렇게 할 수 없다는 것은 금방 고백된다.

> 주어진 노동량이 공급할 수 있는 상품들의 상대적 양이 이들의 과거 가치와 현재 가치를 규정한다(19, 9쪽).

요컨대 여기에서는 살아 있는 노동이 반작용적으로 과거 노동의 가치마저 규정한다. 그렇다면 왜 자본도 자본에 실현된 노동에 비례해서 살아 있는 노동과 교환되지 않는가? 왜 어떤 살아 있는 노동량 자체는 그것이 객체화된 노동량과 일치하지 않는가?

> 노동은 당연히 다양한 질을 가지며, 다양한 사업 영역들의 다양한 노

동 시간의 비교는 어렵다. 그러나 이러한 위계는 현실에서 곧 확립된다
(19, 13쪽). 단기간에는, 적어도 일년마다는 이 불균등에 있어서의 변동
이 크지 않고, 따라서 고려되지 않는다(19, 15쪽).

이것은 아무 것도 아니다. 리카도가 자신의 원칙, 다양한 **노동 능**
력을 환원할 수 있는 (단순한) 노동량을 적용했더라면 문제는 간단했
을 것이다. 일반적으로 그는 바로 노동 시간과 관계한다. 자본가가
교환을 통해 확보하는 것은 **노동 능력**이다. 이것은 그가 지불하는 교
환 가치이다. 살아 있는 노동은 이 교환 가치가 자본가를 위해서 가
지는 사용 가치이며, 이 사용 가치로부터 잉여 가치가 연원하고 교환
자체의 지양이 연원한다. 리카도가 살아 있는 노동과 교환하도록 함
으로써 — 즉, 곧바로 생산 과정에 빠져들어 감으로써 — 거기에는
상품의 가치 = 그것에 포함된 노동의 양임에도 불구하고, 일정량의
살아 있는 노동은 그것이 창출할 수 있는 상품, 그것이 객체화되어
들어가는 상품과 같지 않다는 이율배반, 그의 체계에서는 해결될 수
없는 이율배반이 남아 있다. 상품의 가치에는 "상품을 시장에 내가
는 노동도 산입된다."(19, 18쪽) 우리는 리카도에게 있어서 유통 시
간이 가치 규정적인 것으로 나타나는 한, 그것은 상품들을 시장에 내
가기 위해서 필요한 노동일 뿐이라는 것을 보게 될 것이다.

상품들이 포함하고 있는 상대적 노동량에 의한 가치 규정의 원칙은
기계류 및 여타 고정적 · 내구적 자본의 사용에 의해 현저하게 수정된다.
노임의 상승이나 하락은 거의 전적으로 유동적인 자본과 거의 전적으로
고정적인 자본의 두 자본에게 상이한 영향을 미친다. 사용된 고정 자본
의 상이한 지속 기간도 마찬가지이다. 즉, **고정 자본**에 대한 이윤(이자)
뿐만 아니라 두 상품 중에서 더 가치 있는 상품이 시장에 이를 수 있을
때까지 경과해야 하는 더 긴 시간에 대한 보상도 추가된다(19, 25, 27,
29, 30쪽)

후자의 계기는 적어도 차지농과 제빵업자에 관한 리카도의 예에 서는 단지 생산 과정의 지속 기간, 요컨대 직접 사용된 노동 시간에 해당된다. (한 사람의 밀이 다른 사람의 밀보다 시장에 더 늦게 이를 수 있다면, 고정 자본의 경우와 마찬가지로 소위 보상은 이미 이자를 상정한다. 요컨대 이미 파생적인 것을 상정하는 것이지 본원적인 규 정을 상정하는 것은 아니다.)

이윤과 노임은 자본가와 노동자 두 계급이 본원적인 상품에, 요컨대 이 상품과 교환된 상품에도 참여하는 몫일 뿐이다(21, 20쪽).[263]

본원적인 상품의 산출, 상품의 본원 자체가 이 몫들에 의해서 얼마 나 규정되는가, 즉 그것의 산출이 규정적 기초로서 어떻게 그 몫들에 **선행하는가**[33)는 본원적인 상품이 자본가를 위한 잉여 노동을 포함하 지 않는다면 전혀 생산되지 않을 것이라는 점을 증명한다.

동일한 노동량이 사용된 상품들은 그것들이 동일한 시간에 시장에 운 반될 수 없다면 상대적인 가치에 있어서 변화한다. … 고정 자본이 더 큰 경우에도 어떤 상품의 보다 큰 가치는 그것이 시장에 운반될 수 있을 때 까지 경과해야 하는 시간이 더 긴 데에서 연유한다. … 두 경우에 있어 서 차이는 이윤들이 자본으로서 축적되었다는 데 기인하거나, 이것이 이 윤들이 유보되어 있던 시간에 대한 보상에 지나지 않는다는 데 기인한다 (20, 34, 30-31, 35쪽).

이것이 의미하는 바는 유휴 자본이 마치 유휴하지 않고 잉여 노동 시간과 교환된 것처럼 계산되고 **정산된다**는 것 이외에 그 어떠한 것 도 아니다. 이것은 가치 규정과는 아무런 상관도 없다. 가격에 속한

---

33) '규정적 근거로서 본원적인 상품에 **선행하는가**'라고 해야 옳을 것이다.

다. (고정 자본의 경우 그것은 대상화된 노동을 지불하는 다른 방법으로서 이윤을 추상한 한에 있어서만 가치 규정에 들어간다.)

{오래된 나라들의 경제 연구자에게는 아무리 해도 발견되지 않으나 식민지들의 모든 자본가들에게 즉자적으로 저절로 의식되는 다른 노동 원칙이 있다. 공업적 사업의 거의 대부분, 특히 사용된 자본과 노동에 비해 생산물이 큰 사업들은 완성 때까지 상당한 시간을 필요로 한다. 대부분의 사업들에 관한 한, 수년 동안 견딜 수 있다는 보장이 없이는 시작할 가치가 없다. 이 사업들에 사용된 자본의 큰 부분은 고정되어 있고 환전될 수 없으며 내구적이다. 사업을 종료시키는 어떤 일이 발생하면 이 자본은 모두 상실된다. 수확이 거두어질 수 없다면 그것을 기르기 위한 모든 지출은 낭비된 것이다. … 이는 지속성이 노동의 결합 못지 않게 중요한 원칙이라는 것을 보여준다. 한 사업을 실행하는 노동이 자본가의 의지에 반하여 종료된다는 것은 실제로 드물게 발생하기 때문에, 지속성 원칙의 의의가 여기에서는 목격되지 않는다. 그러나 식민지들에서는 정반대이다. 여기에서는 자본가들이 그것을 대단히 두려워하기 때문에 완성될 때까지 많은 시간을 필요로 하는 사업들은 가능한 한 삼감으로써, 그들이 할 수 있는 한 그러한 사태의 발생을 회피한다(웨이크필드, 169-170, X Ⅳ, 71쪽).[264]

간단한 종류이기 때문에 부분들로 나눌 수는 없지만, 수많은 사람의 협동에 의해서만 수행될 수 있는 작업들이 많이 있다. 예를 들어 커다란 나무를 마차 위에 들어올리는 것과 곡물이 성장하고 있는 넓은 들에서 잡초를 제거하는 것, 대규모 양떼의 털을 동시에 깎는 것, 너무 익지 않고 충분히 익은 곡물을 수확하는 것, 무거운 것을 움직이는 것, 간단히 말해 수많은 사람들이 분할되지 않는 동일한 일에서 서로 돕지 않고서는 행해질 수 없는 모든 것(앞의 책, 168쪽).

오랜 나라들에서 노동의 결합과 지속성은 자본가 측의 노고나 수고가

없이도 단지 고용될 수 있는 노동자들의 과잉의 결과로서 제공된다. 고용될 노동자들의 부족이 식민지들에서의 일반적인 불평이다(앞의 책, 170쪽).

어떤 식민지에서 가장 값싼 토지만이 그것의 가격에 의해 노동 시장에 영향을 미친다. 이 토지의 가격뿐만 아니라 가장 척박한 토지와 아무런 비용도 들지 않고 생산되는 다른 모든 토지의 가격은 당연히 수요와 공급의 관계에 좌우된다[앞의 책, 332쪽].

유휴지의 가격이 그의 목표를 달성하기 위해서는(즉 노동자를 비토지 소유자로 만들기 위해서는) 그 의도에 충분해야 한다. 지금까지는 도처에서 가격이 불충분했다(앞의 책, 338쪽).

이 "충분한" 가격:

식민지를 건설할 때 가격은 그것이 이주자들에 의해 점유된 토지 규모를 무한하게 만들 정도로 낮을 수 있다. 그 가격은 토지와 인구 사이의 규모 비율을 오랜 나라들의 그것과 비슷하게 만들기에 충분히 높을 수 있다. 이 경우에 매우 높은 이 가격이 이주를 방해하지 않는다면, 식민지에서의 가장 저렴한 토지는 영국에서와 마찬가지로 비쌀 것이며, 노동자의 과잉은 영국에서와 마찬가지로 비참할 것이다. 또는 둘 사이의 정확한 중간이어서 인구 과잉도 토지 과잉도 발생하지 않을 수 있다. 그러나 토지량은 제한되어 있어서 노동자들로 하여금 그들이 토지 소유자가 될 수 있기 전에 상당한 기간 동안 임노동자로서 노동하도록 강제하는 시장 가격이 가장 저렴한 토지에도 부여될 수 있을 것이다(앞의 책, 339쪽)(노트 XIV, 71쪽).

(여기에서 웨이크필드의 『식민화 방식』에서 인용한 이 부분들은 소유 조건들에서 노동자가 필연적으로 분리되는 것에 관해 위에서

서술한 부분들에 속한다.)}

∥3∣ (자본이 살아 있는 노동과의 교환에서 정립하는 실재적인 잉여 가치의 계산과 구별되는 이윤의 계산은, 예를 들어 다음의 예에서 명백하다. 그것은 제1차 공장 감독관 보고서에 있는 기술이다(맬더스의 『정치경제학의 원리』, 1836년. 제2판)(노트 X, 42쪽).[265]

```
건물과 기계류에 투하된 자본 ........................ 10,000파운드
유동 자본 ......................................................  7,000파운드
500파운드는 10,000파운드 고정 자본에 대한 이자
350 ............. 유동 자본에 대한 이자
150 ............. 지대, 조세, 공과금
650 ............. 고정 자본의 마모에 대한 6½%의 감가상각기금
─────────
1,650파운드
1,100파운드 임시비, 운임, 석탄, 석유
─────────
2,750
2,600      임금 및 봉급
─────────
5,350
10,000     단가 6펜스의 원면 약 400,000파운드 분
─────────
15,350
16,000     면사 363,000파운드 분. 가치 ................. 16,000파운드
```

노동에 지출된 자본은 2,600. 잉여 가치 = 1,650(이자 850 + 지대 등 150이 이루는 1,000 + 이윤 650).

그러나 2,600 : 1,650 = 100 : 63 6/13. 요컨대 잉여 가치율은 65 6/13%이다. 이윤 계산 자체에 따르면 잉여 가치율은 이자 850, 지대 150, 이윤 650 또는 1,650 : 15,350으로 10.7% 이상이다.

위의 예에서 유동 자본은 1년에 1 67/70번 회전한다. 고정 자본은 15 5/13년, 200/13년에 한 번 회전한다.[266]

이윤: 650 또는 약 4.2. 공장 노동자의 임금은 1/6. 여기에서 임금은 4.2로 기재되어 있는데, 이는 4%에 지나지 않을 것이다. 이 4%는

15,350의 지출에 대하여 계산된 것이다. 나아가 우리는 10,000파운드에 대한 5% 이자와 7,000파운드에 대한 5% 이자를 가진다. 850파운드 = 17,000에 대한 5%. 실재적인 연간 선대에서 우리는 1. 감가상각기금에서 나타나지 않는 고정 자본 부분과 2. 이자로 계산되는 것을 공제해야 한다. (자본가 A)가 아니라 자본가 B)가 이자를 챙겨 넣는 것도 가능하다. 어떤 경우든 이 이자는 수입이지 자본이 아니다. 잉여 가치.) 15,350의 지출 중에서 850을 공제하면 14,500이 된다. 15,350의 1/6은 2,600이 아니라 2,558⅓이므로, 임금과 봉급을 위한 2,600 중에는 41⅔파운드가 봉급의 형태로 놓여 있었다. 14,500으로 나누면 5 205/307인데, 6이라고 하자. 요컨대 그는 14,500을 16,000에 또는 1,500의 이윤을 남기면서 판매해 10 10/29%를 실현한다. 그렇지만 이 10/29는 무시하고 10%라고 하자. 100의 1/6은 16⅔이다. 요컨대 100에 대하여 계산해 보면 83⅓은 선대, 16⅔는 노임, 이윤은 10이 될 것이다. 즉,

	선대	노임	합계	재생산된 것	이윤
파운드 스털링	83⅓	16⅔	100	110	10

16⅔ 또는 50/3에 대한 10은 정확히 60%이다. 요컨대 자본가의 계산에 따라 14,500의 연간 선대 중에서 노동은 1/6밖에 되지 않는 17,000파운드의 자본에 대해 10%(이보다는 약간 더 많았다)의 연간 이윤이 발생하기 위해서는 노동자가 60%의 잉여 가치(또는 흔히 자본이라고 말하는 것)를 창출해야 한다. 또는 전체 노동 시간 중에서 62½%가 필요 노동이고, 37½%가 잉여 노동으로서, 그 비율은 = 625 : 375 또는 = 5 : 3 또는 1 : 3/5이다. 이에 반해 자본의 선대가 50이었고, 노임에 대한 선대도 50이었다면, 자본가가 10%를 가지기 위해서는 20%의 잉여 가치만 창출되면 되었을 것이다. 50 50 10 = 110. 그러나 10 대 50 = 20 : 100 또는 20%. 두 번째 경우에 필요 노동이 첫 번째 경우와 같은 만큼의 잉여 노동을 정립한다면, 자본가

의 이윤은 30파운드에 달할 것이다. 다른 한편에서 첫 번째 경우에 실재적인 가치 창출율, 잉여 노동의 정립이 두 번째 경우와 같은 정도라면, 이윤은 3⅓파운드에 지나지 않을 것이다. 그리고 자본가가 다른 자본가에게 5%의 이자를 지불해야 한다면, 그는 적극적인 손실을 부담해야 할 것이다.

공식으로부터 다음과 같은 것이 간단하게 도출된다. 1. 실재적인 잉여 가치가 얼마인가를 규정하기 위해서는 노임에 이루어진 선대에 대한 이윤이 계산되어야 한다. 소위 이윤의 노임에 대한 백분비. 2. 살아 있는 노동에 대한 지출이 총지출에서 차지하는 백분비가 상대적으로 작은 것은 고정 자본, 기계류 등에 대한 지출이 더 많다는 것, 더 발전된 분업을 전제로 한다. 따라서 노동의 백분비는 더 많은 노동으로 작업하는 자본보다 더 작을지라도 실제로 운동되는 노동량이 훨씬 커야 한다. 즉, 아무튼 더 많은 자본으로 작업이 이루어져야 한다. 총 선대에 대비하여 노동의 비례분할적 부분은 더 작다. 그러나 개별 자본에게는 운동되는 노동의 절대액이 더 크다. 즉, 개별 자본 자신이 더 커야 한다. 3. 더 큰 기계류 등이 문제가 아니라 더 많은 노동을 운동시키지 않고, 스스로 대규모 고정 자본을 대표하는 것이 아니라 [예컨대 수동석판인쇄(手動石版印刷)] 단지 노동을 대체하는 도구가 문제라면, 기계로 작업하는 자의 이윤은 살아 있는 노동으로 작업하는 자보다 절대적으로 더 작다. (그러나 후자[34]는 타자가 달성할 수 없는 백분비로 이윤을 실현하고, 따라서 이를 시장에서 축출할 수도 있다.)(등등.) 자본이 증가함에 따라 총 이윤은 증가하지만 이윤율은 어느 정도 하락할 수 있는가에 대한 고찰은 이윤(경쟁)론에 속한다.

맬더스는 그의 『정치경제학의 원리』(제2판 1836년)에서 이윤, 다시

---

33) 전자라고 하는 것이 옳을 것이다.

말하자면 이윤이 아니라 **실재적인 잉여 가치**는 선대된 자본과 관련해서가 아니라, 가치가 임금에서 객관적으로 표현되고 있는 선대된 살아 있는 노동과 관련해서 계산되어야 한다는 것을 예감하고 있었다. 그러나 그는 동시에 어떤 가치 규정의 기초로서, 또는 가치 규정에 대한 노동의 관계에 대한 추론의 기초로서 기능하게 되면 불합리해지는 순전한 장난에 빠져버린다.

다시 말해 완성된 생산물의 총 가치가 있으면 나는 선대된 생산물의 어떤 부분이라도 그것에 조응하는 비용 부분과 비교할 수 있다. 전체 생산물에서 이윤이 차지하는 백분비는 당연히 생산물의 비례분할적 부분의 백분비이다. 예를 들어 100탈러가 110을 가져다준다고 가정하자. 그러면 전체 생산물의 10%이다. 75탈러는 불변 자본 부분을, 25는 노동을, 즉 ¾이 ‖4‖ 전자를, ¼은 살아 있는 노동을 위한 것이라고 하자. 이제 총생산물, 즉 110 중 ¼을 취하면 그것은 27 2/4 또는 27½이 된다. 노동에 대한 지출 25에 대하여 자본가는 2½, 즉 10%의 이익을 얻는다. 맬더스는 다음과 같이 말할 수도 있었을 것이다. 총생산물35)의 ¾, 즉 75를 취하면 이 ¾이 총생산물에서는 82½에 의해 대표된다. 요컨대 75에 대한 7½은 정확히 10%이다. 이것은 100에 대하여 10% 이익을 얻으면, 100의 각 부분에 대한 이익은 총액에 대하여 10%가 나오는 것과 같다는 점을 분명하게 의미할 뿐이다. 100에 대하여 10을 얻었다면 2×50에 대하여 각각 5를 얻은 것이다. 100에 대하여 10을 얻는다면 100의 ¼에 대해서는 2½을 얻고, ¾에 대해서는 7½을 얻는다는 말은 우리를 한걸음도 더 진전시키지 못한다. 100에 대하여 10을 얻는다면 100의 ¼이나 ¾에 대해서는 얼마를 얻는가? 맬더스의 착상은 이런 어린애 같은 장난으로 요약된다. 노동에 대한 선대는 100의 ¼에 달했고, 이에 대한 이익은

---

34) [역자] 총자본이라 해야 옳을 것이다.

10%에 달했다. 25에 대한 10%는 2½이다. 또는 자본가가 100에 대하여 10을 얻었다면, 그는 그의 자본의 각 부분에 대하여 1/10, 즉 10%를 얻은 것이다. 이것은 자본의 부분들 서로에게 아무런 질적인 특징도 부여하지 않는 것이며, 따라서 노동에 선대된 자본에 적용된 것이 고정 자본에도 마찬가지로 적용되는 것이다. 여기에서는 오히려 새롭게 창출된 가치에 자본의 각 부분이 균등하게 참여했다는 환상이 표현되고 있을 뿐이다. 잉여 가치를 창출한 것은 ¼의 노동에 선대된 봉급이 아니라 지불되지 않는 살아 있는 노동이다. 봉급에 대한 총 가치36) — 여기에서는 10탈러 — 의 비율에서 우리는 몇 퍼센트의 노동이 지불되지 않았는지 또는 잉여 노동이 얼마였는지를 알 수 있다. 위의 비율에서 필요 노동은 25탈러에 객체화되어 있고, 잉여 노동은 10탈러에 객체화되어 있다. 그러므로 이들은 25 : 10 = 100 : 40의 비율을 가진다. 노동의 40%가 잉여 노동이었다. 또는 같은 말이지만, 노동에 의해 생산된 가치의 40%가 잉여 가치였다. 100에 대하여 10을 얻는다면 봉급 = 25에 대해서는 2½을 얻는다는 것을 자본가가 계산할 수 있다는 것은 전적으로 옳다. 이러한 계산이 어떤 유용성을 가지는지 이해할 수 없다. 그러나 맬더스가 이를 통해 의도하는 것은 우리가 그의 가치 규정을 자세히 살펴봄으로써 알 수 있을 것이다. 그러나 다음에서 볼 때 그는 그의 간단한 계산 예가 실재적인 규정을 담고 있는 것으로 믿고 있다.

자본이 노임으로만 지출된다고 가정하자. 100파운드는 직접 노동을 위한 것이다. 연말에 매출액이 110, 120 또는 130이라고 하면, 어떤 경우에든 이윤은 총생산물의 가치 중에서 사용된 노동에 지불하기 위해 필요한 몫에 의해서 결정된다는 것은 분명하다. 생산물의 가치 = 110이고, 노동자에게 지불하기 위해서 필요한 부분 = 10/11이라면, 생산물의 가

---

35) 총 잉여 가치라고 해야 옳을 것이다.

치 또는 이윤 = 10%이다.

(여기에서 맬더스가 하는 것은 최초의 선대 100파운드를 총생산물에 대한 비율로 표현하는 것뿐이다. 100은 110의 10/11이다. 100에 대하여 10, 즉 100의 1/10을 얻는다고 말하든 110의 1/11이 이익이라고 말하든 마찬가지이다.)

생산물의 가치가 120이면, 노동을 위한 부분 = 10/12이고 이익은 20%이다. 130이면 노동에 지불하기 위해서 필요한 몫 = 10/13이고 이익 = 30%이다.

(100 중에서 10을 얻는다고 말하는 대신 110 중에서 선대가 10/11이라고 말할 수도 있다. 또는 선대의 100 중에서 20은 120의 10/12일 뿐이라고 말할 수 있다. 이러한 선대의 성격은 노동에 하는 것이든 다른 종류의 것이든 사태를 표현하는 산술 형태의 상이함과는 절대로 아무런 관련도 없다. 100의 자본이 110만을 거두어들인다면 자본으로부터 출발해서 이 자본에 대하여 10을 얻었다고 말할 수도 있고, 생산물로부터 출발해서 이 생산물 중에서 10/11만이 미리 선대되었다고 말할 수도 있다. 비율은 당연히 동일하다.)

이제 자본가의 선대가 노동만으로 구성된 것이 아니라고 가정하자. 자본가는 그가 선대한 자본의 모든 부분에 대하여 동일한 이익을 기대한다.

(이는 자본가가 얻기는 했지만 그 원천에 대해서는 아주 막연해 하는 이익을, 그의 지출의 모든 부분들의 질적인 차이는 전적으로 도외시하면서 이 부분들에 균등하게 분배한다는 것을 의미할 뿐이다.)

선대의 ¼은 (직접적인) 노동을 위한 것이고, ¾은 축적된 노동과 이윤을 비롯해서 집세, 조세, 기타지출 등으로부터 발생할 수 있는 추가 비용으로 구성되어 있다고 가정하자. 그러면 사용된 노동량에 비해 생산물의 이 ¾의 가치가 변함에 따라 자본가의 이윤이 변할 것이라는 점은 전적으로 옳다.

(맬더스 씨에게 있어서처럼 양이 아니라 지불된 급료와 비교해서이다.) (요컨대 축적된 노동에 선대된 금액에 비해 그의 생산물의 ¾의 가치가 변함에 따라 그의 이윤이 변할 것이라는 점, 즉 총생산물의 각 부분이 그것에 조응하는 선대 부분과 관계하듯이 이익은 선대된 총자본과 관계한다(10 : 100)는 점은 전적으로 옳다.)

맬더스는 계속 말한다.

예를 들어 농부가 토지 경작을 위해 2,000파운드를 사용하는데, 그 중에서 1,500은 종자, 말 사육, 고정 자본 마모 등에 사용하고, 500파운드는 직접 노동에 사용하며, 매출액은 연말에 2,400이라고 하자. 그의 이윤은 2,000에 대해 400 = 20%이다. 우리가 생산물의 가치액의 ¼, 즉 600을 취해서 이를 직접 노동에 대한 임금으로 지불된 금액과 비교하면 그 결과가 정확히 동일한 이윤율을 보여줄 것이라는 점도 마찬가지로 명백하다(앞의 책, 267, 268쪽. 노트 X, 41, 42쪽).

(우리가 생산물 가치의 ¾, 즉 1,800을 취해서 축적된 노동에 대한 선대로 지불된 금액, 즉 1,500과 비교하면 그 결과가 정확히 동일한 이윤율을 보여줄 것이라는 점도 마찬가지로 명백하다. 1,800 : 1,500 = 18 : 15 = 6 : 5. 그러나 5에 대한 6은 1/5, 즉 20%이다.) (여기에서 맬더스는 그가 혼동하고 있는 두 가지 상이한 산술 형태를 염두에 두고 있다. 첫째로, 만약 100에 대하여 10을 얻는다면, 100의 각

부분에 대하여 10이 아니라 10%를 얻는 것이다. 요컨대 50에 대해서는 5를 얻고, 25에 대해서는 2½을 얻는다. 100에 대하여 10을 얻는다는 것은 100의 어떤 부분에 대해서든 1/10을 얻는다는 의미이며, 그러므로 이윤은 봉급에 대한 1/10 이윤으로서 물어 뜯어내야 한다. 이윤이 자본의 모든 부분에 균등하게 분배된다면, 총자본에 대한 이윤율은 총자본의 각 부분, 예를 들어 임금으로 선대된 부분에 대한 이윤율과 더불어 변동한다고 말할 수 있다. 2. 100에 대하여 10%를 얻었다면 총생산물은 110이다. 노임이 선대의 ¼ = 25를 이루었다면, 그것이 110에 대해서는 4 2/5부분밖에 될 수 없다. 즉, 노임은 2/5만큼 더 적은 비례분할적 부분을 이루며, 노임이 총생산물에서 차지하는 부분도 이 총생산물이 최초의 생산물에 비해 증가한 것과 동일한 비율로 더 적어야 할 것이다. 이것은 다시 단순히 다른 종류의 계산 방식이다. 10은 100의 1/10이나 110의 1/11일 뿐이다. 요컨대 총생산물이 커지는 것과 동일한 비율로 최초의 자본의 비례분할적 부분들 각각은 총생산물의 보다 작은 부분을 이룬다고 말할 수 있다. 동어반복.)

맬더스는 그의 저작 『가치 척도의 서술과 예증』(런던 1823년)(노트 Ⅸ)에서 "노동의 가치는 불변"이고, 따라서 진정한 가치 척도 일반이라고 주장한다.

주어진 어떤 노동량도 그것을 처분할 수 있거나 또는 그것과 실제로 교환될 수 있는 임금과 동일한 가치를 가진다(앞의 책, 5쪽)(Ⅸ, 29쪽).[267]

여기에서 물론 문제가 되는 것은 임노동이다. 사실은 차라리 다음과 같다. 어떤 주어진 노동량 = 한 생산물에 표현된 동일한 노동량. 또는 각 생산물은 생산물의 가치로 대상화된 일정량의 노동인데, 이 가치는 다른 생산물과 관련하여 이 노동량에 의해 측정된다. 노임은 물론 살아 있는 노동 능력의 가치를 표현하지 결코 살아 있는 노동의 가치를 표현하는 것이 아니며, 후자는 봉급+이윤에서 표현된다. 노임은 **필요 노동**의 가격이다. 노동자가 살기 위해서 6시간 노동해야 하고, 그가 자신을 위해서 단순한 노동자로서 생산한다면, 그는 매일 6시간 노동의 상품, 말하자면 6펜스를 얻을 것이다. 이제 자본가가 그로 하여금 12시간 노동하도록 하면서 6펜스를 지불한다고 하자. 그러면 자본가는 그에게 시간당 ½펜스를 지불하는 것이다. 즉, 12시간의 노동이라는 주어진 양은 12펜스의 가치를 가지며, 12펜스는 사실상 생산물이 판매되는 경우에 생산물과 교환되는 가치이다. 다른 한편에서 자본가는 그가 단순한 노동에 재투자할 수 있다면, 이 가치로 24시간을 지배한다. 따라서 임금은 자신을 구성하고 있는 노동보다 훨씬 더 많은 노동을 지배하며, 주어진 양의 살아 있는 노동은 사실상 훨씬 적은 양의 축적된 노동과 교환된다. 한 가지 확실한 것은 노동의 가격, 임금은 언제나 노동자가 정신과 육체를 함께 유지하기 위해서 필요로 하는 노동의 양을 표현한다는 것이다. 어떤 양의 노동에 대한 임금도 노동자가 자신을 재생산하기 위해서 지출해야 하는 노동의 양과 같아야 한다. 위의 경우에 한 사람에 의해서 산출된 노동량을 가지고 두 사람을 12시간씩 — 도합 24시간 — 노동시킬 수 있을 것이다. 위의 경우에 생산물은 12펜스 가치를 가지는 다른 생산물이나 12 노동 시간과 교환되고, 따라서 6펜스라는 그의 이윤(자본가를 위한 그의 잉여 가치)이 발생한다.

생산물들의 가치는 그것들에 포함된 노동에 의해 규정되는 것이지 고용주에 의해서 지불된 생산물들의 노동 부분에 의해서 규정되는 것이 아니다. 생산물의 가치는 **행해졌으되 비지불된 노동**에 의해서**도 구성된다**. 그러나 임금은 지불된 노동만을 표현하지 결코 행해진 노동을 표현하지 않는다. 이 지불의 척도 자체는 노동 생산성에 좌우되는데, 그 까닭은 이 생산성이 필요 노동 시간의 양을 규정하기 때문이다. 그리고 이 임금이 노동의 가치를 구성하므로 (노동 자체가 상품으로 정립되어 있다) 이 가치는 끊임없이 변화하며 결코 불변적인 것이 아니다. 노동자가 노동하는 노동량은 그의 노동 능력에 저장되어 있거나 그의 노동 능력을 재생산하기 위해서 필요한 노동량과는 매우 상이하다. 그러나 노동자가 상품으로 판매하는 것은 그에 의해 만들어진 사용이 아니며, 그는 자신을 원인이 아니라 결과로 판매한다. 맬더스 씨가 이 문제를 어떻게 이해하는지를 살펴보자.

상품 공급 조건들은 상품들이 동일한 상대적 가치들을 포함해야 한다는 것을 요구하지는 않지만, 각 상품이 자신의 자연 가치를 유지하거나 그 상품이 생산자에게 생산과 축적을 위해 동일한 재산을 보존시켜주는 대상들을 획득하는 수단을 유지해야 한다는 것은 요구한다. … 이윤은 생산을 위해서 필요한 선대에 대하여 계산된다. … 자본가들의 특유한 선대는 옷감이 아니라 노동이다. 그리고 다른 대상이 주어진 양의 노동을 결코 대표할 수는 없으므로, 상품의 공급이나 상품의 자연 가치의 조건을 대표할 수 있는 것은 다른 어떤 상품의 양이 아니라 한 상품이 지배할 노동의 양이라는 점은 분명하다(17, 18쪽)(IX, 29쪽).

이미 자본가의 **선대**가 **노동으로** 구성된다는 사실에서 이미 맬더스는 문제가 분명하지 않다는 점을 볼 수 있었다. 6시간이 필요 노동 시간이고, A)와 B) 두 사람이 각자 자신을 위해서 노동하면서 서로 교환한다고 가정하자. A)는 6시간 노동하고, B는 12시간 노동한다고 하자. 이제 B)가 더 많이 노동한 6시간을 A)가 먹어치우고, B)의 6 잉여 노동 시간의 생산물을 소비하고자 할지라도, 그는 B)에게 자신의 6시간의 살아 있는 노동이나 다음날을 줄 수밖에 없다. B)는 이제 A)보다도 6 노동 시간의 생산물을 더 소유하고 있다. 이제 B)가 이러한 정황에서 자본가라고 망상하고 노동하기를 완전히 중지했다고 가정하자. 그러면 그는 3일째에 A)의 6시간을 얻기 위해서 그의 6시간

의 축적된 생산물을 주어야 할 것이다. 그리고 그는 교환을 완수하자
마자 스스로 다시 노동하기 시작하거나 아니면 굶어죽을 것이다. 그
러나 그가 계속 A)를 위해서 12시간 노동하고 A)는 6시간은 자신을
위해서, 6시간은 B)를 위해서 노동한다면, 이들은 각자 정확히 12시
간을 교환한다. 맬더스의 말에 따르면 상품의 **자연 가치**는 그것이 그
것의 소유자에게 **생산하고 축적하는 동일한 힘**을 교환을 통해 다시
주는 데 있다. 그의 상품은 두 가지 노동량, 축적된 노동량 + 직접
노동량으로 구성되어 있다. 그가 그의 상품을 정확하게 동일한 총 노
동량을 포함하고 있는 다른 상품과 교환한다면, 생산하고 축적하는
그의 힘은 적어도 동일하게, 동등하게 머물러 있을 것이다. 그러나
직접 노동의 일부가 그에게는 아무런 비용도 들이지 않았음에도 그
가 판매하기는 했으므로 이 힘은 증가했다. 그러나 맬더스는 상품을
구성하는 노동의 양은 지불된 노동, 즉 = 임금 합계만이라거나 또는
임금이 상품의 가치 측량기를 제공한다는 결론에 다다른다. 상품에
포함된 모든 노동량이 지불되었다면 맬더스 씨의 교의는 옳을 것이
다. 그러나 그의 자본가는 "노동의 선대"를 행하지 않을 것이며, 그
의 "축적하는 힘"은 완전히 사라져버릴 것이라는 점도 마찬가지로
옳을 것이다. 무상 노동(Gratisarbeit)이 행해지지 않는다면 이윤이 어
디에서 나올 수 있단 말인가? 물론 맬더스 씨는 축적된 노동에 대한
임금이라고 생각한다. 그러나 **행해진 노동**은 노동하기를 중지했으므
로 임금을 수취하는 것도 중지한다. 물론 행해진 노동이 실존하고 있
는 생산물은 이제 다시 살아 있는 노동과 교환될 수 있을 것이다. 그
러나 이 생산물이 = 6 노동 시간이라고 가정하면, 노동자는 살아 있
는 노동 6시간을 주고 그 대가로 자본가의 선대, 행해진 노동 6시간
을 받을 것인데, 자본가는 이것을 통해서는 한 걸음도 더 나아갈 수
없을 것이다. 살아 있는 노동은 머지 않아 그의 죽은 노동의 소유가
될 것이다. 그러나 맬더스가 제시하는 이유는 "다른 대상이 주어진

양의 노동을 결코 대표할 수는 없으므로," 한 상품의 자연 가치는 "다른 어떤 상품의 양이 아니라 한 상품이 지배할 노동의 양'이라는 것이다. 즉, 주어진 양의 노동은 살아 있는 (직접) 노동에 의해서만 대표될 수 있다는 것이다. 다른 대상이 일정량의 노동을 대표할 수 없는 것이 아닐 뿐만 아니라 어떤 임의의 대상, 즉 동일한 노동량을 포함하는 어떤 대상이라도 일정량의 노동을 대표할 수 있다. 그러나 맬더스가 원하는 것은 상품에 포함된 노동량은 그 상품이 운동시킬 수 있는 살아 있는 **노동량**이 아니라 그 상품이 운동시키는 **지불된 노동량**에 따라 측정되어야 하고 그것과 동일해야 한다는 것이다. 상품이 24 노동 시간을 포함한다고 가정하자. 그러면 맬더스는 자본가가 이 상품으로 2노동일을 구매할 수 있다고 생각한다. 그리고 자본가가 노동에게 완전히 지불하거나 또는 행해진 노동의 양 = 지불된 살아 있는 노동의 양이라면, 그는 행해진 노동 24시간으로 살아 있는 노동 24시간만을 구매할 수 있을 뿐이며, 그의 "축적하는 힘"은 궁지에 몰리게 될 것이다. 그러나 자본가는 노동자에게 노동 시간, 노동량을 지불하는 것이 아니라 필요 노동 시간만을 지불하는 한편, 노동자로 하여금 나머지를 무상으로 노동하도록 강요한다. 따라서 행해진 노동 24시간으로 자본가는 아마도 48시간의 살아 있는 노동을 운동시킬 것이다. 따라서 그는 사실상 행해진 노동 1시간으로 살아 있는 노동 2시간을 지불한다. 따라서 그는 교환에서 100%를 번다. 이제 그 상품의 가치는 = 48시간이지만 결코 이 노동 시간과 교환된 임금과도 같지 않고, 그와 다시 교환되는 임금과도 같지 않다. 그가 동일한 비율로 계속한다면 그는 행해진 노동 48시간으로 살아 있는 노동 96시간을 구매할 것이다.

자본가는 존재하지 않지만 서로 교환하는 직접적인 노동자들이 축적 등도 원하기 때문에 살기 위해서 필요한 이상으로 노동한다고 가정하자. 노동자가 살기 위해서 수행하는 노동 부분을 임금이라 부르고, 그가 축적하기 위해서 노동하는 잉여 시간을 이윤이라 부르자. 그러면 그의 상품의 가치는 = 상품에 포함된 노동의 총량 = 살아 있는 노동 시간의 총액일 것이나, 결코 = 그가 스스로에게 지불한 임금이 아닐 것이고, 그가 살기 위해서 재생산해야 할 상품 부분과도 같지 않을 것이다. 맬더스의 말에 따르면 한 상품의 가치는 = 일정 량의 노동이기 때문에, 그것은 = 상품에 포함된 필요 노동의 양(즉 임금)이지 = 상품에 포함된 노동의 총합이 아니다. 노동의 전부 = 노동의 부분. ‖6‖ 그러나 노동자측에서의 "축적하는 힘"은 그가 스스로에게 임금을 지불하기 위해서 필요한 것보다 더 많이 노동한 데에서 유래할 수밖에 없다는 것이 명백하다. 일정량의 살아 있는 노 동 시간이 = 살기 위해서 노동자로서 필요한 시간이라면, 일정량의 살아 있는 노동은 그가 생산하는 임금이거나 또는 임금이 그가 운동 시키는 살아 있는 노동과 정확하게 같을 것이다. 만약 그렇다면 자본 은 불가능할 것이다. 노동자가 그의 전체 노동 시간 동안에 자신의 임금밖에 생산할 수 없다면, 아무리해도 그는 자본가를 위해서는 한 푼도 생산할 수 없다. 소유는 노동 생산성의 결과이다.

> 만약 한 사람이 한 사람을 위해서 밖에 생산할 수 없다면, 누구나 노 동자일 것이고 여기에서는 소유가 존재할 수 없다. 한 사람의 노동이 네 사람의 생계를 유지할 수 있다면, 생산에 종사하는 한 사람마다 노는 네 사람이 있을 것이다(레이븐스톤[, 11쪽]).

이상에서 우리는 맬더스의 심사숙고하는 통찰력이 어떻게 순전히 유치한 계산 방식으로 표현되었는가를 보았다. 덧붙여 말하자면 그 배후에는 노동의 가치는 불변이고 임금이 가격을 구성한다는 교의가 깔려 있다. 이윤율은 임금을 나타내는 비례분할적 자본 부분에 대해 서와 동일한 비율로 전체 자본에 대해서 표현될 수 있기 때문에, 맬

더스는 이 비례분할적 부분이 가격을 구성하고 규정한다고 주장하고
있는 것이다. 바로 여기에서와 비슷한 **통찰력**. 상품 A) = x상품의
양이라면 이는 상품 A) = x 살아 있는 노동일 수밖에 없는데, 그 까
닭은 노동만이 노동을 대표할 수 있기 때문이라고 그는 생각한다. 이
로부터 그는 상품 A) = 이 상품이 지배할 수 있는 **임노동**의 양이며,
따라서 노동의 가치는 언제나 = 노동을 운동시키는 상품이므로 불
변이라는 결론을 이끌어내는 것이다. 문제의 핵심은 그가 살아 있는
노동의 양과 임노동의 양이 동일하다고 생각하고, 임노동의 어떤 비
례분할적 부분도 실제로 보상된다고 믿는다는 것이다. 그러나 살아
있는 x노동은 (임노동으로서만 그러할 뿐인데) = x−y 필요 노동(임
금) + y 잉여 노동 시간이다. 따라서 x 죽은 노동은 x−y 필요 노동
(임금)＋ y 잉여 노동 시간을 운동시킬 수 있다. 즉, 그것은 x 노동
시간에 포함되어 있는 필요 노동을 초과한 잉여 노동 시간만큼 더
많은 살아 있는 노동 시간을 운동시킬 수 있다.

임노동은 언제나 지불 노동과 비지불 노동으로 구성된다.

노동의 가치가 불변이라는 주장은 모든 노동 시간이 필요 노동 시
간, 즉 임금을 생산하는 노동 시간이라는 것을 의미할 뿐이다. 잉여
노동 시간은 없으나, 그럼에도 불구하고 "축적하는 힘"과 자본은 있
다는 것이다. 임금은 언제나 주어진 노동량, 즉 그가 운동시키는 살
아 있는 노동의 양과 같고 이는 임금에 포함된 노동량과 동일한 양
이므로, **노동의 가치는 불변**이다. 그 까닭은 그것은 언제나 = 대상화
된 노동의 양이기 때문이다. 따라서 임금의 등락은 **노동 가치의 등락**
이 아니라, 상품 가격의 등락에서 유래한다. 어떤 노동자가 주당 은
화 8실링을 받는지 16실링을 받는지는 실링의 가격이 상승하거나 하
락했기 때문이다. 즉 노동의 가치는 동일하게 머물러 있다. 두 경우
에 노동자는 일주일의 살아 있는 노동에 대하여 일주일의 행해진 노
동을 받는 것이다. 맬더스 씨는 이를 다음과 같이 증명하고 있다.

대지의 결실을 획득하기 위해서 자본 없이 노동만 사용된다면, 다른 종류에 비해 어떤 한 종류를 획득하는 데 보다 용이하다는 것이 노동의 가치나 일정량의 노고로 얻어진 총생산물의 교환 가치를 변화시키지 않는다는 것은 널리 알려져 있다.

이는 각각의 상품은 비록 그것에 포함된 노동이 생산성의 정도에 따라 어떤 경우에는 보다 많은 사용 가치로 표현되고, 다른 경우에는 보다 적은 사용 가치로 표현되지만, 상품의 양을 도외시하면 상품에 포함된 노동에 의해 규정될 것이라는 것을 의미할 뿐이다.

우리는 차이가 노동의 저렴함이나 고가(高價)에 있는 것이 아니라 생산물의 저렴함이나 고가에 있다는 것을 지체없이 인정해야 할 것이다.

우리는 노동이 한 영역에서는 다른 영역에서보다 더 생산적이라고 말하거나, 또는 생산물이 더 많거나 더 적은 노동을 소요한다고 말할 것이다. 임노동이 존재하지 않고 따라서 한 시간의 직접적 노동이 언제나 한 시간의 대상화된 노동을 지배하는 한에 있어서, 우리는 노동의 저렴함이나 고가에 대해서 논할 수 없을 것이다. 그렇다고 해서 어떤 한 시간이 다른 한 시간보다 생산적이 될 수 없는 것은 아닐 것이다. 그러나 그럼에도 불구하고 우리가 생존을 위해서 필요한 노동 부분을 직접적 노동자들의 잉여 노동과 구별하는 한에 있어서 ― 그리고 하루 중 일정 시간의 잉여 시간이 노동된다면 그것은 노동 시간의 각 비례분할적 부분이 필요 노동 부분과 잉여 노동 부분으로 구성되는 것과 마찬가지이다 ― **노동의 가치**, 즉 **임금**, 필요 노동과 교환되는 생산물 부분이나 필요 생산물에 사용되는 총 노동 부분이 **불변**이라고 말할 수는 없을 것이다. 노동의 생산성과 더불어 임금을 재생산하는 노동 시간의 비례분할적 부분은 변할 것이다. 즉, 노동의 생산성과 더불어 **노동의 가치**, 임금은 끊임없이 변할 것이다. 임금은 여전히 일정한 사용 가치에 의해 측정될 것이다. 그리고 이 사용 가치는 그것의 교환 가치를 산출하는 노동의 상이한 생산성과 더불어 끊임없이 변하므로, 임금 또는 노동의 가치는 변할 것이다. 요컨대 노동의 가치는 살아 있는 노동이 그의 생산물과 같지 않다는 것, 또는 같은 말이지만 살아 있는 노동이 작용하는 원인으로서가 아니라 스스로 생산된 결과로서 판매된다는 것을 상정하는 것이다. 노동의 가치가 불변이라는 것은 그것이 그 안에 들어 있는 노동량에 의해 끊임없이 측정된다는 것을 의미할 뿐이다. 한 생산물에는 보다 많은 노동이 들어 있을 수도 있고 보다 적은 노동이 들어 있을 수도 있다. 따라서 때로는 보다 많은 분량의 생산물 A)가 생산물 B)와 교환될 수 있고, 때로는 보다 적은 분량의 생산물 A)가 생산물 B)와 교환될 수 있다. 그러나 생산물을 구매하는 살아 있는 노동의 양은 이 생산물이 대표하는 행해진 노동보다 더 많을 수도 적을 수도 없는데, 그 까닭은 일정량의 노동은 그것이 대상화된 노동의 형태로 존재하든 살아 있는 노동의 형태로 존재하든 언제나 일정량의 노동이기 때문이다. 따라서 일정량의 살아 있는 노동을 위해서 보다 많거나 보다 적은 생산물이 주어진다면, 즉 봉급이 상승하거나 하락한다면, 그것은 노동의 가치가 상승하거나 하락한 데 기인하는 것이 아니다. 왜냐하면 일정량의 노동의 가치는 언제나 동일한 일정량의 노동이기 때문이다. 봉급이 상승하거나 하락하는 것은 생산물들이 보다 많거나 보다 적은 노동을 필요로 하고, 따라서 생산물들의 보다 많거나 보다 적은 양이 동일한 노동량을 나타내는 데 기인한다. 요컨대 **노동의 가치는 불변으로 남아 있다. 생산물들의 가치만이 변할 뿐이다.** 즉, 노동의 생산력이 변하는 것이지 노동의 가치가 변하는 것은 아니다. 이처럼 천박한 궤변을 이론이라 부를 수 있다면, 이것이야말로 맬더스 이론의 핵심이다. 우선 반나절의 노동 시간이 소요되는 생산물이 내가 하루 종일 살고 또 노동하기에 충분할 수 있을 것이다. 생산물이 이러한 속성을 가지느냐 가지지 않느냐는 그것의 **가치**, 즉 그것에 사용된 노동 시간에 좌우되는 것이 아니라 그것의 **사용 가치**에 좌우된다. 그리고 이러한 측면에서 볼 때 살아 있는 노동과 노동의 생산물 사이에 벌어지는 교환은 교환 가치들로서의 양자의 교환이 아니며, 그들의 관계는 한편으로는 생산물의 사용 가치에 있고, 다른 한편으로는 살아 있는 노동 능력의 실존 조건들에 있다.

이제 대상화된 노동이 살아 있는 노동과 교환된다면, 교환 가치 법칙에 따라 반나절 노동일과 동일한 생산물은 반나절의 살아 있는 노동만을 구매할 수 있을 것이지만, 노동자는 이것을 가지고 하루 종일 살 수 있을 것이다. 그리고 그의 전체 노동일이 구매되려면 노동자가 전체 노동일을 생산물로 수취해야 할 것이며, 이것을 가지고 노동자는 전제에 따라 이틀 노동일을 살 수 있을 것이다. 그러나 자본의 기초 위에서는 살아 있는 노동과 행해진 노동은 교환 가치들로서 동일한 것으로 서로 교환되지 않는다. 즉, 대상화된 형태의 동일한 노동량이 ‖7∣ 살아 있는 형태의 동일한 노동량에 대한 **가치**, 등가물인 것은 아니다. 교환되는 것은 생산물과 그 자체가 생산물인 노동 능력이다. 노동 능력은 = 그것이 행할 수 있는 살아 있는 노동 = 그것이 수행할 수 있는 노동량이 아니다 — 이것은 그것의 **사용 가치**이다. 그것은 그 자신을 **생산**하고 재생산할 수 있는 노동량과 같다. 요컨대 생산물은 사실상 살아 있는 노동과 교환되는 것이 아니라 대상화된 노동, 즉 노동 능력에 대상화된 노동과 교환된다. 살아 있는 노동 자체는 생산물의 소유자에 의해서 구매된 교환 가치가 가지는 사용 가치이다. 그리고 그가 노동 능력에 대하여 생산물의 형태로 지출한 것보다 얼마나 더 많이 또는 더 적게 살아 있는 노동을 사들였는가는 살아 있는 노동의 양 — 생산물로 노동자에게 지불된 양에 좌우된다. 노동량이 노동량과 교환된다면, 대상화된 노동 형태든 살

아 있는 노동 형태든, 각 노동량은 스스로 같을 것이며, 그것의 가치
는 그것의 양과 같을 것이다. 따라서 반나절 노동일의 생산물은 반나
절의 노동일만을 구매할 수 있을 뿐이다. 그러나 그러면 사실상 임금
은 존재하지 않을 것이며, 노동의 가치도 존재하지 않을 것이다. 노
동은 그것의 생산물이나 생산물의 등가물과 **구별되는 가치, 특유한
가치**를 가지지 않을 것이며, 이것이 바로 노동의 가치, 임금을 구성
할 것이다.

요컨대 맬더스 씨는 일정한 노동량이 = 일정한 노동량이라는 것,
또는 일정량이 = 자기 자신이라는 것, 일정량이 일정량이라는 위대
한 발견으로부터, 노임이 불변이고 노동의 가치가 불변이라는, 즉 =
대상화된 동일한 노동량이라는 결론을 끌어낸다. 이는 살아 있는 노
동과 축적된 노동이 **교환 가치들**로서 서로 교환된다면 옳을 것이다.
그러나 그러면 노동의 가치도, 임금도, 임노동도, 맬더스의 연구 자
체도 존재하지 않을 것이다. 이 모든 것은 자본에 축적된 노동에 대
하여 살아 있는 노동은 사용 가치로서, 살아 있는 노동 능력은 **교환
가치**로서 나타나는 데 기초한다. 맬더스는 침착하게 다음과 같이 계
속 말한다.

이것은 자본과 이윤이 가치 계산에 참가하고 노동에 대한 수요가 변동하
는 경우에도 적용된다.

여기에 모든 통찰력이 있다. 자본과 이윤이 등장하자마자 살아 있
는 노동 능력이 구매되고, 따라서 보다 작은 분량의 축적된 노동이
보다 큰 분량의 살아 있는 노동과 교환되게 된다. 이러한 통찰력에
특징적인 것은, 임노동을 정립하고 노동을 먼저 임노동으로 전화시
키며 노동 능력을 상품으로 전화시키는 자본이 그의 등장에 의해, 축
적된 노동의 사용에 있어서와 마찬가지로, 노동 사용에 있어서도 아

무런 변화를 가져오지 않는다는 것이다. 맬더스에 따르면 노동의 생산
물과 이 생산물의 가치에 관계하는 특유한 노동 형태인 자본은 아무 것
도 변화시키지 않고 "등장한다." "황제의 등장"에도 불구하고 로마 공
화국의 구조는 전혀 변화시키지 않으려는 것과 마찬가지로. 그는 계
속 말한다.

> 생산물이 증가하지 않음에도 불구하고 노동자에 대한 보수가 상승한
> 다면, 그것은 이윤이 감소하는 경우에만 가능하다. … 어떤 주어진 생산
> 물 부분을 획득하기 위해서는 이전과 동일한 노동량이 필요하다. 그러나
> 이윤이 감소했으므로 생산물의 가치는 감소했다. 다른 한편에서 임금의
> 가치와 관련하여 이러한 이윤 감소는 노동자에게 귀속되는 증대된 생산
> 물을 획득하기 위해 필요한 노동량의 증대에 의해 상쇄되며, 그럼으로써
> 노동의 가치는 이전과 동일한 가치로 머물러 있게 된다(앞의 책, 33, 34
> 쪽. 노트 IX, 29쪽).

생산물은 전제에 따라 동일한 노동량을 포함한다. 그러나 그것의
가치는 이윤이 감소했으므로 감소했다는 것이다. 그러나 생산물에
포함된 노동 시간은 동일하게 머물러 있는데, 어떻게 이윤이 감소한
다는 것인가? 총 노동 시간은 동일하게 머물러 있는 데 반해 노임이
상승한다면 — 예를 들어 경쟁이 노동자에게 유리해지는 것과 같은
일시적인 원인에 의하지 않고 —, 그것은 노동 생산성이 하락했다는
것, 즉 노동 능력을 재생산하기 위해서 더 많은 노동량이 필요하다는
것, 요컨대 자본에 의해 운동시켜진 살아 있는 노동 중에서 더 큰 부
분이 필요 시간으로 귀속되고 더 적은 부분이 잉여 시간으로 귀속된
다는 것을 의미할 뿐이다. 세세한 논의는 뒤로 미루기로 하자. 다만
완결성을 위해서 다음과 같은 결론 부분을.

반대의 경우에는 반대이다. 보다 적은 양의 생산물이 노동자에게 구

속될 것이고 이윤은 증가할 것이다. 이전과 동일한 양의 노동으로 획득 되는 주어진 양의 생산물이 가치에 있어서는 이윤 증가 때문에 상승할 것이다. 이에 반해 노동자의 임금과 관련하여 이 이윤 증가는 노동자에 게 귀속되는 감소된 생산물을 획득하기 위해 필요한 보다 적은 노동량 에 의해서 상쇄될 것이다(맬더스, 35쪽)(앞의 책)(IX, 29쪽).

맬더스가 이 기회에 다양한 나라들의 화폐 가격에 대하여 자신의 원칙으로부터 귀결되는 것으로 말하는 것에 대해서는 나중에 고찰할 것. {예를 들어 상품 A)는 하루 노동일을 구매할 수 있다. 그것은 반 나절 노동일(필요 노동일)만을 지불하지만 하루 종일을 교환할 수 있 다. 그러면 이 상품에 의해 구매된 노동의 양은 필요 시간 + 잉여 시간과 같다. 필요 노동의 가격이 = x라고 알고 있다면, 전체 노동 의 가격은 = 2x일 것이며, 새롭게 창출된 상품은 임금으로 평가될 수 있을 것이고, 모든 상품의 가격은 노임으로 견적될 수 있을 것이 다. 그러나 이는 결코 불변 가치가 아닐 것이다. 임금이 얼마이든 실 제로 문명국들에서 임금을 위해서 평균 시간, 예컨대 12시간의 노동 ─ 이 12시간 중에서 얼마가 필요 노동이고 얼마가 잉여 노동이든 ─ 이 이루어져야 한다는 것을 착각함으로써, 노동 시간을 노동일로 귀착시키는 (물론 노동일은 살아 있는 노동일로 귀착된다) 캐리 씨도 동일한 자본이 자신을 재생산하기 위해서 갈수록 적은 노동 시간을 필요로 하기 때문에, 예컨대 100파운드의 기계가 주어진 시간 동안 의 생산력 진보에 의해서 이제는 50파운드 스털링만을 필요로 하기 때문에, 노동일이든 노동 시간이든 절반의 노동 시간의 결과일 것이 라고 생각한다. 이로부터 캐리 씨가 이끌어내는 결론은 노동자가 이 전보다 절반의 노동일로 이 기계를 구매 · 취득할 수 있다는 것이다. 그는 잉여 노동 시간의 증가를 그것이 노동자를 위해서 얻어지는 것 으로 간주하는 작은 착오를 범하고 있다. 이에 반해 사태는 정반대로 노동자가 하루 종일 중에서 더 적은 부분을 자신을 위해서 노동하고, 자본을 위해서 더 많은 부분을 노동하며, 생산력 증대에 일정하게 비례해서 노동자에 대한 자본의 객관적 권력이 급속하게 성장하는 것으로 귀결된다.

캐리 씨는 노동자로 하여금 기계를 구매하거나 임차하도록 한다. 간단히 말해 그는 노동자를 자본가로 전환시킨다. 그것도 노동자가 자본에 대한 보다 큰 권력을 수중에 넣는 것은 일정량의 자본 재생산이 보다 적은 필요 노동을, 즉 보다 적은 지불 노동을 요구하기 때문이라고, 요컨대 노임이 이윤에 비해서 하락하기 때문이라고 한다. 미국에서 노동자 자신이 잉여 노동의 일부를 점취하는 한, 그는 예를 들어 차지농 등이 되기 위해서 그만큼 축적할 수 있을 것이다(비록 이것도 지금은 이미 중단되었지만). 미국에서처럼 임노동이 그래도 신속하게 무언가를 가져다줄 수 있는 곳에서 그것은 자본에 기초해서 과거의 생산 양식과 소유 양식이 재생산됨으로써 이루어진다(예를 들어 독립 농민층). 간단히 말해 캐리 씨는 노동일을 노동자에게 속하는 노동일로 간주하며, 노동자가 동일한 노동 시간 동안 고용되어 있기 위해서는 더 많은 자본을 생산해야 한다고 결론짓는 것이 아니라 자본을 취득하기 위해서(생산 조건들을 점취하기 위해서) 보다 적게 **노동하면 된다고 결론짓는다.** 노동자가 기계 20대를 생산했는데, 생산력 증대의 결과 이제는 40대를 생산할 수 있다면, 개별 기계는 실제로 저렴해진다. 그러나 일정량의 기계를 생산하기 위해서 보다 적은 노동일 부분이 필요하게 되었다고 해서 노동자를 위한 노동일의 생산물이 증가했다고 결론지을 수는 없으며, 오히려 반대로 일정량의 기계를 생산하기 위해서 더 적은 살아 있는 노동이 사용된다는 결론이 도출된다. 덧붙여 말하자면 **조화**를 중요하게 생각하는 캐리 씨도 이윤율이 하락할지라도 사용된 살아 있는 노동에 비해서 갈수록 많은 자본이 필요해지기 때문에, 즉 새로운 생산 단계에서 노동의 생산적 사용을 위해서 필요해진 필요 자본액, 최소 자본을 점취하는 것이 노동자에게는 갈수록 불가능해지기 때문에 총 이윤은 증가한다는 것을 스스로 발견한다. 자본의 비례분할적 부분을 재생산하기 위해서 필요한 노동 시간은 적어지지만, 보다 적은 노동 시간을 사용하기 위해서는 보다 많은 자본 규모가 필요하다. 생산력의 성장은 살아 있는 노동으로 구성된 자본 부분이 ‖8‖ 선불, 기계류 등에 지출된 부분에 비해 끊임없이 감소하는 것에서 표현된다.

바스티아에게는 당연히 손쉬운 먹이인 캐리의 형편없는 기지(機智)의 기초를 이루는 것은, 그가 생산에 필요한 노동 시간이나 노동일을 노동자에게 **속하는** 노동일로 전환시키는 데 반해, 생산에 필요한 노동 시간은 오히려 자본에게 속하며, 노동 생산력의 증대에 비례해서 갈수록 적은 노동 시간 부분이 노동자에게 남는다는 것이다. 캐리 씨에 따르면, **적은 살아 있는 노동**이 어떤 주어진 **자본을 구매해야 할수록** — 또는 자본의 총액은 증가하고 그에 의해 사용되는 살아 있는 노동은 자본 규모에 비해서 감소할수록 —, 자본은 보다 적은 살아 있는 노동에 의해 재생산되기 때문에, 노동자가 자본 소유자가 되는 기회는 커진다. 자본이 커지고 그가 상대적으로 사용하는 노동자의 수가 적어질수록, 이 노동자에게는 자본가가 될 기회가 커지는데, 그 까닭은 이제 자본이 보다 적은 노동일로 재생산되었기 때문이라는 것이다. 따라서 그 자본은 이제 보다 적은 노동일로 구매되고 획득될 수 있지 않은가? 50을 선대에, 50을 노동에 사용하고, 50%의 이윤을 얻는 100파운드의 자본을 가정하자. 왜냐하면 이윤율 하락이 캐리 씨의 주된 장기(長技)이고 이론에 같이 속하기 때문이다. 각 파운드 노임은 하루 노동일 = 1 노동자와 같다고 하자. 이제 14,500을 선대에, 1,500을 노임에 (= 1,500 노동자라고 하자) 사용하며, 20%의 이윤밖에 얻지 못하는 다른 자본을 가정하자. 첫 번째 경우에 생산물은 = 150이다. 두 번째 경우에는 (계산의 편의를 위해서 고정 자본은 1년에 회전한다고 하자) = 19,200. (이윤 3,200.)

여기에서 우리는 캐리 씨에게 가장 유리한 경우를 가진다. 이윤율은 50%에서 20%로, 말하자면 3/5 또는 60% 하락했다. 전자에서는 50의 생산물이 50의 살아 있는 노동일의 결과이다. 후자의 경우에서는 3,200의 생산물이 1,500 노동자의 결과이다. 첫 번째 경우에는 1의 생산물[37]이 하루 노동일의 결과이다. 두 번째 경우에는 2 2/15의 생산물[38]이 하루 노동일의 결과이다. 두 번째 경우에는 1의 가치[39]를 생산하기 위해서 첫 번째 경우에 비해 절반 이하의 노동 시간이 필요하다. 이는 이제 다른 노동자는 두 배의 시간 동안에 1밖에 생산할 수 없는 곳에서 두 번째 경우의 노동자는 반나절의 노동일로 자신을 위해서 1 1/15을 생산하고, 그리하여 자본가가 되는 지름길을 가고 있다는 것을 뜻하는가? 그는 우선 16,000파운드의 자본을 취득해야 할 것이고, 스스로 노동하는 대신에 타인 노동을 구매해서 필요 노동 시간의 이만한 단축이 그에게 조금이나마 도움이 되어야 할 것이다. 이처럼 필요 노동 시간의 감소는 그의 노동과 노동 사용 조건들 사이에 무한한 괴리를 창출했을 뿐이며, 필요 노동의 비율을 감소시켜 첫 번째 관계에 비해 6배 이상의 노동자를 방출했다.[268] 이 방출된 노동자들은 이제 그들이 자립적으로 노동하거나 또는 이보다는 자본가로서 노동할 조건들을 가진다면, 보다 적은 노동자를 필요로 할 것이라는 점으로 자위해야 할 것이다.

첫 번째 경우에는 필요한 전체 자본이 100파운드이고, 개별적인 노동자가 예외적으로 그만큼을 모으고, 특별히 운 좋은 결합에 의해 자본가 A)의 방식으로 스스로 **자본가**가 될 기회가 더 많다. 자본가에 의해서 사용된 노동일의 합계는 현저히 상이하지만, 노동자가 노동

---

37) '잉여 생산물'이라고 해야 올바를 것이다.
38) '잉여 생산물'이라고 해야 올바를 것이다.
39) '잉여 가치'라고 해야 올바를 것이다.

하는 노동 시간은 A)와 B)에게 있어서 동일하다. 두 번째 자본가는 첫 번째 자본가가 필요로 하는 6명의 노동자 당 1명도 채 필요로 하지 않는다.[269] 따라서 남아 있는 노동자들이 그만큼 더 많은 잉여 시간을 노동해야 한다. 자본 스스로가 생산력과 마찬가지로 증가한 생산 단계에서 자본이 보다 적은 살아 있는 노동일을 필요로 한다는 것이, 캐리에 따르면 노동자가 자본을 점취하기 위해서 보다 적은 노동일을 필요로 하는 것과 같은 의미이다. 아마도 "고용되지" 않은 노동자들의 노동일로 자본가가 그의 방대한 자본을 증식시키는 데 보다 적은 노동자를 필요로 하기 때문에, 그에 의해 고용된 노동자는 보다 적은 노동으로 더 큰 자본을 점취할 수 있다. 이것이 조화론자 캐리 씨의 논리이다.[270]

리카도의 이론과 관련하여 웨이크필드는 다음과 같이 말한다.(노트 Ⅶ, 74쪽) 앞의 책, 231쪽 주.

노동을 상품으로, 노동의 생산물인 자본을 다른 상품으로 취급할 때, 두 상품의 가치가 동일한 노동량에 의해 규정된다면, 어떤 주어진 양의 노동은 어떤 정황에서든 동일한 노동량에 의해 산출되었을 자본량과 교환될 것이다. 과거의 노동은 현재의 노동과 마찬가지로 언제나 동일한 양과 교환될 것이다. … 그러나 적어도 임금이 생산물의 일부를 구성하는 한, 다른 상품에 비해 노동의 가치는 동일한 노동량에 의해서가 아니라 공급과 수요의 관계에 의해서 규정된다.[271]

{베일리: 『화폐와 그 가치 변동 등』(런던 1837년)(노트 Ⅴ, 26쪽 이하)은 유통이 가속화됨으로써 유통에 던져질 수 있는 (그에 따르면 더 많은 양의 통화에 의해서인데 그는 화폐라고 말했어야 할 것이다.) 잠자는 자본에 대한 언급들을 담고 있고, 한 나라에서 자본이 언제나 완전히 고용되어 있다면 수요 증가가 생산 증가를 초래할 수

없을 것이라는 점을 분석하고자 한다. 유통에 처해 있지 않은 자본이 잠자는 것이므로, **잠자는 자본**이라는 개념은 유통에 속한다. 해당되는 출처에서는 다음과 같이 쓰여 있다.

수많은 자본과 생산 경험이 빈둥거리는 상태에 놓여 있을 수 있다. 노동자의 수와 자본량이 그들이 놓여 있는 모든 나라에서 불가피하게 일정한 결과를 산출해야 하는 일정한 힘들이라고 경제학자들이 믿는다면, 이는 잘못된 것이다(54쪽).

기존의 생산자들과 자본이 시장에 내놓는 상품들의 가치는 규정되고 결정되기는커녕 광범한 변동을 겪는다(55쪽).

그러므로

생산 증가를 위해서 새로운 자본이나 새로운 노동자들이 등장하는 것은 본질적인 것이 아니다. … (예컨대 귀금속이 부족한 나라에서는) 몇몇 상품들, 또는 같은 말이지만 이들을 생산할 수 있는 힘이 한 곳에서 넘치고 있고, 다른 상품들은 다른 곳에서 그러하며, 각각의 상품 소유자들은 그들의 상품을 타인의 소유에 놓여 있는 상품들과 교환하고자 하는 소망을 가지지만 교환 수단의 부족 때문에, 그리고 생산에 대한 동기를 가지지 않기 때문에, 아무런 교류도 허용하지 않는 상태에 온존될 것이다(55, 56쪽).}

{자본의 유통에서 화폐는 이중적으로, 자본의 화폐로의 전환으로서 뿐만 아니라 상품 가격의 실현으로서도 나타난다. 그러나 여기에서 이러한 가격 정립은 형식적인 것이 아니다. 생산물의 화폐로의 변환은 여기에서 자본의 **가치** 자체, 즉 자립적으로 실존하는 가치로의 재전환이다. 화폐로서의 자본, 또는 실현된 자본으로서의 화폐. 둘째

로, 단순한 유통 수단으로서의 규정에서. 이것은 화폐가 자본을 생산 조건들로 재전환시키는 데만 기여하는 곳에서 그러하다. 이 두 번째 계기, 급료 형태에서는 일정량의 화폐가 유통 수단, 지불 수단으로서 동시에 존재해 있어야 한다. 이제 화폐가 자본의 유통에서 이러한 이 중적인 역할을 수행한다는 것은 모든 공황에서 다음과 같은 외양을 야기한다. 즉, 실제로는 자본에게 가치가 부족하고 따라서 자본이 화 폐화될 수 없는 데 반해, 유통 수단으로서의 화폐가 부족한 듯한 외 양. 이때 유통하는 화폐의 양 자체는 증가할 수도 있다. 자본 유통의 계기, 때로는 자본의 유통 수단으로서, 때로는 **자본의 실현된 가치**로 서, 스스로 **자본**으로 정립된 바와 같은 화폐의 새로운 규정들에 대해 서는 이자 등에 관해서 논할 때 별도의 절을 만들 것.} 베일리는 계 속해서 말한다.

활동시켜진 노동은 결코 한 나라의 유동적인 자본에만 좌우되는 것이 아니다. 중요한 것은 식량, 공구, 원재료가 ‖9‖ 그것들이 요구되는 지 역에 느리게 혹은 빠르게 분배되는지, 그것들이 어렵게 유통되는지 아닌 지, 그것들이 오랜 휴식 동안 활동하지 않는 대량으로서 존재하고, 그 결 과 주민에게 충분한 고용이 마련되지 않는지 등이다(56, 57쪽).

(갈라틴의 예,[273] 펜실베니아의 서부 지방에 관하여, 앞의 책, 68 쪽.)

정치경제학자들은 일정양의 자본과 일정수의 노동자를 한결같은 힘 을 가지거나 일정하게 한결같은 강도를 가지고 작용하는 생산 도구들로 간주하곤 한다. … 일정한 자본을 사용하는 생산자는 그의 생산물들을 오랜 시간이든 짧은 시간이든 창고에 가지고 있을 수 있다. 그리고 그가 생산물들을 교환할 기회를 기다리고 있는 동안 그의 생산력은 정지되거 나 방해되어, 신속한 수요가 있었을 경우에 비해, 예를 들어 1년과 같은 주어진 기간 동안에 절반밖에 생산할 수 없을 것이다. 이러한 언급은 그의 도구인 노동자에게도 마찬가지로 적용된다. 사회에서 인간의 다양한 종류의 직업이 적어도 불완전하게나마 서로 조정되어야 한다. 그러나 실현되는 단계들 사이의 어떤 먼 공간 — 교류를 용이하게 하는 모든 도로는 이러한 조정으로 나아가는 한 걸음이다. 상품 교환이 방해받지 않고 쉽게 이루어질수록, 노동에 집착하는 인간들이 넘을 수 없는 장벽에 의해 자본에서 분리되어 있는 것처럼 보이는 저 비생산적인 휴식은 더욱 짧아진다. … 이 자본은 비록 직접 손에 들려 있지만 결실 없는 활동에 사로잡혀 있다(58-60쪽).

새로운 수요에는 신선한 노력이 조응하는데, 이는 이전에는 잠자던 자본과 노동의 적극적인 사용에 의해서이지 다른 대상들로부터의 생산력의 도출에 의한 것이 아니라는 일반적인 원칙. 후자는 한 나라에서 자본과 노동의 고용이 더 이상 증가할 수 없을 경우에만 가능하다. 상품 수출은 아마도 새로운 노동을 직접 운동시키지 않는다. 그러나 기존의 상품이 사장(死藏)되면 새로운 노동을 흡수하고 비생산적인 상태에 묶여 있던 자본을 자유롭게 한다(65쪽).

다른 상품들이 생산의 유일한 주체들이므로 금의 유입이 이들 상품의 생산을 촉진할 수 없다고 주장하는 사람들은 생산 일체가 확대될 수 없다고 증명하는 것이다. 그 이유는 그러한 확대를 위해서는 생활 수단, 원자재, 공구들이 사전에 증대되어야 하기 때문이라는 것이다. 이는 사실상 생산 증가가 사전적인 생산 증가 없이는 이루어질 수 없다는 주장이거나 (그러나 이것은 축적에 관한 경제 이론이 아닌가?) 또는 다른 말로 하자면 성장은 불가능하다고 주장하는 것이다(70쪽).

구매자가 증대된 화폐량을 가지고 시장에 갔는데, 그가 거기에서 발견하는 상품의 가격을 상승시키지 않는다면, 그는 생산에 아무런 추가적인 자극을 주지 않는다고 말해질 수도 있다. 그러나 그가 가격을 상승시키고, 가격이 그에 따라 인상된다면, 구매자들은 이전보다 더 많은 수요 능력을 가지는 것이 아니다(73쪽).

한 구매자의 수요가 가격을 상승시키지 않은 한, 그 구매자는 생산에 아무런 추가적인 자극을 줄 수 없다는 것을 일반 원칙으로서 부인하는 것 …. 더 많은 양을 준비해야 더 효과적인 분업과 더 좋은 기계의 사용이 가능하다는 정황 이외에 이 사태에서는 유휴 상태에 있는 양 중에서 **추가적인 상품을 동일한 가격으로 공급할 의향이 있는** 노동과 자본이 생겨날 여지가 있다. 그리하여 가격 상승 없이 상당한 수요 증가가 자주 일어난다(73-74쪽).}

{존 웨이드는 『중간 계급 및 노동 계급 등의 역사』(제3판, 런던 1835)(노트, 20쪽)[274]에서 다음과 같이 말하고 있다.

노동은 자본이 임금, 이윤, 수입(收入)을 산출할 수 있게 해주는 수단이다(161쪽).

자본은 스스로 새롭고 등가인 형태로 전개되도록 정해져 있는 축적된 근로이다. 그것은 집단적 힘이다(162쪽).

자본은 문명의 다른 이름일 뿐이다(164쪽).

노동자들의 연합 ─ 노동 생산성의 기본 조건들로서의 협업과 분업 ─ 은 노동의 강도를 규정하고, 따라서 노동의 외연적 실현 정도를 규정하는 노동의 모든 생산력과 마찬가지로 **자본의 생산력으로** 현상한다. 따라서 노동의 집단력, 사회적 노동으로서의 노동의 성격은 자본의 집단력이다. 과학도 마찬가지. 고용의 분할이자 그것에 조응하는 교환으로 나타나는 바와 같은 분업도 마찬가지. 생산의 모든 사회적 잠재력(Potenz)은 자본의 생산력이고, 따라서 자본 스스로가 잠재력의 주체로 현상한다. 따라서 공장에서 나타나는 바와 같은 노동자들의 연합은 노동자들에 의해서가 아니라 자본에 의해서 정립되어 있다. 노동자들의 결합은 **노동자들의 현존**이 아니라 자본의 **현존**이다. 개별적인 노동자에 대하여 결합은 우연적인 것으로 현상한다. 그는 다른 노동자들과 자신의 결합 및 다른 노동자들과의 협업에 대하여 낯선 것, 즉 자본의 작용 방식으로 관계한다. 자본은 그가 부적합한 형태로 — 요컨대 예를 들어 소규모의 자기 노동하는 자본의 형태로 — 나타나지 않는 곳에서는 이미 크든 작든 일정한 규모의 집중을 상정하는데, 그것은 객체적인 형태로 뿐만 아니라, 즉 생활 수단, 원재료, 도구 또는 한마디로 말하자면 부의 일반적인 형태로서의 화폐의 한 수중으로의 집중 — 아직 여기에서는 축적과 일치한다 — 으로서 뿐만 아니라 다른 한편에서는 주체적인 형태로, 노동력의 축적과 이것의 한 지점으로의 집중, 즉 자본가의 지휘 아래로의 집중을 상정한다. 장인(匠人) 한 명에 직인(職人)이 한두 명 오듯이 노동자 한 명 당 자본가 한 명이 올 수는 없으며, 일정량의 노동자가 한 자본가에게 와야 한다.

생산적 자본 또는 자본에 조응하는 생산 방식은 이중적인 것일 수밖에 없다 — 매뉴팩처 또는 대공업. 전자에서는 분업이 지배하고, 후자에서는 (균일한 노동 양식을 가지는) 노동력들의 결합과 과학적 힘의 응용이 지배하는데, 여기에서는 노동의 결합과 소위 공동 정신이 기계 등에 옮겨져 있다. 전자의 상태에서는 (축적된) 노동자 집단이 자본량에 비해서 커야 한다. 두 번째 상태에서는 협동하는 다수 노동자들의 수에 비해서 고정 자본이 커야 한다. 그러나 여기에서는 다수의 노동자들의 집중과 이들을 그만큼 많은 바퀴로서 기계류에 분배하는 것(왜 농업에서는 다른가는 여기에 속하는 문제가 아니다)이 이미 전제되어 있다. 요컨대 경우 II는 특별히 고찰될 필요가 없고, 경우Ⅰ만 고찰되면 된다. 매뉴팩처의 독특한 발전은 분업이다. 그러나 이 분업은 하나의 지휘권 아래 다수 노동자의 (사전적인) 집합을 전제로 하는데, 이는 화폐의 자본화가 일정량의 생활 수단, 원재료, 노동 도구의 방출 상태를 전제로 하는 것과 마찬가지이다. 따라서 여기에서도 분업은 후술될 계기로서 사상(捨象)되어야 한다. 일정한 사업 영역들, 예를 들어 광산 노동은 처음부터 협업을 전제로 한다. 따라서 자본이 존재하지 않는 한에 있어서 협업은 강제 노동(부역이나 노예 노동)으로서 감독자 아래서 이루어진다. 도로 건설 등도 마찬가지이다. 이 노동들을 떠맡기 위해서 자본은 노동자의 축적과 집중을 창출하는 것이 아니라 이를 물려받을 뿐이다. 따라서 이것도 문제가 되지 않는다.

가장 간단하고 가장 덜 분업에 의존하는 형태는 자립적으로 흩어져서 사는 상이한 수직공, 방적공 등을 자본이 고용하는 것이다. (이 형태는 아직도 공업과 더불어 실존하고 있다.) 요컨대 여기에서는 아직 생산 방식 자체가 자본에 의해서 규정되는 것이 아니라 주어져 있는 것으로 발견된다. 흩어져 있는 이들 노동자의 통일점은, 그들이 생산하는 생산물이 자본의 수중에 축적되고, 그리하여 그들 자신의 수입을 초과하여 창출한 잉여 가치가 자본의 수중에 축적된다고 하는, 자본에 대한 그들의 상호 관계에 있을 뿐이다. 그들은 그들 각자가 협업하지(zusammenarbeiten) 않고 자본을 위해서 노동하는 — 따라서 자본을 하나의 중심으로 가지는 — 한에 있어서만 즉자적으로 협동 노동(zusammenwirkende Arbeit)으로 실존한다. 따라서 자본에 의한 그들의 결합은 형식적일 뿐이며, ∥10∣ 노동의 생산물에 관계할 뿐이지 노동 자체에는 관계하지 않는다. 그들은 다수와 교환하는 것이 아니라 한 자본가와 교환한다. 따라서 그것은 자본에 의한 교환의 집중이다. 자본은 개별자로서 교환하는 것이 아니라 다수의 소비와 요구를 대표하는 것으로서 교환한다. 자본은 더 이상 개별적인 교환자로서 교환하는 것이 아니라 교환 행위에서 사회를 대표한다. 흩어져서 노동하는 방직공들 등과의 자본측에서의 집합적 교환 및 집중하는 교환인데, 방직공들의 노동 생산물은 이 교환에 의해 집합되고 결합되며, 그리하여 그들의 노동 자체도 비록 서로 독립적으로 이루어질지라도 집합되고 결합된다. 그들 노동을 결합하는 것은 특수한 행위로 나타나고, 그 곁에서는 그들 노동의 자립적인 분산이 계속된다. 이것이 화폐가 자본으로서 자유로운 노동과 교환되기 위한 첫 번째 조건이다.

두 번째 조건은 이 수많은 노동자들의 자립적 분산의 지양인데, 여기에서 한 자본은 교환 행위에서 노동자들에 대하여 사회적 집단력으로 나타나서 더 이상 수많은 교환들을 결합시키는 것이 아니라 노동자들을 한 장소에서 자본의 지휘 아래, 한 매뉴팩처에 집결시키는 것이며, 노동자들을 주어져 있는 것으로 발견되는 생산 방식에 놓아두고, 이 기초 위에서 자본의 권력을 확립하는 것이 아니라 자본에 조응하는 생산 방식을 그 자신의 기초로서 창출하는 것이다. 자본은 생산에서의 노동자들의 결합을 정립하는데, 이 결합은 처음부터 공동의 장소에서 감독인 아래에서 발생하는 지휘 통솔, 보다 강한 규율, 지속성, 생산 자체에서 자본에 정립된 종속이 될 뿐이다. 여기에서는 생산의 일정한 불필요비용이 처음부터 절약된다. (이 과정 전체에 대해서는 영국의 대공업 발전에 대하여 특별히 논의하고 있는 가스켈 [11-114, 293-362쪽] 참조) 이제 자본은 노동자들의 집단력, 이들의 사회적 힘으로서 뿐만 아니라, 이들을 결속시키고 따라서 이 힘을 창출하는 통일체로 현상한다. 이 모든 것은 이전과 마찬가지로 남아 있고, 자본의 모든 발전 단계에서 수많은 자들이 하나로서의 자본과 교환하고, 그리하여 교환 자체가 자본에게 집중되는 것에 의해 매개된다. 교환의 사회적 성격. 자본은 노동자들과 사회적으로 교환하지만 노동자들은 자본과 개별적으로 교환한다.

수공업 경영에서는 생산물의 질, 개별적인 노동자의 특수한 숙련
이 중요하다. 장인(匠人)은 장인으로서 이 숙련에서 장인의 경지에
이른 것으로 상정된다. 장인으로서의 그의 지위는 그가 생산 조건들
을 점유하고 있다는 점에만 의거하는 것이 아니라, 특수한 노동에서
의 그 자신의 숙련에도 의거한다. 자본의 생산에서 처음부터 중요한
것은 이러한 반(半)예술가적 관계 — 이 관계는 일반적으로 노동의
사용 가치의 발전, 직접적인 손노동의 특수한 능력의 발전, 인간 손
등의 노동으로의 육성에 조응한다 — 가 아니다. 교환 가치와 잉여
가치가 문제되기 때문에 처음부터 중요한 것은 양이다. 자본의 발전
된 원칙은 바로 특수한 숙련을 불필요하게 만들고, 손노동, 직접적인
육체 노동 일체를 숙련 노동으로서 뿐만 아니라 근육 활동으로서도
불필요하게 만들며, 숙련을 오히려 죽은 자연력으로 만드는 데 있다.

이제 매뉴팩처의 등장을 자본의 생산 양식의 등장으로서 전제함
에 있어서는 자본 자체에 의해 비로소 야기될 노동 생산력이 아직
존재하지 않는다는 것이 전제되어 있다. 요컨대 이것은 매뉴팩처에
서는 필요 노동이 전체 가처분 노동 시간에서 큰 부분을 차지하고,
따라서 개별적인 노동자 당 잉여 노동이 아직 상대적으로 작다는 전
제이다. 그런데 이것은 한편으로는 대공업에서보다도 이윤율이 큼으
로써, 즉 자본이 기존의 양에 비해서 더 빠르게 축적됨으로써 상쇄되
었고 매뉴팩처의 진보가 가속화되었다. 100탈러 중에서 50이 노동에
할당되고 잉여 시간이 = 1/5이라면, 창출된 가치는 = 110 또는
10%이다. 100중에서 20만 노동에 할당되고 잉여 시간이 = ¼이라
면, 창출된 가치는 = 105 또는 5%이다. 다른 한편으로 매뉴팩처에
서 더 큰 이윤율은 수많은 노동자들을 한꺼번에 사용할 때에만 생겨
날 것이다. 더 큰 잉여 시간은 자본에 비해 수많은 노동자들의 잉여
시간이 집합됨으로써만 획득될 수 있다. 매뉴팩처에서는 상대적 잉
여 시간이 아니라 절대적 잉여 시간이 지배적이다. 이는 원래 분산된

독립적 노동자들 자신이 그들의 잉여 시간의 일부를 증식시키는 경우에는 더욱 그러하다. 자본이 자본으로 존재하기 위해서, 이윤을 가지고 살뿐만 아니라 축적할 수 있기 위해서, 자본의 이익은 = 다수의 동시적인 살아 있는 노동일의 잉여 시간의 합계여야 한다. 농업에서는 화학 작용 등을 하는 대지 자체가 이미 기계, 즉 직접적인 노동을 더욱 생산적으로 만들고, 따라서 오히려 잉여를 주는 기계인데, 그 까닭은 여기에서는 기계, 즉 **자연적 기계**로 작업이 이루어지기 때문이다. 이것은 아직 미발전된 매뉴팩처에 대하여 농업만을 비교한 중농주의자들의 학설이 지닌 유일하게 올바른 기반이다. 자본가가 한 노동자만을 사용해서 그의 잉여 시간으로 살 때, 그 자본가가 스스로도 자기 기금을 가지고 노동한다면 분명히 이중으로 벌 것이다. 왜냐하면 그는 잉여 시간 이외에 노동자에게 지불되는 급료를 획득할 것이기 때문이다. 그는 이 과정에서 잃을 것이다. 즉 그는 아직 자본가로서 일할 조건들에 있지 않을 것이며, 노동자는 그의 보조자일 뿐이고, 따라서 그는 노동자에 대하여 아직 자본으로서 관계하지 않을 것이다.

따라서 화폐가 자본으로 전화되기 위해서는 그것이 잉여 노동을 움직일 수 있어야 할뿐만 아니라 한꺼번에 일정량의 잉여 노동, 일정량의 필요 노동, 즉 **수많은 노동자들**의 잉여 노동을 움직여서 그 결합된 합계가 화폐가 **자본으로서** 살 수 있을 뿐만 아니라, 즉 소비에서 노동자 생활에 대하여 부를 대표할 뿐만 아니라 축적을 위해서 잉여 노동을 저축하기에도 충분해야 한다. 자본은 처음부터 사용 가치를 위해서, 직접적인 생존을 위해서 생산하는 것이 아니다. 요컨대 잉여 노동은 처음부터 그 중 일부를 다시 자본으로 사용하기에 충분할 정도로 커야 한다. 자본에 의한 생산은 언제나 자본으로서 즉각적으로 수많은 노동자들과의 교환으로 나타나다가 나중에는 수많은 노동자들에 의한 생산, 노동자들의 결합으로 나타나고, 일정량의 노동 능력을 동시에 노동시킬 능력이 있는 일정량의 사회적 부가 객체적으로 이미 한 사람의 수중에 집중되어 있는 단계에서 시작된다. 그리하여 이 자본은 처음부터 **집단력**, 사회적 힘으로서, 개별화의 지양으로서, 처음에는 노동자들과의 교환에 있어서의 개별화의 지양이었다가 나중에는 노동자들 자신의 개별화의 지양으로서 나타난다. 노동자들의 개별화는 아직 노동자들의 상대적인 독립을 전제로 한다. 따라서 자본에 대한 완전한 종속, 생산 조건들로부터 노동자들의 완전한 분리는 노동자들의 생존의 배타적인 기반으로서의 개별 자본 주위에 노동자들이 결집되어 있는 것을 전제로 한다. **화폐가 이미 수많은 교환자를 대표**하거나, 또는 개별자와 그의 개별적인 잉여를 초과하는 **교환력**을 가져야 하는 곳에서, 이미 더 이상 개별적인 기능이 아니라 개별자에게 속하되 사회적 기능으로서, 사회적 부의 대표를 교환하는 자로서 그에게 속하는 곳에서, 자본이 자본으로서 교환하기 위해서 전제되어 있는 특수한 형태의 교환으로부터 출발하면 결과는 동일할 것이다 — 또는 동일한 것의 다른 형태이다. — 다른 한편으로 그것은 **자유로운 노동의** 조건들로부터 생겨난다. 노동의 생산 조건들로부터의 개별자의 분리 = 한 자본 주위에 다수의 집결.}

{상인 자본도 처음부터 한 사람 수중에 수많은 교환들이 집중된 것이다. 그는 G로서 뿐만 아니라 W로서도 이미 다수의 교환자를 대표한다.}

‖11‖ "지식과 경험의 이러한 계속적인 전진은 우리의 커다란 강점이다."라고 베비지는 말한다[485쪽].

이 전진, 이 사회적 진보는 자본[에] 속하며 자본에 의해 이용된다. 과거의 모든 소유 형태는 인류의 대부분을 노예, 순수한 노동 도구의 지위로 전락시켰다. 역사적 발전, 정치적 발전, 예술, 과학 등은 그들 위에 있는 상류 사회에서 이루어졌다. 그러나 자본은 처음으로 역사적 진행을 부에 복무시켰다.

{자본에 의한 축적에 앞서 자본을 구성하고 자본의 개념 규정에 속하는 축적이 전제되어 있다. 우리는 이것을 집중(*Konzentration*)이라고 부를 수 없는데, 그 까닭은 그것이 수많은 자본과는 구별되어 이루어지기 때문이다. 아직 자본이라는 것에 대해서만 논의하면 집중은 여전히 축적 또는 자본 개념과 일치한다. 즉 그것은 아직 특수한 규정을 이루지 않는다. 그러나 아마도 자본은 처음부터 하나 또는 통일체로서 다수로서의 노동자들에게 마주 서 있다. 그리하여 노동자들의 집중으로서의 자본은 노동에 대하여 노동자들 밖에 속하는 통일체로 나타난다. 이러한 측면에서 보면 집중은 자본 개념에 포함되어 있다 ― 한 가지 목적을 위한 다수의 살아 있는 노동 능력의 집중인데, 이는 본원적으로는 결코 생산 양식 자체에서 이미 수행되고 생산 양식을 관통할 필요가 없는 집중이다. 노동 능력에 대한 자본의 집중화 작용 또는 이들 다수의 노동 능력 밖에 자립적으로 존재하는 노동 능력의 통일체로서의 자본의 정립.}

{롯시는 그의 『정치경제학 강의』에서 다음과 같이 말한다(노트, 26쪽).[275]

사회적 진보는 모든 결합을 해체하는 데 있는 것이 아니라 과거의 강요된 억압적인 결합을 자발적이고 정당한 결합으로 대체하는 데 있다. 가장 높은 단계에서의 고립은 야만 상태(Zustand der Unkultur)를 뜻한다. 가장 높은 단계에서의 강요된 억압적인 결합은 미개 상태(Barbarei)이다. 이들 극단의 이면은 우리로 하여금 매우 상이한 변형과 등급의 역사를 인식하게 한다. 완성은 개인적 능력(Macht)으로부터 그 활력, 그 사기, 그 책임을 박탈하지 않고 연합에 의해 힘을 배증시키는 자발적인 결합이다(354쪽).

자본에서 노동자들의 연합은 직접적인 물리적 강권(Gewald), 강제 노동, 부역 노동, 노예 노동에 의해 강요된 것이 아니다. 그것은 생산 조건들이 타인의 소유이고, 스스로 생산 조건들의 축적 및 집중과 마찬가지인 객체적 연합으로 존재함으로써 강요된다.}

{생산 도구를 자본으로 만드는 경제적 형태는 전적으로 간과하고 자본을 단지 소재적 측면에서만, 생산 도구로서만 파악하는 것은 경제학자들을 온갖 난관에 빠뜨렸다. 롯시가 같은 책(노트, 27쪽)에서 묻기를,

원료가 실제로 생산 도구인가? 그것은 차라리 생산자의 공구들이 가공해야 하는 대상이 아닌가?(367쪽)

여기에서 롯시에게는 자본이 기술적인 의미에서의 생산 도구와 전적으로 일치하는데, 그에 따르면 모든 야만인은 자본가이다. (이는 토렌스씨가 [70-71쪽에서] 새를 향해 돌을 던지는 야만인에 대하여 실제로 주장한 것이다.) 그 밖에 순전히 소재적인 추상 — 즉 경제적 범주 자체의 사상 — 의 관점에서조차 롯시의 언급은 천박하며, 그가 그의 영국인 선생을 이해하지 못했다는 것을 보여줄 뿐이다. 새로운 생산을 위한 도구로 사용되는 축적된 노동. 또는 생산에 적용된 생산물 일체. 역시 생산물인 도구와 마찬가지로 원자재도 생산에 사용된다, 즉 형태 변화를 겪는다. 생산의 완성된 결과가 다시 생산 과정의 한 계기가 된다. 이 문장이 달리 뜻하는 것은 아무 것도 없다. 생산 과정 안에서 자본은 원자재나 도구로 기능할 수 있다. 그러나 자본이 생산 도구인 것은 그것이 직접적 생산 과정에서 생산 도구로서 역할을 수행하는 데 있는 것이 아니라 그것이 생산 과정 자체를 갱신하는 한 수단 — 생산 과정의 전제 중의 하나인 까닭에서 연유한다. 더욱 중요하고 더욱 핵심적인 것은 식료품이 자본의 일부, 즉 급료를

이루는가를 숙고하는 것이며, 여기에서 경제주의자들의 모든 혼란이
나타난다.

노동자의 보수는 자본가가 그것을 노동자에게 선불하기 때문에 자본
이라고 말해진다. 1년을 살기에 충분한 것을 가진 노동자 가족들만 있다
면 급료는 없을 것이다. 노동자는 자본가에게 다음과 같이 말할 수 있을
것이다. '당신은 공동의 작업을 위해 자본을 선불하시오 나는 거기에 노
동을 제공하겠소 생산물은 이런저런 비율로 우리끼리 나눕시다'라고 이
것이 실현되면 각자는 자신의 몫을 받을 것이다([롯시,] 369쪽).

그러면 노동자에 대한 선불은 없을 것이다. 그렇지만 노동자들은 노
동이 정지되어 있는 동안에도 소비할 것이다. 그들이 소비하는 것은 결
코 자본이 아니라 소비 기금에 속할 것이다. 요컨대 노동자에 대한 선불
은 필요하지 않다. 즉 급료는 생산의 구성 요소가 아니다. 그것은 하나의
부수적인 것이며, 우리 사회 상태의 한 형태이다. 그에 반해 생산하기 위
해서는 자본, 노동, 대지가 반드시 필요하다. 둘째로, 급료는 이중적으로
이용된다. 급료는 자본이라고 말해진다. 그러나 그것이 대표하는 것은
무엇인가? 노동이다. 노임을 말하는 자는 노동을 말하고 그 반대는 반대
이다. 요컨대 선불된 급료가 자본의 일부를 이룬다면, 자본과 대지라는
단지 두 가지 생산 도구에 대해서만 논해야 할 것이다(370쪽).

그리고 나아가

기본적으로 노동자는 자본가의 재산을 소비하는 것이 아니라 자기 자신
의 재산을 소비한다. 그에게 노동의 보수로 주어지는 것은 생산물에서 차지
하는 그의 비례분할적 부분이다(370쪽).

자본가의 **노동자와의 계약**은 생산의 현상이 아니다. … 기업가는 생산
을 용이하게 할 수 있는 이 합의를 얻기 위해 진력한다. 그러나 이 합의

는 두 번째 작업, 생산적 작업에 접목된 전혀 다른 성질의 작업에 지나지 않는다. 그것은 다른 노동 조직에서 사라질 수 있다. 오늘날에도 그것이 이루어지지 않는 생산들이 있다. 요컨대 급료는 부의 분배의 한 형태이지 생산의 요소가 아니다. 기업가가 급료 지불을 위해서 사용하는 기금 부분은 자본의 일부를 이루지 않는다. … 그것은 의심할 나위 없이 생산의 진행을 촉진할 수는 있으나 직접적인 생산 도구라고 불릴 수는 없는 별개의 작업이다(370쪽).

생산 노동 동안 노동자들의 생존 수단을 사상함으로써 노동의 힘을 이해한다는 것은 환상을 이해한다는 것과 같다. 노동을 말하는 자, 노동 능력을 말하는 자는 동시에 노동자와 생존 수단, 노동자와 노임을 말한다. … 동일한 요소가 자본이라는 이름 아래 다시 등장한다. 마치 동일한 사물이 동시에 두 가지 상이한 생산 도구들의 부분을 이룰 수 있다는 듯이 (370, 371쪽).

여기에는 많은 혼동이 있는데, 이는 롯시가 경제학자들의 말을 그대로 받아들이고 생산 도구 자체를 자본과 등치 시키기 때문에 당연히 나타나는 것이다. 우선 그가 임노동이 노동의 절대적인 형태가 아니라고 말하는 것은 전적으로 옳으나 여기에서 그는 자본도 마찬가지로 노동 수단과 노동 재료의 절대적인 형태가 아니라는 것, 이 두 가지 형태는 상이한 계기에 있는 동일한 형태이고, 따라서 운명을 같이 한다는 사실을 잊고 있다. 따라서 그가 임노동자가 없는 자본가에 대해 논한다는 것은 어리석은 짓이다. 자본가가 없이 1년간 살 수 있는, 즉 자본가 님의 허락을 받지 않고 자신들의 필요 노동을 수행하는 자기 생산 조건들의 소유자인 노동자 가족에 관한 그의 예. 따라서 그가 노동자 가족들에게 와서 제안하도록 하는 자본가란 생산 도구들의 생산자를 뜻할 뿐이다 — 그들에게 온다는 것은 외부와의 교환에 의해 매개된 분업을 뜻할 뿐이다. 그러면 모든 채비가 없어도

— 단순한 교환들에 의해 — 양자는 공동의 생산물로 분할된다. 교환은 분할이다. 이를 위해서 채비는 불필요하다. 그러면 이들 노동자 가족이 교환할 것은 잉여 노동, 절대적이거나 상대적인 잉여 노동인데, 그들은 이를 노동 도구에 의해 획득할 수 있게 될 것이다 — 자[본가]가 등장하기 이전에 노동자 가족이 매년 살 수 있게 해준 그들의 종래의 노동을 초과하는 새로운 부업이거나 또는 그들의 종래의 노동 영역에서 도구를 사용함으로써 이다. 여기에서 롯시 씨는 다행히도 노동자를 자신의 ‖12‖ 잉여 노동의 점유자이자 교환자로 만들고, 그리하여 그를 임노동자로 낙인찍을 마지막 흔적을 지워버렸다. 그러나 그에 따라 그는 생산 도구를 자본으로 만드는 마지막 흔적도 생산 도구에서 지워버렸다.

노동자가 "기본적으로 자본가의 재산을 소비하는 것이 아니라 자기 자신의 재산을 소비한다."는 것은 옳다. 그러나 롯시 씨가 생각하듯이 그것이 다만 생산물 일체의 비례분할적 부분이기 때문에 그러한 것은 아니다. 그것은 그의 생산물의 비례분할적 부분인데, 교환의 외양이 벗겨지면 그가 하루의 일부는 자신을 위해서 노동하고 다른 일부는 자본가를 위해서 노동하되, 그는 그의 노동이 이러한 분할을 가능하게 하는 한에 있어서만 **노동할 수 있는 허락 자체를 받는다**는 것이 지불의 진상이다. 우리가 살펴본 바와 같이 **교환 행위** 자체는 직접적인 생산 과정의 계기가 아니라 그것의 한 조건이다. 그러나 자본 교환의 상이한 계기들, 유통을 포함하는 자본의 총 생산 과정 내부에서 이러한 교환은 전체 과정의 한 계기로 정립되어 있다.

그러나 롯시가 말하는 바에 따르면 급료는 계산에서 두 번 나타난다. 한 번은 자본으로서, 다른 한 번은 노동으로서. 그리하여 그것은 두 가지 상이한 생산 도구를 대표한다. 급료가 생산 도구 노동을 대표한다면, 그것은 생산 도구 자본을 대표할 수 없다. 여기에는 롯시가 정통적인 경제적 구별을 진지하게 받아들이기 때문에 생겨나는 또 다른 혼동이 있다. 생산에서 급료는 급료로 전환되기로 규정된 기금, 잠재적인 급료로서 한 번만 기능한다. 그것이 실재적인 급료가 되자마자 그것은 지불되어 버렸으며 노동자의 수입으로서 소비에서만 기능하게 된다. 그러나 급료와 교환된 것은 노동 능력인데, 이 노동 능력은 생산에서 전혀 기능하지 않으며, 이 노동 능력에 대하여 이루어지는 사용 — 노동 — 만이 기능한다. 노동은 지불되는 것이 아니기 때문에, 즉 급료에 의해 대표되는 것이 아니기 때문에 가치의 생산 도구로 나타난다. 사용 가치를 창출하는 활동으로서의 노동은 마찬가지로 급료 받는 노동으로서의 자신과 아무런 상관도 없다. 노동자의 수중에 있는 급료는 더 이상 급료가 아니라 소비 기금이다. 자본가의 수중에서만 급료, 즉 노동 능력과 교환되기로 규정된 자본 부분이다. 자본가에게 급료는 판매 가능한 노동 능력을 재생산해 주었으므로, 이 측면에서만 보면 노동자의 소비조차 자본가에게 기여하는 것으로 이루어진다. 자본가는 노동 자체에 대해서는 전혀 지불하지 않고 노동 능력에만 지불한다. 그렇지만 자본가는 이 능력 자체의 작용에 의해서만 지불할 수 있다. 급료가 이중으로 나타난다면 그것은 급료가 두 번 두 가지 상이한 생산 도구를 대표하기 때문이 아니라 한 번은 생산의 관점에서, 다른 한 번은 분배의 관점에서 나타나기 때문이다. 그러나 이 일정한 분배 형태는 다른 형태일 수도 있는 임의의 채비가 아니다. 그것은 생산 형태 자체에 의해 정립되어 있으며, 다른 규정들 속에서 고찰된 생산 자신의 계기 중의 하나일 뿐이다.

기계의 가치는 분명히 기계에 투입된 자본의 일부를 이룬다. 그러나 기계는 비록 공장주에게 회수될지라도 가치로 재생산되는 것은 아니다. 가치가 생산 도구로서의 기계를 대표하지 않는 것과 마찬가지로, 급료는 생산 도구로서의 노동을 대표하지 않는다. 급료는 노동 능력을 대표할 뿐이며, 노동 능력의 가치는 자본으로서의 노동 능력과는 분리되어 존재하므로 자본의 일부이다. 자본가가 타인의 노동을 점취하고, 이렇게 점취된 노동으로 노동을 다시 구매하는 한에 있어서, 급료 ─ 즉 노동의 대표물 ─ 는, 롯시 씨 식으로 말하자면 이중적으로 1. 자본의 소유로서, 2. 노동의 대표물로서 나타난다. 원래 롯시 씨를 불안하게 만드는 것은 급료가 두 가지 생산 도구, 자본과 노동의 대표물로 나타난다는 것이다. 그는 노동이 생산력으로서는 자본에 병합되어 있고, 가능성에 있어서가 아닌 실재적인 존재에 있어서의 노동으로서는 결코 자본과 구별되는 생산 도구가 아니라 자본을 비로소 생산 도구로 만든다는 것을 잊고 있다. 자본의 일부를 구성하는 것으로서의 급료와, 동시에 노동자의 수입으로서의 급료 사이의 차이를 이루는 것에 대해서는 이윤, 이자에 관한 절에서 살펴보기로 하는데, 우리는 이 절로써 자본에 관한 제1장을 마칠 것이다.}

{맬더스는 위에서 언급한 『가치 척도론』 등과 관련하여 그의 『정치경제학에 있어서의 제정의 등』(런던 1827년)에서 재론하고 있다. 거기에서 그는 다음과 같이 기술하고 있다.

내가 리카도 이전에 만난 어떤 저자도 노임이나 실질 노임이라는 용어를 비율을 포함하는 의미로 사용한 적이 없다. 물론 이윤은 비율을 포함하고 이윤율은 선불된 자본 가치의 백분비로서 언제나 올바르게 고찰되었다. 그러나 일반적으로 임금의 증감은 임금이 일정량의 노동에 의해 획득될 수 있는 총생산물과 가질 수 있는 어떤 비율과 관련하여 측정된 적이 없고, 노동자가 받는 일정한 생산물의 많고 적은 양에 따르거나 또는 그러한 생산물이 욕구들과 생활의 안락(安樂)을 규정할 수 있는 크고 작은 능력에 따라 측정되었다(M. 29, 30쪽)(노트 X, 49쪽).[267]

어떤 주어진 생산에서 자본에 의해 생산되는 유일한 가치는 새로운 노동량에 의해서 추가되는 가치이다. 그러나 이 가치는 급료를 재생산하는 필요 노동 — 급료 형태로 이루어진 자본 선불 — 과 잉여 노동, 따라서 이 필요 노동을 초과하는 잉여 가치로 구성된다. 재료와 기계에 행해진 선대(先貸)는 한 형태로부터 다른 형태로 옮겨질 뿐이다. 원자재와 마찬가지로 도구도 생산물로 옮겨가고, 그것의 마모는 동시에 생산물의 형태 정립이다. 많은 채취 산업에서 원자재와 도구가 거의 = 0으로 평가되듯이, 원자재와 도구에 아무런 비용도 들지 않는다면 (금속 채굴업, 석탄 채굴업, 어업, 수렵, 원시림에서의 벌목업 등 모든 채취 산업에서 원자재는 언제나 그러하다.) 그것들은 생산의 가치에도 절대로 아무 것도 추가하지 않는다. 그것들의 가치는 선행하는 생산의 결과이지 그것들이 도구와 재료로서 기여하고 있는 당면한 생산의 결과가 아니다. 그러므로 잉여 가치는 필요 노동에 대한 비율로만 측정될 수 있다. 이윤은 잉여 가치의 부차적인, 파생적인, 전화된 형태이자 자신의 발생 흔적이 지워져버린 부르주아적 형태이다.

리카도 자신은 이것을 이해한 적이 없는데, 그 이유는 그가 1. 언제나 이 차이의 본원적인 정립에 대해서가 아니라 **완성된** 생산물의 분할에 대해서만 논하기 때문이며, 2. 그의 이해력이 자본과 노동 사이에는 교환 관계와는 전혀 다른 관계가 등장한다는 것을 보도록 그를 강요했으나, 그는 부르주아적 등가물 체제가 등가물 없는 점취로 반전되어 이에 기초한다는 것을 통찰해서는 안되었기 때문이며, 3. 이윤과 임금의 비율에 관한 그의 명제는 일정한 총 가치가 두 부분으로 분할될 때, 어떤 양 일체가 둘로 분할될 때는 양자의 크기가 필연적으로 반비례한다는 것과만 관련되기 때문이다. 그리고 나서 그의 학파도 문제를 이 잠꼬대로 제대로 요약했다. 그에게 있어서 그로 하여금 임금과 이윤의 비율을 설정하도록 추동(推動)한 관심은 잉여 가치 창출의 근원을 밝히려는 관심이 아니라 — 왜냐하면 그는 주어진 가치가 급료와 이윤, 노동과 자본 사이에 분할되어야 한다는 전제에서 출발하기 때문이고, 이 분할을 자명한 것으로 상정하기 때문이다 — 오히려 **첫째로** 가치를 분배, 이윤과 임금으로 상이하게 분배한다고 할지라도 가치 자체의 한계가 영향을 받지는 않는다는 것을 보여줌으로써, 그가 가치로부터 설정한 올바른 가격 결정을 일상적인 가격 결정에 대하여 관철시키려는 관심이고, **둘째로** 그에게 있어서 가치의 고정적인 부분이 노동에 귀속된다는 전제하에서는 설명할 수 없었던, 잠정적일 뿐만 아니라 계속적인 이윤율의 하락을 설명하려는 관심이며, **셋째로** 그가 이윤율의 하락을 노임의 상승으로 설명하지만 이 상승 자체는 농업 생산물의 **가치** 상승, 즉 생산에서 증대되는 곤란으로 설명함으로써 동시에 **지대**를 그의 가치 원칙과 충돌하지 않는 것으로 설명하려는 관심이었다. 동시에 이것은 산업의 진보를 착취하는 토지 소유에 대항하는 산업 자본을 위해 논쟁의 무기를 제공했다. 그러나 동시에 그는 단순한 논리에 추동되어 이윤의 대립적인 본성, 노동과 자본의 대립적인 본성을 선포했다. ‖13‖ 비록 나중에는 이윤과 급료의 이러한 대립적 성격이 노동자의 실질 소득과는 무관하며, 노임의 비례적인 (절대적이 아니라) 상승은 오히려 축적을 방해하고, 산업 발전은 부패한 토지 소유자들에게만 유용했기 때문에 해악하다는 것을 노동자에게 증명하고자 노력하지만. 대립적인 형태는 조용히 선포되었고, 따라서 리카도를 이해하지 못한 캐리는 리카도를 공산주의자들의 아버지 등으로 비난할 수 있었는데, 여기에서 캐리는 그 자신도 이해하지 못하는 한 가지 의미에서 다시 옳다.[276]

  그러나 맬더스처럼 노임의 비례적인 (그러므로 대립적인) 본성을 절대로 문제삼지 않으려는 다른 경제학자들은 한편으로 대립을 은폐하기를 원하며, 다른 한편으로 노동자가 단순히 일정한 사용 가치, 그의 노동 능력을 자본과 교환하고, 따라서 노동의 생산력, 신가치를 창출하는 힘을 포기하며, **생산물과는** 아무런 상관이 없고, 따라서 자본가와 노동자들 사이의 교환, 즉 급료에 있어서는 경제적으로 등가물들이 전제되어 있는 모든 단순 교환에서와 마찬가지로, 양(量)만이, 사용 가치의 양만이 문제가 된다고 고집한다. 이것이 한편으로는 옳지만 그것은 물물교환의 형태, 외견상 교환의 형태를 수반하게 되어 노동자는 경쟁이 그로 하여금 자본가와 흥정하고 다투도록 허락한다면, 자신의 요구를 자본가의 이윤에 맞추어 측정하고, 자신에 의해 창출된 잉여 가치에서 일정한 몫을 요구하게 된다. 그리고 비율이 경제 생활 자체의 현실적인 계기가 되게 한다. 나아가 두 계급의 투쟁 — 노동자 계급의 발전에 따라 필연적으로 발생하는 — 에서는 바로 노임 자체에 의해서 비율로 표현되고 있는 상호 거리의 측정이 결정적으로 중요하다. 교환의 외양은 자본에 기초한 생산 양식의 과정에서 사라진다. 과정 자체와 과정의 반복에 의해서 즉자적으로 있는 것, 노동자가 자기 자신의 노동의 일부만을 급료로 자본가로부터 받는다는 것이 정립된다. 그리고 나면 이것은 노동자들뿐만 아니라 자본가들의 의식 속으로도 들어간다.

원래 리카도에게 있어서 문제는 필요한 급료가 발전 과정에서 총 가치에 대하여 어떤 비율을 이룰 것인가 하는 문제뿐이다. 언제나 필요한 급료만이 남아있다. 요컨대 그것의 비례적인 본성은 여전히 동일한 최소한을 받는 노동자의 관심을 끌지 못하고 자본가의 관심만을 끄는데, 자본가에게 있어서는 노동자들이, 사용 가치로 표현할 때 더 많이 받지 않아도 순수입으로부터의 공제가 변동한다. 그러나 리카도가 비록 전혀 다른 목적을 위해서였지만 이윤과 급료의 대립적 본성을 정식화했다는 것 자체는 이미 그 당시에 자본에 기초한 생산 양식이 갈수록 자본의 본성에 적합한 형태를 취하고 있었다는 것을 보여준다. 맬더스는 앞에서 인용한 『정의』(노트 Ⅸ, 49, 50쪽)[267]에서 리카도의 가치론과 관련하여 다음과 같이 기술하고 있다.

노임의 가치가 증가하는 데 비례해서 이윤은 하락하고 그 반대의 경우에는 반대이다라는 리카도의 주장은 동일한 노동량이 투입되어 있는 상품들은 언제나 동일한 가치를 가진다는 전제 아래서만 타당하다. 그리고 이것은 500가지의 경우 중 한 경우에만 타당하다. 그것도 반드시 그러한데 그 이유는 문명과 개선의 진전과 더불어 사용된 고정 자본의 양은 언제나 증가하고, 유동 자본의 회전 시간을 더욱 상이하고 불균등하게 만들기 때문이다(앞의 책, 31, 32쪽).

(이것은 **가치**가 아니라 **가격**과 관련된다.) 맬더스는 그의, 그 자신의 진정한 가치 기준의 발견과 관련하여 다음과 같이 기술한다.

첫째로, 한 상품에 의해 지휘되는 통상적인 노동량은 그것을 생산하는 데 사용된 노동량에 이윤을 더한 것을 대표하고 측정해야 한다는 점이 확인되어 있는 것을 나는 어디에서도 발견하지 못했다. … 한 상품에 소비된 노동에 이윤을 더한 것을 나타냄으로써, 노동은 상품 공급의 자연적이고 필요한 조건들이나 또는 상품 생산의 기본 비용을 대표한다. … 둘째로, 나는 비옥도가 어떻게 변하든 어떤 주어진 노동량에 대한 노임의 기본적 생산비가 필연적으로 언제나 동일해야 한다는 점이 확인되어 있는 것을 발견하지 못했다(196, 197쪽).

이것은 임금은 언제나 그것의 생산에 필요한 노동 시간과 동일한데, 이 시간은 노동 생산성과 더불어 변동한다는 것을 뜻할 뿐이다. 상품량은 동일하게 남아 있다.

가치를 어떤 상품의 일반적인 구매력으로 간주한다면, 이것은 모든 상품의 구매, 전체 상품량과 관련된다. 그러나 이것은 대단히 다루기 어렵다. … 누군가 이의를 제기할지라도 노동은 기껏해야 전체 생산물량의 평균치를 대표할 뿐이라는 것은 한순간도 부정될 수 없다(205쪽).

노동과 비교할 때 원료품과 같은 대집단의 상품은 사회의 진보와 더불어 등귀하는데 반해 가공된 품목들은 하락한다. 동일한 나라에서 어떤 주어진 노동량이 지휘하는 평균적인 상품량이, 수세기가 흐르는 동안, 크게 변할 수 없다고 말한다면 그것은 그다지 틀린 말이 아니다(206쪽).

가치는 언제나 노동과의 교환에서의 가치여야 한다(앞의 책, 224쪽 주).

다른 말로 하자면 교의는 다음과 같다. 한 상품의 가치, 그것에 투입된 노동은 그 상품이 지휘하는 살아 있는 노동일, 그것과 교환될 수 있는 살아 있는 노동일, 따라서 임금에 의해서 대표되고 있다. 살아 있는 노동일은 시간뿐만 아니라 잉여 시간도 포함한다. 우리가 맬더스에게 베풀 수 있는 최대한의 호의를 베풀어보자. 즉 필요 노동에 대한 잉여 노동의 비율, 따라서 이윤에 대한 임금의 비율이 언제나 불변이라고 가정하자. 우선 맬더스 씨가 한 상품에 투입된 노동에 이윤을 더한 것이라고 말하는 것이 이미 그의 혼동을 증명하고 있는데, 그 이유는 바로 이윤이 투입된 노동의 일부를 이룰 뿐이기 때문이다. 여기에서 그는 고정 자본 등에서 유래해야 하는 투입된 노동을 초과하는 이윤을 염두에 두고 있다. 이것은 고정 자본의 여러 주주들에게 총 이윤을 분배하는 것과 관계가 있을 뿐 이윤의 총량과는 관계가 없다. 만약 모두가 그들의 상품에 대하여 투입된 노동 + 이윤을 받는다면, 이 이윤은 어디에서 올 수 있단 말입니까, 맬더스 씨? 한 사람이 그의 상품에 투입된 노동 + 이윤을 받는다면, 다른 사람은 투입된 노동 — 이윤을 받아야 한다. 여기에서 이윤은 실질적인 잉여 가치의 추가분으로 간주된다. 그리하여 이것은 누락된다. 이제 투입된 노동일 = 3노동일이라고 가정하자. 잉여 노동 시간의 비율이 1 : 2이면 이 잉여 노동 시간은 1½노동일에 대한 지불에서 수취되었다. 노동자들은 실제로는 3일 일했지만 각자는 반나절의 노동40)만을 지불 받았다. 또는 노동자들이 그들의 3일 노동에 대해 받은 상품에는 1½노동일만이 투입되었다. 그러므로 그의 상품에 투입된 3노동 [일]에 대하여 자본가는, 모든 비율이 동일하다면 6노동일을 받을 것이다. (이 사례는 잉여 노동 시간이 = 필요 노동 시간으로 정립되고, 따라서 두 번째 경우에는 첫 번째 경우가 반복되기 때문에만 옳다.)

(잉여 가치, 상대적 잉여 가치가 앞에서 지적된 비율에 의해서 뿐만 아니라 생산물이 노동자의 소비에 충당되는 비율에 의해서도 제약된다는 것은 분명하다. 생산력의 성장에 의해 자본가는 두 배 많은 캐시미르 목도리를 생산하는데, 이들이 가치에 따라 판매된다면 이 자본가는 상대적 잉여 가치를 창출하지 않았을 것이다. 왜냐하면 노동자들은 그러한 목도리를 소비하지 않고, 따라서 그들의 노동 능력을 재생산하는 데 필요한 시간은 언제나 동일하게 남아 있을 것이기 때문이다. 이것이 실제에 있어서는 그렇지 않은데, 그 까닭은 그러한 경우에 가격이 가치 이상으로 상승하기 때문이다. 여기에서 이론적으로는 아직 우리와 상관이 없는데, 그 까닭은 한 특수한 분야에서의 자본이 아니라 자본 자체 Kapital an sich 가 고찰되기 때문이다.) 즉, 그는 3일에 대해서 지불하고 6일을 노동하도록 할 것이다. 그는 ½일로 하루를, 요컨대 6/2일 = 3일로 6일을 산다. 따라서 한 상품이 지휘하는 노동일, 또는 이 상품이 지불하는 임금이 그 상품의 가치를 표현한다고 주장하는 것은 자본과 임노동의 본성에 대하여 결코 아무 것도 이해하지 못한 것이다. 대상화된 노동일이 더 많은 살아 있는 노동일을 지휘한다는 것은 모든 가치 창출과 자본 창출의 핵심이다. 그러나 한 상품이 지휘하는 살아 있는 노동 시간이 그것의 가치

---

40) [역자] "한나절 반의 노동"이라고 해야 옳을 것이다.

증식의 척도, 그것이 정립하는 잉여 노동의 척도를 표현한다고 맬더스 씨가 말했더라면 옳을 것이다. 그러나 그 상품이 더 많은 노동을 정립할수록 더 많은 것을 정립한다는 것은 동어반복일 뿐이다. 또는 잉여 가치는 한 상품이 지휘하는 살아 있는 노동 시간이 그 상품에 투입되어 있는 살아 있는 노동 시간을 결코 대표하지 않기 때문에 발생한다는 것은 맬더스가 원하는 것의 정반대의 표현일 것이다.} (이제 우리는 마침내 맬더스에 대한 논의를 마쳤다.)

‖14‖ {위에서 우리는 자본 개념을 개진하면서 자본이 어떻게 가치 자체, 유통에서 보존될 뿐만 아니라 살아 있는 노동과의 교환에 의해서 증대되는 화폐인가에 대하여 논의했다. 따라서 생산하는 자본의 목적은 결코 사용 가치가 아니라 부로서의 부의 일반적인 형태라는 것. 토머스 찰머스 목사는 다른 많은 측면에서 보면 어리석고 불쾌한 그의 저술 『도덕적 국가 및 사회의 도덕적 전망과 관련한 정치경제학에 대하여』(제2판, 런던 1832년)에서 이 점을 제대로 지적하면서도, 다른 한편으로는 자본의 가치로서의 화폐를 실질적으로 존재하는 금속 화폐와 혼동하는 페레이르 같은 녀석들이 하는 어리석은 짓에 빠지지는 않았다. 공황 때 (상품으로서의) 자본은 유통 수단이 너무 적게 존재하기 때문에 교환 불가능한 것이 아니라 자본이 교환될 수 없기 때문에 유통되지 않는다. 공황 때 현금 화폐가 가지는 의미는 자본이 그의 가치를 받고 교환될 수 없는 데 반해 — 그리고 그렇기 때문에 자본에 대하여 이 가치가 화폐 형태로 고정되어 있는 것으로 현상한다 — 채무는 지불되어야 한다는 데에서 유래할 뿐이다. 중단된 유통 곁에서 강제 유통이 일어난다는 것. 찰머스가 말하기를(노트 Ⅸ, 57쪽),[267]

어떤 소비자가 일정한 상품들을 거부한다면, 그것은 새로운 경제학자들에 의해서 전제되듯이 반드시 그가 다른 상품들을 선호하기 때문이 아니라 그가 일반적 구매력을 전적으로 보존하고자 하기 때문이다. 그리고 어떤 대상인(大商人)이 시장에 상품을 내온다면, 그것은 대부분 그에게 대체물로 제공될 수 있을 다른 상품들을 찾아서가 아니며, … 그는 모든 상품을 위해 그의 일반적 구매력을 확대하고자 한다. 화폐도 상품이라고 말하는 것은 아무런 도움이 되지 않는다. 어떤 대상인이 사용처를 발견하는 현실적인 금속 화폐는 그의 자본, 그의 화폐 자본에 있어서조차 작은 부분을 넘지 않는다. 비록 화폐로 산정되어 있지만 이 자본은 그 전체에 있어서 서면으로 확정된 계약에 기초해서 유통되고, 전체의 사소한 일부를 차지하는 주화의 도움을 받아 그것의 모든 목적을 위해서 이용될 수 있다. 화폐 자본가의 커다란 목표는 실제로 그의 자산의 명목 금액을 높이는 것이다. 즉, 그것이 금년에 화폐로 표현해서 예컨대 20,000파운드에 달한다면, 다음 해에는 화폐로 표현해서 24,000파운드여야 한다. 그가 대상인으로서 그의 이익을 증진시킬 수 있는 유일한 경로는 산정된 화폐 가치만큼 그의 자본을 선불하는 것이다. 그에게 이들 목표가 가지는 의미는 통화의 변동이나 화폐의 실질 가치의 변화에 의해 손상되지 않는다. 예를 들어 그의 소득이 1년만에 20,[000]에서 24,000파운드에 이른다고 하자. 화폐 가치의 하락에 의해 그는 향락품 등에 대한 그의 지휘를 증대시키지 못했을 수도 있다. 그럼에도 불구하고 그의 이익은 화폐가 하락하지 않았을 때와 마찬가지이다. 왜냐하면 그렇지 않다면 화폐 형태로 있는 그의 자산은 정체되어 있을 것이며, 그의 실질적인 부는 24 대 20의 비율로 감소했을 것이기 때문이다. … 요컨대 상품들은 (즉 사용 가치, 실질적인 부가) 행동하는 자본가의 최종적인 목표가 아니다.

(실질적인 금속 화폐 — 또는 지폐라 해도 상관없을 것이다 — 에서, 간단히 말해 실질적인 화폐로서의 가치의 형태에서 부와 치부의 일반적 형태를 본 것은 중금주의[1권 81]의 환상일 뿐이다. 반면에 일반적 구매력의 축적으로서의 화폐가 증대되는 데 비례해서 유통 수단, 또는 실현된 보화라는 일정한 형태의 화폐는 감소한다. 실질적 부 또

는 생산력의 어음 발행으로서의 화폐는 수천 가지 형태를 취한다.)

소비를 위한 구매에 그의 수입을 지출하는 경우를 제외하고. 그의 자본의 지출에서는, 그리고 그가 생산을 위해서 구매한다면 화폐가 그의 최종적인 목표이다(주화가 아닌 데 주목하라)(164-166쪽).

같은 찰머스가 말하기를,

이윤은 처분 가능한 주민의 용역을 단순한 토지 소유자를 제외한 다른 점유자들에게 끌어당기는 힘을 가지고 있는 데 반해 … 그의 지출은 기본적인 생활 욕구를 초과한다(78쪽)(노트 IX, 53쪽).}

찰머스는 위에서 인용된 책에서 전체 **유통** 과정을 경제 순환이라 부른다.

상업 세계는 우리가 경제 순환이라고 부르고자 하는 것으로 격변하는 것으로 파악될 수 있다. 이 순환은 계속 이어지는 거래들을 거쳐 사업이 출발점으로 다시 돌아오는 회전을 완료한다. 순환은 자본가에게 그의 자본을 대체해주는 수익을 자본가가 받은 날부터 시작된다. 그 다음에 그가 새롭게 넘어가는 곳은 그의 노동자들을 사용하는 것이다. 노동자들에게 그들의 생계, 또는 그것보다는 생계를 획득할 수 있는 능력을 노임으로 나누어주기 위해서. 노동자들로부터 상품을 완성된 산물로 받아서, 그가 판매를 불러일으키고 이 과정에서 전체 자본 지출에 대한 수익 환수를 받아가면서 이 상품들을 시장에 내가고 거기에서 일련의 운동의 순환 경로를 마치기 위해서 상품들을 가지고 특수하게 거래하기 위해서. 화폐의 개입은 이 작업의 현실적인 내용에 아무런 변화도 가하지 않는다. … (앞의 책, 48, 49쪽)(노트 54, 55쪽).[41]

41) 본래는 '(앞의 책, 85쪽)(노트 IX, 54쪽)'이라고 해야 옳을 것이다.

　　회전에 있어서의 차이가 직접적인 생산 과정과 일치하는 유통 과정의 국면에 좌우되는 한에 있어서 이러한 차이는 대상(예를 들어 운하 건설 등)을 완성하는 데 필요한 노동 시간의 길고 짧음에 좌우될 뿐만 아니라 일부 산업 영역들 — 농업 — 에서는 노동의 본성 자체에 의해서 주어지는 노동의 중단에도 좌우되는데, 그 이유는 한편으로는 자본이 유휴화되고 다른 한편으로는 노동이 정지되기 때문이다. 그러므로 밀은 1년이 걸리는 곡물이고, 소는 5년이 걸리는 곡물이라는 애덤 스미스의 예가 있다.[277] 그렇기 때문에 후자에는 5년의 노동이 투입되고, 전자에는 1년의 노동이 투입된다.

　　예를 들어 초원에서 자라는 가축에게 투입되는 노동은 적다. 다른 한편으로 농업 자체에서 겨울 동안에 투입되는 노동은 적다. 농업에서는(그리고 정도의 차이는 있지만 다른 생산 영역들에서도) 생산 과정 자체의 조건들에 의해 주어지는 노동 시간의 중단·휴식이 발생하는데, 생산 과정을 계속하거나 완료시키기 위해서는 주어진 한 시점에서 이 노동 시간이 다시 새롭게 시작되어야 한다. 여기에서는 생산 과정의 지속성이 노동 과정의 연속성과 일치하지 않는다. 이것이 차이의 한 계기이다. 둘째로, 생산물 자체가 완성되기 위해서는, 그것의 최종 상태로 정립되어 있기 위해서는 보다 긴 시간을 필요로 한다. 이것은 노동 작업에서의 중단이 발생하든 발생하지 않든 상관없는 생산 과정의 전체 시간이다. 생산 국면의 상이한 시간 일체. 셋째로, 예를 들어 포도주처럼 생산물이 비교적 적은 노동을 필요로 하는 곳에서는 그것이 완성된 다음 자연 과정에 맡겨지기 위해서 보다 긴 시간 동안 방치되어 있어야 할 필요가 있을 수도 있다. (이는 개념적으로 대체로 I과 동일한 경우이다.) 넷째로, 보다 먼 시장을 목표로 했기 때문에 시장에 내가기 위해서 보다 긴 시간. (이는 개념적으로 경우 II와 일치한다.) 다섯째로, 자본의 전체 회전을 위한 시간의 길고 짧음이 고정 자본과 유동 자본의 비율에 의해 결정되는 한에 있어서 그것은 분명히 직접적인 생산 과정, 이것의 지속 시간과 관계되는 것은 아니며 유통에 의해 규정된다. 전체 자본의 재생산 시간은 유통을 포함하는 전체 과정에 의해 규정된다.

필요한 생산 기간의 부등성

농업과 다른 노동 영역들의 생산물을 완성하기 위해서 필요한 시간의 차이가 농부들이 매우 종속적이 되는 주원인이다. 농부들은 그들의 상품을 1년 이내에는 시장으로 내갈 수 없다. 이 1년 내내 그들은 그들이 생산물을 필요로 하고 몇 일 또는 몇 주만에 생산물을 완성하는 제화공, 재단사, 대장장이, 기타 다양한 생산자들로부터 빌리지 않을 수 없다. 이러한 자연적인 상황의 결과, 그리고 농업 노동보다 다른 노동에 의한 부의 증대가 더 빠른 결과, 전체 토지의 독점자들은 비록 입법마저 독점했을지라도 자신과 자신의 하인들, 차지농들이 공동체에서 가장 종속적인 계급이 되는 것을 막을 수 없었다(토마스 호지스킨, 『대중적 정치경제학』 4개의 강연 등, 런던 1827년, 147쪽 주)(노트 Ⅸ, 44쪽).[267]

노동자들의 욕구는 매일 충족되어야 하는 데 반해 모든 상품이 상이한 시간대에 생산된다는 자연적인 상황 … 상이한 상품들을 완성하기 위해서 필요한 시간의 이러한 부등성은 야만 상태에서 활과 화살의 생산자 등이 잉여 야생 동물에 대한 대가로 주기 위해서 어떤 상품을 완성하기 전에 사냥꾼 등이 잉여 야생 동물 등을 가지게 되는 사태를 초래할 것이다. 아무런 교환도 수행될 수 없을 것이다. 활 제작자도 사냥꾼이어야 할 것이고 분업은 불가능할 것이다. 이러한 어려움이 화폐의 발명에 기여했다(179, 180쪽)(앞의 책).

{자유 노동자 개념에는 이미 그가 빈민(*Pauper*), 잠재적 빈민이라는 것이 포함되어 있다. 요컨대 경제적 조건들에 있어서 그는 생명 욕구

들도 갖춘 단순한 **살아 있는 노동 능력**이다. 노동 능력이면서 이것의 실현을 위한 객체적 현존이 없는, 모든 측면에 있어서 곤궁. 자본가가 그의 잉여 노동을 필요로 하지 않으면 그는 필요 노동을 수행할 수 없고, 그의 생활 수단을 생산할 수 없다. 그러면 생활 수단은 교환에 의해 획득될 수 없다. 그것이 획득된다면 그것은 수입(Revenu)에서 그를 위한 자선금이 떨어짐으로써만 가능하다. 그는 노동 기금을 이루는 자본 부분과 자신의 노동 능력을 교환하는 한에 있어서만 노동자로 살 수 있다. 이 교환 자체가 그에게는 우연적인, 그의 유기적인 존재와는 무관한 조건들과 결부되어 있다. 요컨대 그는 잠재적 빈민이다. 더욱이 그가 갈수록 많은 잉여 노동을 생산하는 것이 자본에 기초한 생산의 조건이므로, 갈수록 많은 **필요 노동**이 자유롭게 된다. 요컨대 그의 궁핍(Pauperismus)의 기회가 커진다. 잉여 인구의 발전은 잉여 노동의 발전에 조응한다.

상이한 사회적 생산 양식들에서는 상이한 인구 및 과잉 인구 증가 법칙들이 존재하는데 과잉 인구는 궁핍과 동일하다. 이 상이한 법칙들은 생산 조건들에 대한, 또는 살아 있는 개인과 관련해서 고찰한다면, 사회에서만 노동하고 점취하므로, 사회 구성원으로서의 그의 재생산 조건들에 대한 상이한 관계 행위 방식들로 환원될 수 있다. 개별적인 개인이나 인구 일부와 관련하여 이 관계들을 해소하는 것은 이들을 이 일정한 토대의 재생산 조건 밖에 놓는 것이며, 따라서 과잉 인구로 정립하는 것이고 재산이 없을 뿐만 아니라 노동에 의해서 생활 수단을 점취할 능력도 없게 하는 것, 따라서 빈민으로 정립하는 것이다. 궁핍이 노동 자체의 결과, 노동 생산력의 발전의 결과로 나타나는 것은 자본에 기초한 생산 양식에서만 이다. 그러므로 사회적 생산의 어떤 단계에서는 과잉 인구로 나타날 수 있는 것이 다른 단계에서는 과잉 인구가 아닐 수 있으며, 그 효과들은 상이할 수 있다. 예를 들어 고대인들의 파견 이민은 과잉 인구였다. 즉 그들은 물질적 소유 기초, 즉 생산 조건들 위에서는 동일한 공간에서 계속 살 수 없었다. 근대적 생산 조건들과 비교할 때 그 수는 매우 적게 나타날 수도 있다. 그렇지만 그들이 빈민인 것은 결코 아니었다. 그러나 로마에서 빵과 유희[235]를 가지는 평민일 수는 있다. 대규모 민족 이동을 초래하는 과잉 인구는 다시 다른 조건들을 전제로 한다.[278]

과거의 모든 생산 형태들에서 생산력 발전은 점취의 조건이 아니라 생산 조건들에 대한 일정한 관계 행위들(소유 형태들)이 생산력의 전제된 제약으로 나타나고, 단지 재생산되어야 하므로 모든 생산력 발전이 귀결되는 인구 발전은 더욱 더 외적인 제약을 주어져 있는 것으로 발견하고, 그리하여 제약되어야 할 것으로 현상할 수밖에 없다. 공동체의 조건들은 일정한 인구 수와만 양립할 수 있다. 다른 한편에서는 일정한 형태의 생산 조건들의 확장 가능성에 의해 정립되는 인구 제약들이 이 형태에 따라 변한다면, 즉 축소되거나 확장된다면 — 요컨대 과잉 인구가 수렵 민족에게 있어서는 아테네인들에게 있어서와 다르며, 아테네인들에게 있어서는 게르만인들에게 있어서와 다르다 —, 인구가 증가하는 절대 비율은 변하고, 따라서 과잉 인구와 인구의 비율도 변한다. 따라서 일정한 생산 토대 위에서 정립된 과잉 인구는 적정 인구와 마찬가지로 규정되어 있다. 과잉 인구와 인구를 합하면 일정한 생산 토대가 낳을 수 있는 인구 전체(die Population)가 된다. 인구가 어느 정도 그 제약을 넘어서는가는 제약 자체에 의해 주어져 있다 — 또는 차라리 제약을 정립하는 동일한 이유에 의해 주어져 있다. 이는 필요 노동과 잉여 노동을 합하면 주어진 토대 위에서의 노동 전체라는 것과 마찬가지이다.

덧붙여 말하자면 맬더스의 이론은 그의 발명이 아니며, 그가 그의 이론으로 명성을 얻은 것은 자신의 이론을 공표하는 승려적인 열정, 원래는 그의 이론에 부여하는 강세 덕분인데, 이는 두 가지 측면에서 중요하다. 1. 그가 자본의 잔인한 고려에 잔인한 표현을 부여하기 때문에. 2. 그가 모든 사회 형태 하에서의 과잉 인구의 사실을 **주장했기** 때문에. 그가 그의 이론을 증명한 것은 아니었는데, 그 이유는 역사가들과 여행기들로 다채롭게 엮어놓은 그의 편찬물만큼 무비판적인 것은 없기 때문이다. 그의 견해는 전적으로 틀렸고 유치한데, 그 이유는 1. 그가 경제 발전의 상이한 역사적 국면들에서의 **과잉 인구**를 **동종**(同種)의 것으로 간주하고 이들의 특유한 차이를 이해하지 못하며, 따라서 복잡하고 변동하는 이 관계들을 한편에는 인간의 자연적 번식이 있고, 다른 한편에는 식량(또는 생존 수단)의 번식이 있는 두 개의 자연 수열, 이중 전자는 기하급수적으로, 후자는 산술급수적으로 진행되는 수열로 맞서 있는 하나의 관계로 어리석게 환원시키기 때문이다. 그리하여 그는 역사적으로 상이한 관계들을 순전히 날조되고 자연 법칙에도 역사 법칙에도 입각하지 않는 하나의 추상적인 수치 비율로 전환시킨다. 예를 들어 인간의 번식과 곡물의 번식 사이에 자연적인 차이가 있다는 것이다. 여기에서 이 멍청이는 인간의 증가가 기하급수적 비율로 진행되지 않기 위해서는 **외적인 규제들**, 제한들을 필요로 하는 순수한 자연 과정이라고 상정한다. 이 기하급수적 번식이 인간의 자연적인 번식 과정이라는 것이다. 그는 인구가 매우 상이한 관계 속에서 진행되고 과잉 인구도 역시 역사적으로 규정된 관계이며, 결코 수치에 의해서나 생활 수단의 생산성의 절대적인 한계에 의해서 규정되는 것이 아니라 **일정한 생산 조건들**에 의해 정립된 한계들에 의해 규정된다는 것을 역사에서 발견한다. 마찬가지로 숫적으로도 제한되어 있다. 아테네인들에게 과잉 인구를 의미하는 숫자가 우리에게는 얼마나 작은 것으로 보이는가! 둘째로는 성격에 있어서. 이주민으로 전환되는 자유로운 아테네인들의 과잉 인구는 빈민원 수용자로 전환되는 노동자들의 과잉 인구와는 현저하게 다르다. 수도원에서 잉여 생산물을 소비하는 구걸하는 과잉 인구도 마찬가지로 공장에서 형성되는 과잉 인구와는 구별된다. 인구 운동의 이러한 일정한 역사 법칙들을 사상한 것은 맬더스이지만, 이들 법칙은 인간 본성의 역사가 자연 법칙들이므로, 자기 자신의 역사 과정에 의해 [조건 지워진] 생산력 발전을 가지고 일정한 역사적 발전에서 이루어지는 인간의 자연 법칙들일 뿐이다. 역사적으로 규정된 인간으로부터 추상된 맬더스적 인간은 그의 머리 속에만 존재한다. 따라서 이 자연적인 맬더스적 인간에 조응하는 기하급수적 번식 방법도 따라서 실재적인 역사가 그에게는 마치 그의 자연 인간의 번식이 역사 과정의 추상, 실재적인 번식의 추상이 아니라 반대로 실재적인 번식이 맬더스 이론의 적용인 것처럼 현상한다. 따라서 역사에서는 어떤 단계에서든 인구뿐만 아니라 과잉 인구의 조건들, 내재적 조건들로 나타나는 것이 그에게 있어서는 인구가 맬더스적 형태로 발전하는 것을 저지한 일련의 외적인 제한들로 나타난다. 인간들이 역사적으로 생산되고 재생산되는 조건들이 맬더스의 창조물인 맬더스적 자연 인간의 재생산의 제약들로 현상한다. ‖16 ‖ 다른 한편에서 생활 수단의 생산은 ― 그것이 인간의 행위에 의해 제한되고 규정되는 바와 같이 ― 이 재생산이 자신에게 정립하는 제한으로 현상한다. 목초가 대지 전체를 덮었다. 목초의 재생산은 그것을 위한 공간이 없어진 곳에서만 중지되었다. 그것은 아무런 산술급수적 비율도 지키지 않았다. 자발적인 자연 생산물들의 재생산이 외적인 제한들이 없이 내적 동인에 의해서 정지된다는 것을 맬더스가 어디에서 발견했는지는 말하기 어렵다. 그는 인간 번식 과정의 내재적인, 역사적으로 변화하는 한계들을 외적인 제약들로 전환시킨다. 자연 생산의 외적인 제한들을 번식의 내재적 한계들, 또는 **자연 법칙들**로 전환시킨다.

2. 그는 어리석게도 일정수의 인간을 일정량의 생활 수단과 관련시킨다. 리카도[279]는 노동자가 **직업**이 없다면 기존의 곡물양이 그에게는 전적으로 무차별적이라고, 그러므로 노동자를 과잉 인구의 범주에 넣고 넣지 않는 것은 고용 수단이지 생존 수단이 아니라고 맬

더스에게 제대로 이의를 제기했다. 그러나 이는 보다 일반적으로 파악되어야 하고 대개 **사회적 매개**와 관련되는데, 이 매개를 통하여 개인은 그의 재생산을 위한 수단들과 관련되고 이들을 창출한다. 요컨대 **생산 조건들**과 이들에 대한 그의 관계 행위와 관련된다. 아테네의 노예들에게는 생산 가능한 필수품 이외에 노예 증대의 제약은 없었다. 그리고 우리는 고대에 잉여 노예들이 존재했었다는 말을 듣지 못했다. 오히려 노예에 대한 욕구는 증가했다. 그러나 기존의 생활 수단과 관련해서는 너무 많은 것이 아니었을지라도, 그들에게 점취를 가능하게 해주던 조건들을 상실한 (직접적인 의미에서의) 비노동자들의 잉여 인구는 아마 존재했었을 것이다. 잉여 노동자들, 즉 노동하는 무산자들의 발명은 자본의 시대에 속한다. 수도원들에 매달려 이들이 잉여 생산물을 먹어치우는 것을 도와주던 걸인들은 봉건 제후들의 하인들과 동일한 계급이다. [이는] 잉여 생산물이 소수의 소유자들에 의해서는 먹어치워질 수 없다는 것을 보여준다. 그것은 과거의 하인들이나 오늘날의 비천한 하인들의 다른 형태일 뿐이다. 개별적인 종족들의 상호 투쟁에서 보여지는, 예를 들어 수렵 민족들에게 있어서의 과잉 인구는 대지가 소수를 감당할 수 없다는 점을 증명하는 것이 아니라 그의 재생산 조건들이 소수의 인간을 위해 대규모 영토를 필요로 한다는 것을 증명해준다. [문제는 — 역자] 어디에서도 실존하지 않는 생존 수단의 절대량과의 비율이 아니며, 재생산, 이들 수단의 생산 조건과의 비율이다. 그러나 이 비율[에는] 마찬가지로 **인간, 전체 인구, 상대적 잉여 인구**의 **재생산 조건**들도 포함되어 있다. 이 잉여는 순전히 상대적이다. **생존 수단** 일체와는 아무런 관계도 없으며, 생존 수단을 생산하는 방식과 관계가 있다. 그러므로 또한 이 발전상태에서만 잉여일 뿐이다.

  3. 원래 **맬더스**에게 전혀 속하지 않는 것, 즉 지대 이론을 가지고 들어오는 것 — 기본적으로 리카도 등이 알고 있던 산업 단계에서는

농업이 매뉴팩처에 비해 낙후되었다는 것에 대한 정식일 뿐인데 ―
덧붙여 말하자면 이는 비록 정도에 있어서는 변하지만 부르주아적
생산에 내재적이다 ― 은 여기에서 논할 문제가 아니다.}

{우리가 자본에 기초한 생산을 고찰하면, 절대적으로 고찰할 때
대단히 큰 상대적 잉여 노동량을 가지는 대단히 큰 절대적 필요 노
동량이 이 생산의 조건으로 나타난다. 그러므로 가능한 한 인구 ―
살아 있는 노동 능력 ― 가 증가하는 것이 기본 조건으로서. 나아가
우리가 생산력의 발전뿐만 아니라 교환의 발전 조건들을 관찰하면,
다시 분업, 협업, 다수의 두뇌로부터만 행해질 수 있는 전측면적인
관찰, 과학, 가능한 한 수많은 교환 중심들 ― 모든 것이 인구 증가와
일치한다. 다른 한편으로는 필요한 인구 ― 즉 필요 노동, 생산에 필
요한 노동을 대표하는 인구 ― 에 노동하지 않는 잉여 인구가 추가되
는 것은 타인의 잉여 노동의 점취 조건에 속한다. 자본은 계속적으로
발전하면서 이 잉여 인구의 산업 부분 ― 산업 자본가들 ― 곁에서
순전히 소비하는 부분이 파생된다는 것을 보여준다. 타인의 생산물
들을 소비하는 것을 업무로 하는 무위도식자들과 조야한 소비는 한
계가 있으므로, 생산물들의 일부는 세련된 형태로, 사치품으로 전달
받아야 하는 [자들]. 경제학자들이 잉여 인구에 대해 논할 때 그것은
이 무위도식하는 잉여 인구를 의미하는 것은 아니다. 정반대로 이 무
위도식하는 잉여 인구 ― 이들의 소비 업무 ― 가 광신적 인구론자
등에 의해서는 단도직입적으로 필요 인구로 취급되며, 그것은 정당
하다(수미일관하다). 잉여 인구라는 표현은 오직 노동 능력, 즉 필요
인구와 관련되고 노동 능력의 잉여이다. 그러나 이는 단순히 자본의
본성에서 우러나오는 것이다. 노동 능력은 그것의 잉여 노동이 자본
을 위해서 가치를 가지고 자본을 위해서 증식 가능할 경우에만 필요
노동을 수행할 수 있다. 따라서 이 증식 가능성이 이런저런 제약에
의해 저해되고 있으면, 노동 능력 자체는 1. 그것의 실존의 재생산 조

건들 밖에서 나타난다. 노동 능력은 그것의 실존 조건들 없이 존재하며, 따라서 단순한 부담, 즉 충족시킬 수단이 없는 욕구들이다. 2. 과잉 노동이 필요하지 않기 때문에 필요 노동이 과잉인 것으로 현상한다. 필요 노동이 필요한 것은 자본의 증식을 위한 조건인 한에 있어서이다.

요컨대 자본에 의해서 정립되는 바와 같은 필요 노동과 잉여 노동의 관계는 필요 노동 — 즉 노동 능력을 재생산하는 노동 — 의 일부가 과잉이고, 따라서 이 노동 능력 자체가 필요한 노동자 인구, 즉 과잉이 아닌 필요 노동을 가지고 자본을 위해서 필요한 노동자 인구 부분의 잉여로 사용되는 것으로 전화된다. 자본에 의해 필연적으로 정립되는 생산력의 발전은 필요 노동에 대한 잉여 노동의 비율이 커지거나, 또는 어떤 양의 잉여 노동을 위해 요구되는 필요 노동 부분이 감소한다는 데 있으므로, 일정량의 노동 능력이 주어져 있다면 이에 의해 사용된 필요 노동의 비율은 필연적으로 끊임없이 감소해야 한다. 즉, 이 노동 능력 부분은 과잉이 되어야 한다. 그 이유는 이전에는 전량의 노동 능력을 필요로 했던 잉여 노동량을 수행하기 위해서 [이제는 — 역자] 노동 능력의 일부만으로도 충분하기 때문이다.

따라서 노동 능력의 일정 부분을 과잉인 것으로, 즉 이 부분의 재생산에 필요한 노동을 과잉인 것으로 정립하는 것은 필요 노동에 비한 잉여 노동 증가의 필연적인 귀결이다. 상대적 필요 노동의 감소는 상대적 과잉 노동 능력의 증가로서 — 즉 잉여 인구의 정립으로서 — 나타난다. 이 잉여 인구가 유지된다면 그것은 노동 기금이 아니라 모든 계급의 수입을 통해서이다. 그것은 노동 능력 자체의 노동으로 이루어지는 것이 아니라 — 더 이상 노동자로서의 정상적인 재생산에 의해서 이루어지는 것이 아니라, 다른 자들의 은혜에 의해서 살아 있는 것으로 유지된다. 따라서 천민과 빈민(Lump und Pauper)이 된다. 그것이 더 이상 필요 노동에 의해서, 즉 자본의 일부와의 교환에

의해서 유지되지 않는 까닭에, 그것은 외견상의 교환 및 독립 관계의
조건들로부터 동떨어져 있다. 둘째로, 사회가 자본가 씨를 위해서 비
례분할적으로 그의 잠재적인 노동 도구 — 그의 마모분 — 를 훗날
의 사용을 위한 예비로 정돈해두는 업무를 떠맡는다. 자본가 씨는 노
동자 계급의 재생산을 ‖17‖ 부분적으로 떠넘기고, 그리하여 자기
의 이윤을 위해서 다른 인구의 일부를 궁핍화시킨다. 다른 한편으로
자본은 끊임없이 잉여 자본으로 재생산되므로 이 궁핍(Pauperismus)
을 정립하는 경향뿐만 아니라 지양하는 경향도 가진다. 자본은 반대
되는 방향으로 작용하여 시간적으로 때로는 전자가 우세하고, 때로
는 후자가 우세하다. 끝으로 잉여 자본의 정립에는 이중적인 것이 존
재한다. 1. 잉여 자본이 운동되기 위해서는 인구 증가가 필요하다. 그
것이 필요로 하는 상대적 인구가 작아졌다면, 잉여 자본 자체는 그만
큼 커졌다. 2. 잉여 자본은 잉여 자본의 성장을 위해 곧바로 예비 인
구를 발견하기 위해서 고용되지 않은 (적어도 상대적으로는) 인구,
즉 상대적 잉여 인구를 필요로 한다. 3. 주어진 생산력 단계에서 잉
여 가치가 존재하기는 하지만, 아직 자본으로 투입될 만큼, 자본으로
투입될 비율로는 존재하지 않을 수 있다. 생산 단계의 최소치뿐만 아
니라 생산 확장의 최소치도 정립되어 있다. 이 경우에 잉여 자본과
잉여 인구. 마찬가지로 잉여 인구가 존재하기는 하지만 충분하지 않
게, 잉여 생산에 필요한 비율로는 존재하지 않을 수도 있다. 이 모든
고찰에서 아직은 판매의 변동, 시장의 수축 등, 간단히 말해 **수많은
자본들**의 과정을 전제로 하는 모든 것은 전적으로 의도적으로 사상
되었다.}

{**노동자를 위한 일정량의 노동은 언제나 일정량의 노동**이라는 의미
에서, 노동은 자신의 가치를 결코 **변화**시키지 않는다는 A. 스미스의
견해, 즉 A. 스미스에게 있어서 노동은 **양적으로 동일하게 큰 희생**이
다. 내가 1 노동 시간에 대하여 많이 받든 적게 받든 — 이는 노동의

생산성과 다른 여건들에 좌우된다 — 나는 한 시간을 **노동했다**. 내가 나의 노동의 결과, 노임에 대하여 지불해야 하는 것은 결과가 어떻게 변동하든 언제나 동일한 노동 시간이다.

　동일한 노동량들은 언제 어디서나 노동하는 자들에게는 하나의 동일한 가치를 가져야 한다. 그의 정상적인 건강, 힘, 활동 상태에서, 그리고 그가 가질 수 있는 보통의 숙련과 기교에 따라서 그는 언제나 그의 휴식, 자유, 행복의 동일한 부분을 주어야 한다. 그가 그의 노동에 대한 대가로 받는 상품량이 어떤 것이든지 **그가 지불하는 가격은 언제나 동일하다.** 이 가격이 비록 때로는 보다 적고 때로는 보다 많은 양의 이 상품을 구매할 수 있을지라도, 그것은 단지 상품의 가치가 변하기 때문이지 상품을 구매하는 노동의 가치가 변하기 때문이 아니다. 요컨대 노동만은 자신의 가치를 결코 변화시키지 않는다. 그러므로 노동은 상품들의 **실질 가격**이고, 화폐는 상품들의 명목 가격일 뿐이다(가르니에 편집, 제1권, 64-66쪽)(노트, 7쪽).[280]

너는 얼굴에 땀이 나도록 노동해야 한다! 이는 여호와가 아담에게 내린 저주였다.[281] 그리고 A. 스미스는 노동을 그렇게 저주로 받아들인다. "휴식"은 적절한 상태로, "자유" 및 "행복"과 동일한 것으로 현상한다. 애덤 스미스는 개인이 "그의 건강, 힘, 활동, 숙련, 기교가 정상적인 상태에서는" 정상적인 양의 노동, 즉 휴식의 지양에 대한 욕구도 가진다는 것을 전혀 생각할 수 없는 것처럼 보인다. 물론 노동의 척도 자체는 달성되어야 할 목적과 달성을 위해서 노동에 의해 극복되어야 할 장애들에 의해 외적으로 주어진 것으로 나타난다. 그러나 이 장애들의 극복이 즉자적으로 자유의 작동이라는 것 — 나아가 외적인 목적들은 단순히 외적인 자연 필연성의 외관을 벗어 보존하면서 개인 스스로가 비로소 정립하는 목적들로 정립된다는 것 — 요컨대 주체의 자기 실현, 대상화로서, 따라서 노동을 자신의 행동으

로 하는 현실적인 자유로 정립된다는 것도 A. 스미스는 감지하지 못
한다. 물론 그가 노예 노동, 부역 노동, 임노동이라는 노동의 역사적
형태들에서는 노동이 언제나 혐오감을 불러일으키고 언제나 외적인
강제 노동으로 나타나는 데 비해, 비노동이 "자유와 행복"으로 나타
난다고 말하는 것은 옳다. 이는 이중적으로 타당하다. 즉 이 대립적
인 노동에 대해서 타당하고, 이와 연관된 것으로서 노동이 매력적인
노동, 개인의 자기 실현이 되도록 하기 위한 조건들, 주체적·객체적
조건들이 아직 창출되지 못한 (또는 이 조건들을 상실한 유목 상태
등에 비해서도) 노동에 대해서 타당한데, 이는 결코 푸리에가 바람난
아가씨처럼 매우 순진하게 이해하듯이 노동이 단순한 재미, 단순한
오락이라는 것을 의미하지 않는다[245-252쪽]. 실제로 자유로운 노
동, 예를 들어 작곡은 실로 동시에 대단한 진지함, 강도 높은 노력이
다.

　물질적 생산의 노동이 이러한 성격을 가질 수 있는 것은 1. 그것
의 사회적 성격이 정립되고, 2. 그것이 과학적 성격을 띠면서 동시에
일반적인 노동이 됨으로써만, 일정하게 조련된 자연력으로서의 인간
의 노력이 아니라, 생산 과정에서 단지 자연적·자생적인 형태로 나
타나는 것이 아니라, 모든 자연력을 규율하는 활동으로 나타나는 주
체로서의 인간의 노력이 됨으로써만 이다. 덧붙여 말하자면, A. 스미
스는 자본의 노예만을 생각하고 있다. 예를 들어 중세의 반(半)예술
가적인 노동자조차 그의 정의 속에 위치 지울 수 없다. 그러나 우리
가 여기에서 우선 원하는 것은 그의 노동관, 철학적 노동관을 상론하
는 것이 아니라 경제적 계기를 상론하는 것이다. 단순한 희생, 그렇
기 때문에 가치 정립적인 것으로 고찰된 노동, 사물들에 대가로 지불
되어야 하고 따라서 사물들이 소요하는 노동이 많으냐 적으냐에 따
라 사물들에게 가격을 주는 가격으로 고찰된 노동은 순전히 부정적
인 규정이다. 그렇기 때문에 예를 들어 시니어 씨는 자본가도 그의

생산물을 직접 먹어치우지 않고 부유해지기 때문에, 즉 희생, 절제라는 희생을 바친다는 이유로 자본을 노동과 동일한 의미에서 독특한 (*sui generis*) 생산 원천으로, 가치의 생산 원천으로 삼을 수 있었다.[282] 단순히 부정적인 것은 아무 것도 창출하지 않는다. 예컨대 노동이 노동자를 즐겁게 해준다면 — 시니어의 절제가 확실히 수전노를 즐겁게 하듯이 — 생산물은 가치를 전혀 잃지 않는다. 노동만이 생산한다. 노동은 가치들로서의 생산물들의 유일한 실체이다. {프루동이 이 사실을 얼마나 이해하지 못했는가는 어떤 노동이든 잉여를 남긴다는 그의 공리에서 드러난다.[283] 그는 자본에게서는 부정하는 것을 노동의 자연적 속성으로 전환시킨다. 오히려 긴요한 점은 절대적 욕구들을 충족시키는 데 필요한 노동 시간이 (상이한 생산력 발전 단계에서 상이한) 자유로운 시간을 남기고, 따라서 잉여 노동이 수행되면 잉여 생산물이 창출될 수 있다는 점이다. 잉여 생산물 자체가 필요 생산물로 나타나도록 관계 자체를 지양하는 것이 목적이다. 끝으로 물적 생산은 각 인간에게 다른 활동을 위한 잉여 시간을 남긴다. 이제 여기에서 더 이상 신비스러운 것은 아무 것도 없다. 원래 자연의 자발적인 혜택은 풍부했거나 또는 적어도 점취하기만 하면 되었다. 처음부터 자생적인 연합(가족)과 이에 조응하는 분업 및 협업. 왜냐하면 처음부터 욕구들도 마찬가지로 빈약했다. 욕구들은 그 자체로 생산력과 더불어 비로소 발전한다.}

따라서 — 동일한 강도가 전제되어 있다면 — 가치의 척도는 노동의 척도, 노동 시간이다. 노동자들의 질적인 차이는 그것이 자생적이지 않은 한에서, 즉 성, 나이, 체력 등에 의해 정립되지 않은 한에 있어서, 요컨대 기본적으로 노동의 질적 가치를 표현하는 것이 아니라 분업, 노동의 분화를 표현하는 한에 있어서, 그 자체로 비로소 역사적인 결과일 뿐이고 대다수의 노동자들에게는 노동이 단순 노동이 되면서 다시 지양된다. 그러나 질적으로 보다 고도의 노동은 경제적으로 단순 노동을 자신의 척도로 가진다. 노동 시간, 또는 노동량이 가치의 척도라는 것은 노동의 척도가 가치의 척도라는 것을 의미할 뿐이다. 두 개의 사물들이 동일한 성질을 가지고 있다면 동일한 척도로만 측정될 수 있다. 생산물들은 그 성질에 있어서 노동이기 때문에 노동 — 노동 시간 — 이라는 척도로만 측정될 수 있다. 그들은 객체화된 노동이다. 객체들로서 생산물들은 형태를 취하는데, 이 형태들에서 그들은 비록 노동으로서의 그들의 현존이 형태로 나타날 수는 있지만 (외적으로 그들에게 정립된 합목적성으로서. 그러나 이것은 예를 들어 황소, 일반적으로 재생산된 자연 생산물에서는 전혀 볼 수 없는 것이다) 그들 사이에는 아무런 공통점도 없다. 그들은 ‖18‖ 활동으로서 존재하는 한 동일한 것으로 존재한다. 이 활동은 시간으로 측정되고, 따라서 시간은 객체화된 노동의 척도가 되기도 한다. 우리는 다른 곳에서 이러한 측정이 조직되지 않은 사회적 노동의 교환 — 사회적 생산 과정의 일정한 단계 — 과 어느 정도 관련되어 있는지 연구할 것이다. 사용 가치는 생산물의 원천으로서의 인간의 활동, 인간 활동에 의한 생산물의 정립과 관계되는 것이 아니라 — 인간을 위한 자신의 존재와 관계된다. 생산물이 자신을 위한 척도를 가지는 한에 있어서 자연적 대상으로서의 그것의 자연적 척도는 중력, 중량, 길이, 용적 등, 유용성 등의 척도이다. 그러나 생산물을 창출한 힘의 효과로서, 또는 휴식하는 현존으로서 그것은 이 힘 자체의 척도에 의해서만 측정된다. 노동의 척도는 시간이다. 생산물들은 단지 노동이기 때문에 노동의 척도에 의해서, 노동 시간에 의해서, 또는 생산물들에 소비된 노동의 양에 의해서 측정된다. 단순한 부정으로서의, 금욕적 희생으로서의 휴식의 부정은 아무 것도 창출하지 않는다. 어떤 사람은 승려들처럼 하루 종일 금욕하고 고난을 겪을 수 있는데, 그가 치르는 이러한 희생량은 아무런 소용이 없다. 사물들의 자연적 가격은 그들에게 치러진 희생이 아니다. 오히려 이것은 신에게 희생을 바침으로써 부를 획득하고자 하는 비(非)산업적 견해를 연상시킨다. 희생 이외에 무언가 있어야 한다. 휴식의 희생은 태만의, 부자유의, 불행의 희생, 즉 어떤 부정적인 상태의 부정이라고 일컬어질 수도 있다.

A. 스미스는 노동을 심리학적으로, 노동이 개인에게 가하는 재미나 불쾌함과 관련해서만 고찰한다. 그러나 개인의 활동에 대한 이러한 정서적인 관계 이외에 노동은 무언가 다른 것이다 — 첫째로, A)의 단순한 희생은 B)에게는 아무런 소용도 없을 것이므로 타인에게. 둘째로, 그가 가공하는 사물과 그 자신의 노동 성향에 대한 그 자신의 일정한 관계 행위. 노동은 적극적·창조적 활동이다. 노동의 척도 — 시간 — 는 당연히 노동의 생산에 좌우되지 않는다. 노동의 척도는 어떤 단위에 지나지 않는데, 노동의 비례분할적 부분들이 이 단위의 일정수를 표현한다. 이로부터 노동의 가치가 불변이라는 결론이 도출되는 것은 분명히 아니다. 또는 동등한 노동량이 동일한 척도 크기인 한에 있어서만 [불변이다 — 역자]. 그리고 나면 생산물들의 가치들은 생산물들에 투입된 노동이 아니라 그들의 생산에 필요한 노동에 의해 측정된다는 점이 차후의 규정에서 발견된다. 요컨대 희생이 아니라 생산 조건으로서의 노동. 등가물은 생산물들의 재생산 조건을 교환으로부터 생산물들에게 주어진 것, 즉 생산적 활동의 갱신 가능성을 활동 자신의 생산물에 의해 정립된 것으로 표현한다.} {덧붙여 말하자면 임노동자의 자신의 활동에 대한 주체적 관계를 정당하게 표현하는 A. 스미스의 희생설에는 그가 원하는 것 — 노동 시간에 의한 가치 규정 — 이 나오지 않는다. 한 시간의 노동이 노동자에게는 언제나 동일한 크기의 희생일 수도 있다. 그러나 상품들의 가치는 결코 그의 느낌에 좌우되는 것이 아니다. 그의 노동 시간의 가치도 마찬가지다. A. 스미스는 사람들이 이 희생을 때로는 보다 값싸게, 때로는 보다 비싸게 판매할 수 있다는 것을 인정하므로, 그것이

언제나 동일한 가격으로 판매되어야 한다는 것은 기이한 것으로 남아 있다. 어쨌든 그는 일관성도 없다. 나중에는 노동량이 아니라 급료를 가치의 척도로 삼는다. 황소 한 마리에게는 그것이 도살될 때마다 언제나 동일한 희생이다. 그렇다고 해서 황소 고기가 불변 가치를 가지는 것은 아니다.}

그러나 이제 동일한 노동량들이 노동자와 관련해서는 언제나 동일한 가치를 가지지만 노동자를 사용하는 자에게는 때로는 보다 작은 가치를, 때로는 보다 큰 가치를 가지는 것으로 나타난다. 그는 저 노동량들을 때로는 보다 적은 상품량을 주고 사들이고, 때로는 보다 많은 상품량을 주고 사들인다. 요컨대 현실에 있어서는 상품들만이 때로는 값비싸고 때로는 값싸지만, 그에게 있어서는 노동 가격이 다른 모든 사물과 마찬가지로 변동한다(66쪽, A. 스미스, 앞의 책, 제1권)(노트, 8쪽).}[280]

{A. 스미스가 이윤을 등장시키는 방식은 매우 순진하다.

원시 상태에서 노동 생산물은 전부 노동자의 것이다. 교환 가능한 대상을 획득하거나 생산하기 위해서 투입된 노동의 질(또한 곤란의 크기 등)이 이러한 대상이 평균적으로 구매하고, 지휘하거나 교환에서 받을 수 있는 노동의 양을 규율하는 유일한 정황이다. … 그러나 재고(在庫)가 사인(私人)들의 수중에 축적되자마자 노동자들이 대상에 추가하는 가치는 두 부분으로 나누어지는데, 하나는 노동자들의 급료를 지불하고, 다른 하나는 기업가가 이 급료와 노동 재료를 선불하는 데 기여한 재고 총액에 대하여 실현하는 이윤을 지불한다. 기업가가 만약 기금을 대체하기 위해서 필요한 것보다 더 많은 것을 노동자들의 제품 판매로부터 기대하지 않는다면, 이들 노동자를 사용하는 데 아무런 관심도 가지지 않을 것이다. 그리고 그의 이윤이 투입된 기금의 규모와 어떤 비례 관계에 있지 않다면, 그는 작은 금액보다는 많은 금액을 투입하는 데 관심을 가지지 않을 것이다(앞의 책, 96, 97쪽)(노트, 9쪽).}

("각자가 단지 필요한 모든 것을 조달하던" 분업 이전에는 "기금이 필요 없다"는 A. 스미스의 기이한 견해 참조. 마치 그가 기금이 자연에서 주어져 있는 것으로 발견하지 않으면, 이 상태에서는 노동하기 위해서 객체적인 생활 조건들을 주어져 있는 것으로 발견하지 않아도 되는 것처럼. 야만인조차, 동물들조차 재고를 마련한다. 스미스는 기껏해야 아직 직접적·순간적 본능만이 직접적인 노동으로 추동하는 상태에 대해서만 논할 수 있을 뿐이다. 이 경우에 재고는 어떤 방식으로든 **노동이 없이도** 자연에서 주어져 있는 것으로 발견되어야 한다(노트, 19쪽). (스미스는 혼동하고 있다. 그 경우에 한 사람의 수중에의 **재고의 집중은 필요하지 않다.**)}

{웨이크필드는 자신이 편찬한 A. 스미스 제3권에서 기술하기를,

공동으로 수행된 노예들의 노동은 서로 분리된 자유인들의 노동보다 생산적이다. 자유인들의 노동은 보다 높은 **토지 가격** 및 **임금 고용 제도**와 결합되었을 경우에만 노예 노동보다 생산적이다(18쪽 주)(노트 Ⅷ, 1쪽).[284] 토지가 매우 저렴한 나라들에서는 모든 인간이 미개 상태에서 살거나 몇몇 인간이 노예제 상태에 산다(앞의 책).}

{**이윤**은 **자본이나 부의 성장**을 표시해주는 개념이다. 그러므로 이윤율을 지배하는 법칙들을 발견하는 데 실패하는 것은 또한 자본 형성의 법칙을 찾아내는 데 실패하는 것을 의미한다(55쪽. 애트킨슨 W., 『정치경제학의 원리』 런던 1840년)(노트, 2쪽).}[285]

{인간은 인간 활동에 의해 형성된 모든 기계와 마찬가지로 **노동의 산물이다.** 그리고 모든 경제학적 연구에서 인간은 정확하게 이러한 시각에서 고찰되어야 한다고 우리는 생각한다. 성숙 상태에 도달한 각 개인은 … 이것이 전적으로 적절한데, 제작에 20년 동안의 끈질긴 주목과 상당

한 자본의 지출이 소요된 기계로 간주되어도 된다. 그리고 어떤 기계에 새로운 힘을 부여하기 위해서 그 제작에 추가적인 자본이나 노동을 지출함으로써 그 기계가 더욱 가치 있게 만들어지는 것과 마찬가지로, 어떤 영업 등에 이용하기 위하여 개인을 교육시키거나 자격을 갖추게 하는 데 추가적인 금액이 지출된다면, 그의 가치는 비례적으로 상승한다 (맥컬록.『정치경제학의 원리』에딘버러 1825년, 115쪽)(노트, 9쪽).

실제에 있어서 상품은 언제나 (그것을 생산한 노동보다도) 더 많은 노동과 교환된다. 그리고 이윤을 형성하는 것은 이러한 잉여이다(221쪽, 맥컬록, 앞의 책)(노트, 13쪽).

모든 것을 모든 것과 등치시키는 것을 학문의 본령으로 생각한다고 맬더스[286]가 정당하게 평하고 있는 이 대담한 맥컬록은 다음과 같이 말하고 있다.

자본의 이윤들은 **축적된 노동**에 대한 임금의 다른 이름에 지나지 않는다(291쪽)(앞의 책, 노트, 14쪽).[285]

그러므로 노임도 살아 있는 자본의 이윤에 대한 다른 이름일 뿐일 것이다.

임금은 실제로 노동자의 근면의 생산물의 일부로 구성된다. 그러므로 노동자가 그의 근면의 생산물 중에서 비교적 큰 부분을 받으면, 그는 높은 가치를 가지고 그 반대의 경우에는 반대이다(295쪽)(앞의 책)(노트, 15쪽).}

{자본에 의한 잉여 노동의 정립은 대체로 경제학자들에 의해 이해되지 못해서, 그들은 이 정립이 등장하는 개별적인, 눈에 띠는 현상

들을 특수한 것, 진기한 것으로 내세운다. 램지에게 있어서는 야간 노동이 그러하다[102쪽]. 예를 들어 존 웨이드는 『중간 계급 및 노동 계급의 역사』(제3판, 런던 1835년, 240쪽)(노트, 21쪽)에서 말하기를,

임금의 기준은 노동 시간 및 회복 시간과도 아울러 관계가 있다. 노동 시간을 ¼ 연장하는 것은 노임 수준을 그만큼 감소시킨 것과 마찬가지라는 것을 알고, 이러한 의미에서 휴일과 식사 시간의 폐지 및 단축, 노동 시간의 점진적인 연장에 의해 공장 노동자를 수탈하는 것은 지난 수년 동안의(1835년 이전의) 고용주들의 정책이었다.}

존 스튜어트 밀, 『정치경제학의 몇 가지 미해결 문제에 대하여』(런던 1844년)(밀 2세의 몇 가지 안 되는 독창적인 의견은 그의 두꺼운-현학적인 대저(大著)가 아니라 이 얇은 소책자에 들어 있다.)[287]

현존하는 형체로든, 또는 선행하는 (또는 후속하는) 교환에 의해 간접적으로 실행되든, 재생산적으로 사용되도록 규정되어 있는 것은 무엇이나 자본이다. 내가 가지고 있는 화폐를 전부 급료와 기계에 지출했고, 내가 생산하는 물품이 방금 완성되었다고 가정하자. 내가 이 물품을 판매하고 수익을 실현하며, 이를 다시 임금과 도구들에 투자할 수 있기에 앞서서 그 중간에 나에게 자본이 없다고 말할 수 있는가? 분명 그렇지 않다. 나는 이전과 마찬가지의 자본, 아마도 더 많은 자본을 가지고 있다. 그러나 이 자본은 고정되어 있고 마음대로 처분될 수 없다(55쪽)(노트, 36쪽).[285]

어느 시대에나 한 나라의 자본의 매우 큰 부분은 유휴 상태에 있다. 한 나라의 연간 생산물은 모든 예비품이 재생산에 바쳐질 때, 간단히 말해 그 나라의 모든 자본이 완전히 사용될 때 도달할 수 있을 규모에 결코 도달하지 못한다. 각 상품이 자신을 생산하는 데 필요한 시간과 동일한

시간만큼 팔리지 않은 채로 있다면, 언젠가는 그 나라의 생산적 자본의 절반만이 실제로 자본 기능을 수행할 것이라는 점은 명백하다. 사용된 절반은 변화하는 구성 부분들로 구성된 하나의 유동적 부분이다. 그러나 그 결과는 각 생산자가 상품을 [완성하는] 순간에 팔 것을 확신할 경우에 생산할 수 있을 상품 공급의 절반만을 매년 생산할 능력이 있을 것이라는 점일 것이다(앞의 책, 55, 56쪽). 그렇지만 이러한 것, 또는 유사한 것이 세계에서 모든 자본가의 매우 큰 부분이 처한 통상적인 상태이다(56쪽).

자본을 가장 짧은 시간에 회전시키는 생산자나 판매자의 수는 매우 작다. 자신의 자본이나 차입되는 자본이 공급해줄 수 있는 모든 재화가 공급된 것만큼 신속하게 처분될 정도로 그들의 상품을 신속하게 판매하는 자들은 많지 않다. 대부분은 그들이 처분할 수 있는 자본량에 적합한 사업 규모를 가지지 못한다. 공업과 상업이 대단히 성공적으로 수행되는 공동체에서, 은행 제도의 시설들은 자신의 사업에 투입할 수 있는 자본보다 더 많은 자본을 점유하고 있는 자로 하여금, 자본을 생산적으로 사용하고 이로부터 자본 지대를 이끌어낼 수 있도록 해준다. 그렇지만 그 경우에조차, 절반만 활용되든 전체가 사용되든 공구, 기계, 건물 등의 형체로 고정되어 있는 대량의 자본이 있다. 그리고 어떤 사업가든 비록 무한한 기간 동안 그럴 능력은 없을지라도, 가능한 갑작스러운 필요에 대비하기 위해서 운영 자본을 보유한다(56쪽).

이처럼 대량의 자본을 지속적으로 사용하지 않는 것은 우리가 분업의 대가로 지불하는 가격이다. 이 구매는 소요되는 비용만큼의 가치가 있다. 그러나 그 가격은 막대하다(56쪽).

만약 내가 1,500탈러를 가게에 넣어두고 있고 10%를 벌어들이는 반면, 가게를 장식하는 것 등을 위해서 500탈러가 비생산적인 상태로 놓여 있다면, 이는 내가 2,000탈러를 7½%에 투자한 것과 마찬가지이다. … 많은 사업 부문에서 동일한 품질의 물품을 다른 사업가들보다 낮은 가격으로 판매하는 사업가들이 종종 있다. 이는 이윤을 자발적으로 희생하는 것이 아니다. 그들은 그에 따른 고객 유치로 그들의 자본을 더 빨리 회전시키고, 비록 주어진 거래에서 얻는 이윤은 적을지라도, 전체 자본을 부단히 사용함으로써 승자가 되기를 기대한다(56, 57쪽).

추가적인 구매자를 아무런 쓸모 없는 사람으로 간주하는 사업가가 있는지는 의문이다. 그리고 대다수에게 이 가설은 전혀 적용될 수 없다. 대부분의 사업가들에게 추가적인 고객은 생산적 자본의 증가와 동일한 의미를 갖는다. 그 고객은 유휴 상태에 있던 (그리고 한 고객이 발견될 때까지는 그들의 수중에서 결코 생산적이 될 수 없었을) 그들 자본 부분을 노임과 생산 도구로 전환할 수 있도록 해준다. … 그리하여 다음 해 그 나라의 총생산물은 증대된다. 순수한 교환에 의해서가 아니라 교환이 없었더라면 더 오랫동안 유휴 상태에 있었을 국내 자본의 일부가 활성화됨으로써(57, 58쪽).

생산자나 사업가가 새 고객으로부터 얻은 이점은 다음과 같다. 1. 그의 자본의 일부가 (오랜 동안이든 짧은 기간 동안이든) 아무 것도 생산하지 않으면서 판매되지 않은 재화 형태로 놓여 있다고 한다면, 이중 일부는 보다 활성화되고 보다 지속적으로 생산적인 것이 된다. 2. 추가적인 수요가 판매되지 않은 재화의 상태로 실존하는 자본을 해방시킴으로써 공급될 수 있는 것을 초과하고, 이 사업가가 (예를 들어 공공 채권으로) 생산적으로 투자하였으되 자기 자신의 사업에 투자하지는 않은 추가적인 재고를 가지고 있다면, 그는 이 재고의 일부에 대해서는 더 이상 이자가 아니라 이윤을 받고, 그리하여 이자율과 이윤율의 차이를 획득할 수 있게 된다. 3. 그의 모든 자본이 그 자신의 사업에 사용되었고, 조금도 판매되지 않은 재화로 저장되어 있지 않다면, 그는 차입된 자본으로 잉여 사업을 영위할 수 있고, 이자와 이윤의 차액을 획득할 수 있다(59쪽).}

[고정 자본과 유동 자본]

이제 우리의 문제로 돌아가자.

자본이 통과하는, 자본의 한 순환을 이루는 국면들은 개념적으로 화폐가 생산 조건들로 전환되는 것과 함께 시작된다. 그러나 우리가 형성되는 자본이 아니라 형성된 자본에서 출발하는 지금, 자본은 다음과 같은 국면들을 통과한다. 1. 잉여 가치의 창출 또는 직접적 생산 과정. 그 결과는 생산물. 2. 생산물을 시장으로 내가기. 생산물의 상품으로의 전환. 3. α) 일상적인 유통으로의 상품의 진입. 상품의 유통. 그 결과는 화폐로의 전환. 이것이 일상적인 유통의 첫 번째 계기로 나타난다. β) 화폐의 생산 조건들로의 전환: 화폐 유통. 일상적인 유통에서 상품 유통과 화폐 유통은 언제나 두 명의 상이한 주체에게 분할되어 나타난다. 자본은 먼저 상품으로 유통하고 다음에 화폐로 유통하며, 그 반대의 경우에는 반대이다. 4. 생산 과정의 갱신인데, 이것이 여기에서는 본원적인 자본의 재생산이자 잉여 ‖ 20 ∣ 자본의 생산 과정으로 나타난다.

유통 비용은 운동 비용으로 귀착된다. 생산물을 시장에 내가는 비용, 한 상태로부터 다른 상태로의 변환을 이룩하기 위해서 필요한 노동 시간. 원래 모두 계산 작업으로 귀착되는 비용과 이 계산 작업에 소요되는 시간(특수한, 기술적인 화폐 거래의 근거가 된다). (후자의 비용이 잉여 가치로부터의 공제(控除)로 간주되어야 할지의 여부는 나중에 밝혀질 것이다.)

이 운동을 관찰하면 우리는 자본의 유통이 생산물을 일반적 유통으로 방출하고 이 일반적 유통에서 화폐 등가물로 산출되기 위해서 일단 교환 작업을 매개로 하여 등장한다는 것을 발견한다. 여기에서 이렇게 자본의 유통으로부터 벗어나 일상적인 유통에 속하게 된 이 생산물이 어떻게 되는지는 우리의 관심 사항이 아니다. 다른 한편에서 자본은 유통에서 가치로 실현되고 동시에 유통 수단으로서의 화폐로 자기 자신에게 증식 척도를 정립한 후에는 (급료가 아닌 한에 있어서는 부분적으로) 화폐로서의 자신의 형체를 벗어 던지고 유통 과정을 벗어나거나 또는 이제 화폐 형태로 운동한다. 그리하여 생산에 필요한 상품들(생산 조건들)을 일반적 유통에서 자신 안으로 흡수한다. 상품으로서의 자본은 자신의 유통에서 일반적 유통으로 빠져나온다. 상품으로서의 자본은 또한 일반적 유통으로부터 벗어나서, 생산 과정으로 이어지기 위해 일반적 유통을 자신 안으로, 자신의 행로에 수용한다. 그리하여 일반적 유통 자체가 자본에 의해 정립되는 것으로 나타나는 것과 마찬가지로, 자본의 유통은 일반적 유통과의 관계 행위를 포함하는데, 자본 자신의 유통은 일반적 유통의 한 계기를 이룬다. 이는 나중에 고찰할 것.

자본의 총 생산 과정은 본래적인 유통 과정뿐만 아니라 본래적인 생산 과정도 포함한다. 이들은 이 두 과정의 총체성으로 나타나는 자본 운동의 커다란 2단락을 이룬다. 후자의 측면에서 보면 노동 시간이 있고 전자의 측면에서 보면 유통 시간이 있다. 그리고 운동의 전체는 노동 시간과 유통 시간의 통일, 생산과 유통의 통일로 나타난다. 이 통일 자체는 운동, 과정이다. 자본은 생산과 유통의 이러한 진행적(prozessierende) 통일, 자본 생산 과정의 전체로서 뿐만 아니라 자본의 한 회전의 일정한 진행, 자기 자신으로 되돌아오는 한 운동의 일정한 진행으로도 간주될 수 있는 통일로 나타난다.

그렇지만 자본에게 있어서 — 노동 시간 이외에 — 유통 시간이라는 조건은 분업과 교환에 기초한 생산의 적합한 형태, 마지막 형태의 조건일 뿐이다. 유통 비용은 자본에 선행하는 모든 덜 발전된 생산 형태에서 이 토대 위에서 발생하는 분업과 교환의 비용이다.

주체로서, 이 운동의 상이한 국면들을 총괄하며 이 운동에서 보존되고 배증되는 가치로서, 순환 속에서 — 나선형, 확장되는 원으로 이루어지는 — 이들 변환의 주체로서, 자본은 **유동** 자본이다. 따라서 유동 자본은 우선 자본의 특수한 형태가 아니라 스스로 자기 자신의 증식 과정인, 기술된 운동의 주체로서 가일층 발전된 규정에 있어서의 **자본 자체**(*das Kapital*)이다. 따라서 이러한 측면에서 보면 모든 자본은 **유동** 자본이다. 단순 유통에서는 유통 자체가 주체로 등장한다. 어떤 상품은 이 단순 유통으로부터 내던져지고 다른 어떤 상품은 단순 유통으로 들어온다. 그러나 동일한 상품이 거기에서는 단지 사라지는 것일 뿐이다. 화폐 자체는 그것이 유통 수단이기를 중지하고 자립적인 가치로 정립되는 한에 있어서 유통을 벗어난다. 그러나 자본은 유통의 주체로 정립되어 있고 유통은 자본 자신의 이력(履歷)으로 정립되어 있다. 그러나 그렇게 유통의 전체로서의 자본이 **유동 자본**이라면, 자본은 또한 한 국면에서 다른 국면으로의 이행이고, 각 국면에서 한 규정성에 정립되어 있으며, 전체 운동의 주체로서의 자신의 부정인 특수한 형체에 묶여 있는 것으로 정립된다. 따라서 각 특수한 국면에서 자본은 상이한 변환들의 주체로서의 자신의 부정이다. 유동하지 않는 자본. **고정** 자본(*fixes* Kapital), 원래는 **고정된** 자본(*fixiertes* Kapital), 자본이 통과해야 하는 상이한 규정성들, 국면들 중의 하나에 고정된 자본. 자본이 이 국면들 중 하나에서 지체하고 — 국면 자체가 유동적인 이행으로 나타나지 않고 — 각 국면이 기간을 가진다면, 자본은 유동하는 것이 아니라 고정되어 있다. 생산 과정에 지체하는 한 자본은 유통 능력이 없고 잠재적으로 가치 하락된다. 유통에 지체하는 한 자본은 생산 능력이 없고 잉여 가치를 정립하지 않으며 자본으로서 진행하는 것이 아니다. 시장에 내던져질 수 없는 한, 자본은 생산물로 고정되어 있다. 시장에 머물러 있어야 하는 한, 자본은 상품으로 고정되어 있다. 생산 조건들과 교환될 수 없는 한, 자본은 화폐로 고정되어 있다. 마지막으로 생산 조건들이 조건들로서의 그것들의 형태에 머물러 있고 생산 과정에 들어가지 않으면, 자본은 다시 고정되어 있고 가치 하락된다. 모든 국면을 통과하는 주체로서의 자본, 즉 유통과 생산의 운동된 통일, 진행적 통일로서의 자본은 **유동 자본**이다. 스스로 이들 각각의 국면에 묶여 있는 것으로서의, 그의 차이들에 정립된 것으로서의 자본은 **고정된 자본, 참여된** (*engagiertes*) 자본이다. 자본은 유동 자본 자체로서 고정되고 고정된 자본으로서 유동한다. 따라서 유동 자본과 고정 자본의 구별은 처음에 자본이 과정의 통일로 나타나느냐 아니면 과정의 일정한 계기로 나타나느냐에 따른 자본의 형태 규정으로 나타난다. **유휴 자본** 개념은 자본이 이들 규정 중의 하나에서 유휴 상태에 있다는 것과 관계될 뿐이다. 자본이 부분적으로는 언제나 유휴 상태에 있다는 것은 자본의 조건이다. 이것은 국내 자본의 일부가 언제나 자본이 통과해야 하는 국면들 중의 하나에 고착되어 있는 식으로 나타난다. 따라서 화폐 자체는 그것이 한 나라의 자본의 특수한 부분을 이루되 언제나 유통 수단의 형태로 지체하지 다른 형태를 결코 통과하지 않는 한에 있어서, A. 스미스에 의해서[1권 85] 고정 자본의 잔존 형태(Afterform)로 간주된다. 자본도 마찬가지로 화폐, 유통을 벗어난 가치의 형태로 유휴 상태에 있을 수 있고, 고정되어 있을 수 있다. 공황에서 — 파국 (Panik)의 순간 다음에 — 산업의 침체기에 화폐는 은행가들, 어음 중개인들의 수중에 고정되어 있다. 그리고 사슴이 맑은 물을 애타게 찾듯이[288] 이 화폐는 자본으로 증식되기 위해 투하 영역을 애타게 찾는다.

유동 자본과 고정 자본의 규정이 처음에는 자본 스스로를 두 규정 하에서 한 번은 과정의 통일로 정립하고 다음에는 이 과정의 특수한 국면으로서, 자본 스스로를 통일로서의 자신과의 **차이**로 정립하는 것 — 자본들의 두 가지 특수한 종류들, 두 가지 특수한 종류의 자본이 아니라 **동일한 자본**의 상이한 **형식적 규정들**로 정립하는 것에 지나지 않는다는 이 사실이 정치경제학에서 많은 혼동을 초래했다.

어떤 물적 생산물에서 그것을 유동 자본으로 바라보는 한 측면이 고수되면 반대 측면을 내보이는 것은 쉬웠고, 그 반대의 경우에도 마찬가지였다. 유통과 생산의 통일로서의 자본은 마찬가지로 유통과 생산의 차이이며, 그것도 시간적으로 공간적으로 분리되는 차이이다. 각각의 계기에서 자본은 다른 계기에 대하여 무차별적인 형태를 가진다. 개별적인 자본에게는 한 계기로부터 다른 계기로의 이행이 통제 불가능한 외적 상황들에 좌우되는 우연으로 현상한다. 따라서 동일한 자본이 언제나 두 규정[42]으로 나타나는데, 이것은 그 자본의 일부는 한 규정에서 나타나고 ‖21‖ 다른 일부는 다른 규정에서 나타나는 식으로, 일부는 고정되어 있는 것으로 나타나고 다른 일부는 유동하는 것으로 나타나는 식으로 표현된다. 여기에서 유동한다는 것을 자본이 생산하는 국면과는 구별되는 본래적인 유통 국면에 놓여 있다는 의미로 이해해서는 안되고, 자본은 그것이 놓여 있는 국면에서 유동적인 국면으로서, 진행하는, 다른 국면으로 이행하는 국면에 놓여 있지 어떤 국면에도 그 자체로 고착되어 있거나 전체 과정에서 그렇게 정지되어 있는 것이 아니라는 의미로 받아들여야 한다.

예를 들어, 어떤 산업가는 다른 산업가가 유통에서 돌아오기까지는 일정한 시간이 필요하기 때문에, 처분 가능한 자본 — 차입되었든 자신의 소유이든, 여기에서는 문제의 핵심에 영향을 미치지 않고, 또한 총자본이 고찰된다면 경제적 과정에도 아무런 영향을 미치지 않는다 — 의 일부만을 생산에 사용한다. 그러면 생산에서 진행하는 부분은 유동 부분이고 유통에 놓여 있는 부분은 고정된 부분이다. 그리하여 그의 전체 생산성이 제약되고 있다. 재생산된 부분이 제약되면 시장에 던져진 부분도 제약된다. 그러므로 상인. 그의 자본의 일부는 재고품으로 고정되어 있고 다른 부분은 유동한다. 비록 산업가에 있

어서와 마찬가지로 때로는 이 부분이, 때로는 저 부분이 이 규정에 들어오지만 그의 총자본은 계속 두 규정에 정립되어 있다. 다른 한편으로 증식 과정 자체의 본성에서 유래하는 이 한계는 고정되어 있는 것이 아니라, 상황에 따라 변동하고, 자본은 유동 자본으로서의 자신에 적합한 규정에 다소 접근할 수 있으므로, 그리고 이 두 규정으로 분할하는 것, 증식 과정이 또한 가치 하락 과정으로 나타나는 것은 가능한 한 증식하려는 자본의 경향에 모순되므로, 자본은 고정 상태에 있는 국면을 단축시키기 위한 장치들을 발명할 뿐만 아니라 다른 한편으로는 두 규정을 동시적으로 병렬시키는 것이 아니라 **교대시킨**다. 한 시기 — 극단적인 자본 증식의 시기에는 과정이 전적으로 유동적인 것으로 나타나고, 다른 시기, 앞의 시기에 대한 반동 — 극단적인 가치 하락과 생산 과정의 정체의 시기에는 다른 계기가 그만큼 더 강제적으로 회복된다. 두 규정이 나란히 나타나는 계기들 자체는 이 강제적인 이행들과 회전들 사이의 중간기를 이룰 뿐이다.

부르주아 경제의 수많은 현상들 — 자본의 일회적인 회전 기간과는 본질적으로 구별되는 경기 순환기, 새로운 수요의 영향, 일반적 생산에 미치는 새로운 금은 생산국들의 영향조차 파악될 수 없으므로, 유동 자본과 고정 자본의 이러한 규정들을 자본 일체의 **형태 규정**들로 이해하는 것이 대단히 중요하다. 오스트레일리아의 금이나 새로 발견된 시장이 주는 자극에 대해서 논하는 것은 아무런 소용이 없다. 결코 완전히 사용되지는 않는 것, 즉 언제나 부분적으로 **고정**되어 있는 것, 가치 하락되어 있는 것, 비생산적으로 있는 것이 자본의 본성에 속하지 않는다면, 어떤 자극도 자본으로 하여금 생산을 확대하도록 추동하지 못할 것이다. 다른 한편으로 자본이 언제나 완전히 사용되고 있다고 전제하는, 즉 생산의 증가를 새로운 자본의 창출만으로 설명하는 경제학자들이 — 리카도조차 — 빠져드는 어리석은 모순들. 그렇다면 모든 증가는 선행하는 증가나 생산력의 증대를 전제로 할 것이다.

자본에 기초하는 생산의 이러한 제약들은 과거의 생산 양식들이 교환에 기초하는 한에 있어서 이들에게 훨씬 더 고유하다. 그러나 그 제약들이 생산 자체의 법칙을 이루지는 않는다. 교환 가치가 더 이상 물적 생산의 제약을 이루지 않고, 개인의 총체적 발전에 대한 물적 생산의 관계에 의해서 물적 생산의 제약이 정립되자마자, 전체 역사는 물적 생산의 경련 및 고통과 함께 정지된다. 우리가 앞에서 화폐는 물물교환의 제약들을 일반화함으로써만 — 즉 구매와 판매를 완전히 분리함으로써만 — 제약들을 지양한다는 것을 보았다면, 뒤에서는 마찬가지로 **신용**이 자본 증식의 이 제약들을 가장 일반적인 형태로 고양시킴으로써, 과잉 생산기와 과소 생산기를 두 시기로 정립함으로써 어떻게 지양하는가를 살펴볼 것이다.

자본이 한 유통 시간, 한 주회, 한 **회전** 동안에 정립하는 가치는 = 생산 과정에서 정립된 가치, 즉 = 재생산된 가치 + 신가치이다. 상품이 화폐로 전환되는 점이나 화폐가 생산 조건들로 재전환된 점에서 회전이 종료된 것으로 간주한다면, 화폐나 생산 조건들로 표현된 결과는 언제나 생산 과정에서 정립된 가치와 절대적으로 같다. 여기에서 우리는 생산물을 시장에 물리적으로 내가는 것이 = 0이라고 계산한다. 또는 우리는 그것을 차라리 직접적 생산 과정에 포함시킨다. 생산물의 경제적 유통은 그것이 시장에 놓이자마자 비로소 시작된다 — 그 때 비로소 그것은 유통된다. 원료를 생산물로 전환시킨 기술적 과정이 우리의 관심 사항이 아니듯이, 여기에서는 완성된 생산물을 상품으로서 두 번째 국면, 유통에 가져가기 위한 물리적 조건들이 문제가 되지 않는다. 경제적 차이들, 규정들, 계기들만이 문제가 된다. 생산자로부터 시장의 멀고 가까움 등은 아직 여기에서는 우리의 관심 사항이 아니다. 우리가 먼저 확인하고자 하는 것은, 상이한 경제적 계기들을 그 자체로 통과함으로써 발생하는 비용, 즉 **유통**

비용 자체는 어떤 노동이 그것과 결부되어 있을지라도, 생산물의 가
치에는 아무 것도 추가하지 않는다는 것, 가치 정립하는 비용이 아니
라는 것이다. 그 비용은 단지 창출된 가치로부터의 공제일 뿐이다.
두 개인 [중에서] 각자가 스스로 자기 생산물의 생산자이되 그들의
노동은 분업에 기초하므로, 그들이 서로 교환하고 그들의 욕구 충족
을 위한 그들 생산물의 환금(換金)이 이 교환에 달려 있다면, 그들이
거래에 합의하기 전에 교환에 소요되는 시간, 예를 들어 상호 흥정,
계산은 그들의 생산물에도, 생산물들의 교환 가치들에도 분명히 아
무 것도 추가하지 못할 것이다.

A가 교환이 그에게서 이런저런 만큼의 시간을 빼앗아간다고 B에
게 주장한다면, B도 A에 대하여 똑같은 것을 주장할 것이다. 이들
각자는 상대방이 잃는 것과 동일한 시간을 교환에서 잃을 것이다. 그
들에게 교환 시간은 공동 비용이다. A가 생산물에 대하여 10탈러 —
이것의 등가물 — 를 요구하고, 이 10탈러를 B로부터 받는 데 소요
되는 시간에 대하여 10탈러를 요구한다면, B는 A가 정신 병원에 가
야 한다고 선언할 것이다. 이러한 시간 낭비는 분업과 교환의 필요성
으로부터 발생하는 것이다. A가 모든 것을 스스로 생산한다면, 그가
B와 교환하거나 그의 생산물을 화폐로 전환시키고 화폐를 다시 생
산물로 전환시키면서 잃는 시간은 없을 것이다.

본래적인 유통 비용은 (그리고 이 비용이 화폐 거래업에서는 중요
한 자립적 발전을 겪는다) 생산적인 노동 시간으로 해소될 수 없다.
그러나 이 비용은 그 본성에 있어서도 상품을 화폐로 전환시키고 화
폐를 상품으로 전환시키는 데 반드시 소요되는 시간, 즉 자본을 한
형태로부터 다른 형태로 전환시키는 데 소요되는 시간으로 한정된
다. 만약 이제 B와 A가 이 유통 과정에서 자기 시간을 소비하는 제3
의 인물 C를 중개자로 개입시켜 시간을 절약한다는 것을 발견한다
면, — 예컨대 교환자들이 그들 중의 2사람[에 의해서] 번갈아 가면

서 1년 동안에 사용된 시간이 = 1년일 만큼 충분히 존재한다면, 유통 과정의 주체들이 충분히 존재한다면 나타날 수 있는 정황들에서, 각 개인이 예컨대 일년의 1/50을 번갈아 가면서 유통 행위에서 들여야 하고 그들이 50명이라면 한 개인이 그의 모든 시간을 이 업무에 소비할 수 있을 것이다. 이 개인에게 그의 필요 노동 시간만이 지불된다면, 즉 그가 생활필수품을 위해서 교환에서 그의 모든 시간을 보내야 한다면, 그에게는 그가 받는 보수가 노임일 것이다. 그러나 그가 그의 모든 시간을 계산한다면, 그가 받는 임금은 등가물, 객체화된 노동 시간일 것이다. 이제 이 개인은 가치에 아무 것도 추가하지 않았을 것이며, 자본가 A), B) 등과 이들의 잉여 가치를 나누어 가지는 데 지나지 않았을 것이다. 동일한 전제에 따라 그들 잉여 가치로부터의 공제가 적었을 것이므로, 그들은 이익을 얻었을 것이다. (자본은 단순한 양이 아니며 단순한 운영(Operation)도 아니다. 그것은 동시에 양자 모두이다.)

화폐 자체는 ‖22‖ 그것이 귀금속들로 만들어졌거나 또는 그것의 생산 일체가 — 예를 들어 은행권의 유통에서처럼 — 불필요비용 (Unkosten)을 야기하는 한에 있어서, 그 자체가 노동 시간을 소비하는 한에 있어서, 교환된 대상들 — 교환 가치들 — 에 아무런 가치도 추가하지 않는다. 그것의 불필요비용은 이 가치들로부터의 공제, 교환자들에 의해서 비례분할적으로 부담되어야 하는 공제이다. 유통 도구, 교환 도구에 의한 비용 발생은 교환 비용을 표현할 뿐이다. 그것들은 [가치를 — 역자] 추가하는 것이 아니라 가치로부터 빼앗는다. 예를 들어 금화와 은화 자체는 그것들에게 노동이 대상화되어 있는 한에 있어서 (화폐라는 의미에서가 아니라) 다른 것들과 마찬가지로 가치들이다. 그러나 이 가치들이 유통 수단으로 기능한다는 것은 처분 가능한 부로부터의 공제이다.

자본 유통의 생산비도 마찬가지이다. 그것은 가치에 [아무 것도 —

역자] 추가하지 않는다. 유통 비용 자체는 **가치 정립적**이 아니라 가치 **실현의 비용** ― 가치로부터의 공제이다. 유통은 자본이 정립되는 전환들의 순서로 [현상한다]. 그러나 가치를 고찰하면 유통은 자본에 아무 것도 추가하지 않으며, 자본을 가치의 형태로 정립한다. 유통에 의해 화폐로 전환되는 잠재적 가치는 생산 과정의 결과로 전제되어 있다. 과정들의 이러한 순서가 시간에 따라 진행되고 비용을 발생시키며 노동 시간이나 대상화된 노동을 소비한다면, 이 유통 비용은 가치량으로부터의 공제이다. 유통 비용이 = 0으로 정립되어 있다면, 자본의 한 회전의 결과는, 가치를 고찰하면 = 생산 과정에서 정립된 가치이다. 즉 유통에 전제되는 가치는 유통에서 유래하는 가치이다. 기껏해야 ― 유통 비용에 의해서 ― 들어온 것보다 적은 가치가 나온다. 이 측면에서 고찰하면 유통 시간은 가치에 아무 것도 추가하지 않는다. 유통 시간은 노동 시간과 더불어 가치 정립하는 시간이 아니다. 생산이 10파운드의 가치가 있는 상품을 창출했다면, 이 상품을 화폐로 존재하는 그의 가치 10파운드와 등치 시키기 위해서 유통이 필요하다. 이 과정, 이 형태 전환이 야기하는 비용은 상품 가치로부터의 공제이다. **자본의 유통은 가치가 상이한 국면들을 거쳐서 통과하는 형태 변화이다.** 이 과정이 계속되는 시간 또는 정립되기 위해서 소요되는 시간은 유통, 분업 및 교환에 기초한 생산의 생산비이다.

이는 **자본의 한 회전**, 자신의 이러한 상이한 계기들을 거치는 자본의 일회적인 경과에 적용된다. 가치로서의 자본의 과정은 화폐를 출발점으로 가지며, 화폐로 그러나 더 큰 화폐량으로 종료된다. 차이는 양적인 것일 뿐이다. 그리하여 G ― W ― W ― G는 내용을 가지게 되었다. 우리가 회전을 이 점까지 고찰하면 우리는 다시 출발점에 서 있다. 자본은 다시 화폐가 되었다. 그러나 지금 동시에 정립되어 있는 것, 지금 이 화폐에게 조건이 되어 있는 것은 이 화폐가 다시 자본이 되는 것, 노동의 구매에 의해서, 생산 과정의 통과에 의해서 배

증되고 보존되는 화폐가 되는 것이다. 화폐로서의 그것의 형태는 단
순한 형태로 정립되어 있다. 즉자본이 자신의 변환에서 통과하는 수
많은 형태 중의 하나이다. 이제 우리가 이 점을 종착점이 아니라 —
지금 고찰해야 하는 바와 같이 — 스스로 생산 과정에 의해서 사라
지는 종착점이자 단지 외견상의 출발점으로 정립된 통과점이나 새로
운 출발점으로 고찰한다면, 화폐로 정립된 가치의 진행하는, 생산 과
정에 들어가는 가치로의 재전환은 생산 과정과 구별되는 유통 과정
부분이 완료되었을 때에만 진행될 수 있다는 것 — 생산 과정의 갱신
이 이루어질 수 있다는 것은 명백하다. 자본의 두 번째 회전 — 화폐
의 자본으로의 재전환 자체 또는 생산 과정의 갱신은 자본이 자신의
유통을 완료하기 위해서 필요한 시간, 즉 자본의 유통 시간에 좌우된
다. 여기에서 이 유통 시간은 생산 시간과 구별된다. 그러나 우리는
유통 자체에서 실현되는, 자본에 의해 창출된 총 가치(재생산된 가치
뿐만 아니라 새로 창출된 가치)는 오직 생산 과정에 의해서만 결정
된다는 것을 보았으므로, 일정한 시간에 창출될 수 있는 가치의 합계
는 이 기간 동안에 생산 과정이 반복되는 회수에 좌우된다. 그러나
생산 과정의 반복은 유통 속도와 같은 유통 시간에 의해서 결정된다.
유통이 빠를수록, 유통 시간이 짧을수록 동일한 자본이 생산 과정을
자주 반복할 수 있다. 요컨대 자본 회전들의 어떤 일정한 순환에서
자본에 의해 창출되는 가치의 합계는 (그러므로 잉여 가치도 그러한
데, 그 까닭은 자본은 언제나 필요 노동을 잉여 노동을 위해서 필요
한 노동으로만 정립하기 때문이다) 노동 시간에 비례하고 유통 시간에
반비례한다. 어떤 일정한 순환에서 총 가치는 (따라서 정립된 새로운
잉여 가치의 합계도) = 노동 시간 × 자본의 회전수이다. 또는 자본
에 의해서 정립된 잉여 가치가 이제는 단순히 자본에 의해서 생산
과정에서 점취된 잉여 노동에 의해서만 결정되는 것이 아니라 생산
과정의 계수, 즉 주어진 시간대 동안에 생산 과정이 얼마나 자주 반

복될 수 있는가를 표현하는 수치에 의해서도 결정된다. 그러나 이 계수는 자본이 한 회전에 필요한 유통 시간에 의해 결정된다. 그러므로 가치(잉여 가치)의 합계는 한 회전 동안에 정립된 가치에 일정한 시간대 동안의 회전수를 곱한 것에 의해서 결정된다. 자본의 한 회전은 = 생산 시간+유통 시간이다. 유통 시간이 주어져 있는 것으로 전제된다면, 한 회전이 필요로 하는 전체 시간은 생산 시간에 의해 좌우된다. 생산 시간이 전제되면 회전의 지속 기간은 유통 시간에 좌우된다. 따라서 유통 시간은 그것이 어떤 일정한 시간대 동안에 생산 시간의 총량을 결정하는 한에 있어서, 주어진 시기 동안 생산 과정의 반복과 갱신이 유통 시간에 좌우되는 한에 있어서 스스로 생산의 계기이거나, 또는 차라리 생산의 한계로 나타난다.

유통 시간이 노동 시간에, 가치 창출에 하나의 규정적 계기가 되는 것은 자본의 본성이다. 그에 따라 노동 시간의 자립성이 부정되었고 생산 과정 자체가 교환에 의해 규정되는 것으로 정립되어, 결국 사회적 관계와 직접적 생산에서의 이 관계에의 의존성이 — 물적 계기로서 뿐만 아니라 경제적 계기, 형태 규정으로서도 정립된다. 유통의 최대치 — 유통에 의한 생산 과정 갱신의 한계 — 는 분명히 한 회전 동안의 생산 시간의 지속 기간에 의해 결정된다.

어떤 일정한 자본의 생산 과정, 즉 그 자본이 자기 가치를 재생산하고 잉여 가치를 정립하는 데 필요한 시간이 3개월이라고 가정하자. (또는 생산하는 자본의 총 가치 + 잉여 가치와 같은 어떤 양의 생산물을 완성하는 데 필요한 시간.) 그러면 자본은 어떤 경우에도 1년에 4번 이상은 생산 과정이나 증식 과정을 갱신할 수 없을 것이다. 자본 회전의 최대치는 1년에 4회전일 것이다. 즉 이 자본은 생산 국면의 종료와 갱신 사이에 아무런 중단이 없을 것이다. 회전의 최대치는 = 생산 과정의 연속성이기 때문에, 결국 생산물이 완성되자마자 새로운 원료가 다시 생산물로 가공될 것이다. 연속성은 ‖23 | 한 생

산 국면 안에서의 연속성뿐만 아니라 이 국면 자체의 연속성도 포괄할 것이다.

그러나 이제 자본이 각 국면의 마지막에 한 달의 유통 시간 — 생산 조건들의 형태로 되돌아가기 위한 시간 — 을 필요로 한다고 가정하면, 자본은 3회전밖에 행할 수 없을 것이다. 첫 번째 경우에 회전수는 = 1국면 × 4, 또는 3으로 나눈 12개월이었다. 주어진 시간대 동안에 자본의 가치 창출의 최대치는 이 시간대를 생산 과정의 지속 기간(생산 시간)으로 나눈 것이다. 두 번째 경우에 자본은 1년에 3회전밖에 행할 수 없을 것이다. 가치 증식을 3번만 반복할 것이다. 요컨대 자본의 가치 증식 과정의 합계는 = 12/4 = 3일 것이다. 여기에서 분모는 자본이 필요로 하는 전체 유통 시간 4개월이다. 또는 자본이 한 생산 국면에 필요로 하는 유통 시간 × 1년에 포함되어 있는 유통 시간의 수이다.

첫 번째 경우에 회전수는 = 12개월, 1년, 주어진 시간을 1 생산 국면의 시간으로, 또는 생산 시간 자체의 지속 기간으로 나눈 것이다. 두 번째 경우에는 동일한 시간을 유통 시간으로 나눈 것과 같다. 자본의 증식과 생산 과정의 연속성의 최대치 또는 유통 시간이 = 0으로 정립되어 있다고 하자. 즉 자본이 생산하기 위한 조건들, 유통 시간에 의한 자본의 제약성, 자본의 형태 전환의 상이한 국면들을 통과해야 할 필요성이 지양되었다고 하자. 오직 자본에 의해서만 유통 시간이 생산 시간을 결정하는 계기로 정립되어 있기 때문에, 유통 시간을 = 0으로 정립하고자 하는 것, 즉 자기 자신을 지양하고자 노력하는 것이 자본의 필연적인 경향이다. 이는 교환과 화폐와 이들에 기초한 분업의 필요성을, 요컨대 자본 자체를 지양하는 것과 마찬가지이다. 우리가 잉여 가치의 잉여 자본으로의 전환을 당분간 도외시한다면, 생산 과정에서 총자본에 대해 4%의 잉여 가치를 생산하는 100탈러의 자본은, 첫 번째 전제를 따를 때 4번 재생산될 것이고 연말에

16의 잉여 가치를 정립했을 것이다. 연말에 자본은 = 116일 것이다.
이는 400의 자본이 역시 4%의 잉여 가치로 1년에 한차례 회전한 것
과 마찬가지이다. 상품 및 상품 가치의 총생산과 관련해서는 4배 증
가했다. 다른 경우에는 100탈러의 자본이 12의 잉여 가치만을 창출
했다. 연말에 총자본은 = 112. 총생산과 관련하면 — 가치와 관련하
든 사용 가치와 관련하든 — 그 차이는 더욱 두드러진다. 첫 번째 경
우에는 100탈러의 자본으로 예컨대 400탈러의 가죽이 구두로 전환
되었지만, 두 번째 경우에는 300탈러의 가죽뿐이다.

따라서 자본의 총 증식은 — 우리가 한동안 노동 시간과 등치 시
키고 있는 — 생산 국면의 지속 기간 × 주어진 시간대 동안의 회전
수 또는 생산 국면 갱신의 수에 의해서 결정된다. 회전이 한 생산 국
면의 지속 기간에 의해서만 결정되었다면, 총증식은 단순히 주어진
시간대 동안에 포함되어 있는 생산 국면의 수에 의해서 결정되었을
것이다. 또는 회전은 생산 시간 자체에 의해서 절대적으로 결정되었
을 것이다. 이것은 증식의 최대치일 것이다. 따라서 절대적으로 고찰
하면 유통 시간이 증식의 최대치로부터의 공제이며 절대적 증식보다
작다는 것은 분명하다. 그러므로 어떤 유통 속도, 또는 유통 시간의
어떤 단축이 생산 국면 자체에 의해서 정립된 증식보다 큰 증식을
창출한다는 것은 불가능하다. 유통 속도가 ∞로 상승할 때 달성될 수
있을 최대치는 유통 시간을 = 0으로 정립시키는 것, 즉 자기 자신을
지양하는 것이다. 요컨대 유통의 지양 — 유통 시간 없는 유통 — 은
증식의 최대치이고, 그의 부정 = 자본 생산성의 최고의 상태일 것이
므로, 유통은 적극적인 가치 창출의 계기일 수 없다{자본으로서의
자본의 생산성은 사용 가치를 증대시키는 생산력이 아니라 가치를
창출하는 능력, 그가 가치를 창출하는 정도이다}. 자본의 총생산성은
= 한 생산 국면의 지속 기간 × 일정한 시간대 동안에 생산 국면이
반복되는 횟수이다. 그러나 이 횟수는 유통 시간에 의해 결정된다.

100의 자본이 1년에 4번 회전하고, 생산 과정을 4번 정립한다고 가정하면, 매 번의 잉여 가치가 = 5%일 때 100의 자본에 대하여 연말에 창출된 잉여 가치는 = 20일 것이다. 다른 한편으로 동일한 백분비로 1년에 한 번 회전하는 400의 자본에 대해서도 마찬가지로 = 20일 것이다. 그리하여 4번 유통하는 100의 자본은 1년에 20%의 이익을 얻지만 한 번 회전하는 4배 큰 자본은 5%의 이윤을 얻을 뿐이다. (잉여 가치가 전적으로 동일하다는 점은 곧 자세히 밝혀질 것이다.) 요컨대 자본의 크기가 유통 속도에 의해 대체될 수 있고, 유통 속도는 자본의 크기에 의해 대체될 수 있는 것처럼 보인다. 그리하여 유통 시간이 즉자적으로 생산적인 것 같은 외양이 들어온다. 따라서 이 경우와 관련하여 문제를 해명해야 한다.

또한 제기되는 다른 문제. 110탈러의 회전이 매 번 예컨대 5%씩 1년에 4번이라면, 두 번째 회전의 처음에는 생산 과정이 105탈러로 시작될 수 있을 것이고, 생산물은 110¼일 것이다. 3번째 회전의 시작에는 110¼이고 이것으로부터의 생산물은 115 61/80일 것이다. 네 번째 회전의 시작에는 115 61/80이고 이의 마지막에는 121 881/1600일 것이다. 숫자 자체는 여기에서 문제가 되지 않는다. 문제는 400의 자본이 1년에 한 번만 5%로 회전하는 경우에 이익은 20뿐일 것이다. 이에 반해 4배 적은 자본이 4번 동일한 백분비로 회전한다면, 이익은 1+881/1600이 더 많을 것이다. 그리하여 회전이라는 단순한 계기 — 반복 — 에 의해서, 요컨대 유통 시간에 의해 규정된 계기 또는 차라리 유통에 의해 규정된 계기라는 단순한 계기에 의해서 가치가 실현될 뿐만 아니라 절대적으로 증가하는 것처럼 보인다. 이것도 연구되어야 한다.

유통 시간은 유통 속도를 표현할 뿐이다. 유통 속도는 유통의 제약을 표현할 뿐이다. 유통 시간 없는 유통 — 즉 개념이 회전하는 것과 동일한 속도로 자본이 한 국면에서 다른 국면으로 이행하는 것

— 은 최대치, 즉 생산 과정의 갱신과 그것의 종료가 일치하는 것일 것이다.

자본이 상품으로서 화폐에 관계하거나 화폐로서 상품에 관계하는 것이 아니라 가치로서 자신의 특이한 사용 가치, 노동에 관계하는 점까지의 교환 행위 — 그리고 유통을 진행시키는 경제적 조작들은 일련의 교환으로 귀착된다 —, 한 형태의 가치의 다른 형태의 가치와의 교환, 화폐의 상품과의 교환이거나 상품의 화폐와의 교환은 한 상품의 가치를 다른 상품으로 정립하며, 그리하여 그 상품을 교환 가치로 실현한다. 또는 상품들을 등가물들로 정립한다. 그리하여 교환 행위는 가치들이 전제되는 한 가치 정립적이다. 교환 행위는 교환 주체들의 가치들로서의 규정을 실현한다. 그러나 한 상품을 가치로 정립하는 행위, 또는 이것과 마찬가지인데, 한 상품에게 다른 상품을 그것의 등가물로 정립하는 행위 — 또는 다시 마찬가지인데, 두 상품의 등가치(*Gleichwert*)를 정립하는 행위는, + 부호가 그 뒤에 있는 숫자를 크게 하거나 작게 하지 않듯이, 가치 자체에는 아무 것도 추가하지 않는다. 내가 4를 플러스나 마이너스로 정립함으로써 — 이 조작에 의해 4는 부호에 상관없이 자신과 동등하게 남아 있을 뿐 4가 3이나 5가 되지는 않는다. 마찬가지로 내가 ‖24‖ 6펜스의 교환 가치를 가지는 면화 1파운드를 6펜스와 교환하면 그것은 가치로 정립되었다. 그리고 마찬가지로 6펜스가 면화 1파운드에서 가치로 정립되어 있다고 말할 수도 있다. 즉 6펜스에 포함된 노동 시간(여기에서는 6펜스가 가치로 고찰된다)이 이제는 동일한 노동 시간의 다른 체화물에 표현되어 있다. 그러나 교환 행위에 의해서 1파운드의 면화가 6펜스의 구리와 마찬가지로 각각 자신의 가치와 등치 되었다고 해서, 이 교환에 의해서 면화의 가치나 6펜스의 가치, 이들 가치의 합계가 양적으로 증가한다는 것은 불가능하다. 등가물들의 정립으로서 교환은 형태를 변화시키고 잠재적으로 존재하는 가치들을 실현시키며,

말하자면 가격들을 실현시킬 뿐이다. 등가물들, 예컨대 A와 B의 등가물들로서의 정립은 A의 가치를 제고시킬 수 없는데, 그 까닭은 A를 그 자신의 가치와 등치 시키는 것, 즉 이 가치와 부등(不等)인 것으로 정립시키지 않는 것이 이 행위이기 때문이다. 부등인 것은 그것이 이전에 가치로 정립되어 있지 않은 한에 있어서 형태에 관해서만이다. A의 가치를 B의 가치와 등치 시키고 B의 가치를 A의 가치와 등치 시키는 것이 동시에 이 행위이다. 교환에서 전환된 가치들의 합계는 = 가치 A + 가치 B이다. 각각은 = 자신의 가치인 것으로 남아 있다. 요컨대 그것들의 합계는 그것들의 가치의 합계와 같다. 따라서 **등가물들의 정립**으로서의 교환은 그 본성에 있어서 가치들의 합계도 높일 수 없고 교환된 상품들의 가치도 높일 수 없다. (노동과의 교환에 있어서 사태가 다르다는 것은 노동의 사용 가치 자체가 **가치 정립적**이라는 데에서 유래하는 것이지 노동의 교환 가치와 직접 관계되는 것은 아니다.)

그러나 교환이라는 작업이 교환되는 것의 가치를 증대시킬 수 없는 것과 마찬가지로 교환의 합계도 증대시킬 수 없다. {이 점을 분명히 하는 것은 대단히 필요하다. 자본들에게의 잉여 가치의 분배, 개별적인 자본가들 사이에서의 총 잉여 가치의 계산 — 이 이차적인 경제적 작업 — 이 통상적인 경제학에서는 본원적인 현상들과 혼동되는 현상들[로] 나타나기 때문이다.} 내가 가치를 창출하지 않는 행위를 한 번 반복하든 ∞로 반복하든, 반복에 의해서는 그 행위의 성질을 변화시킬 수 없다. 비(非) 가치 창출적 행위의 반복은 결코 가치 창출 행위가 될 수 없다. 예를 들어 ¼은 일정한 비율을 표현한다. 내가 이 ¼을 소수로 전환시키면, 즉 0.25와 등치 시키면 그것의 형태는 변한다. 이러한 형태 변화는 가치를 동일하게 놓아둔다. 마찬가지로 내가 어떤 상품을 화폐 형태로 전환시키거나 화폐를 어떤 상품으로 전환시키면, 가치는 동일하게 남아 있다. 그러나 형태는 변한다.

요컨대 유통은 등가물들의 일련의 교환 작업들로 귀착되므로, 유통하는 상품들의 가치를 증대시킬 수 없다는 것은 분명하다. 따라서 이 작업을 수행하기 위해서 노동 시간이 필요하다면, 즉 가치들이 소비되어야 한다면, — 왜냐하면 가치들의 모든 소비는 노동 시간이나 대상화된 노동 시간, 생산물들의 소비로 귀착되기 때문에 — 즉 유통이 비용을 야기하고 유통 시간이 노동 시간을 소요한다면, 그것은 공제, 즉 유통하는 가치들의 상대적 지양이고 유통 비용액만큼 유통하는 가치들을 가치 하락시키는 것이다.

교환하는 두 노동자, 어부와 사냥꾼을 생각하면, 양자가 교환에서 상실하는 시간은 고기도 야생 동물도 창출하지 않으며, 이는 양자가 가치를 창출하는 시간, 전자는 고기를 잡고 후자는 사냥을 할 수 있는 시간, 그들의 노동 시간을 사용 가치로 대상화하는 시간으로부터의 공제이다. 어부가 이 손실을 사냥꾼으로부터 보상받고자 한다면, 즉 더 많은 야생 동물을 요구하거나 더 적은 고기를 주고자 한다면, 사냥꾼도 동일한 권리를 가진다. 손실은 이들에게 공통적일 것이다. 이 유통 비용, 교환 비용은 양자의 총생산, 가치 창출로부터의 공제로 나타날 수밖에 없을 것이다. 그들이 제3자 C)에게 이들 교환을 위탁하고, 그리하여 직접적으로는 노동 시간을 상실하지 않는다면, 그들은 각자 비례분할적으로 그들 생산물의 일부를 C)에게 양도해야 할 것이다. 이 때 그들이 얻을 수 있는 것은 손실의 많고 적음뿐일 것이다. 그러나 그들이 공동의 소유자로서 노동한다면, 교환은 발생하지 않을 것이고 공동의 소비가 발생할 것이다. 따라서 교환 비용이 사라질 것이다. 분업이 사라지지는 않을 것이다. 그러나 교환에 기초한 것으로서의 분업은 [사라질 것이다 — 역자]. 따라서 J. 스튜어트 밀이 유통 비용을 분업의 필요 가격으로 간주하는 것은 옳지 않다. 유통 비용은 자생적인 분업, 소유의 공동성이 아니라 사적 소유에 기초한 분업의 비용일 뿐이다.

요컨대 유통 비용 자체, 즉 교환 작업과 일련의 교환 작업에 의해서 야기되는 노동 시간이나 대상화된 노동 시간, 가치들의 소비는 생산에 사용된 시간으로부터의 공제이거나 생산에 의해 정립된 가치들로부터의 공제이다. 유통 비용은 결코 가치를 증대시킬 수 없다. 유통 비용은 생산의 불필요비용에 속하며, 이 생산의 불필요비용은 자본에 기초한 생산의 내재적 비용에 속한다. 상인 영업, 그리고 화폐 거래업은 더더욱 — 그들이 유통 작업들 자체, 즉 예를 들어 가격 결정(가치의 측정과 계산), 이 교환 작업 일체를 분업에 의해 자립화된 기능으로 수행하고 자본의 총 과정 중에서 이 기능을 표시하는 것 이외에 아무 것도 하지 않는 한에 있어서 — 단지 자본 생산의 불필요비용을 나타낼 뿐이다. 그들이 이 불필요비용을 감소시킨다면 그들은 생산에 추가하는데, 이것은 그들이 가치를 창출함으로써가 아니라 창출된 가치들의 부정을 감소시킴으로써 이다. 그들이 순전히 그러한 기능으로 활동한다면 그들은 언제나 생산의 불필요비용의 최소치를 나타낼 것이다. 그들이 이 분업이 없다면 창출할 수 있을 것보다 더 많은 가치를, 그것도 이 기능에 대해 지불한 후에 잉여가 남을 정도로 더 많은 가치를 생산자로 하여금 창출할 수 있게 해준다면, 그들은 사실상 생산을 증대시킨 것이다. 그러나 그렇게 되면 가치들은 증대한 것인데, 이것은 유통 작업들이 가치를 창출했기 때문이 아니라 그것들이 다른 경우에 했을 것보다 더 적은 가치를 흡수했기 때문이다. 그러나 유통 작업들은 자본의 생산을 위한 필요 조건이다.

어떤 자본가가 교환에서 상실하는 시간은 그 자체로 노동 시간으로부터의 공제이다. 그가 자본가 — 즉 자본의 대표자, 인격화된 자본인 것은 타인 노동으로서의 노동과 관계하고 타인 노동 시간을 점취하며 타인 노동을 정립함으로써만 이다. 요컨대 유통 비용은 그것이 **자본가의 시간을 빼앗는** 한에서 실존하지 않는다. 비록 창출된 가치를 실현하는 것이 자본이기는 하지만 그의 시간은 과잉 시간, 비 노동 시간, 가치 창출하지 않는 시간으로 정립되어 있다. 노동자가 잉여 시간을 노동해야 한다는 이 사실은 자본가는 노동할 필요가 없고, 따라서 어떤 시간은 비 노동 시간으로 정립되어 있다는 것, 그는 필요 노동 시간에도 노동하지 않는다는 것과 동일하다. 노동자는 그의 재생산에 필요한 노동 시간을 대상화하고, 가치화하기 위해서, 즉 객체화할 수 있기 위해서 잉여 시간을 노동해야 한다. 따라서 다른 한편에서 자본가의 필요 노동 시간도 자유 시간일 뿐 직접적인 생존을 위해 필요한 시간은 아니다. 모든 자유 시간은 자유로운 발전을 위한 시간이므로, 자본가는 사회를 위해서 노동자들에 의해 창출된 자유 시간, 즉 문명을 횡탈(橫奪)한다. 이런 의미에서 웨이드[, 164쪽]가 자본을 문명과 등치 시키는 한에 있어서, 그는 다시 옳다.

경제적으로 고찰하면 유통 시간은 — 그것이 자본가 자체의 시간을 빼앗는 한에서 — 자본가가 정부(情婦)와 보내는 시간만큼만이나 우리와 상관이 없다. 시간이 돈이라면 그것은 자본가의 시각에서 볼 때 타인의 노동 시간일 뿐이며, 물론 가장 본래적인 의미에서 자본의 돈이다. 자본 자체와 관련해서 유통 시간은 자본이 타인의 노동 시간을 점취할 수 있는 시간을 중단시키는 한에서만 노동 시간과 일치할 수 있다. 그리고 자본의 이러한 상대적 가치 하락이 자본의 증식에 추가하지 않으며 다만 이것으로부터 공제한다는 것은 분명하다. 또는 유통이 자본에게 객체화된 타인 노동, 가치를 부담 지우는 한에 있어서 그러하다. ‖25‖ (예를 들어 자본이 이 기능을 떠맡은 타인에게 지불해야 하기 때문에.) 두 경우에 있어서 유통 시간은 그것이 자본이 타인의 노동 시간을 점취하는 것을 중단시키든, 창출된 가치의 일부를 소비하도록 유통 작업들을 완수하기 위해서, 즉 자본으로 정립되기 위해서 소비하도록 강제되든, 그것이 타인 노동 시간의 지양, 부정인 한에 있어서만 감안된다. (자본가의 사적 소비와는 엄격히 구별할 것.) 유통 시간은 자본의 생산 시간과의 관계 — 제약, 부정으로서의 — 에서만 고찰된다. 그러나 이 생산 시간은 자본이 타인 노동을, 자본에 의해 정립된 타인의 노동 시간을 점취하는 시간이다. 자본가가 유통에 들이는 시간이 가치 정립적 시간이나 또는 잉여 가치를 정립하는 시간으로 간주된다면, 그것은 커다란 혼동이다. 자본 자체는 자신의 생산 시간 이외의 어떤 노동 시간도 가지지 않는다. 여기에서 자본가는 자본으로서[의 존재 — 역자] 이외에는 우리에게 절대로 아무런 상관도 없다. 우리가 고찰해야 하는 총 과정에서도 자본가는 그러한 것으로서 기능할 뿐이다. 자본가는 그가 다른 어떤 자본가의 임노동자로서 화폐를 벌 시간을 보상하도록 할 수 있을 것이고, 그렇지 않으면 그는 이 시간을 잃을 것이라고, 이 시간도 생산비에 포함된다고 착각할 수 있을 것이다. 이러한 관점에서 보면 그가 자본가로서 잃는 시간은 손실 계정 일체가 기재되는 잃어버린 시간이다. 특수한 종류의 임금으로서의 자본가의 이윤 기초를 이룬다고 하는, 노동자의 노동 시간과 구별되는 소위 자본가의 노동 시간에 대해서는 나중에 고찰해야 한다.

수송 등이 상업과 연관되는 한에 있어서 그것을 순수한 유통 비용에 포함시키는 것만큼 빈번한 것도 없다. 상업이 어떤 생산물을 시장에 내간다면 그것은 생산물에 새로운 형태를 부여하는 것이다. 상업은 장소적 현존을 변화시킬 뿐이다. 그러나 형태 변화 방식은 우리에게 아무 상관이 없다. 상업은 생산물에 새로운 사용 가치를 주고 (그리고 이는 무게를 달고 길이를 재고 포장해서 소비를 위하여 생산물에 형태를 주는 소매상까지 해당된다) 이 새로운 사용 가치는 노동 시간을 소비하며, 그러므로 동시에 교환 가치가 된다. 시장에 내가는 것은 생산 과정 자체에 속한다. 생산물은 시장에 놓이게 되는 순간부터 비로소 상품이 되고, 유통에 있는 것이다.

{모든 종류의 산업에서 기업가들은 생산물들의 판매자가 되는 데 반해, 나머지 국민 전부, 또는 간혹 다른 국민들은 이 생산물들의 구매자이다. … 기업가로부터 멀어졌다가 첫 번째 형태로 그에게 되돌아오기 위해서 **유동 자본**이 행하는 지속적인 운동, 그리고 끊임없이 반복되는 운동은 유동 자본이 그리는 원과 비교할 수 있다. 따라서 이 자본에 유동이라는 이름이 붙여지고, 그것의 운동에 대해서는 유통이라는 이름이 붙여졌다(404-405쪽)(쉬토르흐, 『정치경제학 과정 … 』, 파리 1823년, 제1권, 405쪽, 노트, 34쪽).[289]

확대된 의미에서 유통은 교환되는 모든 상품의 운동이다(405쪽)(앞의 책). 유통은 교환에 의해 이루어진다. … 지폐 유통의 순간부터 상품들은 더 이상 교환되는 것이 아니라 판매된다(405-406쪽, 앞의 책). 어떤 상품이 유통에 있기 위해서는 공급만으로 충분하다. … 유통 속의 부: 상품(407쪽, 앞의 책) 상업은 유통의 일부일 뿐이다. 전자는 상인들의 매매만을 포함하는데, 후자는 모든 기업가와 모든 주민까지 포함한다(408쪽, 앞의 책).

상품들을 소비자들에게 이르게 하기 위해서 유통 비용이 불가피한 한에 있어서만, 유통은 실질적이고 그것의 가치는 연간 생산물을 증대시킨다. 유통이 이 한도를 넘는 순간부터 유통은 불필요하고 국민의 부유화에 더 이상 기여하지 않는다(409쪽).

우리는 지난 몇 년간 러시아의 셍트 페테르그라드에서 불필요한 유통의 예들을 보았다. 대외 무역의 침체 상태는 상업 수행자들로 하여금 그들의 유휴 자본을 다른 방식으로 이용하도록 했다. 외국 상품을 들여오고 자국 상품을 수출하는 데 이 자본을 사용하는 것이 더 이상 가능하지 않기 때문에, 그들은 현장에서 발견되는 상품들을 구매하고 판매함으로써 이익을 취하려는 발상을 하게 되었다. 방대한 양의 설탕, 커피, 대마(大麻), 철 등이 신속하게 이 손에서 저 손으로 넘어갔고, 간혹 한 상품이 창고를 떠나지 않은 채 소유자를 20번 바꾸었다. 그러한 유통은 대상인 (大商人)들에게 도박의 호기(好機)를 제공한다. 그러나 그것은 한 사람을 부유하게 만들지만 다른 사람들은 멸망시킨다. 그리고 여기에서 국부가 얻는 것은 아무 것도 없다. 화폐의 유통에서도 마찬가지이다. … 단순한 가격 변동에 기초하는 그러한 불필요한 유통은 투기라 불린다(410, 411 쪽).

유통은 그것이 상품을 소비자에게 이르도록 하기 위해 불가피한 한에 있어서만 사회에 이윤을 가져다준다. 이러한 효과를 위해서 절대적으로 필요한 것이 아니거나 또는 **유통 비용을 감소시키는** 데 기여하지 않는 어떤 우회, 지체, 중간 교환도 상품 가격을 불필요하게 인상시키므로 국부에는 해롭다(411쪽).

유통은 신속할수록, 즉 기업가가 판매하기 위해 전시하는 완성된 노동으로부터 그를 해방시키는 데 있어서, 즉 자본을 최초의 형태로 기업가에게 되돌려주는 데 적은 시간을 필요로 할수록 생산적이다(411쪽). 기업가는 그가 완성된 생산물을 판매하고 그 가격을 새로운 원자재와 새로운 임금의 구매에 사용한 후에만 생산을 다시 시작할 수 있다. 그러므로 유통이 이 두 가지 효과를 빨리 거둘수록 기업가는 그의 생산을 일찍 시작할 수 있게 된다. 그리고 그의 자본은 주어진 시간대 동안에 많은 이윤을 가져다준다(411-412쪽).

자본이 적당한 속도로 회전해서 자본을 처음 운동시킨 자에게 1년에 여러 번 되돌아오는 국민은 한해에 동일한 토지로부터 3-4차례의 수확을 연이어서 거둘 수 있는, 기후가 유리한 농민과 동일한 상황에 있다 (412, 413쪽).

느린 유통은 1. 실존할 수 있는 상품량을 감소시킴으로써 간접적으로, 2. 어떤 생산물이 유통에 있는 한 그것의 가치가 그것의 생산에 사용된 자본 지대에 의해 누진적으로 증가하기 때문에 직접적으로 소비 대상을 등귀시킨다. 유통이 느릴수록, 이 지대는 더 축적되어 상품들의 가격을 쓸데없이 높인다. 유통을 단축하고 가속화하기 위한 수단: 1. 오직 상업에만 종사하는 노동자 계급의 분리, 2. 수송의 용이성, 3. 은행권 유통, 4. 신용(413쪽).

단순 유통은 동시적이거나 연계적인 다수의 교환으로 구성되어 있었다. 유통으로 고찰된 이들 교환의 통일은 원래 관찰자의 시각에서만 존재했었다. (교환은 우연적일 수 있다. 그리고 그것이 생산 과정 전체에 파급되지 않고 잉여의 교환에 국한되어 있는 곳에서는 다소 그런 성격을 가진다.) 자본의 유통에서 우리는 일련의 교환 작업, 교환 행위를 가지는데, 이들 각각은 다른 것에 대하여 하나의 질적인 계기, 자본의 재생산 및 성장에서의 한 계기를 표상한다. 교환들의 한 체계는 사용 가치가 고찰되는 한에 있어서 소재대사(Stoffwechsel)이고, 가치 자체가 고찰되는 한에 있어서는 형태 전환이다. 상품에 대한 생산물의 관계는 교환 가치에 대한 사용 가치의 관계와 마찬가지이다. 화폐에 대한 상품의 관계도 그러하다. 여기에서 이 일련의 계열은 그 정점에 도달한다. 화폐는 상품과 관계하는데, 그 속에서 화폐는 사용 가치에 대한 교환 가치로 재전환된다. 노동에 대한 화폐의 관계는 더욱 그러하다.

‖26‖ 자본이 과정 자체의 각 계기에서 그의 다른 국면, 다음 국면으로 이행하는 가능성이고, 그리하여 자본의 생활 행위를 표현하는 전체 과정의 가능성인 한에 있어서, 이 각각의 계기들은 생산 과정에서 자본으로 정립되는 가치와 더불어 잠재적으로 자본으로 현상한다 ― 따라서 상품 자본, 화폐 자본 ―. 상품은 그것이 화폐로 전환되고, 그리하여 임노동(잉여 노동)을 구매할 수 있는 한 자본을 나타낼 수 있다. 이는 자본의 유통으로부터 형성된 **형태** 측면에서 살펴본

것이다. 소재 측면에서 보면 상품은 그것이 원재료(본래적인 것이나 반제품), 도구, 노동자를 위한 생활 수단을 구성하는 한 자본으로 남아 있다. 이 각각의 형태들은 잠재적 자본이다. 화폐는 한편으로 실현된 자본, 실현된 가치로서의 자본이다. 이러한 측면에서 보면 (출발점으로 고찰되어야 하는 곳에서 유통의 종착점으로도 고찰되면) 화폐는 뛰어난 자본이다. 나아가 특히 화폐는 그것이 살아 있는 노동과 교환되는 한, 생산 과정과 관련해서는 다시 자본이다. 이에 반해 자본가에 의한 상품과의 교환에서 화폐는 자본이 아니라 유통 수단, 즉 일과적(一過的) 매개로서만 나타나고, 이 매개를 통해 자본가는 자신의 생산물을 생산물의 원소들과 교환한다.

유통은 자본에게 단지 외적인 작업이 아니다. 생산 과정을 통해서 가치가 영구화되고 증대됨으로써 비로소 자본이 생산 과정에 의해서 생성되는 것과 마찬가지로, 자본은 유통의 첫 번째 행위에 의해서만 — 생성의 흔적뿐만 아니라 사용 가치로서의 그것의 특유한 현존도 지워져버린 — 가치의 순수한 **형태**로 재전환되는 데 반해 이 행위의 반복, 즉 [자본의] 생활 과정의 반복은 생산 조건들과 화폐의 교환이고, 생산행위에의 입문을 이루는 교환의 두 번째 행위에 의해서만 가능하다. 요컨대 유통은 자본 개념에 속한다. 본원적으로는 화폐나 축적된 노동이 자유로운 노동과의 교환 이전에 전제로서 나타나기는 했으나, 노동에 대한 자본의 객체적 계기의 외견상의 자립성은 지양되었던 것과 마찬가지로, 가치로 자립화되는 객체화된 노동이 모든 측면에서 **타인 노동**의 생산물, 노동 자체의 **소외된** 생산물로 나타났던 것과 마찬가지로, 이제는 자본이 먼저 자신의 유통에 전제되어 나타나 (화폐로서의 자본은 그것의 자본으로의 생성에 전제되어 있었다. 그러나 살아 있는 노동을 흡수하고 동화한 가치의 결과로서의 자본은 유통 일체의 출발점으로서가 아니라 자본 **유통**의 출발점으로서 나타난다) 이 과정이 없이도 자립적이고 무차별적인 것으로 실존했다. 그러나 자본이 통과해야 하는 형태 전환 운동은 이제 생산 과정 자체의 조건으로 현상한다. 마찬가지로 생산 과정의 결과로.

따라서 현실에서의 자본은 주어진 시기에 일련의 회전으로 나타난다. 그것은 더 이상 한 회전, 한 유통에 지나지 않는 것이 아니라 회전들의 정립, 전체 경과의 정립이다. 따라서 자본의 가치 정립 자체는 1. 자본이 유통 국면들을 통과하지 않고서는 생산 국면을 갱신할 수 없기 때문에 질적으로, 2. 자본이 정립하는 가치량이 주어진 기간 동안의 회전수에 좌우되기 때문에 양적으로, 3. 그리하여 양 측면에서 볼 때 유통 시간은 생산 시간의 제한적 원칙, 제약으로 나타나고 그 반대의 경우에는 반대이므로, 생산 시간에 의해서 제약 당하는 것으로 나타난다. 따라서 자본은 본질적으로 유동 자본이다. 자본이 생산 과정의 작업장에서 소유자 및 주인으로 나타난다면, 그것은 유통의 측면에서 보면 종속적이고 우리가 지금 서 있는 관점에서 보면 W로서는 G와, G로서는 W와 번갈아 가면서 단순 유통에 들어가도록 하고 기능 하도록 하는 사회적 연관에 의해 규정되는 것으로 나타난다.

그러나 유통은 일종의 안개이고, 그 아래에는 아직 커다란 세계, 유통에서 유래하는 — 사회적 교류에서 유래하는 이 소유를 자본에 묶어두고 자본에서 자기 보존적 소유의 독립성과 자본의 성격을 박탈하는 자본의 연관들의 세계가 숨어 있다. 지금은 아직 멀리 놓여 있는 이 세계에 대한 두 가지 전망이 두 지점에서 이미 열렸는데, 그것은 자본에 의해서 생산물의 형태로 정립되고 자본 유통이 유통된 가치를 자본의 범역(範域)에서 밀어내는 지점이고, 둘째는 자본이 다른 생산물을 유통으로부터 자신의 순환에 끌어들여 이 생산물 자체를 자신의 현존 계기의 하나로 전환시키는 지점이다. 두 번째 지점에서 자본은 생산을 전제로 하지 자기 자신의 직접적인 생산을 전제로 하지 않는다. 첫 번째 지점에서 자본은 자신의 생산물 자체가 다른 생산을 위한 원료라면 생산을 전제로 하고, 그 생산물이 소비를 위한 최종적인 형태를 취했으면 소비를 전제로 한다. 소비가 자본의 범역에 직접적으로 들어올 필요가 없다는 것은 분명하다. 자본의 본래적인 유통은 우리가 나중에 보게 되는 바와 같이 상인들과 상인들 사이의 유통이다.[1권 18] 소매와 동일한 상인과 소비자 사이의 유통은 자본의 직접적인 유통 영역에 속하지 않는 두 번째 범역이다. 자본이 첫 번째 궤도를 거친 다음에, 그리고 이 궤도와 더불어 동시에 거치는 궤도이다. 자본의 상이한 궤도들의 동시성은 자본의 상이한 규정들의 동시성과 마찬가지로 수많은 자본들이 전제되자마자 비로소 분명해진다. 인간의 생명 과정은 상이한 나이를 통과하는 것이다. 그러나 인간의 모든 나이가 동시에 상이한 개인들에 분배되어 나란히 존재한다.

자본의 생산 과정이 동시에 기술적 과정 — 생산 과정 일체 —, 즉 일정한 노동에 의한 일정한 사용 가치들의 생산, 간단히 말해 이 목적 자체에 의해 규정된 일정한 방식으로의 생산인 한에 있어서, 신체가 필요한 소재대사를 재생산하는, 즉 생리학적 의미에서 생활 수단을 창출하는 생산 과정이 이 모든 생산 과정 중에서 가장 근본적인 생산 과정으로 나타나는 한에 있어서, 이 생산 과정이 농업과 일치하고 이 농업이 또한 동시에 (면화, 아마 등에서처럼) 직접적으로든, 또는 농업이 사육하는 동물을 매개로 해서 간접적으로 이루어지든 (비단, 양모 등) 공업을 위해 상당 부분의 원료(원래 채취 산업에 속하지 않는 모든 원료)를 공급하는 한에 있어서, 온대 지방(자본의 고향)에서 농업의 재생산이 지상에서의 일반적인 유통과 결부되어 있는 한에 있어서, 즉 수확이 대부분 연간의 성격을 가지는 한에 있어서, 연(年)은 (상이한 생산에서 상이하게 계산될 뿐) 자본 회전의 합계가 계산되고 측정되는 일반적인 시간대로 가정된다. 이는 자연적인 노동일이 노동 시간의 척도로서 그러한 자연적인 단위를 제공하는 것

과 마찬가지이다. 이윤 계산, 특히 이자 계산에서는 더더욱 유통 및
생산 시간의 단위 — 자본 — 가 그러한 것으로 정립되어 있고 그 자
체로 측정된다는 것을 우리는 보게 될 것이다. **진행하는** — 즉 회전
을 경과하는 — 것으로서의 자본 자체는 ‖ 27 ‖ **노동하는** 자본으로
간주되며, 그것이 산출한다고 하는 결실은 그의 노동 시간 — 한 회
전의 전체 유통 시간에 따라 계산된다. 그리고 이 과정에서 발생하는
신비화들은 자본의 본성에 속한다.

　이제 위에서 지적한 우려에 대해 상술하기에 앞서서, 우리는 먼저
경제주의자들이 **고정 자본**과 **유동 자본** 사이에 어떤 차이를 지적하고
있는지 살펴보자. 우리는 이미 위에서 잉여 가치와 구별되는 이윤을
계산할 때 도입되는 새로운 계기를 하나 발견했다. 마찬가지로 지금
도 이윤과 이자 사이에 새로운 계기가 하나 등장해야 한다. **유동 자
본**과 관련해서 잉여 가치는 분명히 이자와 구별되는 이윤으로 나타
나고, **고정 자본**과 관련해서는 잉여 가치로 나타난다. 이윤과 이자는
둘 다 잉여 가치의 형태들이다. 이윤은 **가격**에 포함되어 있다. 따라
서 [이윤은 — 역자] 자본이 화폐로 재전환되거나 또는 상품으로서의
형태에서 화폐 형태로 이행하는 자본 유통의 지점에 들어서자마자
종료되고 실현된다. 이자에 대한 프루동의 논박이 기초하는 두드러
진 무지에 대해서는 후술. (프루동 말이 나왔으니(ad vocem[43])) 잊지
않기 위해서 여기에서 다시 한 번. 모든 리카도주의자들과 반(反)리
카도주의자들에게 많은 걱정을 끼쳤던 잉여 가치가 이 냉정한 사상
가에 의해서는 "어떤 노동이든 잉여를 남긴다", "나는 그것을 기본
원칙으로 전제한다 …."로 그것을 신비화함으로써 해결되었다. 원래
의 정식은 노트에서 살펴볼 것.[290] 프루동은 필요 노동을 **초과해서**
노동이 행해지는 것을 노동의 신비한 속성으로 전환시킨다. 노동 생

---

43) 수고에는: voce

산력의 단순한 성장으로부터는 이것이 설명될 수 없다. 노동 생산력은 일정한 노동 시간의 생산물을 증대시킬 수 있다. 그것이 이 생산물에 잉여 가치를 줄 수는 없다. 여기에서 노동의 생산력은 그것이 잉여 시간, 필요 노동을 초과하는 노동을 위한 시간을 여유화하는 (freisetzen) 한에 있어서만 들어온다. 여기에서 유일한 **경제외적** 사실은 인간이 생활필수품을 생산하기 위해서 그의 모든 시간을 필요로 하는 것은 아니라는 것, 생존을 위해서 필요한 노동 시간을 초과하는 자유 시간이 그의 처분에 맡겨져 있다는 것, 즉 잉여 노동을 위해서 사용할 수도 있다는 것이다. 그러나 그의 노동 능력이 조야한 상태에 있는 것과 동일한 만큼 그의 생활필수품은 적으므로, 이것이 전혀 신비스러운 것은 아니다. 그러나 임노동은 상당한 양의 시간이 자유롭게 될 정도로 생산력의 발전이 진전되었을 때 비로소 등장한다. 여기에서 이 여유화는 이미 역사적 산물이다. 프루동의 무지에 버금가는 것은 이윤율 하락을 임금율 증가의 등가물이라고 하는 바스티아의 주장뿐이다. 바스티아는 캐리로부터 빌어온 이 넌센스를 이중적으로 표현한다. 첫째로, 이윤율이 하락한다(즉 사용된 자본에 비교한 잉여 가치의 비율). 둘째로, 가격은 하락하지만 가치, 즉 가격의 총계는 증가하는데, 이는 이윤율이 아니라 총 이윤이 증가한다는 것을 뜻할 뿐이다.

첫째로 우리가 위에서 사용한 고정된 자본의 의미에서 **존 스튜어트 밀**(『정치경제학의 몇 가지 미해결 문제에 관한 에세이』, 런던 1844년)은 고착되어 있는, 처분할 수 없는, 사용할 수 없는 자본으로서. 자본의 총 유통 과정의 한 국면에 묶여 있는. 이러한 의미에서 그는 위의 인용문에서의 베일리와 마찬가지로 갈수록 큰 자본 부분이 유휴 상태에 있다고 올바르게 말한다.

고정 자본과 유동 자본의 차이는 실질적인 것이라기 보다는 외견상의 것이다. 예를 들어 금은 고정 자본인데, 그것이 도금 등을 위해서 소비되는 한에 있어서만 유동한다. 배는 문자 그대로 떠다니지만 고정 자본이다. 외국의 철도 주식이 우리 시장에서는 거래 물품이다. 세계 시장에서는 우리의 철도들도 그러할 것이다. 그리고 그러한 한에 있어서 철도들은 금과 동일한 가치를 가지는 유동 자본이다(앤더슨, 『최근의 상업 경색』 외, 런던 1847년, 4쪽)(노트 I, 27쪽44)).[291]

세이에 따르면 자본은

그것이 다른 생산 영역에 바쳐지기 위해서 더 이상 돌려질 수 없을 정도로 한 생산 영역에 묶여 있다.[292]

자본을 어떤 일정한 사용 가치, 생산 과정을 위한 사용 가치와 일치시키는 것. 가치로서의 자본이 이처럼 어떤 특수한 사용 가치 — 생산 내에서의 사용 가치 — 에 묶여 있는 것은 어쨌든 중요한 측면이다. 여기에서는 유통 무능력에서보다 더 명백한데, 그것이 원래 뜻하는 바는 고정 자본은 유동 자본의 반대라는 점뿐이다.

드 퀸시가 그의 『정치경제학의 논리』(113-114쪽45))(노트 X, 4쪽)[293]에서 말하기를,

정상적으로 볼 때 유동 자본은 사용 과정 동안에 소멸하는, 생산적으로 이용된, 어떻게든 (그럴듯한 논리학자) 성질을 가지는 도구를 뜻한다.

(이에 따르면 석탄과 기름은 유동 자본일 것이지만 면화 등은 아닐 것이다. 면화가 면사나 면직물로 변환됨으로써 소멸한다고 말할 수는 없다. 그러한 변환은 분명히 면화를 생산적으로 이용한다는 것을 뜻한다!)

---

44) 수고에는: 26쪽
45) 수고에는: 114쪽

사물이 동일한 작업에 반복적으로 계속해서 기여한다면 자본은 고정되어 있다. 반복의 고리가 크면 클수록 그만큼 도구, 공구 또는 기계류는 고정되어 있는 것으로 표현될 자격이 있다(113-114쪽)(노트 X, 4쪽).

이에 따르면 유동 자본은 생산 행위에서 소비되면 소멸하는 것이다. 고정 자본 — 이것은 매우 분명하게 도구, 공구, 또는 기계류로 규정된다(따라서 예를 들어 토지에 가해진 개량은 제외) — 은 계속해서 동일한 작업에 기여한다. 여기에서 구별은 생산 행위에서의 기술적인 차이와 관계될 뿐 형태 관계는 전혀 없다. 여기에서 지적된 차이들이 있는 유동 자본과 고정 자본은 어찌되었든 후자를 고정 자본, 전자를 유동 자본이게 하는 특징들을 가질 것이다. 그러나 그들 중 어느 것도 자본이라고 "명명"될 자격을 주는 특질이 아니다.

램지에 따르면 [, 21, 23, 59쪽](IX, 83-84[46])),[267]

단지 생활 수단 기금만이 유동 자본인데, 그 까닭은 자본가가 그것을 곧바로 포기해야 하고, 그것은 전혀 재생산 과정에 들어가지 않고 소비를 위해서 살아 있는 노동과 직접 교환되기 때문이다. 다른 모든 자본은 (원료도) 생산물이 완성될 때까지 소유자나 발주자의 점유 상태에 놓여 있다(앞의 책). 유동 자본은 노동자들이 노동의 생산물을 완성하기 전에 노동자들에게 선불되어야 하는 생존 수단들과 기타 필요품들로 구성되어 있다(앞의 책).

생활 수단 기금이 생산 국면 자체 동안 유동하고, 이 측면에서 가장 진정한 의미의 유동 자본인 유일한 자본 부분인 한에 있어서, 생활 수단 기금과 관련한 그의 말은 옳다. 다른 한편으로 고정 자본이

---

46) 수고에는: 84쪽

더 이상 소유자나 발주자의 점유 상태에 놓여 있지 않거나 또는 "생산물이 완성될 때까지" 놓여 있다는 것은 옳지 않다. 따라서 그는 뒤에서도 고정 자본을 다음과 같이 설명한다.

미래의 상품을 산출하는 데는 기여하지만, **노동을 양육하고 있지 않은 형태로 있는** (어떤 한 상품에 들어간) 그 노동의 어떤 부분.

(그러나 얼마나 많은 상품이 노동을 포함하지 않고 있는가! 즉 노동자의 소비 품목에 속하지 않는가! 램지에 따르면 이 모든 것이 고정 자본이다.)

(첫 해, 또는 처음 3개월의 말에 100파운드에 대한 이자가 5파운드라면 첫 해 말에 자본은 105나 100(1+0.05), 넷째 해 말에는 = $100(1+0.05)^4$ = 121파운드 55/100파운드 1/1600파운드 = 121파운드 11실링 3/5파딩 또는 121파운드 11실링 0.6파딩이다. 요컨대 20파운드를 1파운드 11실링 6/10파딩 초과한다.)

‖ 28 ‖ (위에서 제기된 문제에서는 한편에서 400의 자본이 1년에 한 번, 다른 한편으로 [100의 자본이] 4번, 두 경우에 5%로 회전한다고 가정되었다. 첫 번째 경우에는 자본이 1년에 한 번 5% = 400에 대하여 20을 실현하고, 두 번째 경우에는 4×5%, 마찬가지로 = 100에 대하여 1년에 20을 실현한다. 회전의 속도가 자본의 크기를 대체할 것이다. 이것은 단순한 화폐 유통에서 1년에 3번 유통하는 100,000탈러는 = 300,000인데 100번 유통하는 3,000탈러도 역시 = 300,000탈러인 것과 마찬가지이다. 그러나 자본이 1년에 4번 유통하면 초과 이윤(Mehrgewinn) 자체도 두 번째 회전에서는 다시 자본이 되어 같이 회전하는 것이 가능하고, 그럼으로써 1파운드 11실링 0.6파딩의 차액이 발생할 것이다. 그러나 이 차액은 결코 전제로부터 도출되는 것이 아니다. 추상적 가능성만이 존재할 뿐이다. 전제로부터

도출되는 것은 오히려 100파운드 자본의 회전을 위해서는 3개월이 필요하다는 것이다. 요컨대, 예를 들어 한 달이 = 30일이라면 105파운드에 대해서는, 회전 비율이 동일할 때, 자본의 크기에 대한 회전 시간의 비율이 동일할 때, 3개월이 필요한 것이 아니라 105 : x = 100 : 90, x = 90×105/100 = 9450/100 = 94 5/10일 = 3개월 4½일이다. 이로써 첫 번째 애로는 완전히 해소되었다.)

(회전이 느린 큰 자본이 상대적으로 회전이 빠른 작은 자본보다 더 많은 잉여 가치를 창출하지 않는다고 해서 결코 작은 자본이 큰 자본보다 빨리 유통하는 것은 아니다. 큰 자본이 더 많은 고정 자본으로 구성되어 있고 더 먼 시장을 찾아가야 한다면 물론 작은 자본이 빨리 유통한다. 시장의 크기와 유통 속도가 반드시 반비례 관계에 있는 것은 아니다. 이것은 현재의 물리적 시장이 경제적 시장이 아닌 경우에만, 즉 경제적 시장이 갈수록 생산지에서 멀어지는 경우에만 그러하다. 그 밖에 고정 자본과 유동 자본의 순수한 차이들에서 유래하지 않는 한, 상이한 자본들의 유통을 규정하는 계기들은 아직 여기에서는 개진될 수 없다. 덧붙여 말한다면, 상업이 새로운 유통 지점들을 정립하는 한에 있어서, 즉 상이한 나라들을 교류시키고 새로운 시장 등을 발견하는 한에 있어서, 그것은 일정량의 교환 작업을 수행하기 위해서 필요해지는 단순한 유통 비용과는 전혀 다른 것이다. 그것은 유통 작업의 정립이 아니라 유통 자체의 정립이다. 시장 창출. 이 점은 유통을 마무리하기 전에 특별히 고찰될 것이다.)

이제 "고정 자본"과 "유동 자본"에 관한 견해들을 계속 수정해보자.

자본이 더 소멸적이냐 덜 소멸적이냐에 따라, 즉 주어진 시간에 더 자주 또는 덜 자주 재생산되어야 하느냐에 따라 그 자본은 유동 자본 또는 고정 자본이라 불린다. 나아가 자본이 유통하거나 그것의 투하자에게 되돌아오는 시간은 매우 불균등하다. 예를 들어 차지농이 파종을 위해 구매하는 밀은 제빵업자가 빵을 만들기 위해 구매하는 밀에 비해서 상대적으로 고정적인 자본이다(리카도 VⅢ, 19쪽).[294]

그리고 나서 그는 언급하기를,

상이한 사업들에서 고정 자본과 유동 자본의 상이한 비율들. 고정 자본 자체의 상이한 지속성(리카도, 앞의 책).

두 가지 종류의 상업이 동일한 가치의 자본을 사용할 수 있다. 그러나 이 자본이 고정 부분 및 유동 부분과 관련해서는 매우 상이한 방식으로 배분될 수 있다. 그들 스스로는 동일한 가치의 고정 자본과 유동 자본을 사용할 수 있으나 고정 자본의 지속 기간은 매우 상이할 수 있다. 예를 들어 한 상업은 10,000파운드의 증기 기관을, 다른 상업은 배를(이것은 세이의 리카도 번역본, 제1권, 29, 30쪽).

리카도처럼 자본이 "더 소멸적이거나 덜 소멸적"이라고 하는 것은 처음부터 옳지 않다. 자본으로서의 자본은 소멸적이지 않다 — 가치. 그러나 가치가 고정되어 있는, 가치가 존재해 있는 사용 가치는 "더 소멸적이거나 덜 소멸적"이고, 따라서 "주어진 시간에 더 또는 덜 자주 재생산되어야" 한다. 요컨대 여기에서 고정 자본과 유동 자본의 차이는 주어진 시간에 주어진 자본에 대한 재생산 필요성의 많고 적음으로 환원된다. 이것은 리카도가 만드는 한 차이이다. 지속성의 상이한 정도들 또는 고정 자본의 상이한 정도들, 즉 상대적 고정의 상이한 정도들, 상대적 지속 기간이 두 번째 차이이다. 그러므로 고정 자본 자체도 더 고정적이거나 덜 고정적이다. 동일한 사업에서 동일한 자본이 고정과 유동이라는 두 가지 상이한 형태, 특수한 실존 방식으로 나타나고, 따라서 이중적으로 존재한다. 고정이냐 유동이냐가 자본이라는 규정성 이외에 자본의 특수한 규정성으로 나타난다. 그러나 자본은 이 특수화로 나아가야 한다. 끝으로 "자본이 유통하거나 그것의 투하자에게 되돌아오는 시간은 매우 불균등하다"는 세 번째 차이에 [관한 한], 리카도가 이해하는 바로는 제빵업자와 차지농에 관한 그의 예가 보여주듯이, 자본이 상이한 사업 영역들에서 그것의 특색에 따라서 유통 국면과는 구별되는 생산 국면에 고정되어 있고 참여하고 있는 시간의 차이에 지나지 않는다. 요컨대 여기에서는 우리가 앞에서 각 국면에서의 고정 상태(Fixiertsein)로 살펴본 바와 같은 고정 자본이 등장한다. 다만 생산 국면, 이 일정한 국면에 특유하게 더 오래 또는 더 짧게 고정되어 있는 것이 자본의 고유성, 특수성을 정립하는 것으로 간주된다. 화폐는 유통에 대하여, 즉 현실적 부와의 교환에 대하여, 페티[1권 100]가 그럴듯하고 매우 순진하게 묘사한 바와 같이, 소멸적인 향락으로 해소되는 소멸적인 상품들과의 교환에 대하여 부정적으로 관계함으로써 불멸의 가치, 영원한 가치로 정립되고자 한다. 자본이 비록 소멸적인 상품들에 체화되고 이들의 형체를 취하기는 하지만 이 형체를 끊임없이 변경함으로써, 즉 화폐로서의 그것의 불멸의 형체와 상품으로서의 소멸적인 형체 사이에서 교대함으로써, 자본에서는 가치의 불멸성이 — 어느 정도 — 정립된다. 불멸성은 그것이 존재 가능한, 이 유일한, 소멸하는 소멸성 — 과정 — 생명으로 정립된다. 그러나 자본은 흡혈귀로서 살아 있는 노동을 끊임없이 영혼으로 빨아들일 때에만 이 능력을 유지할 수 있다. 불멸성 — 자본으로서의 형체에서의 가치의 지속 기간 — 은 재생산에 의해서만 정립되는데, 이 재생산은 스스로 이중적으로 나타나고, 즉 상품으로서의 재생산이자 화폐로서의 재생산이고, 이 두 재생산 과정의 통일이다. 상품으로서의 재생산에서 자본은 일정한 형태의 사용 가치에 고정되어 있고, 따라서 일반적 교환 가치가 아니며, 그것이 되어야 하는 실현된 가치는 더더욱 아니다. 자본이 재생산 행위에서, 생산 국면에서 그러한 것으로 정립되었다는 것을 입증하는 것은 오직 유통을 통해서이다. ‖ 29 ｜ 가치가 실존해 있는 상품의 소멸성의 크고 작음은 보다 느리거나 보다 빠른 가치의 재생산, 즉 노동 과정의 반복을 요구한다.

가치가 실존하고 있는, 또는 지금은 자본의 신체로 나타나는 **사용 가치의 특수한 본성**은 여기에서 <u>스스로</u> 형태 규정적이고 자본의 행동을 규정하는 것, 다른 자본에 비해 특수한 속성을 한 자본에게 부여하는 것, 그 자본을 특수화하는 것으로 나타난다. 따라서 우리가 이미 여러 경우에서 본 바와 같이, **실현되는** 한에 있어서의 단순 유통에서는 경제적 형태 규정의 밖에 속하는 사용 가치와 교환 가치의 구별이 일체 경제적 형태 규정의 밖에 속한다는 것을 간과하는 것만큼 잘못된 것은 없다. 오히려 우리는 경제적 관계들의 개진의 상이한 단계들에서 교환 가치와 사용 가치가 상이한 관계들 속에서 규정되어 있는 것을 발견했고, 이 규정성 자체가 가치 자체의 상이한 규정으로 나타나는 것을 발견했다. 사용 가치 자체가 경제적 범주로서 역할을 한다. 그것이 어디에서 이러한 역할을 하는가는 개진 자체에서 드러난다. 예컨대 부르주아 경제학이 교환 가치만을 취급하고 사용 가치와는 단지 외면적으로 관계된다고 생각하는 리카도는 바로 교환 가치의 가장 중요한 규정들을 사용 가치로부터, 사용 가치에 대한 교환 가치의 관계, 예를 들어 **지대, 급료의 최저치**, 즉 그가 (임금율의 등락에 의해 그들에게 가해지는 상이한 반응에 의해서) 가격 결정에 대단히 두드러진 영향을 미친다고 주장하는 **고정 자본과 유동 자본의 차이**로부터 끌어낸다. 수요와 공급의 관계 등에서도 마찬가지. 동일한 규정이 한 번은 사용 가치의 규정에서 나타나고, 다른 한 번은 교환 가치의 규정에서 나타나지만, 상이한 차원들에서 상이한 의미를 가지고 나타난다. 사용한다는 것은 생산을 위해서든 소비를 위해서든 소비하는 것이다. 교환한다는 것은 사회적 과정에 의해 매개된 이 행위이다. 사용하는 것 자체는 정립되어 있을 수도 있고, 교환하는 것의 단순한 귀결일 수도 있다. 다른 한편 교환하는 것은 단지 사용하는 것의 계기 등으로 나타날 수 있다. (유통 속에 있는) 자본의 관점에서 볼 때 교환하는 것은 그것의 사용 가치의 정립으로 나타나는데 반해, 다른 한편에서 (생산 행위에서) 그것을 사용하는 것은 교환을 위한 정립으로서, 그것의 교환 가치의 정립으로서 나타난다. 생산과 소비에 있어서도 마찬가지이다. 부르주아 경제에서 (모든 경제와 마찬가지로) 그것들은 특유한 차이들과 특유한 통일들 속에서 정립되어 있다. 바로 이 종차를 이해하는 것이 중요하다. 그것들이 동일하다는 프루동 씨나 사회감상주의자들[1권 14]의 [주장]으로는 아무 것도 이룰 수 없다.

리카도의 설명에서 우수한 점은 보다 빠르거나 보다 느린 재생산 필요성의 계기가 먼저 강조된다는 것, 즉 보다 크거나 보다 작은 소멸성 — 소비 (자기 소모라는 의미에서), 자본 자신과 관련해서는 보다 느리거나 보다 빠른 소멸성이 고찰된다는 것이다. 요컨대 자본 자신을 위한 사용 가치의 관계. 이에 반해 시스몽디는 자본에 일단은 외면적인 규정을 곧장 들여온다. 인간에 의한 직접적인 소비인가 간접적인 소비인가, 대상이 인간에게 직접적인 생활 수단인가 간접적인 생활 수단인가가 그것이다. 이를 통해 그는 대상 자체의 보다 빠르거나 보다 느린 소비를 거론한다. 직접 생활 수단으로 기여하는 대상들은 소멸하도록 규정되어 있기 때문에, 생활 수단을 만드는 데 도움을 주는 대상들보다 더 소멸적이다. 후자에게 있어서는 지속 기간이 그것들의 규정이다. [전자에 있어서는 — 역자] 그들의 소멸성이 숙명. 그는 말하기를,

고정 자본은 인간이 사용하도록 예정한 것의 소비를 도와주기 위해서, 간접적으로 천천히 소비된다. 유동 자본은 인간의 사용을 위해서 직접 적

용되는 것을 멈추지 않는다. 한 사물이 소비될 때마다 그것은 어떤 사람에게는 영원히 유동 자본이다. 동시에 그 사물의 소비가 재생산과 더불어 이루어지는 인간이 있을 수 있다(시스몽디, VI).[295]

그는 이 관계를 다음과 같이 서술하기도 한다.

연간 소비의 항구적인 투자로의 첫 번째 전환은 장래 노동을 위해 생산력을 증대시키는 데 적합하다 — 고정 자본. 이 첫 번째 노동은 언제나 노동자가 노동하는 동안에 소비하는 생활 수단들과 교환되는 급료로 표시되는 노동에 의해 수행된다. 고정 자본은 점진적으로 소비된다(즉 점진적으로 마모된다). 두 번째 전환. 유동 자본은 노동 씨앗(원자재)과 노동자의 소비로 구성된다(앞의 책[, 97-98, 94쪽]).

이는 등장과 더 관련된다. 첫째로, 고정 자본 자체는 정태적이 된 유동 자본 형태, 고정된 유동 자본일 뿐이라는 전환. 둘째로는 규정. 하나는 생산 수단으로 규정되고, 다른 하나는 생산물로 소비되도록 규정되어 있다. 또는 생산 과정에서 생산 조건들 사이에서의 역할에 의해 규정된 생산물의 상이한 소비 방식. 셰르불리에는 유동 자본은 소비 가능한 자본 부분이고 고정 자본은 소비 불가능한 자본 부분이라고 문제를 더욱 단순화한다.[296] (전자는 먹어치울 수 있고 후자는 그렇지 않다. 문제를 받아들이는 데 매우 편안한 방법이다.) **쉬토르흐**는 이미 앞에서 인용된 곳(노트 34쪽47))[297]에서 자본의 유통적 규정을 일체 유동 자본으로 인정한다. 그는 다음과 같이 말함으로써 그 자신을 부정하고 있다.

어떤 고정 자본이든 처음에는 유동 자본에서 생성되며, 필연적으로

---

47) 수고에는: 29쪽

후자의 희생 위에서 끊임없이 유지되어야 한다.

(요컨대 유통에서 유래하거나 또는 자신의 첫 번째 계기에서조차 유통하고 유통을 통해서 끊임없이 갱신된다. 요컨대 그가 유통 속으로 들어가지는 않지만 유통이 그 안으로 들어간다.) 나아가 쉬토르흐는 다음과 같이 덧붙이고 있다.

어떤 한 고정 자본은 유동 자본을 매개로 해서만 자본 지대를 낳을 수 있다(26쪽, b[48] 노트).

이에 대해서는 나중에 재론하기로 한다.

{재생산적 소비들은 그들을 제공하는 자들에게 환수되므로, 원래 비용이 아니라 선대일 뿐이다. 세이를 비판하는 쉬토르흐의 저술, 54쪽(5b쪽. 쉬토르흐에 관한 두 번째 노트).[298]

(자본가는 자기 자신의 잉여 노동의 일부를 선대의 형태로 되돌려 주는데, 이 선대에 대하여 그는 등가물 뿐만 아니라 잉여 노동을 붙여서 환불해야 한다.}

(복리(複利) 계산을 위한 공식은 $S = c(1+i)^n$ 이다. (S는 이자율 i로 n년이 지난 후 자본 c의 총액.)

연리(年利) 계산 공식은 다음과 같다.

$$x(연리) = \frac{c(1+i)^n}{1+(1+i)+(1+i)^2+\cdots\cdots+(1+i)^{n-1}} \quad 49)$$

---

48) 수고에는: a
49) 수고에는: $\dfrac{c(1+i)^n}{1+(1+i)+(1+i)^2+(1+i)^n}$

위에서 우리는 자본을 불변 가치와 가변 가치로 나누었다. 이는 자본이 생산 국면 내에서, 즉 자본의 직접적인 증식 과정에서 고찰될 때에는 언제나 옳다. 자본 자체가 전제된 가치로서 자신의 재생산 비용이 상승하거나 하락함에 따라, 또는 이윤 감소 등의 결과에 따라 어떻게 자신의 가치를 변화시키는가는 자본이 현실적인 자본(reelles Kapital)으로, 수많은 자본들의 상호 작용으로 고찰되는 절에 속하지 여기 자본의 일반적 개념에 속하지 않는다.

{경쟁은 역사적으로 한 나라 안에서는 춘프트 강제, 정부 규제, 내부 관세 및 그것과 유사한 것의 해체로 나타나고, 세계 시장에서는 봉쇄, 금지나 보호의 지양으로 나타나기 때문에 — 간단히 말해 역사적으로 자본에 선행하는 생산 단계들에 특유한 한계들(Grenzen)과 제약들(Schranken)의 부정으로 나타나기 때문에, 역사적으로 중농주의자들에 의해서 전적으로 올바르게 자유 방임으로 지칭되었고 ‖30 | 지지되었기 때문에, 이제 이러한 단순한 소극적 측면에서도, 이러한 단순한 역사적 측면에서도 고찰되었다. 다른 한편에서 경쟁은 그것을 속박에서 풀려나 자기 자신의 이해 관계에 의해서만 규정되는 개인들의 충돌로 — 자유로운 개인들의 상호 관계에서의 반발과 끌어당김으로 간주하고, 그리하여 생산 및 교환 영역에서의 자유로운 개성의 절대적 현존 형태로 간주하는 더욱 커다란 어리석음도 초래했다. 이보다 더 그릇된 것은 없다. 1. 자유 경쟁이 과거의 생산 관계들과 방식들의 제약들을 해체했다면, 자유 경쟁에게 제약인 것은 과거의 생산 방식들에게는 내재적 한계였고, 이 안에서 이것들은 자연스럽게 발전했고 운동했다는 점이 먼저 고찰되어야 한다. 자본 자체가 생산의 규율 원칙으로 등장하기 시작할 수 있도록 생산력과 교류 관계들이 충분히 발전한 다음에 비로소 이 한계들은 제약이 된다. 자본이 무너뜨리는 한계들이 그것의 운동, 발전, 실현에 대한 제약이었다. 그럼으로써 자본이 모든 한계들을 지양하는 것은 아니며, 모든

제약들을 지양하는 것도 아니다. 다만 자신에게 제약들이었던, 자신에게 조응하지 않는 한계들만을 지양할 뿐이다. 자기 자신의 한계들 안에서 — 그것들이 보다 높은 관점에서 보면 아무리 생산의 제약들로 나타나고, 자본 자신의 역사적 발전에 의해서 그러한 제약으로 정립된다고 할지라도 — 자본은 자유로운 것으로, 제약이 없는 것으로, 즉 자기 자신에 의해서만, 자기 자신의 생활 조건들에 의해서만 제한되는 것으로 느낀다. 이는 준프트 산업이 전성기에는 자신이 필요로 했던 자유, 즉 자신에게 조응하는 생산 관계들을 준프트 조직에서 완벽하게 발견했던 것과 전적으로 마찬가지이다. 준프트 산업 자신이 자체로부터 이것들을 정립해냈고 이것들을 자신의 내재적인 조건들로 발전시켰지 결코 외적이고 압박하는 제약들로서 발전시킨 것은 아니다. 자유 경쟁에 의해 자본측에서 준프트 제도 등을 부정한 것의 역사적 측면이란, 충분히 강화된 자본이 자신에게 적합한 운동을 속박하고 방해했던 역사적 제약들을 자신에게 적합한 교류 양식을 통해 무너뜨린다는 것을 뜻할 뿐이다.

그러나 경쟁이 결코 단지 이러한 역사적인 의미만을 가진다거나 단지 이러한 소극적인 것만은 아니다. **자유 경쟁**은 다른 자본으로서의 자기 자신에 대한 자본의 관계, 즉 자본으로서 자본의 현실적인 관계 행위이다. 자본의 내적 법칙들 — 자본 발전의 역사적 전(前)단계들에서는 경향들로서만 나타나는 — 이 비로소 법칙들로 정립된다. 자본에 기초한 생산은 자유 경쟁이 발전하는 한에 있어서만 자신의 적합한 형태들로 정립되는데, 그 까닭은 자유 경쟁이야말로 자본에 기초한 생산 양식의 자유로운 발전, 자본의 조건들의 자유로운 발전이고, 이 조건들50)을 끊임없이 재생산하는 과정으로서의 자본의 자유로운 발전이기 때문이다. 자유 경쟁에서 자유롭게 정립되어 있는 것

---

50) 수고에는: 이 제약하는 것들

은 개인이 아니라 자본이다. 자본에 기초하는 생산이 사회적 생산력의 발전을 위해 필요한 형태, 따라서 가장 적절한 형태인 한, 자본의 순수한 조건들 안에서 개인들이 운동하는 것은 개인들의 자유로 현상한다. 그러나 그리고 나면 이 자유는 자유 경쟁에 의해 무너진 제약들에 대한 끊임없는 성찰에 의해 교조적으로도 그러한 것으로 확언된다. 자유 경쟁은 자본의 현실적인 발전이다. 자본의 본성에 조응하는 것, 자본에 기초한 생산 양식에 조응하는 것, 자본의 개념에 조응하는 것이 개별적인 자본에게는 자유 경쟁에 의해서 외적인 필연성으로 정립된다. 자유 경쟁에서 자본들이 서로에게, 노동 등에 가하는 상호 강제는 (노동자들 사이의 경쟁은 자본들의 경쟁의 다른 형태일 뿐이다) 자본으로서의 부의 **자유롭고 현실적인** 발전이다. 이는 예를 들어 리카도와 같은 가장 심원한 경제 사상가들이 — 자본을 지배하는 긴요한 경향들로 동시에 현상하는 — 자본의 적합한 법칙들을 연구하고 공식화하기 위해서 자유 경쟁의 절대적인 지배를 전제할 정도로 그러하다.

그러나 자유 경쟁은 자본의 생산적 과정의 적합한 형태이다. 그것이 발전할수록 자본 운동의 형태들은 순수하게 드러난다. 예를 들어 리카도가 그의 의사(意思)에 반하여 자백하지 않을 수 없었던 것은 자본의 **역사적 본성**과 자유 경쟁의 편협한 성격인데, 자유 경쟁은 자본들의 자유로운 발전, 즉 해체된 전(前)단계들에는 속하지 않고 자본 자신의 조건들인 조건들 내에서의 자본들의 운동일 뿐이다. 로마 황제의 폭정이 자유로운 로마 "사법"의 전제였던 것과 전적으로 마찬가지로, 자본의 지배는 자유 경쟁의 전제이다. 자본이 약한 한에 있어서 자본 자신은 지나갔거나 자신의 등장과 더불어 몰락하는 생산 양식의 지팡이에 아직도 의지한다. 자신이 강하다고 느끼자마자 자본은 지팡이를 내던지고 자기 자신의 법칙들에 따라서 운동한다. 스스로를 발전의 제약으로 느끼고 의식하기 시작하자마자 자본은 자본의 지배를 완성시키는 것처럼 보이면서 자유 경쟁의 억제에 의해 동시에 자기 해체와 그에 기초한 생산 양식의 해체의 예고자들인 형태들로 도피한다. 수많은 자본들이 자본의 내적인 규정들을 서로에게 강제하고 자기 자신에게 강제하는 것에 지나지 않는 경쟁에 의해서는, 자본의 본성에 놓여 있는 것이 단지 외적인 필연성으로서 현실적으로 드러날 뿐이다. 따라서 부르주아 경제학의 어떤 범주도, 첫 번째 범주, 예를 들어 가치 규정[도] 자유 경쟁을 통하지 [않고서는], 즉 자본들의 상호 작용으로 현상하고 자본에 의해서 규정된 다른 모든 생산 및 교류 관계들의 상호 작용으로 현상하는 자본의 실제적 과정을 통하지 [않고서는] 결코 실제적인 것이 되지 못한다. 따라서 다른 한편에서 자유 경쟁을 인간적 자유의 마지막 형태로, 그리고 자유 경쟁의 부정 = 개인적 자유와 개인적 자유에 기초한 사회적 생산의 부정으로 간주하는 것은 어리석은 것이다. 그것은 편협한 기반 — 자본의 지배라는 기반 위에서의 자유로운 발전일 뿐이다. 따라서 이러한 종류의 개인적 자유는 동시에 모든 개인적 자유의 가장 완벽한 지양이며, 물질적 권력들, 막강한 사물들 — 관계하는 개인들 자신에 대해 독립적인, 사물들의 형태를 취하는 사회적 조건들 아래로의 개성의 완벽한 예속이다.

자유 경쟁이 무엇인가에 대한 설명은 중간 계급의 예언자들에 의한 자유 경쟁의 찬미나 사회주의자들에 의한 그것의 저주에 대한 유일하게 합리적인 답변이다. 자유 경쟁 내에서 개인들이 순전히 자신들의 사적 이익을 추구하면서 공동의 이익, 또는 차라리 일반 이익을 실현한다고 하면, 그것이 의미하는 바는 개인들이 자본주의적 조건 하에서 서로 압박하고, 따라서 그들의 충돌 자체는 이 상호 작용이 벌어지는 조건들의 재산출일 뿐이라는 것에 지나지 않는다. 덧붙여 말하자면 자유로운 개성의 소위 절대적 형태라는 경쟁에 관한 환상이 사라지자마자, 이것은 경쟁의 조건들, 즉 자본에 기초한 생산의 조건들이 이미 제약들로 느껴지고 생각되며, 따라서 이미 제약들이고 갈수록 제약이 된다는 증거이다. 자유 경쟁이 = 생산력의 발전의 마지막 형태이고, 따라서 인간적 자유의 마지막 형태라는 주장은 중간 계급의 지배가 세계사의 마지막이라는 것을 의미하는 데 지나지 않는다 — 물론 그저께의 벼락부자에게는 편안한 생각이다.}

‖31‖ 고정 자본과 유동 자본에 관한 견해들을 계속 검토하기에 앞서 이전에 설명한 것으로 잠깐 되돌아가자.

당분간 우리는 생산 시간과 노동 시간이 일치한다고 가정하고 있다. 생산 국면 자체 내에서 기술적 과정에 의해 조건 지워진 중단들이 발생하는 경우는 나중에 고찰하기로 한다.

어떤 자본의 생산 국면이 60노동일과 같고, 그 중 40이 필요 노동 시간이라고 가정하자. 그러면 앞에서 설명된 법칙에 따라 잉여 가치, 또는 자본에 의해서 새롭게 정립된 가치, 즉 점취된 타인 노동 시간은 = 60 - 40 = 20이다. 이 잉여 가치(=20)를 S, 생산 국면 — 또는 생산 국면 동안에 사용된 노동 시간을 p라고 부르자. 우리가 Z라고 부르고자 하는 시간대 동안에 — 예컨대 360일 동안에 총 가치는 360에 포함되어 있는 생산 국면의 숫자보다 결코 클 수 없다. S의 가장 큰 계수 — 즉 주어진 전제하에서 자본이 창출할 수 있는 잉여 가치의 최대치 — 는 360일 동안의 S 창출의 반복 횟수와 같다. 이 반복, 자본의 재생산, 또는 차라리 지금은 자본의 생산 과정의 재생산의 최대 한계는 — 생산 기간이 반복되어야 하는 전체 기간에 대한 생산 기간의 비율에 의해 결정된다. 주어진 시간이 = 360일이고 생산 기간이 = 60일이라면, 360/60, 또는 Z/p, 즉 6은 p가 Z에 얼마나 자주 포함되어 있는가, 또는 그 자신의 내재적인 한계들에 따라 자본의 재생산 과정이 360일에 얼마나 자주 반복될 수 있는가를 보여주는 계수이다. S의 창출, 즉 잉여 가치 정립의 최대치는 어떤 주어진 시간에 S가 생산되는 과정의 숫자에 의해서 주어져 있다는 것은 자명하다. Z/p가 이 비율을 표현한다. Z/p의 몫, 또는 q는 360일의 시간, Z 일체에 S의 가장 큰 계수이다. SZ/p, 또는 Sq는 값의 최대치이다. $Z/p = q$라면 $Z = pq$이다. 즉 Z의 전체 지속 기간이 생산 시간일 것이다. 생산 국면 p는 그것이 Z에 포함되어 있는 만큼 자주 반복된다. 일정한 시간에 자본의 총 가치 창출은 = 자본이 한 생산 국면에 점취하는 잉여 노동을 주어진 시간에 이 생산 국면이 포함되어 있는 숫자와 곱한 것이다. 요컨대 위의 예에서는 = $20 \times 360/60 = 20 \times 6 = 120$일이다. q, 즉 Z/p는 자본의 회전수를 표현할 것이다. 그러나 $Z = pq$이므로 $p = Z/q$일 것이다. 즉 한 생산 국면의 지속 기간은 총 시간을 회전수로 나눈 것과 같을 것이다. 그리하여 자본의 한 생산 국면은 자본의 한 회전과 같을 것이다. 회전 시간과 생산 시간이 완전히 일치할 것이다. 따라서 회전수는 오직 총 시간에 대한 생산 국면의 비율에 의해서만 결정될 것이다.

　오직 이 전제에서만 유통 시간은 = 0으로 정립되어 있다. 그러나 유통 시간은 결코 = 0일 수 없는 일정한 크기를 가진다. 이제 60일의 생산 시간, 또는 60생산일에 30유통일이 추가된다고 가정하고 p에 추가되는 이 유통 시간을 c라고 부르자. 이 경우에 자본의 회전, 즉 자본이 증식 과정 ─ 잉여 가치의 정립 ─ 을 반복할 수 있기 전에 필요한 총 시간은 = $30+60 = 90$일$(= p+c)(1U(회전)= p+c)$일 것이다. 90일의 회전은 360일에 360/90번, 즉 4번 반복될 수 있을 뿐이다. 요컨대 20의 잉여 가치가 4번만 정립될 수 있을 것이다. $20 \times 4 =80$. 60일에 자본은 20잉여일을 생산한다. 그러나 자본은 30일을 유통해야 한다. 즉 이 30일 동안에는 잉여 노동, 잉여 가치를 정립할 수 없다. 이것이 자본에게는 (결과를 보면) 90일에 단지 20의 잉여 가치를 정립한 것과 마찬가지이다. 앞에서는 회전수가 Z/p에 의해

노트 VI권의 31쪽

서 결정되었다면, 지금은 $\frac{Z}{p+c}$ 또는 $\frac{Z}{u}$ 에 의해서 결정된다. 값의 최대치는 $\frac{SZ}{p}$ 였다. 지금 실제로 정립되는 잉여 가치는 $\frac{SZ}{p+c}$ 이다.

$20\genfrac{}{}{0pt}{}{360}{60}\genfrac{}{}{0pt}{}{}{30} = 20\frac{360}{90} = 20 \times 4 = 80$). 요컨대 회전수는 = 총 시간을 생산 시간과 유통 시간의 합계로 나눈 것이고, 총 가치는 S를 회전수와 곱한 것이다. 그러나 이 표현은 아직 잉여 가치, 생산 시간, 유통 시간의 관계들을 표현하기에 충분하지 않다.

가치 창출의 최대치는 $\frac{SZ}{p}$ 이다. 유통 시간에 의해 제약된 $\frac{SZ}{p+c}$ (또는 $\frac{ST}{U}$). 첫 번째 양에서 두 번째 양을 빼면,

$$\frac{SZ}{p} - \frac{SZ}{p+c} = \frac{SZ(p+c) - SZ(p)}{p(p+c)} = \frac{SZp + SZc - SZp}{p(p+c)} = \frac{SZc}{p(p+c)} .$$

그러면 차이는 $\frac{SZc}{p(p+c)}$ 또는 $\frac{SZ}{p} \times \frac{c}{p+c} \cdot \frac{SZ}{p+c}$ 이거나 또는 S' 라고 두 번째 규정에서의 값을 부른다면, $S' = \frac{SZ}{p} - \frac{SZ}{p} \times \frac{c}{p+c}$. 우리가 이 공식을 더 자세히 해석하기에 앞서서 다른 공식을 도입해야 한다.

우리가 $\frac{Z}{p+c} q'$ 의 몫을 q' 라 부른다면, q' 는 Z에 U(=p+c)가 들어 있는 숫자, 회전수를 표현한다. $\frac{Z}{p+c} = q'$. 요컨대 $Z = pq' + cq'$. 그러면 pq' 는 전체 생산 시간을 표현하고, cq' 는 전체 유통 시간을 표현한다.

총 유통 시간을 C (즉 $cq' = C$)라고 부르자. (Z(360)=4×60(240) +30(120).) q' 는 전제에서 = 4이다. $C = cq' = 4c$. 4는 = 회전수이다. 앞에서 우리는 가치 창출의 최대치가 = SZ/p라는 것을 보았다. 그러나 이 경우에 Z = 생산 시간으로 정립되어 있었다. 그러나 지금은 등식에서도 드러나는 바와 같이 실제 생산 시간이 $Z - cq'$[51)]

이다. $Z = pq'$(총 생산 시간)$+cq'$(총 유통 시간 또는 C). 따라서 $Z -C = pq'$[52]. 요컨대 $S\dfrac{Z-C}{p}$ 가 가치 창출의 최대치. 360일이 아니라 360일$-cq'$, 즉 $-4\times30=120$이 생산 시간 $20(\dfrac{360-120}{60})$; $\dfrac{20\times240}{60} = 80$이므로.

‖32‖ 이제 마지막으로 공식에 관해 자세히 살펴보면,

$$S' = \frac{SZ}{p} - \frac{SZ}{p} \times \frac{c}{c+p} = \frac{360\times20}{60} - \frac{20\times240}{60}\text{[53]} \times \frac{30}{30+60}$$

$$= 120-120\times30/90 = 6\times20-6\times20\times3/9$$

$$= 20\times6-20\times6\times\tfrac{1}{3} \text{ 또는}$$

$$= 120-120\times\tfrac{1}{3} = 120-40 = 80.$$

이 공식이 뜻하는 바는 값이 값의 최대치에서, 즉 단지 총 시간에 대한 생산 시간의 비율에 의해 결정된 값에서 이 최대치에 유통 시간이 얼마나 자주 들어 있는가를 표현하는 숫자를 뺀 것과 같다는 것이다. 그리고 이 수치는 최대치 자체를 한 회전이 c에 들어 있는, 한 회전에 소요되는 유통 시간에 들어 있는 숫자와 곱한 것이거나 또는 c가 $c+p$나 C에 들어 있는가를 표현하는 숫자로 나눈 것과 같다. $c=0$이라면 $S' = \dfrac{SZ}{p}$ 일 것이고 그 최대치에 있을 것이다. S'는 c가 증가할수록 작아지고 c와 반비례 관계에 있는데, 그 까닭은 그만큼 인수 $\dfrac{c}{c+p}$ 와 $\dfrac{SZ}{p}$ 라는 최대치에서 빼는 수치인 $\dfrac{SZ}{p} \times \dfrac{c}{c+p}$ 또는 $\dfrac{SZ}{p} \times \dfrac{c}{U} \cdot \dfrac{c}{c+p} = \dfrac{c}{U} \cdot \dfrac{c}{U}$ 이기 때문이다. 우리가 분모와 분자에 q'를 곱하면 $\dfrac{cq'}{(c+p)q}$[54] $= \dfrac{C}{Z} \cdot (\dfrac{c}{c+p} = \dfrac{30}{30+60} = \dfrac{1}{3}$.)

---

51) 수고에는: $Z-q$
52) 수고에는: $Z-C=cq'$
53) 수고에는: $20\times360/\ 6$
54) 수고에는: $cq/\ (c+p)q$

$\frac{c}{c+p}$ 또는 ⅓은 총 시간에 대한 유통 시간의 비율을 표현하는데, 그 까닭은 $360/3 = 120$이기 때문이다. 회전 $(c+p)$는 c에 $\frac{c}{p+c}$ 또는 ⅓(또는 $\frac{C}{Z}$)[번] 들어 있기 때문이다.

요컨대 우리는 3개의 공식을 가진다.

1. $S' = \frac{SZ}{p+c} = \frac{SZ}{U}$; 2. $S' = \frac{S(Z-C)}{p}$;

3. $S' = \frac{SZ}{p} - (\frac{SZ}{p} \times \frac{c}{c+p}) = S\frac{Z}{p} - \frac{Z}{p} \times \frac{c}{c+p}$.

따라서 $Sq:S' = \frac{SZ}{p} : \frac{S(Z-C)}{p}$, 또는 $Sq : S'$[55]$=Z : (Z-C)$. 값의 최대치의 실제 값에 대한 [관계는] 어떤 주어진 시간대의 이 시간대에서 총 유통 시간을 뺀 시간에 대한 [관계]와 마찬가지이다. 또는 $Sq : S' = (pq'+cq') : (pq'+cq'-cq')$, 즉 $=(p+c) : p$.[56]

3에 대하여. $S' = \frac{SZ}{p} - \frac{SZ}{p} \times \frac{c}{c+p} = S(\frac{Z}{p} - \frac{Z}{p} \times \frac{c}{c+p})$ 또는 $\frac{Z}{p} = q$이므로, $S' = S(q-q \cdot \frac{c}{c+p}) = S(q-q\frac{c}{U})$. 따라서 총 잉여 가치는 한 생산 국면에 정립된 잉여 가치인데, 이것의 계수는 총 시간에 들어 있는 생산 시간의 수에서 이 총 시간에 들어 있는 한 회전의 유통 시간의 수를 뺀 것이다.

$S(q-q\frac{c}{U}) = Sq(1 - \frac{1c}{U}) = Sq(\frac{U-c}{U}) = \frac{Sqp}{U} = \frac{SZ}{p+c}$ 인데, 이는 첫 번째 공식이다. 이것이 공식 3이라 불린다. 공식 1: 총 잉여 가치는 한 생산 국면의 잉여 가치를 총 시간과 곱한 다음 회전 시간으로 나누거나 총 시간에 생산 시간과 유통 시간이 들어 있는 횟수를 곱한 것과 같다.

공식 2: 총 가치는 유통 시간을 뺀 총 시간과 잉여 가치를 곱하고

---

55) 수고에는: $S : S'$

56) 수고에는: $S : S' = pq : pq' - q'c$, 즉 $= p : p-c$

한 생산 국면의 지속 기간으로 나눈 것과 같다.

(가치와 잉여 가치에 관해 설정된 기본 법칙과는 구별되어 개진된 경쟁에서의 기본 법칙은 가치가 그것에 포함된 노동이나 또는 그것이 생산된 노동 시간에 의해서가 아니라 그것이 생산될 수 있거나 또는 재생산에 필요한 노동 시간에 의해서 결정된다는 것이다. 그러므로 비로소 개별적인 자본은 비록 본원적인 법칙이 전도된 것 같은 외양(Schein)을 가지지만 실제로는 자본 일체의 조건들에 놓이게 된다. 자본의 운동 자체에 의해서 규정되는 것으로서의 필요 노동 시간은 이렇게 비로소 정립되는 것이다. 이것이 경쟁의 기본 법칙이다. 수요, 공급, 가격(생산비)은 그 다음의 형태 규정들이다. 시장 가격으로서의 가격. 또는 일반 가격. 그 다음에 일반 이윤율의 정립. 그러면 시장 가격의 결과 자본들이 상이한 영역들에 분배된다. 생산비의 하락 등. 간단히 말해 여기에서 모든 규정은 자본 일반(Kapital im allgemeinen)에서와는 반대로 현상한다. 후자에서는 가격이 노동에 의해서 결정되는데, 전자에서는 노동이 가격에 의해 결정되는 것 등. 개별적인 자본들의 상호 작용은 바로 그것들이 **자본**으로서 관계해야 한다는 것을 실현시킨다. 겉보기에 독립적인 개별자들의 작용과 그들의 무질서한 충돌이 바로 그들의 일반 법칙의 정립이다. 여기에서 시장은 다른 의미를 가지게 된다. 그리하여 개별자들로서 자본들의 상호 작용은 바로 일반자로서 그들의 정립이며, 개별자들의 외견상의 독립성과 자립적인 존립의 지양이다. 이 지양은 신용에서 많이 일어난다. 그리고 주식 자본은 지양이 나아가는 극단적인 형태이되 동시에 자본에 적합한 형태로의 자본의 **최종적인 정립**이다.) (수요, 공급, 가격, 생산비, 이윤과 이자의 대립, 교환 가치와 사용 가치, 소비와 생산의 상이한 관계들.)

요컨대 우리는 일정한 시간대에 자본이 정립할 수 있는 잉여 가치는 일정한 시간대에 증식 과정이 얼마나 자주 반복될 수 있는가, 또는 얼마나 자주 자본이 재생산될 수 있는가에 의해서 결정된다는 것, 그러나 이 재생산의 횟수는 생산 국면의 지속 기간의 총 시간대에 대한 비율이 아니라 유통 시간을 뺀 총 시간에 대한 비율에 의해서 결정된다는 것을 보았다. 그러므로 유통 시간은 ‖32│ 자신을 재생산하고, 그리하여 잉여 가치를 재생산하는 자본의 능력이 지양되어 있는 시간으로 나타난다. 따라서 자본의 생산성 — 즉 그것의 잉여 가치의 창출 — 은 유통 시간에 반비례하고 유통 시간이 0으로 떨어지면 최대치에 이를 것이다. 유통은 자본의 필연적인 형태 변환의 상이한 계기들, 개념적으로 규정된 계기들의 경과이므로, 자본에게 필수 불가결한 조건, 즉 그 자신의 본성에 의해 정립된 조건이다. 이 경과가 시간을 요한다면 이 시간은 비(非) 생산 시간이기 때문에, 자본이 자신의 가치를 증대시킬 수 없는 이 시간은 살아 있는 노동이 점취되지 않는 시간이다. 요컨대 이 유통 시간은 자본에 의해 창출되는 가치를 결코 증대시킬 수 없고 가치를 정립하지 않는 시간을 정립할 수 있을 뿐이고, 따라서 그것이 노동 시간에 대하여 가지는 비율만큼 가치 증식의 제약으로 나타난다. 이 유통 시간은 가치 창출 시간으로 계산될 수 없는데, 그 까닭은 가치로 대상화되는 노동 시간만이 가치 창출 시간이기 때문이다. 유통 시간은 가치의 생산비에 속하지 않고 자본의 생산비에도 속하지 않는다. 그러나 그것은 자본의 자기 재생산의 장애 조건이다.

자본이 증식하는 데 — 즉 살아 있는 노동을 점취하는 데 — 발견하는 장애들은 당연히 그것의 증식, 가치 정립의 계기를 이루지 않는다. 따라서 여기에서 생산비를 소박한 의미로 받아들이는 것은 우스꽝스러운 일이다. 또는 우리는 특수한 형태로서의 생산비를 가치에 대상화된 노동 시간으로부터 분리해야 한다 (우리가 이윤을 잉여 가치로부터 분리해야 하듯이). 그러나 그럴 경우에조차 유통 비용은 급료 등과 같은 의미로 자본의 생산비에 속하지 않는다. 그것은 개별적인 자본들이 서로 일정한 일반적인 비율로 잉여 가치를 분배하기 때문에 그것들의 정산에서 고려되는 항목이다. 유통 시간은 자본이 가치를 창출하는 시간이 아니라 생산 과정에서 창출된 가치가 실현되는 시간이다. 그것은 가치의 양을 증대시키는 것이 아니라 가치를 적절한 다른 형태 규정으로 정립하여 생산물 규정에서 상품 규정으로, 상품 규정에서 화폐 규정 등으로 정립한다. 이전에는 상품에 관념적으로 존재했던 가격이 이제는 실질적으로 정립된다고 해서, 이제는 상품이 그의 가격 — 화폐 — 과 실제로 교환된다고 해서, 이 가격이 커지는 것은 물론 아니다.

요컨대 유통 시간이 가격을 규정하는 시간으로 나타나지 않고, 또한 회전수가 유통 시간에 의해서 결정되는 한에 있어서, 자본은 노동과 구별되어 자신에게 속하는 독특한 종류의 새로운 가치 규정적 요소를 추가하는 것으로 나타나지 않고 제한적·부정적 원칙으로 나타난다. 따라서 유통 시간 **없는** 유통이 자본의 필연적인 경향이고, 이 경향이 신용과 자본의 신용 기구들의 기본 규정이다. 다른 한편으로 신용은 자본이 개별적인 자본들과 구별되어 정립되고자 하거나 개별적인 자본이 자신의 양적인 제약과는 구별되어 자본으로 정립되고자 하는 형태이기도 하다. 그러나 이 방향이 나아가는 최고의 결과들은 한편으로 의제 자본이며, 다른 한편에서 신용은 집중으로, 집중하는 개별적인 자본들로의 자본들의 폐기의 새로운 요소로 나타난다. 유통 시간은 한 측면에서 보면 **화폐**로 대상화. 화폐를 단순히 형태 계기로 정립하려는 신용의 시도. 그리하여 화폐가 스스로 자본, 즉 가치가 아니면서 형태 전환을 매개한다. 이것이 **유통 시간 없는 유통의** 한 형태이다. 화폐는 그 자체가 유통의 산물이다. 자본이 신용에서 어떻게 유통의 새로운 산물들을 창출하는가가 밝혀질 것이다.

그러나 한편에서 **유통 시간 없는 유통**이 자본의 노력이라면, 다른 한편에서는 유통 시간 및 유통 과정이 매개되는 상이한 기관(器官)들

에서 유통 시간 자체에 생산 시간의 가치, 가치를 부여하려는 시도가
존재한다. 유통 시간을 모두 화폐로 정립하고 차후의 규정에서는 자
본으로 정립하려는 [시도]. 이것은 신용의 다른 한 측면이다. 이 모든
것은 동일한 원천에서 유래한다. 유통의 모든 요구들, 화폐, 상품의
화폐로의 전환, 화폐의 상품으로의 전환 등. — 비록 이것들은 상이
한 형태, 겉보기에는 전적으로 이질적인 형태들을 취하지만 모두 유
통 시간으로 환원될 수 있다. 이 유통 시간을 단축시키려는 기계류
자체도 유통 시간에 속한다. 유통 시간은 자본이 재생산되는 생산 시
간과는 구별되어 자본으로서의 자본의 특유한 운동 시간으로 간주될
수 있는 자본의 시간이다. 형식적인 변환만 통과하면 되는 완성된 자
본이 아니라 진행하는 자본, 창조적인 자본, 노동으로부터 자신의 생
명의 혼을 빨아들이는 자본으로서 지속되는 자본의 시간이다.

노동 시간과 유통 시간의 대립은 여기에서 특히 통화의 역사 등이
고려되는 한에 있어서 신용론 전체를 담고 있다. 유통 시간 뿐만 아
니라 그밖에 실재적인 유통 비용도 가능한 생산 시간의 공제로 나타
나는 나중에는 물론 실제로 이미 정립된 가치들이 유통 시간에 지출
되어야 한다는 것이 밝혀질 것이다. 그러나 사실상 이들은 모두 자본
이 예를 들어 1년에 가능한 잉여 가치 합계, 즉 일정한 시간에서 생
산 시간이 차지하는 비례분할적 부분의 합계를 증대시키기 위해서
— 즉 유통 시간을 단축시키기 위해서 — 스스로에게 만드는 비용
— 이미 창출된 잉여 가치로부터의 공제 — 일 뿐이다. 그렇지만 나
아가 실재에서는 생산 시간이 (공황과 상업 불황을 제외하고는) 유통
시간에 의해서 정말로 중단되는 것으로 나타나지는 않는다. 그러나
이것은 단지 각 자본이 부분들로, 한 부분은 생산 국면에, 다른 부분
은 유통 국면에 분할되기 때문이다. 요컨대 예를 들어 전체 자본이
활동하는 것이 아니라 (생산 시간에 대한 유통 시간의 비율에 따라
서) 이것의 ⅓, 1/x이 활동하고 다른 부분은 유통에 들어 있는 것이

다. 또는 어떤 일정한 자본이 (예를 들어 신용에 의해) 배증되는 식으로 사태가 전개될 수도 있다. 그러면 이 자본에게는 ― 본원적 자본[에게는] ― 유통 시간이 전혀 실존하지 않는 것이나 마찬가지이다. 그러나 그러면 그가 차입한 자본은 이러한 곤란 상태에 놓이게 된다. 그리고 소유가 사상되면 마치 한 자본이 둘로 분할된 것과 전적으로 마찬가지이다. a가 둘로 분할되고 b가 둘로 분할되는 대신에 a와 b가 뭉쳐서 a와 b로 분할되는 것이다. 이 과정에 대한 환상들이 (채권자인 경우는 드물고 오히려 채무자인) 신용 채권자들에게서 자주 [나타난다 ― 역자].

우리는 이미 위에서 자본의 이중적이고 모순적인 조건, 생산의 연속성과 유통 시간의 필요성, 또는 (유통 시간이 아닌) 유통의 연속성과 생산 시간의 필요성은 자본이 부분들로 분할되어 한 부분은 완성된 생산물로서 유통하고 다른 부분은 생산 과정에서 재생산되며, 이 부분들이 교대됨으로써만, 한 부분이 국면 P(생산 과정)로 되돌아오면 다른 부분은 이를 떠남으로써만 매개될 수 있다는 것을 지적했다. 이 과정은 간격들(시간 차원들)이 아무리 클지라도 매일 진행된다. 두 부분이 생산 과정과 유통 과정을 통과하자마자, 또는 두 번째 부분이 새롭게 유통 과정에 들어오자마자 전체 자본은 재생산되었고 총 가치도 재생산되었다. 그러므로 출발점이 종착점이다. 따라서 회전은 자본의 크기, 또는 여기에서는 차라리 이 두 부분의 **총액**에 의해 좌우된다. 이 총액이 재생산되자마자 비로소 전체 회전은 완료된다. 그렇지 않으면 끊임없이 유통하는 부분의 비율에 따라 ½, ⅓, 1/x만이 [완료된다 ― 역자].

‖34│ 나아가 각 부분이 다른 부분에 대하여 어떻게 고정적이거나 유동하는 것으로 간주될 수 있고 그것들이 실제로 번갈아 가면서 어떻게 이러한 관계에 서는지가 강조되었다. 과정의 상이한 국면들에서의 자본 과정의 동시성은 자본의 분할과 부분들로의 반발에 의

해서만 가능한데, 이 부분들 중 각각은 자본이긴 하지만 상이한 규정
속의 자본이다. 유기적 신체에서와 같은 이러한 형태 전환 및 소재대
사. 예를 들어 신체가 24시간에 재생산된다고 말하면 신체는 한꺼번
에 그렇게 하는 것이 아니라 한 형태로의 반발과 다른 형태[로의] 갱
신이 분배되어 동시에 진행된다. 덧붙여 말하자면 신체에서 골격 형
성, 고정 자본은 근육, 피와 동일한 시간에 갱신되는 것이 아니다. 소
비(자기 소비) 속도, 따라서 재생산 속도에서 상이한 정도가 발생한
다. (따라서 여기에서 이미 수많은 **자본들로의 이행**.) 여기에서 전개
되는 규정들은 가치 일체를 자본으로 만드는 규정, 자본 자체의 종차
를 구성하는 규정들이므로, 여기에서 무엇보다도 중요한 것은 우선
자본 자체에 주목하는 것이다.

　우리가 논의를 더 진전시키기에 앞서 유통 시간 — 즉 자본이 노
동을 **흡수**하는 과정에서 분리되어 [보내는] 시간 — 즉 자본으로서의
자본의 노동 시간 — 은 **전제된** 가치를 한 형태 규정에서 다른 형태
규정으로 전환시키는 것이지 **가치 창출하는**, 가치 증대하는 요소가
아니라는 중요한 점에 다시 한 번 주목하자. 면사 형태로 존재하는
4노동일의 가치가 화폐로 존재하는 4노동일의 형태로, 또는 4노동일
의 대표자 일체, 4 일반적 노동일로 인정된 상징의 형태로 전환됨으
로써, **전제되고 측정된** 가치는 한 형태에서 다른 형태로 옮겨졌으나
증대되지는 않는다. 등가물의 교환은 교환 이후 가치의 양을 교환 이
전의 것과 동일하게 놓아둔다. 한 자본을 생각하거나 또는 다른 나라
들의 자본과 구별되는 한 나라의 상이한 자본들을 하나의 자본(국민
자본 Nationalkapital)으로 간주하면, 이 자본이 생산적 자본으로서
작용하지 않는, 즉 잉여 가치를 정립하지 않는 시간이 자본의 처분에
맡겨져 있는 증식 시간에서 공제된다는 것은 분명하다. 이 시간은 —
아직 유통 비용 자체는 전혀 고려되지 않는 이 추상적 파악에서는
— 실제로 정립된 증식 시간의 부정이 아니라 **가능한**, 즉 유통 시간

이 = 0이라면 가능한 증식 시간의 부정으로 나타난다. 국민 자본이 배증되지 않는 시간을 그것이 배증되는 시간으로 간주할 수 없다는 것은 분명하다. 이는 예를 들어 고립된 농부가 수확하지 않고 파종하지 않으며 그의 노동이 일체 중단되는 시간을 그를 부유하게 만드는 시간으로 간주할 수 없는 것과 마찬가지이다. 자본이 노동과는, 그에 의한 노동의 흡수와는 독립해서 생산적인 것으로, 결실을 맺는 것으로 간주된 다음에, 그리고 반드시 그렇게 해야 하는데, 언제나 결실을 맺는 것으로 상정되고 그것의 유통 시간이 가치 창출 시간으로 — 생산비로 — 계산된다는 것은 전혀 다른 문제이다. 따라서 예를 들어 램지가 다음과 같이 말하는 것은 잘못된 것이다.

고정 자본의 사용은 가치가 노동량에 좌우된다는 원칙을 현저히 수정한다. 그 까닭은 동일한 노동량이 지출된 많은 상품이 소비를 위해서 완성될 때까지 매우 상이한 시간대를 필요로 하기 때문이다. 그러나 이 시간 동안에 자본은 아무런 수입도 거두지 않으므로, 당해 투하가 생산물이 사용될 수 있도록 보다 일찍 완성되는 다른 투하에 비해 적은 이윤을 낳지 않도록 하기 위해서는, 상품이 마침내 시장에 나왔을 때 미리 포함된 이윤보다 더 많은 만큼의 증대된 가치를 가져야 한다.

(여기에서는 건강한 나무가 열매를 가져다주듯이 자본 자체가 언제나 균등하게 이윤을 가져다준다고 이미 상정되어 있다.)

이는 자본이 어떻게 노동과는 무관하게 가치를 규정할 수 있는가를 보여준다. 예를 들어 창고 속의 포도주(램지[, 43쪽]. IX, 84쪽).

여기에서는 마치 유통 시간이 노동 시간과 더불어 — 또는 이것과 동일한 차원에서 가치를 생산하는 것과 마찬가지이다. 자본은 물론 두 계기를 내포하고 있다. 1. 가치 창출 계기로서의 **노동 시간**. 2. 노동 시간을 제약하고, 그리하여 자본에 의한 총 가치 창출을 제약하는 계기로서의 **유통** 시간. 생산 과정의 직접적인 결과인 가치 또는 자본은 **가치**이기는 하지만 그것의 적절한 형태로 정립된 가치가 아니므로 필요한 것으로서 [유통 시간 — 역자]. 이 형태 전환이 필요로 하는 — 즉 생산과 재생산 사이에 경과하는 — 시간은 자본을 가치 하락시키는 시간이다. 유동하고 진행적인 것으로서의 자본의 규정 속에 한편으로 연속성이 놓여 있다면 다른 한편으로는 마찬가지로 연속성의 **중단**이 놓여 있다.

경제학자들은 신생산을 점화하기 위해서 자본이 통과해야 하는 유통과 회전을 교환들의 연속으로 올바르게 규정함으로써 이 유통 시간이 가치량을 증대시키는 — 즉 신가치를 규정하는 시간일 수 없다는 것을 스스로 인정한다. 그 이유는 교환들의 연속은 그것이 아무리 많은 교환을 포괄하고 이 작업들의 완료가 아무리 많은 시간을 소요한다 할지라도 등가물들의 교환에 지나지 않기 때문이다. 가치들 — 매개의 극단들 — 의 동일한 것들로의 정립이 이 가치들을 부등한 것으로 정립할 수 없는 것은 당연하다. 양적으로 고찰하면 가치들은 교환에 의해 증대될 수도 없고 감소될 수도 없다.

한 생산 국면의 잉여 가치는 이 국면 동안에 자본에 의해서 운동된 잉여 노동(점취된 잉여 노동)에 의해서 결정된다. 자본이 일정한 시간대에 창출할 수 있는 잉여 가치액은 이 시간대 동안의 생산 국면의 반복이나 또는 자본의 **회전**에 의해서 결정된다. 그러나 회전은 생산 국면의 지속 시간 더하기 유통의 지속 시간 = 유통 시간과 생산 시간의 합과 같다. 유통 시간이 적을수록, 즉 자본이 생산을 떠난 것과 생산에 되돌아오는 것 사이에 흐르는 시간이 적을수록 회전은 생산 시간에 근접한다.

사실 잉여 가치는 한 생산 국면 동안에 대상화된 노동 시간에 의해서 결정된다. 자본의 재생산이 자주 이루어질수록 잉여 가치의 생산도 자주 이루어진다. 재생산수 = 회전수. 요컨대 총 잉여 가치 = $S \times nU$ (n이 회전수라면). $S' = S \times nU$. 따라서 $S = S'/nU$.[57] 어떤 일정한 사업 영역에서 100파운드의 자본이 필요한 생산 시간이 3개월과 같다면, 이 자본은 1년에 4번 회전할 수 있고, 매 번 창출되는 S-가치가 = 5라면 총 잉여 가치는 = 5(한 생산 국면에 창출된 S) × 4(1년에 대한 생산 시간의 비율에 의해서 결정되는 회전수) = 20일 것이다. 그러나 유통 시간이 예를 들어 생산 시간의 $1/4$[58]이라면 1회전은 = 3+1개월, 4개월일 것이고 100의 자본은 1년에 세 번밖에 회전할 수 없을 것이다. [S'] = 15. 따라서 자본이 한 회전에 5파운드의 S-가치를 정립한다면, 이 자본으로서는 1년에 5×3의 가치만을 정립할 수 있으므로, 4개월에 5의 가치만을 정립하는 것이나 마찬가지이다. 그것은 자본이 4개월마다 5의 S를 생산하는 것, 즉 3개월에 15/4 또는 $3\frac{3}{4}$만을 생산하나 1 유통 개월에는 $1\frac{1}{4}$을 생산하는 것과 마찬가지이다. 회전이 생산 조건들 자체에 의해서 정립된 지속 기간과 구별되는 한에 있어서 그 회전은 = 유통 시간이다. 그러나 이 유통 시간은 노동 시간에 의해서 결정되는 것이 아니다. 그러므로 자본이 어떤 주어진 시간대 동안에 정립하는 잉여 가치액은 단순히 노동 시간에 의해서 결정되는 것이 아니라 노동 시간과 유통 시간에 의해서 ‖35‖ 위에서 지적한 비율로 결정된다. 그러나 여기에서 자본이 가치 정립으로 들여오는 규정은 위에서 보여진 바와 같이 부정적이고 제한적이다.

예를 들어 100파운드의 자본이 생산을 위해서 3개월, 말하자면 90일이 필요하다면, 유통 시간이 = 0일 때 자본은 1년에 4번 회전할 수 있을 것이다. 그리고 자본은 **전적으로** 끊임없이 자본으로서, 즉 잉여 노동을 정립하는 것으로서, 배증되는 가치로서 활동할 것이다.

---

57) 수고에는: $S = S/n \, U$
58) [역자] $1/3$이어야 옳을 것이다.

90일 중에서 80일이 필요 노동을 대표한다면 10일은 잉여 노동을 대표할 것이다. 이제 유통 시간이 생산 시간의 33⅓% 또는 생산 시간의 ⅓이라고 가정하자. 즉 3개월에 1개월. 그러면 유통 시간은 = 90/3. 생산 시간의 삼분의 일은 = 30일, c = ⅓p. (c = p/3.) 자. 문제는 이제 자본의 얼마만한 부분이 끊임없이 생산에 종사할 수 있는가 이다. 1년 내내? 100의 자본이 90일 노동했고 이제 105의 생산물로서 한 달 동안 유통한다면, 이 한 달 동안에는 노동을 전혀 고용할 수 없을 것이다. (물론 90노동일은 90일 동안에 고용된 노동자의 수에 따라서 90의 3, 4, 5, x배와 같을 수 있을 것이다. 한 명의 노동자만 고용된다면 노동일은 = 90일일 것이다. 이것은 여기에서 당분간 우리에게 상관이 없다.) (이 모든 계산에서 전제된 것은 잉여 가치가 다시 자본화되지 않고 자본은 계속 동일한 수의 노동자로 노동한다는 것이다. 그러나 잉여와 동일한 시간에 실현되면 전체 자본도 비로소 다시 화폐로서 실현된다.) 즉 한 달 동안 자본은 전혀 활동할 수 없을 것이다. (100의 자본은 예를 들어 계속해서 5명의 노동자를 고용한다. 여기에 잉여 노동이 포함되어 있다. 그리고 유통되는 생산물은 결코 본원적 자본이 아니라 잉여 노동을 흡수했고, 따라서 잉여 가치를 가지는 자본이다. 요컨대 100의 자본의 유통이란 예를 들어 105의 자본의 유통, 즉 한 생산 행위에서 정립된 이윤을 가지는 자본의 유통으로 이해해야 한다. 그렇지만 이 오류가 여기에서는 중요하지 않다. 특히 위의 문제에서는.)

100파운드로 3개월 후에 면사가 생산되었다고 가정하자. 이제 내가 돈을 돌려 받고 생산을 새로 시작할 수 있을 때까지는 한 달이 걸린다. 이제 자본이 유통하고 있는 한달 동안 동일한 수의 노동자를 운동시키기 위해서 나는 33⅓파운드의 잉여 자본을 가지고 있어야 할 것이다. 그 까닭은 100파운드가 일정량의 노동을 3개월 동안 운동시킨다면 100의 ⅓은 이 노동을 한달 동안 운동시킬 것이기 때문이다. 네 번째 달 말에 100의 자본은 생산 국면으로 되돌아올 것이고, 33⅓의 자본이 유통 국면으로 들어갈 것이다. 후자는 동일한 비율로 자신의 유통을 위해서 ⅓개월 필요로 할 것이다. 즉 10일 후에 생산으로 되돌아올 것이다. 첫 번째 자본은 일곱 번째 달 말에 비로소 다시 유통에 들어설 것이다. 다섯 번째 달 초에 유통에 들어선 두 번째 자본은 다섯 번째 달 10일에 되돌아올 것이고 여섯 번째 달 10일에 다시 유통에 들어서며 여섯 번째 달 20일에 되돌아와 일곱 번째 달 20일에 다시 유통에 들어설 것이다. 두 번째 자본이 되돌아온 것과 같은 순간에 첫 번째 자본이 자신의 역정을 다시 시작한다면 일곱 번째 달 말에 되돌아올 것이다. 여덟 번째 달 초와 아홉 번째 달 초 등에 되돌아올 것이다. 한마디로 말해, 자본이 ⅓만큼 ― 유통 시간이 소요되는 바로 그만큼 ― 크다면 동일한 수의 노동자를 계속해서 고용할 수 있을 것이다. 그러나 이 자본이 끊임없이 ⅓의 적은 노동자를 고용한다면 마찬가지로 계속해서 생산 국면에 있을 수 있다. 그가 75의 자본만을 가지고 시작한다면 세 번째 달 말에 생산은 끝날 것이다. 이제 한 달 동안에 유통한다. 그러나 이 한 달 동안 그는 25의 자본을 수중에 가지고 있기 때문에 생산을 계속할 수 있을 것이다. 그리고 일정량의 노동을 3개월 동안 운동시키기 위해서 그가 75를 필요로 한다면 같은 양을 한 달 동안 운동시키기 위해서는 25가 필요하다. 그는 계속해서 동일한 수의 노동자를 운동시킬 것이다. 그의 상품 각각은 판매되기까지 1/12년을 필요로 한다.

그가 자신의 상품들을 판매하기 위해서 언제나 생산 시간의 ⅓을 필요로 한다면 이러저러하다. 이 문제는 틀림없이 매우 간단한 등식으로 귀결될 수 있는데, 이에 대해서는 나중에 재론하기로 한다. 이는 원래 여기에 속하지 않는다. 그러나 이 문제는 나중에 신용 문제 때문에 중요하다. 그렇지만 이것만큼은 분명하다. 생산 시간을 pt, 유통 시간을 ct라 부르자. 자본은 C. C는 자신의 생산 국면과 유통 국면에 동시에 있을 수 없다. 그것이 유통하는 동안에 계속해서 생산하려 한다면 두 부분으로 나누어져 그 중 한 부분은 생산 국면에, 다른 부분은 유통 국면에 있어야 한다. 그리고 a부분이 전자의 규정성에 정립되어 있을 때 b부분은 후자의 규정성에 정립되어 있음으로 과정의 연속성은 유지된다. 언제나 생산에 놓여 있는 부분이 x라면 x = C − b (b는 유통에 놓여 있는 자본 부분이라고 하자). C = b+x. ct, 유통 시간이 = 0이라면 b도 마찬가지로 = 0일 것이고 x = C일 것이다. b(유통에 놓여 있는 자본 부분) : C(총자본) = ct(유통 시간) : pt(생산 시간). b : C = ct : pt. 즉 유통에 놓여 있는 자본 부분의 총자본에 대한 비율은 유통 시간의 생산 시간에 대한 비율과 같다.

100의 자본이 5%의 이윤을 내면서 4달에 한 번씩 회전해서 3개월의 생산 시간에 한 달의 유통 시간을 소요한다면, 총 잉여 가치는 우리가 본 바와 같이 = 5×12/4M(달) = 5×3 = 15. c가 = 0이라면 20이다. 왜냐하면 S′= 5×12/3 = 20이기 때문이다. 그러나 이제 15는 유통 시간이 = 0이고 1년에 4번 회전하며 끊임없이 활동하는 75의 자본의 5% 이윤이다. ¼분기 말에 3¾. 연말에 15. (그러나 300의 총자본이 회전할 것인 데 반해 위의 경우에 ct = 0이라면 400[의 총자본이 회전할 것이다 — 역자].) 요컨대 3개월의 생산 시간에 대하여 유통 시간이 한 달인 100의 자본은 75의 자본을 끊임없이 생산적으로 사용할 수 있다. 25의 자본은 끊임없이 유통하고 비생산적으로 사용된다. 75 : 25 = 3M : 1M 또는 우리가 생산에서 사용되는 자본 부분을 p, 유통에서 사용되는 부분을 c라 부르고 각각에 부응하는 시간을 c′와 p′라 부르면 p : c = p′ : c′(p : c = 1 : ⅓.) 생산에 놓여 있는 C부분의 유통에 놓여 있는 자본에 대한 비율은 끊임없이 1 : ⅓이다. 이 ⅓은 끊임없이 변동하는 구성 부분들에 의해서 대표된다. 그러나 p : C = 75 : 100 = ¾. c = ¼. p : C = 1 : 4/3. c : C = 1 : 4. 총 회전은 = 4M, p : U = 3M : 4M = 1 : 4/3.

‖36‖ 자본의 유통에 있어서는 형태 전환과 소재대사가 동시에 이루어진다. 우리는 여기에서 화[폐]에서가 아니라 전제로서의 생산 과정에서 시작해야 한다. 소재적인 측면에서 관찰할 때 생산에서는 도구가 소모되고 원재료가 가공된다. 결과는 생산물 — 그것의 요소적 전제들과는 상이한 새롭게 창출된 사용 가치이다. 소재적 측면에서 관찰하면 생산 과정에서는 먼저 생산물이 창출된다. 이것은 최초이자 본질적인 소재적 변화이다. 시장에서, 화폐와의 교환에서 생산물은 자본의 순환에서 밀려나와 소비에 귀속되어 소비 대상 — 어떤 개인적인 욕구의 최종적인 충족이든 다른 자본의 원재료로서든 — 이 된다. 상품의 화폐와의 교환에서는 소재적 변화와 형태 변화가 합치된다. 화폐에서는 바로 내용 자체가 형태 규정에 속하기 때문이다. 그러나 여기에서 화폐의 상품으로의 재전환은 동시에 자본의 소재적 생산 조건들로의 재전환이다. 자본 자체의 재생산뿐만 아니라 일정한 사용 가치들의 재생산이 이루어진다. 그러나 여기에서는 소재적 요소가 유통에 들어갈 때 처음부터 생산물로 정립되어 있듯이 유통 과정의 마지막에도 상품은 다시 생산 조건으로 정립되어 있다. 여기에서 화폐가 유통 수단으로 기능하는 한에 있어서 그것은 사실상 한편으로는 자본이 가치를 생산물의 형태로 자기로부터 방출하는 교환에서 생산과 소비의 중개일 뿐이고, 다른 한편으로는 자본이 화폐 형태로는 방출되고 상품을 생산 조건의 형태로 자신의 순환에 끌어들이는 생산과 생산 사이의 중개이다. 자본의 소재적 측면에서 관찰하면 화폐는 단순히 유통 수단으로 나타난다. 형태 측면에서 관찰하면 자본 증식의 명목적인 척도로 나타나고, 일정한 국면을 위해서는 대자적으로 존재하는 가치로 나타난다. 따라서 자본은 G — W — W — W인 것과 마찬가지로 W — G — G — W인데, 그것도 G — G 는 화폐를 창출하는 화폐이고 W — W는 그 사용 가치가 재생산될 뿐만 아니라 증대되는 상품이므로, 여기에서는 단순 유통의 두 가지

형태가 동시에 가일층 규정되는 것이다. 여기에서 자본 유통에 들어 가면서 이것에 의해 규정되는 것으로 나타나는 화폐 유통과 관련하 여, 우리는 화폐가 분명히 다양한 규정들에 정립되어 있다는 것만을 지나가는 길에 언급하고자 한다 — 그 까닭은 이 문제가 기본적으로 수많은 자본들이 그들의 상호 행위와 반작용이라는 측면에서 고찰된 다음에 비로소 논의될 수 있기 때문이다.

지금까지는 생산 시간이 노동 시간과 일치한다고 가정되었다. 그 러나 이제는 예를 들어 농업에서 생산물이 완성되기 전에 생산 자체 내에서 노동의 중단이 발생한다. 노동이 중단되기 때문에 동일한 노 동 시간이 사용되고도 생산 국면의 지속 기간은 상이할 수 있다. 어 떤 경우에 생산물이 완성되기 위해서 다른 경우에서보다 더 긴 노동 이 필요하다는 점에만 차이가 있다면 특별히 문제될 것은 전혀 없다. 왜냐하면 그럴 경우에 더 많은 노동량이 포함된 생산물은 그만큼 더 큰 가치를 가진다는 것, 그리고 그 경우에 어떤 주어진 시간대 동안 에 재생산이 덜 빈번하다면 재생산된 가치는 그만큼 더 크다는 것은 일반적인 법칙에 따를 때 분명하기 때문이다. 그리고 2×100은 4×50과 똑같다. 잉여 가치의 경우에도 총 가치와 마찬가지이다. 비록 동일한 노동 시간(즉 축적된 노동과 살아 있는 노동을 합쳐서)만이 사용됨에도 불구하고 상이한 생산물들이 필요로 하는 불균등한 지속 기간이 문제이다. 여기에서 고정 자본은 예컨대 대지의 품에 맡겨진 씨앗처럼 인간 노동 없이 전적으로 혼자서 작용한다고 한다. 아직 노 동이 필요한 한에 있어서 이것은 공제할 것. 문제를 순수하게 제기할 것. 여기에서 유통 시간이 동일하다면 생산 국면이 더 클 것이기 때 문에 회전은 더 드물다. 요컨대 생산 시간+유통 시간 = 1U가 생산 시간이 노동 시간과 합치되는 경우에서보다 더 크다. 여기에서는 생 산물이 성숙되는 데 사용되는 시간, 노동의 중단들이 생산 조건을 구 성한다. 노동 시간을 실제로 생산 시간으로 만들기 위해서 비(非) 노동 시간이 노동 시간을 위한 조건을 구성한다. 이 문제는 원래 이윤율의 균등화에 비로소 속하는 것이 분명하다. 그렇지만 그 이유는 여기에서 밝혀져야 한다. 여기에서는 느린 회수 — 이것이 본질적인 것이다 — 가 유통 시간에서가 아니라 노동이 생산적이 되는 조건들 자체에서 유래한다. 느린 회전이 생산 과정의 기술적 조건들에 속하는 것이다. 어떤 일정한 생산 영역에 있는 자본이 다른 생산 영역에 있는 다른 자본과 마찬가지로 동일한 시간에 동일한 노동 시간량과 교환되는 것을 방해하는 어떤 자연적 상황이 그것의 가치를 증대시키는 데 어떻게든 기여한다는 것은 절대적으로 부인되어야 한다. 그것은 참으로 어리석은 말이다. 가치, 따라서 잉여 가치도 = 생산 국면이 지속되는 시간이 아니라 이 생산 국면에 사용된 노동 시간, 대상화된 노동 시간과 살아 있는 노동 시간이다. 후자만이 — 그것도 그것이 대상화된 노동 시간에 비해서 사용된 비율에 따라 — 잉여 노동 시간을 창출할 수 있으므로 잉여 가치를 창출할 수 있다. {이윤율의 균등화에서는 다른 규정들이 들어온다는 것은 분명하다. 그러나 여기에서는 잉여 가치의 분배가 아니라 그것의 창출이 문제이다.} 따라서 이 측면에서 보면 예를 들어 농업이 다른 산업보다 덜 생산적이라고 (여기에서 생산성은 가치의 생산과 관련된다) 주장된 것은 타당하다. 다른 측면에서 보아도 마찬가지로 — 농업에서의 생산성 향상이 직접적으로 필요 노동 시간을 감소시키는 한에 있어서 — 농업은 다른 모든 산업보다 생산적이다. 그러나 이러한 사정 자체는 자본과 자본에 조응하는 일반적 생산 형태가 이미 지배하는 곳에서만 농업에 이익이 될 수 있다. 농업이 결코 자본이 시작해서 그것의 본원적인 정착지를 건설하는 영역이 될 수 없다는 것은 이미 생산 국면 내에서의 이러한 중단에 기인한다. 이것은 산업 노동의 첫 번째 기본 조건들에 모순된다. 그러므로 농업이 자본에 귀속되고 농경이 산업화되는 것은 반작용에 의해서이다. 한편으로는 경쟁의 고도의 발전을 필요로 하고 다른 한편으로는 화학, 기계학 등, 즉 매뉴팩처 공업의 대발전을 필요로 한다. 따라서 농업이 자본에 선행하거나 자본 자신의 미발전된 단계에 조응하는 생산 양식들에서는 결코 순수하게 등장하지 않는다는 것이 역사적으로도 발견된다. 방적, 방직 등과 같은 농촌 부업이 농업에 정립되어 있는 — 그리고 이들 중단에 놓여 있는 — 노동 시간 사용의 한계를 보완해야 한다. 생산 시간과 노동 시간의 불일치는 일체 노동의 가치 증식, 즉 자본에 의한 잉여 노동의 점취를 직접적으로 방해하는 자연 조건들에만 기인할 수 있다. 자본의 진로에 가로놓여 있는 이 장애들은 당연히 편익을 구성하는 것이 아니라 자본의 관점에서 볼 때 손실을 구성한다. 원래 이 경우 전체는 고정된, 한 국면에 고정된 자본의 사례로서 여기에서 언급될 뿐이다. 여기에서 견지되어야 할 것은 여기에서 자본은 살아 있는 노동을 사용하지 않는 한 잉여 가치를 창출하지 않는다는 것뿐이다. 사용된 고정 자본 자체의 재생산은 당연히 잉여 가치의 정립이 아니다.

(자본과 마찬가지로 인간의 신체도 재생산될 때 상이한 부분들이 동일한 시간대에 교환되지 않는다. 피는 근육보다, 근육은 뼈보다 빨리 갱신되는데, 이 측면에서 보면 뼈가 인간 신체의 고정 자본으로 간주될 수 있다.)

‖37‖ 유통을 가속화하는 수단으로서 쉬토르흐는 다음을 열거한다.

1. 상업에만 종사하는 "노동자" 계급의 형성. 2. 수송 수단의 시설. 3. 화폐. 4. 신용. (위 참조.)[59]

이러한 잡다한 열거로부터 정치경제학자들의 모든 혼동이 유래한다. 화폐와 화폐 유통 — 우리가 단순 유통이라 불렀던 것이 자본 자

---

59) 이 책, 2권 299쪽 참조

신뿐만 아니라 자본 유통의 전제 조건이다. 따라서 자본에 선행하는 생산 단계에 속하는 교류 관계로서 실존하는 바와 같은 화폐, 즉 화폐로서의 화폐는 그 직접적인 형태에 있어서 자본 유통을 촉진한다고 말할 수는 없고 [오히려 — 역자] 자본 유통의 전제이다. 우리가 자본과 자본의 유통에 관하여 논한다면 우리는 화폐의 도입이 발견 등으로 들어오는 것이 아니라 **전제**인 사회적 발전 단계에 서 있다. 화폐가 자신의 직접적인 형태에서 가치를 가지는 한에 있어서, 다른 상품들의 가치, 이들 가치의 상징일 뿐만 아니라 — 왜냐하면 스스로 직접적인 것이 다른 직접적인 것이라면 그것은 이것을 이런저런 방식으로 상징적으로 **표상할** 수 있을 뿐이다 — 스스로 가치를 가지고 어떤 일정한 사용 가치에 대상화된 노동인 한에 있어서, 화폐는 결코 자본 유통을 가속화하는 것이 아니라 오히려 지체시킨다. 자본 유통에서 나타나는 바와 같이 두 측면에서, 즉 유통 수단으로서 뿐만 아니라 자본의 실현된 가치로서 관찰된 화폐는, 그것이 한편으로는 유통 시간을 단축시키고 다른 한편으로는 유통의 질적 계기 — 자본의 대자적으로 존재하는 가치로의 재전환 — 를 나타내기 위해서 사용되는 노동 시간인 한에 있어서, 유통 비용에 속한다. 두 측면에서 볼 때 화폐는 가치를 증대시키지 않는다. 한 측면에서 보면 화폐는 값비싼, 노동 시간을 필요로 하는, 따라서 잉여 가치로부터 공제되는 가치 표현 형태이다. 다른 측면에서 보면 화폐는 유통 시간을 절약하고, 그리하여 생산 시간을 해방시켜주는 기계로 간주될 수 있다. 그러나 화폐가 그러한 기계로서 노동을 필요로 하고 노동의 생산물인 한, 그것은 자본에 대하여 **생산의 불필요비용**을 나타낸다. 그것은 유통 비용에 속하는 항목이다.

본원적인 유통 비용은 노동 시간과 대립되는 유통 시간 자체이다. 실재적인 유통 비용은 스스로 대상화된 노동 시간 — 본원적인 유통 비용을 감축하기 위한 기계이다. 따라서 자본에 선행하는 역사적 생산 단계에 속하는 바와 같은, 그 직접적인 형태에 있어서의 화폐는 자본에게 유통 비용으로 나타난다. 따라서 자본의 노력은 화폐를 자기에게 적합하게 개조하고, 따라서 화폐를 노동 시간이 소요되지 않는, 스스로 값비싼 것이 아닌 유통의 한 계기의 대표로 만드는 방향으로 나아간다. 따라서 자본은 전래의 화폐, 직접적인 실재성에 있어서의 화폐를 지양하고 화폐를 자본에 의해서만 **정립된 것**이면서 마찬가지로 지양된 것, 순전히 **관념적인 것**으로 전환시키는 것을 지향한다. 그러므로 쉬토르흐처럼 화폐 일체가 자본 유통의 촉진 수단이라고 말할 수는 없다. 자본이 화폐를 자신의 유통의 단순히 관념적인 계기로 전환시키고 자신에 조응하는 적합한 형태로 비로소 고양시키고자 한다고 정반대로 말해져야 한다. 그 직접적인 형태에 있어서의 화폐의 지양은 자본 유통의 계기가 된 화폐 유통의 요구로 나타난다. 직접적으로 전제된 형태에 있어서 화폐는 자본 유통의 **제약**이기 때문이다. 유통 시간 없는 유통이 자본의 경향이다. 따라서 유통 시간의 단축에만 기여하는 도구들을 단순히 자본에 의해서 정립된 **형태 규정들**로 정립하는 것인데, 이는 자본이 유통에서 통과하는 다양한 계기들이 자본 자신의 형태 변환의 질적인 규정들인 것과 마찬가지이다.

어떤 특수한 상업 계층의 형성, 즉 교환 사업 자체를 특수한 노동으로 전환시키는 분업의 발전 ― 이를 위해서는 물론 교환 작업의 합계가 이미 일정한 수준에 이르러 있어야 하는데 ― 에 관한 한, (100명에게 있어서 교환이 그들 노동 시간의 1/100을 요구한다면 각자는 1/100 교환자이다. 100/100 교환자는 한 사람을 나타낼 것이다. 그러면 100명에게 한 상인이 올 수 있다. 무릇 생산으로부터 상업의 분리 자체, 또는 교환 자체가 교환자들에 대하여 대표되는 것은 교환과 교류가 어느 정도 발전해 있을 것을 요구한다. 상인은 판매자에게는 모든 구매자를, 구매자에게는 모든 판매자를 소개한다. 요컨대60) 그는 한 극단이 아니라 교환의 중간 자체이고 따라서 중개자로서 나타난다) — 비록 그의 모든 계기들에 있어서는 아닐지라도 화폐의 형성을 전제로 하는 상인 계층의 형성은 마찬가지로 자본에게 하나의 전제이고, 따라서 자본의 특유한 유통을 매개하는 것으로 거론될 수 없다. 상업은 역사적으로 뿐만 아니라 개념적으로도 자본의 생성을 위한 **전제**이므로, 우리는 이 장을 마치기 전에 이에 대해 재론해야 한다. 그 까닭은 그것이 자본의 생성에 관한 절(節)의 앞이나 또는 그 안에 속하기 때문이다.

수송 수단의 간편화가 물리적 상품 유통의 간편화를 뜻하는 한에 있어서, 그것은 단순히 자본 유통의 형태 규정만이 고찰되는 여기에 속하지 않는다. 생산물은 그것이 **시장**에 놓이자마자 비로소 상품이 되고 비로소 생산 국면을 벗어난다. 다른 한편에서 자본의 수익 — 즉 유통 시간이 생산지로부터 시장까지의 거리와 더불어 증가해야 하는 한에 있어서 수송 수단들은 여기에 속한다. 따라서 수송 수단에 의한 거리의 단축은 직접적으로, 이 측면에서 보면 직접적으로 자본의 유통에 관한 고찰에 속하는 것으로 나타난다. 그렇지만 원래 이것은 스스로 자본에 관한 절에 속하는 시장론에 속한다.

마지막으로 신용. 직접적으로 자본에 의해 정립된 — 요컨대 특유하게 자본의 본성에서 유래하는 — 이 유통 형태 등, 자본의 이 종차를 쉬토르흐 등은 교환 일체의 발전과 이 발전에 다소 기초하는 생산의 발전에 속하는 화폐, 상업 계층 등과 혼동한다. 종차를 적시하는 것이 여기에서는 **논리적인** 전개일 뿐만 아니라 역사적 발전을 이해하기 위한 열쇠이기도 한다. 우리는 역사적으로도 예컨대 영국에서 (프랑스에서도 마찬가지로) 화폐를 종이로 대체하려는 시도들, 다른 한편으로는 자본이 **가치**의 형태로 실존하는 한에 있어서 순전히

---

60) 수고에는: 모든 판매자를 소개하고 그 역도 성립한다. 요컨대

자본 자신에 의해서 정립된 형태를 자본에 부여하려는 시도들, 끝으로 자본의 등장과 동시에 신용을 창설하려는 시도들을 목격한다.(예를 들어 페티, 보아길베르.)

우리는 총 과정으로서의 유통 과정 내에서 대유통과 소유통을 구별할 수 있다. 전자는 자본이 생산 과정을 벗어난 순간부터 생산 과정으로 되돌아갈 때까지의 전(全)기간을 포괄한다. 후자는 연속적이고 생산 과정 자체와 함께 끊임없이 진행된다. 그것은 급료로 지불되는, 노동 능력과 교환되는 자본 부분이다. 자본의 이 유통 과정, 형태에 따라 정립되었으되 실제에 있어서는 지양되고 단지 형식적으로만 정립되는 등가물 교환(등가물 교환이 그 반대로 전환되고 교환의 기초 위에서 교환은 순전히 형식적이 되며 상호성은 전적으로 일방적이 되는 가치가 자본으로 이행하는 것)은 다음과 같이 전개될 수 있다. 교환되는 가치들은 언제나 대상화된 노동 시간, 대상적으로 존재하는, **상호** 전제된, (어떤 사용 가치에) 현존하는 노동량이다. 가치 자체는 언제나 결과이지 결코 원인이 아니다. 가치는 어떤 대상이 생산된, 즉 — 동일한 생산력 단계가 전제되어 있다면 — 재생산될 수 있는 노동량을 표현한다. 자본가는 자본을 노동이나 노동 시간과 직접 교환하는 것이 아니라 상품에 포함된, 처리된 시간을 살아 있는 노동 능력에 포함된 단련된 시간과 교환한다. 그가 매입하는 살아 있는 노동 시간은 노동 능력의 교환 가치가 아니라 사용 가치이다. 어떤 기계가 결과들의 원인으로서가 아니라 스스로 결과로서 교환되고 지불되며, 생산 과정에서의 그것의 사용 가치에 따라서가 아니라 생산물 — 일정량의 대상화된 노동 — 로서 교환되는 것과 마찬가지로 노동 능력에 포함되어 있는 노동 시간, 즉 살아 있는 노동 능력을 산출하기 위해서 필요한 시간은 — 동일한 생산력 단계 하에서는 — 그것을 재생산하기 위해서, 즉 유지하기 위해서 필요한 시간이다.

요컨대 자본가와 노동자 사이에 진행되는 교환은 교환 법칙들에

전적으로 조응한다. 그러나 그것은 조응할 뿐만 아니라 교환의 최종
적인 완성이다. 그 까닭은 노동 능력 자체가 교환되지 않는 한, 생산
의 기초는 아직 교환에 입각하지 않으며 교환은 부르주아적 생산에
선행하는 모든 단계들에서처럼 단순히 기반으로서의 비(非)교환에
입각하고 있는 좁은 범역이다. 그러나 자본가가 매입하는 가치의 사
용 가치는 그 자체가 가치 증식의 요소이며, 가치 증식의 척도는 살
아 있는 노동, 즉 노동 시간인데, 그것도 노동 능력에 대상화되어 있
는 시간보다 더 많은 노동 시간, 즉 살아 있는 노동자의 재생산에 소
요되는 것보다 더 많은 노동 시간이다. 요컨대 자본은 노동 능력을
등가물로서 매입함으로써 — 노동 시간이 노동 능력에 포함된 노동
시간을 초과하는 한에 있어서 — 등가물 없이 노동 시간을 매입한다.
교환의 형식을 매개로 해서 교환 없이 타인의 노동 시간을 점취한다.
따라서 교환은 단순히 형식적이고, 우리가 살펴본 바와 같이, 자본의
계속적인 전개에서는 자본이 자기 자신의 대상화된 노동과는 다른
무언가를 주고 노동 능력을 매입한 것 같은, 즉 그것을 주고 일체 무
엇인가를 매입한 것 같은 외양도 지양된다. 요컨대 자유로운 교환의
최종 단계가 상품으로서의, 가치로서의 노동 능력이 상품과, 가치와
교환되는 것이기 때문에, 노동 능력이 대상화된 노동으로서 구입되
지만 그것의 사용 가치는 살아 있는 노동, 즉 교환 가치의 정립이기
때문에 전화(Umschlag)가 발생한다. 가치로서의 노동 능력의 사용
가치 자체가 가치 창출 요소, 가치의 실체이고 가치 증대시키는 실체
이기 때문에 전화가 발생한다. 요컨대 이 교환에서 노동자는 그에게
대상화된 노동 시간의 등가물에 대하여 가치를 창출하고 가치를 증
대시키는, 자신의 살아 있는 노동 능력을 준다. 그는 결과로서 판매
되는 것이다. 원인으로서, 활동으로서 그는 자본에 의해서 흡수되고
자본으로 체화된다. 그리하여 교환은 그의 반대물로 전화된다. 그리
고 사적 소유의 법칙 — 자유, 평등, 소유 —, 자기 노동에 대한 소유

와 이에 대한 자유로운 처분은 노동자의 무소유성과 그의 노동의 양도(讓渡), 그의 노동에 대하여 타인 소유로서 관계하기로 전화되고, 그 반대의 경우에는 반대이다.

급료로서 정립된 자본 부분의 유통은 생산 과정에 수반되고, 생산 과정 곁에서 경제적 형태 관계로 현상하며, 생산 과정과 동시적으로 얽혀있다. 이 유통이 비로소 자본 자체를 정립하고 자본의 증식 과정의 조건이며 자본의 한 형태 규정뿐만 아니라 자본의 실체도 정립한다. 이것은 한순간도 생산 과정에 들어가지 않고 끊임없이 생산 과정에 수반되는, 끊임없이 유통하는 자본 부분이다. 그것은 한 순간도 자본의 재생산 과정에 들어가지 않는 자본 부분인데, 이는 원재료의 경우에는 그렇지 않다. 노동자의 **생활필수품**은 생산물로서, 결과로서 생산 과정에서 나온다. 그러나 그것은 결코 그러한 것으로서 생산 과정에 들어가지는 않는데, 그 까닭은 개인적인 소비를 위해서 완성된 생산물이고 직접적으로 노동자의 소비로 들어가며 직접적으로 소비와 교환되기 때문이다. 요컨대 이것은 원료와 구별될 뿐만 아니라 노동 도구와도 구별되는 가장 순수한 형태의 유동 자본이다. 여기에 자본의 순환에서 노동자의 소비가 직접적으로 들어가는 유일한 계기가 있다. 화폐와 교환되는 곳에서 상품은 다른 자본에 의해서 새로운 생산을 위한 원료로 매입될 수 있다. 나아가 자본의 전제들에 따라 자본에게는 개별적인 소비자가 아니라 상인이 마주 서는데, 그는 상품 자체를 구매해서 이것을 화폐를 받고 판매하는 상인이다. (이 전제는 상업 계층 일체와 함께 설명할 것. 그러므로 상인들 사이의 유통은 상인과 소비자 사이의 유통과 상이함.)

요컨대 여기에서 유동 자본은 노동자들의 개인적 소비를 위해서 정해진 것, 일체 직접적인 소비를 위해서 정해지고, 따라서 완성된 생산물의 형태로 실존하는 것으로 직접 나타난다. 따라서 한편으로 자본이 생산물의 전제로 나타난다면, 완성된 생산물은 마찬가지로 자본의 전제로 나타난다 — 이것은 역사적으로 자본이 세계를 처음부터 개시한 것이 아니라 생산과 생산물을 자신의 과정에 복속시키기 전에 주어져 있는 것으로 발견한다는 것을 의미한다. 일단 시작되면 자본은 자기 자신으로부터 출발하면서 끊임없이 소비 가능한 생산물, 원료, 노동 도구로서의 자신의 상이한 형태들로 전제되고 이형태들로 끊임없이 재생산된다. 이것들은 일단 자본 자체에 의해서 전제된 조건들로 나타나고, 그러다가 자본의 결과로 나타난다. 자본은 자신의 재생산에서 자기 자신의 조건들을 생산한다. 요컨대 우리는 여기에서 — 살아 있는 노동 능력과 이것의 보존을 위한 자연 조건들에 대한 자본의 관계에 의해서 — 유동 자본이 사용 가치의 측면에서도 개인적 소비에 직접적으로 들어가고, 이 소비에 의해서 생산물로 소모될 수 있는 자본으로 규정되어 있다는 것을 발견한다. 따라서 유동 자본은 일체 소비 가능한 자본이라는 잘못된 결론이 내려졌다. 마치 석탄, 기름, 염료 등, 도구 등, 토지 개량 등, 공장 건물은 소비를 이것들의 사용 가치나 이것들의 형태의 지양으로 해석한다면 모두 마찬가지로 소비되지도 않는다는 듯이. 그러나 소비를 개인적 소비, 본래적인 의미의 소비로 해석한다면 모든 것은 마찬가지로 소비되지도 않는다.

이러한 유통에서 자본은 자신의 산소인 살아 있는 노동력을 자신에게 동화시키기 위해서 대상화된 노동으로서 자신을 끊임없이 자신으로부터 밀어낸다. 이제 노동자의 소비에 관해 살펴보자면, 그것은 한 가지를 — 즉 노동자를 살아 있는 노동 능력으로 — 재생산한다. 노동자 자신의 이러한 재생산은 자본을 위한 조건이므로 노동자의 소비도 직접적으로 자본의 재생산이 아니라 자본이 자본이 되게 하는 관계들의 재생산으로 나타난다. 살아 있는 노동 능력도 원료 및 도구와 마찬가지로 자본의 실존 조건들에 속한다. 그러므로 자본은 자기 자신의 형태와 노동자의 소비 속에서 이중적으로 재생산되는데, 이것은 노동자

의 소비가 노동자를 살아 있는 노동 능력으로 재생산하는 한에 있어서
만 그러하다. 따라서 자본은 이 소비를 생산적 소비라 부른다 ― 그
것은 개인을 재생산하는 한에 있어서가 아니라 노동 능력으로서의
개인들을 재생산하는 한에 있어서 생산적이다.

급료가 한 번은 노동자의 수입으로, 다음으로는 자본의 재생산적
소비로 두 번 계산된다고 롯시가 분노한다면 이 비난은 급료를 자본
의 생산 과정에 가치로서 직접 들어가게 하는 자들에게만 해당된다.
왜냐하면 급료의 지불은 생산 행위와 동시에 그 곁에서 진행되는 유
통 행위이기 때문이다. 또는 이러한 관점에서 시스몽디가 말하듯이
― 노동자는 자신의 급료를 비생산적으로 소비하지만, 자본가는 그
가 급료를 주고 급료와 급료 이상을 재생산하는 노동을 매입하는 한
에 있어서 급료를 생산적으로 소비한다.[299] 이것은 객체로서만 고찰
된 자본 자신과 관계된다. 그러나 자본이 관계이고 그것도 살아 있는
노동 능력과의 관계인 한에 있어서 노동자의 소비는 이 관계를 재생
산한다. 또는 자본은 이중적으로 재생산된다. 자본은 노동의 매입에
의해 가치로서 ― 가치 증식 과정을 새롭게 시작할 수 있는, 새롭게
자본으로서 행동할 수 있는 가능성으로서 ― [재생산되고 ― 역자],
자본 ― 자본의 일부로서의 급료 ― 과 교환 가능한 노동 능력으로
서의 노동자를 재생산하는 노동자의 소비에 의해 관계로서 재생산된
다.

따라서 자본과 노동 사이의 이러한 유통은 자본의 일부를 끊임없
이 유동하는 것으로, 생활필수품으로 규정한다. 끊임없이 소비되고
끊임없이 재생산되어야 한다. 이 유통에서 자본과 화폐, 자본 유통과
화폐 유통의 차이가 적확하게 보여진다. 예컨대 자본은 매주 노임을
지불한다. 노동자는 이 임금을 상인 등에게 가져간다. 이 상인은 이
것을 직접적으로나 간접적으로 은행가에게 예치한다. 그리고 다음
주에는 공장주가 다시 이것을 은행가로부터 받아서 다시 동일한 노

동자들에게 분배한다 등등. 동일한 화폐액이 끊임없이 새로운 자본 부분들을 유통시킨다. 그러나 화폐액 자체가 그렇게 유통되는 자본 부분을 규정하는 것은 아니다. 노임의 화폐 가치가 증가하면 유통하는 매개물도 증가한다. 그러나 이 수단의 양이 증가를 규정하는 것은 아니다. 화폐의 생산비가 하락하지 않는다면, 화폐의 증가는 화폐 중에서 이 유통에 들어가는 부분에 영향을 미치지 않을 것이다. 여기에서 화폐는 단순한 유통 수단으로 나타난다. 동시에 수많은 노동자에게 지불되어야 하므로 노동자의 수와 더불어 증가하는 일정한 화폐액이 동시에 필요하다. 다른 한편으로는 화폐 회전의 신속성 덕분에 노동자 수는 적으면서 화폐 유통 장치가 그렇게 운영되지 않는 상태들에서보다 다시 더 적은 화폐액이 필요하다.

　이 유통은 생산 과정의 조건이며, 따라서 유통 과정의 조건이다. ‖39‖ 다른 한편으로 자본이 유통으로부터 되돌아오지 않으면 노동자와 자본 사이의 이 유통은 새롭게 시작될 수 없을 것이다. 요컨대 유통 자신은 자본이 생산 과정 밖에서 자신의 형태 변환의 상이한 계기들을 통과하는 것에 의해서 제약되고 있다. 이것이 이루어지지 않는다면 그것은 화폐가 유통 수단으로서 충분히 존재하지 않기 때문이 아니라, 자본이 생산물의 형태로 존재하지 않고 유통하는 자본의 이 부분이 결여되어 있기 때문이거나 또는 자본이 화폐 형태로 정립되어 있지 않기 때문인데, 즉 자본으로서 실현되지 않았기 때문인데, 그러나 이것은 다시 유통 수단의 양에서 유래하는 것이 아니라 자본이 화폐로서의 질적 규정에 정립되어 있지 않기 때문이다. 그런데 이를 위해 자본은 현금의 형태로, 직접적인 화폐 형태로 정립되어 있을 필요가 없다. 그리고 자본이 그러한 형태로 정립되는가 아닌가는 다시 유통 수단으로서 회전하는 화폐의 양이 아니라 가치 자체와 자본의 교환에 좌우된다. 이는 다시 우리가 화폐로서의 자본에 대하여 논할 때 상론하게 될 것인데, 질적인 계기이지 양적인 계기가 아니다. (이자 등.)

요컨대 전체적으로 고찰하면 유통은 삼중적으로 나타난다.

1. 총 과정 ― 자본이 자신의 상이한 계기들을 경과하는 것. 이에 따라 자본은 흐름 속에 있는 것으로서, 유동하는 것으로서 정립되어 있다. 각각의 계기에서 연속성이 잠재적으로 중단되고 다음 국면으로의 이행에 맞서서 고정될 수 있는 한에 있어서, 자본은 여기에서 마찬가지로 상이한 관계들에 고정되어 있는 것으로 현상하고, 이 고정성(Fixiertsein)의 상이한 방식들이 상이한 자본들, 즉 상품 자본, 화폐 자본, 생산 조건들로서의 자본을 구성한다.

2. 자본과 노동 능력 사이의 소유통. 이것은 생산 과정에 수반되며 계약, 교환, 교류 형태로 현상하는데, 이것들의 전제하에서 생산 과정이 행해진다. 이 유통에 들어가는 자본 부분 ― 생활필수품 ― 은 가장 순수한 형태의 유동 자본이다. 그것은 형태에 따라 규정되었을 뿐만 아니라 그것의 사용 가치, 즉 소비 가능하고 직접적으로 개인적 소비에 들어가는 생산물로서의 그것의 소재적 규정 자체도 그것의 형태 규정의 한 부분을 이룬다.

3. 대유통. 자본의 시간이 노동 시간에 대립해서 유통 시간으로 나타나는 생산 국면 밖에서의 자본의 운동. 생산 국면으로부터 벗어나는 자본에 대한 생산 국면에 놓여 있는 자본의 대립에서 **유동 자본**과 **고정 자본**의 차이가 생겨난다. 후자는 생산 과정에 고정되어 있고 생산 과정 자체에서 소비되며, 대유통에서 유래하기는 하지만 대유통으로 되돌아가지는 않는 자본이다. 그것이 유통하는 한 자본은 오직 생산 과정에서 소비되기 위해서, 즉 묶이기 위해서 유통한다.

자본 유통에 있어서의 세 가지 상이한 차이는 유동 자본과 고정 자본 사이의 세 가지 차이를 낳는다. 그리고 자본의 일부가 결코 생산 과정에 들어가지는 않지만 생산 과정에 끊임없이 수반되기는 하기 때문에 이 일부를 가장 순수한 형태의 유동 자본으로 정립한다.

그리고 셋째로는 유동 자본과 고정 자본의 차이. 제3번 형태에 있어서의 유동 자본은 제2번 형태도 포함하는데, 그 이유는 후자도 역시 고정 자본에 대립해 있기 때문이다. 그러나 제2번 형태는 제3번 형태를 포함하지 않는다. 그 자체로서 생산 과정에 속하는 자본 부분은 소재적으로 생산 수단으로만 기능하는 자본 부분, 살아 있는 노동과 가공될 재료 사이의 중간을 형성하는 자본 부분이다. 석탄, 기름 등과 같은 유동 자본의 일부도 단순히 생산 수단으로만 기능한다. 기계나 기계를 운동시키는 기계를 운영하기 위해서 수단으로서만 기능하는 모든 것. 이 차이는 더욱 자세하게 연구되어야 할 것이다. 우선 이것은 규정 1에 모순되지 않는데, 그 까닭은 **가치로서의 고정 자본**은 그것이 마모되는 데 비례해서 마찬가지로 유통하기 때문이다. **발전된 자본**이 — 우리가 이것을 지금까지 생산적 자본으로 알고 있는 한 — 가장 두드러지게 나타나는 것은 바로 고정 자본으로서의 이 규정에서 — 즉 자본이 자신의 유동성을 잃고 또한 자본으로부터 전형 능력을 박탈하는 어떤 일정한 사용 가치와 동일시되는 규정에서 — 이다. 그리고 자본으로서의 자본의 발전이 측정되는 것은 바로 이러한 겉보기에 부적합한 형태에서이고, 또한 제2번의 유동 자본의 형태에 비한 이 형태의 증가에서이다. 이 모순은 흥미 있다. 설명되어야 할 것.

경제학에서 밖으로부터 눈 내리듯이 들어오는 상이한 종류의 자본이 여기에서는 자본 자신의 본성에서 유래하는 운동들의, 또는 차라리 상이한 규정들에 있어서의 이 운동 자신의 그만큼 많은 침전물로 현상한다.

유동 자본은 자본가로부터 끊임없이 "분리되었다가" 첫 번째 형태로 그에게 되돌아간다. 고정 자본은 그렇지 않다(**쉬토르흐**).[300]

유동 자본은 사람들이 그것으로부터 분리되었을 때 비로소 이윤을 낳는 자본 부분이다. 고정 자본 등은 그것이 소유자의 수중에 머물러 있는 동안에 그러한 이윤을 낳는다(맬더스).[301] 유동 자본은 그것이 주인의 수중에 머물러 있는 한 주인에게 소득과 이윤을 주지 않는다. 고정 자본은 주인을 바꾸지 않고 유통을 필요로 하지 않으면서 주인에게 이윤을 준다(A. 스미스).[302]

이러한 측면에서 자본이 소유자로부터 떠난다는 것은 교환 행위에서 벌어지는 소유나 점유의 양도(*Veräußerung*), 따라서 그 점유자를 위한 가치로서의 양도가 모든 교환 가치, 모든 자본의 본성이라는 것을 뜻하는 데 지나지 않으므로 위에서 파악된 규정은 옳을 수 없다. 고정 자본이 그 소유자에게 교환의 매개가 없이, 교환에 포함된 교환 가치의61) 매개가 없이 존재한다면, 고정 자본은 사실상 단순한 사용 가치이지 자본이 아닐 것이다. 그러나 위 규정의 근저에 놓여 있는 것은 다음과 같은 것이다. 고정 자본은 가치로서는 유통한다(우리가 보게 되는 바와 같이 비록 부분적으로, 연속적으로만 유통하기는 하지만). 고정 자본은 **사용 가치로서는** 유통하지 않는다. 고정 자본이 그것의 소재적 측면에 따라 생산 과정의 계기로 관찰되는 한에 있어서는 결코 생산 과정의 경계를 떠나지 않으며, 그것의 점유자에 의해서 양도되지 않고 그의 수중에 머물러 있다. 고정 자본은 그것의 **형태** 측면에서만 자본으로서, 부단한 가치로서 유통한다. 유동 자본에서는 형태와 내용, 사용 가치와 교환 가치 사이의 이러한 차이가 발생하지 않는다. 후자로서 유통하기 위해서, 존재하기 위해서 유동 자본은 전자로서 유통에 들어 와야하고 양도되어야 한다. **자본 자체를 위한 사용 가치는 가치 자신뿐이다.** 유동 자본은 그것이 양도될 때에만 그를 위한 가치로서 실현된다. 그것이 그의 수중에 머물러 있는 한, 그것은 **즉자적인 가치**만을 가질 뿐 **정립된** 것이 아니다. 단지 가

---

61) 수고에는: 사용 가치의

능성에 있어서만 이지 ─ 실재에 있어서는 아니다. 이와는 반대로 고정 자본은 그것이 사용 가치로서 자본가의 수중에 머물러 있는 한에 있어서만, 또는 물적 관계로 표현한다면 그것이 생산 과정에 머물러 있는 한에 있어서만 가치로서 실현되는데, 이것은 자본의 동물적인 운동과 반대로 다른 자본을 위한 그의 현존과 [반대로] 자본의 내적 유기적 운동, 자본의 자신과의 관계로 간주될 수 있다. 요컨대 고정 자본은 생산 과정에 들어가서 머물자마자 생산 과정에서 사라지며 소모된다. 이 사라지는 기간은 아직 여기에서 우리의 관심 사항이 아니다.

요컨대 이 측면에서 보면 생산 과정에서 완전히 폐기되고 생산 자체의 과정을 위해서는 **사용 가치만을** 가지는 석탄, 목재, 기름, 수지(獸脂) 등과 같이 셰르불리에가 **도구 재료**(*matières instrumentales*)라고 부르는 것[303]은 고정 자본에 속한다. 그러나 동일한 재료들이 생산 밖에서도 사용 가치를 가지며, 건물, 주택 등과 전적으로 마찬가지로 반드시 생산용으로만 지정되어 있는 것이 아니라 다른 방식으로도 소비될 수 있다. 그것들이 고정 자본인 것은 그것들의 일정한 존재 방식 때문이 아니라 그것들의 사용 때문이다. 그것들은 생산 과정에 들어서자마자 고정 자본이 된다. 그것들은 자본의 생산 과정의 계기들로서 정립되자마자 **고정 자본**이 되는데, 그 까닭은 ‖40‖ 이 때 그것들은 아마도 유동 자본이 될 수도 있을 그것들의 속성을 잃기 때문이다.

요컨대 자본의 소순환에 들어가는 자본 부분 ─ 또는 이 운동에 들어가는 한에 있어서의 자본 ─ 자본과 노동 능력 사이의 유통, 급료로서 유통하는 자본 부분 ─ 은 그것의 소재적 측면에서 보면, 사용 가치로서는 결코 유통에서 나오지 않고 **결코 자본의 생산 과정으로 들어가지** 않으며 언제나 선행하는 생산 과정의 생산물, 결과로서 이 생산 과정에서 밀려나오는 것과 마찬가지로, 반대로 고정 자본으로서 규정된 자본 부분은 사용 가치로서는, 그것의 물적 현존에서 볼 때는 결코 **생산 과정**에서 나오지 않고 결코 **유통**으로 들어가지 않는다. 후자가 가치로서(완성된 생산물의 가치 부분으로서)만 유통에 들어가는 데 반해, 전자는 필요 노동이 급료의 재생산, 즉 급료로서 유통하는 자본의 가치 부분의 재생산이 될 때에만 가치로서 생산 과정에 들어간다. 요컨대 이것이 고정 자본의 **첫 번째** 규정이고, 이러한 측면에서 본다면 그것은 도구 재료도 포함한다.

둘째로 그러나 고정 자본은 그것이 생산 과정에서 사용 가치로서 소멸하는 한에 있어서만 가치로서 유통에 들어간다. 그것은 사용 가치로서의 자신의 자립적인 형체를 소멸하는 경우에만 가치로서 — 즉 생산물로 처리되었거나 생산물에 저장된 노동 시간으로서 — 생산물에 들어간다. 사용에 의해서 고정 자본은 마모되지만 그 결과 그것의 가치는 한 형태로부터 다른 형태로 이전된다. 그것이 생산 과정 자체에서 이용되지 않고 소모되지 않으면 — 기계가 정지해 있고 철이 녹슬며 목재가 썩으면 — 사용 가치로서의 그것의 소멸하는 현존과 더불어 당연히 그것의 가치는 소멸한다. 가치로서의 그것의 유통은 생산 과정에서 그것의 사용 가치로서의 소비에 조응한다. 그것의 총 가치가 완전히 재생산되는 것, 즉 유통으로부터 되돌아오는 것은 그것이 생산 과정에서 사용 가치로서 완전히 소비되었을 때뿐이다. 고정 자본은 완전히 가치로 해소되고, 따라서 유통에 들어가자마자 완전히 사용 가치로서 소멸했고, 따라서 생산의 필요한 계기로서 동일한 종류62)의 어떤 새로운 사용 가치에 의해서 대체, 즉 재생산되어야 한다. 그것을 재생산해야 할 필요성, 즉 그것의 재생산 시간은 그것이 생산 과정 내에서 소모되고 소비되는 시간에 의해서 결정된다. 유동 자본에 있어서는 재생산이 유통 시간에 의해서 결정되고,

---

62) 수고에는: 노동

유통은 고정 자본에 있어서 그것이 생산 행위 내에서 사용 가치로서, 소재적 현존에서 소모되는 시간에 의해서, 즉 그것이 재생산되어야 하는 시간에 의해서 결정된다. 1000파운드의 면사는 그것이 판매되어 그것을 주고 회수된 화폐를 다시 면화 등, 간단히 말해 면화의 생산 요소들과 교환하자마자 다시 재생산될 수 있다. 요컨대 면사의 재생산은 유통 시간에 의해서 규정된다. 5년간 지속되는, 5년이 지난 후에 비로소 마모되어 고철에 지나지 않게 되는, 100파운드 가치를 가지는 어떤 기계는, 생산 과정에서의 소비의 평균을 감안한다면 말하자면 매년 1/5씩 사용된다. 요컨대 매년 그 가치의 1/5이 유통에 들어와 5년이 경과한 후에야 비로소 그것은 전적으로 유통에 들어왔다가 유통에서 되돌아간다. 요컨대 그것이 유통에 들어오는 것은 순전히 그것의 마모 기간에 의해서 결정되고, 그것의 가치가 전부 유통에 들어왔다가 되돌아가는 시간은 총 생산 시간, 그것이 재생산되어야 하는 시간에 의해서 결정된다. 고정 자본은 가치로서만 생산물에 들어간다. 이에 반해 유동 자본의 사용 가치는 생산물의 실체로서 생산물에 머물러 있고 다른 형태를 얻었을 뿐이다. 이러한 구별을 통해서 유동 자본과 고정 자본으로 구분된 총자본의 **회전 시간**은 본질적으로 수정된다.

　총자본이 S, 이것의 유동 부분 = c, 고정 부분 = f이고 고정 자본은 $\frac{1}{x}$S, 유동 자본은 $\frac{S}{y}$라고 가정하자. 유동 자본은 1년에 3번, 고정 자본은 10년에 2번만 회전한다고 가정하자. 10년 동안에 f 또는 $\frac{S}{x}$는 2번 회전된다. 이에 비해 동일한 10년 동안에 $\frac{S}{y}$는 3×10 = 30번 회전된다. S = $\frac{S}{y}$, 즉 유동 자본만 있다면 U, 즉 그의 회전은 = 30일 것이다. 그리고 회전된 총자본은 = 30× $\frac{S}{y}$.[63] 10년 동안 회전된 총자본이다. 그러나 고정 자본은 10년에 2번만 회전한다. 그

것의 U′는 = 2이다. 그리고 총 회전 고정 자본은 = $\frac{2S}{x}$. 그러나 S

는 = $\frac{S}{y} + \frac{S}{x}$이고, 그것의 총 회전 시간은 = 이 두 부분의 총 회

전 시간이다. 고정 자본이 10년에 2번 회전하면, 1년에는 2/10 또는

1/5번 회전한다. 이에 비해 유동 자본은 1년에 3번 회전한다. $\frac{S}{5x}$

가 매년 한 번 회전한다.

문제는 간단하다. 어떤 1,000탈러의 자본이 = 600 유동 자본과

400 고정 자본, 즉 3/5의 유동 자본과 2/5의 고정 자본이라면, 고정

자본은 5년 존속하고, 즉 5년에 한 번 회전하고 유동 자본은 매년 3

번 회전한다면, 총자본의 평균 회전수 또는 평균 회전 시간은 얼마일

것인가? 유동 자본뿐이라면 이 자본은 5×3, 15번 회전할 것이다. 5

년 동안에 총 회전 자본은 15,000일 것이다. 그러나 자본의 2/5는 5

년에 한 번만 회전한다. 따라서 이 400탈러 중에서 매년 400/5 = 80

탈러가 회전한다. 1,000탈러 중에서 600은 매년 3번 회전하고 80은

한 번 회전한다. 또는 1년 내내 1,880만이 회전한다. 따라서 5년 동안

에는 5×1,880 = 9,900, 즉 총자본이 유동 자본으로만 구성되어 있

을 경우보다 5,600[64] 더 적게 회전한다. 전체 자본이 유동 자본으로

만 구성되어 있다면 그것은 ⅓년에 한 번 회전할 것이다.

‖41‖ 자본이 = 1,000이고 c = 600으로 1년에 두 번 회전하며

f = 400으로 1년에 한 번 회전한다면 600($\frac{3}{5}$ S)는 반년에 회전한다.

400/2 또는 (2S/ 5×2)도 마찬가지로 반년에 회전한다. 따라서 반년

동안에는 600+200 = 800(즉 c+f/2)이 회전한다. 따라서 1년 전체

를 통해서는 2×800 또는 1,600이 회전한다. 1년에 1,600탈러, 따라서

---

63) 수고에는: 20× $\frac{S}{y}$

64) 수고에는: 6,600

12/16개월[65]에 100, 따라서 120/16개월 = 7½개월에 1,000. 따라서 전체 자본 1,000은 7½개월에 회전하는 데 반해 그것이 단지 유동 자본으로 구성되어 있다면 6개월에 회전할 것이다. 7½ : 6 = 1 : 1¼ 또는 1 : 5/4.[66] 자본이 = 100이고 유동 자본이 = 50, 고정 자본이 = 50이며 전자는 1년에 두 번, 후자는 한 번 회전한다면, 100의 ½은 6개월에 한 번 회전하고 100의 ¼도 마찬가지로 6개월에 한 번 회전한다. 요컨대 6개월에 자본의 ¾, 100의 ¾이, 또는 75가 6개월에 회전하고 100은 8개월에 회전한다. 100의 2/4가 6개월에 회전하고 동일한 6개월에 100의 ¼(고정 자본의 ½)이 회전한다면 100의 ¾이 6개월에 회전한다. 요컨대 ¼이 6/3 = 2개월에, 따라서 100의 4/4 또는 100은 6+2, 8개월에.

자본의 총 회전 시간은 = 6(유동 자본 전체와 고정 자본의 ½, 또는 총자본의 ¼의 회전 시간) +6/3, 즉 + 이 회전 시간을 유동 자본의 회전 시간 동안에 회전되는 자본 중에서 나머지 고정 자본이 어떤 비례분할적 부분을 이루는가를 표현하는 수치로 나눈 값이다. 그러면 위의 예에서는, 100의 3/5은 6개월에 회전하고 100의 1/5도 마찬가지이다. 요컨대 100의 4/5가 6개월에, 따라서 나머지 100의 1/5은은 6/4개월에, 그러므로 전체 자본은 6+6/4개월 = 6+1½ 또는 7½개월에 회전한다. 요컨대 일반적으로 표현하자면, 평균 회전 시간은 = 유동 자본의 회전 시간+이 회전 시간을, 이 회전 시간에 유통되는 자본의 총액에 나머지 고정 자본 부분이 얼마나 자주 포함되어 있는가를 표현하는 수치로 나눈 값이다.

100탈러의 두 자본이 있는데 하나는 전적으로 유동 자본이고 다른 하나는 절반이 고정 자본이며, 각 자본은 5% 이윤을 얻고, 전자는 1년에 두 번 회전하고 후자에서는 유동 자본이 마찬가지로 두 번

---

65) 수고에는: 12/16년
66) 7½ : 6 = 1¼ : 1 또는 5/4 : 1이라고 해야 옳을 것이다.

회전하나 고정 자본은 한 번만 회전한다면, 전자에서 총 회전 자본은 = 200이고 이윤은 = 10이며 후자에서는 8개월에 1 회전, 467)개월에 ½ 회전하거나 또는 12개월에 150이 회전한다. 그러면 이윤은 = 7½이다. "유동 자본은 그것의 점유자가 그것으로부터 분리되면 이윤을 가져다준다는 등"의 맬더스에 의해 사용된 상투어들에서조차 그러하듯이, 이러한 방식의 계산이 일상적인 편견에서는 유동 자본이나 고정 자본이 어떤 신비스러운 내적 힘에 의해서 이윤을 가져다주는 것처럼 확인되었다. 마찬가지로 위에서 인용된 그의 『가치 척도론』 등의 언급에서도 그가 고정 자본의 이윤을 축적시키는 방식이 확인되었다. 지금까지의 경제학들에서는 초과 이윤에 관한 이론이 순수하게 고찰되지 않고, 상이한 자본들이 일반 이윤율에 참여한다는, 현실적 이윤에 관한 이론과 혼동됨으로써 최대의 혼란과 신비화가 발생했다. 계급으로서의 자본가들의 이윤 또는 자본 일체의 이윤 (der Profit *des* Kapitals)이 그것이 분배되기에 앞서서 존재해야 하고, 그리고 그것의 생성을 그것의 분배로부터 설명하고자 하는 것은 지극히 어리석다. 위의 설명에 따르면 고정 자본이라 불리는 자본의 구성 부분이 증가함에 따라 자본의 유통 시간이 증가하기 때문에 이윤은 감소된다. {그것의 크기는 항구적인 것으로 가정되어 있다 ─ 여기에서 이 크기는 우리에게 아무 상관이 없는데, 그 까닭은 이 명제가 어떤 크기의 자본에게도 적용되기 때문이다. 자본들은 상이한 크기를 가진다. 그러나 각 개별적인 자본의 크기는 자기 자신과 동일하다. 즉 자본으로서의 그것의 속성만 고찰되는 한에 있어서 어떤 한 (any) 크기이다. 그러나 우리가 두 자본을 서로 구별해서 고찰하면, 그것들의 크기의 차이에 의해 질적인 규정들의 관계가 들어온다. 이 크기 자체가 자본들을 구별짓는 질이 되는 것이다. 이것은 자본 자체

---

67) 수고에는: 3

의 고찰이 다른 자본과의 관계에 있어서의 자본에 대한 고찰이거나, 또는 그의 현실 속에서의 자본의 고찰과 어떻게 구별되는지에 관한 **본질적인 관점인데**, 이로부터 보면 크기가 유일한 예가 된다.} 동일한 ‖42‖ 크기의 자본, 위의 예에서 100은 그것이 유동 자본으로만 구성되어 있다면 1년에 완전히 두 번 회전될 것이다. 그러나 그것이 절반은 고정 자본으로 구성되어 있다면 16개월에 두 번, 또는 1년에 150탈러만 회전될 것이다. 일정한 시간에 그것의 재생산 횟수가 감소함에 따라, 또는 이 일정한 시간에 재생산되는 자본의 양이 감소함에 따라 잉여 시간이나 잉여 가치의 생산은 감소하는데, 그 까닭은 자본은 전적으로 잉여 가치를 정립하는 한에 있어서만 가치를 정립하기 때문이다. (적어도 이것이 그것의 경향, 그것의 적합한 행위이다.)

우리가 살펴본 바와 같이, 고정 자본은 생산 과정에서 사용 가치로 마모되거나 소비되는 만큼만 가치로 유통한다. 그러나 그것이 이렇게 소비되고 사용 가치로서의 자신의 형태로 재생산되어야 하는 시간은 그것의 상대적 내구성에 좌우된다. 요컨대 고정 자본의 내구성, 또는 그것의 소멸성의 크고 작음 — 즉 그것이 자본의 반복되는 생산 과정에서 이 과정 내에서의 자신의 기능을 계속해서 반복할 수 있는 시간의 길고 짧음 —, 그것의 이러한 사용 가치 규정이 여기에서는 형태 규정적 계기가 된다. 즉 소재적 측면에서가 아니라 형태적 측면에서 자본에게 규정적이 된다. 따라서 고정 자본이 전체 자본에 대하여 가지는 비율과 마찬가지로 여기에서는 고정 자본의 필요한 재생산 시간이 총자본의 회전 시간을 수정하고, 그럼으로써 총자본의 가치 증식을 수정한다. 요컨대 여기에서는 자본의 보다 큰 지속성(그것의 필요한 재생산 시간의 지속 기간)과 총자본에 대한 고정 자본의 비율이 가치 증식에 영향을 미친다. 이는 자본이 화폐로 되돌아오는 시장이 공간적으로 멀리 떨어져 있기 때문에, 즉 유통 궤도를 거치는 데 더 많은 시간을 필요로 하기 때문에 보다 느린 회전이 영향을 미치거나(예를 들어 동인도 시장을 위해 영국에서 노동하는 자본들이 보다 가까운 해외 시장이나 국내 시장을 위해 노동하는 자본보다 느리게 되돌아오는 것과 같이), 또는 농업에서처럼 생산 국면 자체가 자연 조건들에 의해서 중단되기 때문에 영향을 미치는 것과 같다. 고정 자본이 가치 증식에 미치는 영향을 가장 먼저 강조한 리카도는, 위의 인용된 출처들에서 볼 수 있는 바와 같이, 이 모든 규정들을 뒤섞어놓는다.

첫 번째 경우(고정 자본)에는 생산 과정 내에서 고정 자본이 천천히 소비되기 때문에 자본의 회전이 감소된다. 또는 고정 자본의 재생산에 필요한 시간의 지속 기간에 그 원인이 있다. 두 번째 경우에는 감소된 회전이 유통 시간의 연장에서, (첫 번째 경우에 고정 자본은 자신이 일체 유통하는, 유통에 들어오는 한에 있어서는, 소재적 실존에 있어서 유통하는 것이 아니라 가치로서만, 즉 생산물의 총 가치의 관념적인 구성부분으로서만 유통하므로, 필연적으로 언제나 생산물과 같은 속도로 유통한다) 그것도 본래적 유통 과정의 후반부, 즉 화폐의 재전환에 소요되는 유통 시간으로부터 연원한다. 세 번째 경우에는 첫 번째 경우에서처럼 자본이 생산 과정에서 소멸하기 위해서 필요로 하는 시간이 아니라 생산물로서 생산 과정에서 나오기 위해 필요한 시간으로부터 감소된 회전이 연원한다. 첫 번째 경우는 고정 자본에게 특유하게 고유하다. 다른 경우는 유동적이지 않은, 고정된 자본, 즉 총 유통 과정의 어떤 한 국면에 고정되어 있는 자본의 범주에 속한다(상당한 정도의 지속성을 가지는 고정 자본, 또는 차후의 시간대에 회전될 수 있는 유동 자본. 맥컬록, 『정치경제학의 원리』[300쪽]. 노트, 15쪽). [285]

셋째로, 지금까지 우리는 고정 자본의 차이들이 본래적인 유통 과정에 대한 그것의 특수한 관계 행위, 특유한 관계 행위에 의해서 정립되어 있는 측면에서 고정 자본을 고찰했다. 이 측면에서 보면 다른 차이들도 생겨난다. 첫째로, 유동 자본에 있어서는 가치의 실존이 사용 가치의 실존과 합치되므로, 유동 자본의 각 부분은 전적으로 교환되는 데 반해, 고정 자본의 가치의 복귀는 계승적이라는 차이. 둘째로, 우리가 지금까지 했던 바와 같이, 단지 어떤 주어진 자본의 평균 회전 시간에 대한 고정 자본의 영향 [때문이] 아니라 대자적으로 고찰될 때 그것이 가지는 회전 시간에 대한 영향 [때문에도]. 후자의 사정은 고정 자본이 생산 과정 내에서 단순한 생산 도구로 나타나지 않고 자본의 자립적인 형태로, 예를 들어 철도, 운하, 도로, 수도의 형태로, 토지와 일체화된 자본 등으로 나타나는 곳에서 중요하다. 후자의 규정은 특히 한 나라의 총자본이 이 두 형태로 분할되는 비율에 대해 중요한 의미를 갖는다. 다음으로는 고정 자본이 갱신되고 보존되는 방식. 이것이 경제학자들에게 있어서는 고정 자본이 유동 자본 등을 매개로 해서만 수입(收入)을 가져다줄 수 있다는 형태로 나타난다. 후자는 기본적으로 고정 자본이 유동 자본의 옆과 밖에서 특수한 자립적 실존으로서가 아니라 고정 자본으로 전환된 유동 자본으로서 나타나는 계기에 대한 고찰에 지나지 않는다. 그러나 우리가 여기에서 우선 고찰하고자 하는 것은 고정 자본의 대외적인 관계가 아니라 고정 자본이 생산 과정에 내포되어 있음으로써 이 관계가 주어져 있는 한에 있어서이다. 이는 고정 자본이 생산 과정 자체의 일정한 계기임으로써 정립되어 있다.[68]

{고정 자본은 모든 규정에 있어서 개인적 소비가 아니라 생산적 소비에만 기여하는 자본이라고 말해질 수 없다. 집은 생산에도 기여하고 소비에도 기여한다. 마찬가지로 모든 차량, 선박, 차는 유람 운항에도 수송 수단에도 기여한다. 도로는 본래적인 생산을 위한 교통

---

68) 수고에는: 있어야 한다

수단으로서 뿐만 아니라 산보 등을 위한 것이기도 하다. 여기에서 자
본은 가치 증식 과정과 생산 과정으로 고찰되므로, 이 두 번째 관계
에서의 고정 자본은 우리와 아무런 상관도 없다. 이자에서는 두 번째
규정도 들어올 것이다. 리카도가 다음과 같이 말하는 것은 이 규정에
만 주목하는 것이다.

> 자본이 보다 더, 또는 보다 덜 소멸적이냐에 따라, 즉 주어진 시간에
> 보다 더, 또는 보다 덜 빈번하게 재생산되어야 하느냐에 따라 유동 자본
> 이나 고정 자본이라 불린다(리카도 Ⅷ, 19쪽).[294]

이에 따른다면 커피 주전자는 고정 자본일 것이지만 커피는 유동
자본일 것이다. 인간들의 사회적 생산 관계들과 사물들이 얻는 규정
들을 이 관계들 아래 복속된 것으로, 사물들의 **자연적인 속성들**로 간
주하는 경제학자들의 조야한 유물론은 마찬가지로 조야한 관념론,
즉 사회적 관계들을 사물들에 내재적인 규정들로서 사물들에게 돌리
고 그리하여 사회적 관계들을 신비화하는 물신숭배(Fetischismus)이
다. 어떤 사물을 그것의 자연적인 특질에 따라 고정 자본이나 유동
자본으로 고정시키는 어려움은 여기에서 경제학자들로 하여금 예외
적으로, 화폐라는 것이 금의 자연적 속성이 아니듯이 사물들 자체는
고정 자본도 유동 자본도 아니고, 따라서 전적으로 자본이 아니라는
착상에 이르게 했다.}

(잊지 않기 위해서 말하자면, 위에서 열거한 점들에 고정 자본의
유동 자본으로서의 유통, 즉 고정 자본이 자신의 점유자를 바꾸게 되
는 거래들이 아울러 추가된다.)

> 고정 자본 — 묶여 있다. 다른 생산 영역에 바쳐지기 위해서 더 이상 전
> 용될 수 없게 한 생산 영역에 묶여 있는 자본(세이, 21쪽).[304]

고정 자본은 인간이 사용하기 위해 예정해 놓은 것을 소비하도록 도와주기 위해서 소비된다. … 장래 노동의 생산력을 증대시키기에 적합한 내구적 설비이다(시스몽디. Ⅵ).[295]

고정 자본은 노동의 도구 및 기계 등을 유지하기 위해서 필요한 자본(스미스, Ⅱ권, 226쪽).[305]

유동 자본은 소비되고 고정 자본은 오직 생산의 커다란 가치에서 단지 사용된다(『이코노미스트』. Ⅵ, 1쪽).[306]

그가 자신의 목표들의 달성을 용이하게 하도록 그의 노동의 한 부분을 완성하기 위해서 손에 넣는 첫 번째 지팡이나 첫 번째 돌은 지금 상업을 수행하는 민족들에 의해서 사용되는 자본들과 똑같은 기능을 수행한다는 것이 드러난다(로더데일, 87쪽, 노트, 8쪽, a).[307]

인간이라는 종(種)을 특징짓고 두드러지게 하는 특색의 하나는 그가 노동도 기계로 변환된 자본으로 대체한다는 것이다(120쪽)(9쪽, 노트, 로더데일).

사람들은 이제 자본가들의 이윤이 언제나 인간이 손으로 수행해야 했던 노동 부분을 자본가들이 대체하는 데에서 유래하거나 또는 인간의 개인적 힘을 초월하고 그가 스스로 수행할 줄 몰랐던 노동 부분을 완수하는 데에서 유래한다는 것을 이해한다(앞의 책, 119쪽).

로더데일은 스미스와 로크를 비판하는데, ‖43‖ 그에 따르면 노동을 이윤의 창조자로 보는 이들의 견해는 다음과 같은 결과를 낳는다.

자본의 은총에 대한 이 관념이 정확하게 옳다면 자본이 부의 본원적인 원천이 아니라 파생된 원천이라는 결론이 도출된다. 그러면 이윤은 노동자의 호주머니에서 자본가 호주머니로 이전되는 것에 지나지 않으므로, 자본은 부의 원천의 하나로 간주될 수 없다는 것이다(앞의 책, 116, 117쪽).

자본가들의 이윤이 언제나 인간이 손으로 수행해야 했던 노동 부분을 자본가들이 대체하는 데에서 유래하거나 또는 인간의 개인적 힘을 초월하고 그가 스스로 수행할 줄 몰랐던 노동 부분을 완수하는 데에서 유래한다(앞의 책, 119쪽. 9쪽, b).

자본가가 돈의 사용에 의해서 소비자 계급의 일정한 노동 부분을 절약해줄 때 이 노동을 자기 자신의 [노동의] 동일한 부분으로 대체하는 것이 아니라는 것을 인식해야 한다. 이로써 증명된 것은 그의 자본이 노동을 수행하지 자본가 자신이 수행하지는 않는다는 점이다(10쪽, 노트, 앞의 책, 132쪽).

애덤 스미스가 기계의 효과는 노동을 용이하게 하거나, 또는 그가 스스로 표현하듯이, 노동의 생산력을 증대시키는 것이라고 착각하지 않고, (희한한 개념 혼동을 통해서 스미스 씨는 자본의 효과가 노동 생산력의 증대라고 말할 수 있었다. 동일한 논리로 아마도 그는 주어진 두 지역 사이의 우회로를 절반으로 단축하는 것은 보행자의 속도가 배증되는 것과 같은 의미라고 주장할 수 있었을 것이다) 기계를 지불하는 데 사용된 기금이 이윤을 낳는다는 것을 발견했더라면, 그는 동일한 상황을 이윤의 근원으로 간주했을 것이다(11쪽, 137쪽).

고정적이든 유동적이든 국내 상업에서의 자본들은 노동의 활성화에도, 노동 생산력의 증가에도 기여하지 않고, 반대로 다음과 같은 두 가지 전제하에서만 유용하고 유익하다. 인간이 손으로 수행해야 할 노동 부분을 자본들이 필요에 의해 대체하거나, 또는 인간의 힘으로 수행할 수 없는 일정한 노동을 그것들이 수행한다는 것이 그것이다.

로더데일은 이것이 순전히 단어 차이만은 아니라고 말한다.

자본들이 노동을 운동시키고 노동 생산력을 증대시킨다는 상상은 노동이 어디에서나 주어져 있는 자본의 양에 비례적이라는 견해, 한 나라의 산업은 언제나 사용된 기금의 기초 위에 서 있다는 견해가 생길 여지를 준다. 여기에서 도출되는 결론은 자본들의 증대는 부의 증가를 위한 최고이자 무제한적인 수단이라는 점이다. 이와는 달리 자본들이 일정한 노동을 대체하거나 수행하기 위해서만 유용하고 유익하게 사용될 수 있다는 것을 사람들이 인정한다면 이로부터는 다음과 같은 간단한 결론, 즉 국가는 그가 노동을 수행하기 위해서 사용하거나 소비자가 요구하는 사물들의 생산과 제작에 투입할 수 있는 것보다 더 많은 자본을 소유하는 데 아무런 이 점도 발견할 수 없다라는 결론을 이끌어 낼 수 있을 것이다(150-152쪽,[69] 11, 12쪽).

자본이 노동과는 무관하게 독특한 종류의 이윤 원천이고, 따라서 부의 원천이라는 자신의 견해를 증명하기 위해서 그는 새로 발명된 기계의 점유자가 발명 특허의 시효가 만료되고 경쟁이 가격을 인하시키기 전에 가지는 잉여 이윤을 지적한다. 그리고 나서는 다음과 같은 말로써 끝을 맺는다.

가격 표준의 이러한 변경은 기계의 (사용 가치에 대한) 이윤이 특허 시효 만료 이전에 지불된 기금과 동일한 종류의 기금으로부터 오는 것이 아니라는 것을 저해하지 [않는다]. 이 기금은 언제나 이전에는 새로운 발명이 대체하는 노동에 급료를 지불하는 데 선정되었던 국가 소득 부분이다(앞의 책, 125쪽, 10쪽, b).

---

69) 수고에는: 151, 152쪽

이와는 반대로 레이븐스톤은 다음과 같이 말한다(Ⅸ, 32쪽).

기계류가 어떤 개별자의 노동을 성공적으로 감소시키는 것은 드물다. 사람들은 기계류를 사용하면서 절약하는 것보다 더 많은 시간을 제작하면서 잃는다. 기계류가 실제로 유용한 것은 다수의 대중에게 영향을 미칠 때만, 즉 단 한 대의 기계가 수천 명의 노동을 지원할 수 있을 때만이다. 따라서 기계류는 언제나 실업자가 가장 많은, 인구 밀도가 높은 나라들에서 가장 많이 사용된다. 기계류는 노동자가 부족하기 때문이 아니라 노동자들을 대량으로 노동시키는 용이함 때문에 사용된다(앞의 책).[1

권 192]

[고정 자본과 사회의 생산력 발전]

기계의 분류, 1. 동력을 생산하기 위해서 사용되는 기계. 2. 단지 동력을 전달하거나 노동을 수행하는 것을 목적으로 하는 기계(배비지[, 20-21쪽], 노트, 10쪽).[275]

공장은 끊임없이 하나의 중심적인 동력에 의해 가동되는 기계적인 생산 체계를 숙련과 정확성을 가지고 따르는 성년에서부터 미성년에 이르기까지 여러 연령층의 노동자들의 협업을 뜻한다. 그리고 자신의 기구가 하나의 연속적인 체계를 형성하고 있지 않거나 유일한 가동 원칙에 의해서 조건 지워지지 않는 어떤 공장이든 배제한다. 후자의 부류의 예들이 직물공장, 구리 제련소 등이다. — 가장 엄밀한 이 개념 파악은 조화롭게 중단 없이 활동하는, 수많은 기계적이고 이지적인 기관(器官)으로 구성되어 있고, 이들 기관은 모두 자동으로 움직이는 하나의 동력에 복속되어 있는 거대한 자동 장치에 대한 상상을 발전시킨다(유어[, 18-19쪽], 13쪽).[275]

생산 과정 자체에서 소비되는 자본 또는 고정 자본은 엄격한 의미에서 생산 수단이다. 보다 넓은 의미에서 전체 생산 과정과 이것의 각 계기는 유통의 각 계기와 마찬가지로 — 그것이 소재적으로 고찰되는 한에 있어서 — 가치만이 자기 목적으로 존재하는 자본을 위한 생산 수단일 뿐이다. 원료는 스스로 소재적으로 고찰되면 생산물 등을 위한 생산 수단이다.

그러나 생산 과정 자체에서 소모되는 것이라는, 고정 자본의 사용 가치 규정은 고정 자본이 이 과정에서 수단으로만 사용되고 스스로 단지 원료를 생산물로 전환시키기 위한 동인(動因)으로 존재한다는 것과 마찬가지이다. 그러한 생산 수단으로서 고정 자본의 사용 가치는 그것이 건축물 등에서처럼 과정이 진행되기 위한 기술적 조건(생산 과정이 진행되는 장소)일 뿐이라는 것, 또는 그것이 모든 도구 재료처럼 본래적인 생산 수단의 작용을 위한 직접적인 조건이라는 것이다. 양자는 다시 생산 과정 일체의 진행이나 노동 수단의 사용과 유지를 위한 소재적 전제들일 뿐이다. 그러나 노동 수단은 본래적인 의미에서 생산 내에서만 생산을 위해서 기여하고 다른 사용 가치는 가지지 않는다.

최초에 우리가 가치의 자본으로의 이행을 고찰했을 때, 노동 과정은 단순히 자본에 수용되었다. 그리고 자본은 자신의 소재적인 조건들에 따라서, 자신의 물질적인 현존에 따라서 이 과정의 조건들의 총체로서 나타났고, 이 과정에 상응해서 질적으로 상이한 일정한 부분들로, **노동 재료**(원재료가 아니라 이것이 올바르고 개념적인 표현이다), **노동 수단**, 살아 있는 노동으로 구분되었다. 한편으로 자본은 자신의 소재적 존립에 따라 이들 3요소로 분리되었다. 다른 한편으로는 이들 요소의 동적 통일이 **노동 과정**(또는 이들 요소가 과정으로 함께 들어가기)이었고 정적(靜的) 통일이 생산물이었다. 이 형태에서 소재적 요소들 — 노동 재료, 노동 수단, 살아 있는 노동 — 은 자본이 점취하는 노동 과정 자체의 본질적인 계기들로만 나타난다. 그러나 이 소재적 측면 — 또는 사용 가치와 현실적 과정으로서의 자본의 규정 — 은 자본의 형태 규정과는 전적으로 분리되었다. 이 형태 규정 자체에서는

1. 자본이 노동 능력과의 교환 이전에, 실재적인 과정 이전에 나타나는 세 요소들은 자본 자체의 질적으로 상이한 부분들로서만, 가치량들로만 나타났는데, 이들 가치량의 통일이 합계로서 자본 자신을 이룬다. 이들 상이한 부분이 존재했던 소재적 형태, 사용 가치는 이 규정의 동종성에 아무런 변화도 가하지 않았다. 형태 규정에 따르면 이들 부분은 자본이 양적으로만 부분들로 구분되도록 나타났다.

2. 과정 자체 내에서 노동 요소들과 다른 두 요소들은, 형태에 따

라 고찰할 때, 후자는 불변 가치들로 규정되었고 전자는 가치 정립하는 것으로 규정되었다는 식으로만 구별되었다. 그러나 사용 가치들로서의 상이성, 소재적 측면도 고려되는 한에 있어서 그것은 전적으로 자본의 형태 규정 밖에 속했다. 그러나 지금 유동 자본(원재료 및 생산물)과 ‖44‖ 고정 자본(노동 수단)의 차이에서는 사용 가치들로서의 요소들의 차이가 형태 규정에 있는 자본으로서의 자본의 차이로 동시에 정립되어 있다. 단지 양적이었던 요인들의 상호 관계가 지금은 자본 자신의 질적인 차이로, 자본의 총 운동(회전)을 규정하는 것으로 나타난다. 원재료와 생산물로서의 노동 재료와 노동의 생산물, 노동 과정의 중립적인 침전물은 소재적으로도 이미 더 이상 노동의 재료 및 생산물로 규정되어 있지 않고 상이한 국면들에 있는 자본 자신의 사용 가치로 규정되어 있다.

노동 수단이 자본에 의해서 직접적으로, 역사적으로 자본의 증식 과정에 수용되는 것과 마찬가지로 노동 수단이 문자 그대로 노동 수단으로 남아 있는 한에 있어서, 그것은 이제 자신의 소재적인 측면에서 노동의 수단으로 나타날 뿐만 아니라 동시에 자본의 총 과정에 의해 규정된 자본의 특수한 현존 방식으로서도 — 고정 자본으로서도 — 나타남으로써 형식적인 변화만을 당할 뿐이다.

그러나 자본의 생산 과정에 수용되면 노동 수단은 상이한 형태 변환을 거치는데, 이것의 마지막이 기계이거나 또는 차라리 자동 장치(Automat)에 의해, 자동으로 운동하는 동력에 의해 운동시켜지는 자동 기계류 체계(기계류의 체계. 자동적 체계는 가장 완벽하고 적합한 기계류 형태이고 기계류를 비로소 하나의 체계로 전환시킨다)이다. 이 자동 장치가 다수의 기계적이고 이지적인 기관(器官)들로 구성되어 있어서 노동자들 자신은 그것의 의식적 관절로 규정되어 있을 뿐이다. 기계에서, 그리고 자동적 체계로서의 기계[류]에서는 더욱, 노동 수단은, 그것의 사용 가치에서 볼 때, 즉 그것의 소재적 현존에서 볼 때, 고정 자본과 자본 일체에 적합한 실존으로 전환되어 있고, 노동 수단이 직접적인 노동 수단으로서 자본의 생산 과정에 수용된 형태는 자본 자신에 의해 정립되고 자본에 조응하는 형태로 지양되어 있다. 기계는 어떤 관계에서도 개별적인 노동자의 노동 수단으로 나타나지 않는다. 기계의 종차(種差)는 노동 수단에서처럼 노동자의 활동을 대상에게 매개해주는 것이 결코 아니다. 오히려 노동자의 활동이 기계의 노동을, 원재료에 대한 기계의 작용을 매개하는 데 — 감독하고 기계 고장을 방지하는 데 — 지나지 않도록 정립되어 있다. 기관(器官)으로서의 노동자가 자기 자신의 숙련과 활동으로 활력을 불어넣고, 따라서 그 사용이 노동자의 기교에 좌우되는 도구와는 다르다. 노동자를 대신해서 숙련과 힘을 가지는 기계는 스스로가 기계에서 작용하는 역학 법칙들로 자기 자신의 혼을 가지고 있고, 자신의 지속적인 자기 운동을 위해서, 노동자가 식량을 소비하듯이 석탄, 기름 등(도구 재료)을 소비하는 명인(名人)이다. 노동자의 활동이 활동의 단순한 추상으로 국한되어 모든 측면에서 기계류의 운동에 의해서 규정되고 규율되지 그 반대는 아니다. 기계류의 죽어 있는 관절들로 하여금 그것들의 구성에 의해서 자동 장치로서 합목적적으로 작용하도록 강제하는 과학은, 노동자[70]의 의식 속에 존재하는 것이 아니라 기계를 통해서 노동자에게 낯선 권력(fremde Macht)으로서, 기계 자신의 권력으로서 작용한다.

자본의 개념에 놓여 있는, 대상화된 노동에 의한 살아 있는 노동의 점취 — 대자적으로 존재하는 가치에 의한, 가치 증식하는 힘이나 활동의 점취 — 는 기계류에 입각한 생산에서는 생산 과정의 소재적 요소들과 소재적 운동에서 볼 때도 생산 과정 자체의 성격으로 정립되어 있다. 생산 과정은 노동이 노동 과정을 지배하는 통일체로서 노

---

70) 수고에는: 노동

동 과정을 총괄한다는 의미에서의 노동 과정이기를 중지했다. 오히려 노동은 기계적 체계의 수많은 점들에서 개별적인 살아 있는 노동자들에게서 의식적 기관(器官)으로 나타날 뿐이다. 노동은 분산되어, 기계류 자체의 총 과정에 포섭되어, 스스로 체계의 한 관절을 이룰 뿐인데, 이 체계의 통일은 살아 있는 노동자들에 실존해 있는 것이 아니라 노동자의 개별적인, 사소한 행위에 비해 강력한 유기체로서 노동자에게 맞서 나타나는 살아 있는 (활동적인) 기계류에 실존해 있다. 기계류에서 대상화된 노동은 노동 과정 자체에서 살아 있는 노동에 대하여 이것을 지배하는 권력으로서 맞서는데, 이 권력은 그 형태에서 볼 때 살아 있는 노동의 점취로서의 자본이다. 노동 과정을 자본의 증식 과정의 단순한 계기로 수용하는 것은 소재적 측면에서 볼 때도 노동 수단이 기계류로 전환되고 살아 있는 노동이 이 기계류의 단순한 살아 있는 부속물로[71] 전환됨으로써, 기계류의 활동의 수단으로 정립하는 것이다.

우리가 살펴본 바와 같이, 노동 생산력의 증대와 필요 노동의 최대의 부정은 자본의 필연적 경향이다. 이 경향의 실현이 노동 수단의 기계류로의 전환이다. 기계류에 대상화된 노동은 소재적으로 살아 있는 노동에 대하여 지배하는 권력으로서 맞서며 살아 있는 노동의 점취에 의해서 뿐만 아니라 현실적인 생산 과정 자체에서 살아 있는 노동의 적극적인 포섭으로서 맞선다. 가치 증식하는 활동을 점취하는 가치로서의 자본의 관계가 기계류에 실존하는 고정 자본에서는 동시에 자본의 사용 가치의 노동 능력의 사용 가치에 대한 관계로 정립되어 있다. 나아가 기계류에 대상화된[72] 가치는 하나의 전제로 나타나고, 이에 반해 개별적인 노동 능력의 가치 증식하는 힘은 무한히 작은 것으로 소멸한다. 기계류와 함께 정립되어 있는 대량 생산에

71) 수고에는: 부속물로서
72) 수고에는: 기계류 나아가 대상화된

의해서, 생산물에서도 마찬가지로 생산자의 직접적인 욕구와의 모든 관계가 소멸하고, 따라서 직접적인 사용 가치와의 모든 관계가 소멸한다. 생산물이 생산되는 형태에서, 그리고 생산물이 생산되는 관계들에서 이미 생산물은 가치의 담지자로서 생산될 뿐이고 생산물의 사용 가치는 가치를 위한 조건으로서 생산될 뿐이라는 것이 정립되어 있다. 기계에서는 대상화된 노동이 스스로 직접 생산물의 형태나 노동 수단으로 사용된 생산물의 형태로 뿐만 아니라 생산력 자체의 형태로 나타난다. 노동 수단의 기계류로의 발전은 우연히 자본을 위한 것이 아니라, 전통적으로 내려온 노동 도구를 자본에 적합하게 변환된 것으로 역사적으로 개조하는 것이다. 그리하여 지식과 숙련의 축적, 사회적 두뇌의 일반적 생산력의 축적은 노동에 맞서서 자본에 흡수되어 있고, 따라서 자본의 속성, 보다 정확하게는 — 자본이 본래적인 생산 수단으로서 생산 과정에 들어오는 한에 있어서 — 고정 자본의 속성으로 나타난다. 요컨대 기계류는 고정 자본의 가장 적합한 형태로 나타나고, 자본이 자기 자신과의 관계에서 고찰되는 한에 있어서 고정 자본은 자본 일체의 가장 적합한 형태로 나타난다. 다른 한편으로 일정한 사용 가치로서의 자신의 현존에 묶여 있는 한에 있어서, 고정 자본은 사용 가치의 어떤 일정한 형태에 대해서도 가치로서 무차별적이고, 어떤 형태라도 무차별적인 체화(體化)로서 취하거나 벗어버릴 수 있는 자본의 개념에 조응하지 않는다. 이러한 측면에서 보면, 자본의 대외적인 관계에서 보면 고정 자본에 비하여 유동 자본이 자본의 가장 적합한 형태로 나타난다.

나아가 사회적 과학, 생산력 일체의 축적과 더불어 기계류가 발전하는 한에 있어서 일반적인 사회적 노동(die allgemein gesellschaft -liche Arbeit)이 나타나는 것은 노동자에서가 아니라 자본에서이다. 사회의 생산력은 고정 자본으로 측정되고 고정 자본에서 대상적인 형태로 실존하며, 반대로 자본의 생산력은 자본이 무상으로 점취하는 이 일반적 진보와 더불어 발전한다. 여기에서 우리는 기계류의 발전에 대해 자세히 논의할 수 없고, 다만 일반적인 측면에 비추어서만 논의할 것이다. 소재적인 측면에서 볼 때 **노동 수단**은 **고정 자본**에서 자신의 직접적인 형태를 잃고 소재적으로 노동자에게 **자본**으로서 맞서는 한에 있어서만 [논의할 것이다 — 역자]. 지식은 기계류에서 노동자의 밖에 있는 낯선 것으로 나타난다. 그리고 살아 있는 노동은 자립적으로 작용하는 대상화된 노동 아래 포섭되어 있다. 노동자는 자신의 행동이 [자본의] 욕구들에 의해 조건 지워지지 않는 한에 있어서 불필요한 것으로 나타난다.[308]

‖ VII-1 ‖　요컨대 자본의 완전한 발전은 노동 수단이 형식적으로 **고정 자본**으로 규정되어 있을 뿐만 아니라 자신의 직접적인 형태에 있어서도 지양되고, **고정 자본**이 생산 과정 내에서 기계류로서 노동에 맞서서 등장하자마자 비로소 이루어진다 — 또는 자본은 비로소 자신에 조응하는 생산 방식을 정립했다. 그러나 전체 생산 과정은 노동자의 직접적인 숙련성 아래 포섭된 것으로서가 아니라 과학의 기술적 응용으로서 [등장한다 — 역자]. 따라서 생산에 과학적 성격을 부여하는 것이 자본의 경향이며, 직접적인 노동은 이 과정의 단순한 하나의 계기로 전락한다. 가치의 자본으로의 전화에서와 마찬가지로 자본의 보다 자세한 설명에서도, 자본이 한편으로는 생산력 — 이 생산력 중에는 과학도 [포함된다 — 역자] — 의 일정한 주어진 역사적 발전을 전제로 하고, 다른 한편으로는 이 발전을 추동하고 강제한다는 것이 밝혀진다.

　따라서 자본이 고정 자본으로서 발전한 양적 범위와 유효성(집약도)은 일체 자본이 자본으로, 살아 있는 노동 위에 있는 권력으로 발전했고 생산 과정 일체를 복속시킨 정도를 가리킨다. 또한 자본이 대상화된 생산력의 축적을 표현하고, 마찬가지로 대상화된 노동의 축 적을 표현한다는 측면에서 볼 때에도. 그러나 자본이 기계류와, 철도 등과 같은 고정 자본의 다른 소재적 현존 형태들(이에 대해서는 후 에 재론할 것이다)로 비로소 생산 과정 내에서의 사용 가치로서의 자신의 적합한 형체를 스스로에게 제공한다고 할 때, 이 사용 가치 — 즉자적 기계류 — 가 자본이라거나 또는 기계류로서의 그것의 존 립이 자본으로서의 그것의 존립과 동일하다는 것을 의미하는 것은 결코 아니다. 금이 더 이상 화폐이기를 중지한다고 해서 금으로서의 사용 가치를 지니기를 중지하는 것은 아닌 것과 마찬가지로. 기계류 가 고정 자본의 사용 가치에 가장 잘 조응하는 형태라는 점으로부터 자본의 사회적 관계 아래로의 포섭이 기계류 사용을 위해 가장 적절 하고 가장 좋은 사회적 생산 관계라는 결론이 도출되는 것은 결코 아니다.

노동 시간 — 단순한 노동량 — 이 자본에 의해서 유일한 가치 규 정적 요소로 정립되는 데 비례해서, 생산 — 사용 가치의 창출 — 의 규정적인 원칙으로서의 직접적인 노동과 그것의 양은 사라지고, 양 적으로 보다 적은 비율로 낮아질 뿐만 아니라 질적으로도, 비록 필수 적이지만, 한편으로는 일반적인 과학적 노동, 자연 과학의 기술적 응 용에 비해서 부차적인 계기로 나타날 뿐만 아니라 총생산에서의 사 회적 구조(Gliederung)로부터 유래하는 — (비록 역사적 산물이지만) 사회적 노동의 천부적 재질로 현상하는 — 일반적 생산력에 [비해서] 도 부차적인 계기로 나타난다. 그리하여 자본은 생산을 지배하는 형 태로서의 자기 자신의 해체에 종사한다.

이렇게 한편으로는 생산 과정이 단순한 노동 과정으로부터, 자연 의 폭력을 자신에게 복무시키고, 그리하여 그것을 인간의 욕구에 봉 사하는 데 작용하도록 하는 과학적 과정으로 전환되는 것이 살아 있 는 노동에 맞서 있는 **고정 자본**의 속성으로 현상한다면, 개별적인 노동 자체가 생산적으로 나타나는 것을 일체 중지하고 오히려 자연 폭력을 복속시키는 공동의 노동들에서만 생산적이며, 직접적인 노동의 사회적인 노동으로의 이러한 고양이 개별적인 노동이 자본에서 대표되고 집중된 공동성에 대한 무기력으로 위축되는 것으로 나타난다면, 이제는 다른 한편으로 한 생산 영역에서의 노동이 다른 생산 영역에서의 **공존 노동**(*co-existing labour*)에 의해 보존되는 것이 **유동 자본**의 속성으로 현상한다. 소유통에서 자본은 노동자에게 급료를 선불하고, 노동자는 이를 자신의 소비에 필요한 생산물들과 교환한다. 그가 받은 화폐는 그의 곁에서 노동이 동시에 수행되기 때문에만 권력을 가진다. 그리고 자본이 노동자의 노동을 점취하기 때문에만 자본은 노동자에게 타인 노동에 대한 지불 위탁을 화폐로 줄 수 있다.

여기에서 자기 노동과 타인 노동의 이러한 교환은 타인들의 노동의 동시적인 공존에 의해서가 아니라 자본이 행하는 선불에 의해서 매개되고 조건 지워져 나타난다. 노동자가 생산 중에 자신의 소비를 위해 필요한 소재대사를 수행하는 것이 노동자에게 양도되는 **유동 자본** 부분, 유동 자본 일체의 속성으로 현상한다. 그것이 동시적인 노동력의 소재대사로서가 아니라 자본의 소재 대사, 유동 자본이 실존한다는 것의 소재대사로서 현상하는 것이다. 그리하여 노동의 모든 힘이 자본의 힘들로 전조(轉調; stoffwechsel)된다. 고정 자본에서는 노동의 생산력(이것은 노동 밖에 정립되어 있고 노동과는 무관하게 (물적으로) 실존하는 것으로 정립되어 있다). 그리고 유동 자본에서는 한편으로는 노동자 자신이 자기 노동의 반복의 조건들을 스스로에게 전제했고, 다른 한편으로는 그의 이러한 노동의 교환이 타인들의 공존 노동에 의해서 매개되고 있다는 것, 이것은 자본이 노동자에게 선불하고 다른 한편으로는 노동 영역들의 동시성을 정립하는 것으로 현상한다. (후자의 두 가지 규정은 원래 축적에 속한다.) 자본이 유동 자본의 형태로 상이한 노동자들 사이의 매개자로 정립되는 것이다.

고정 자본은 기계류가 가장 적합한 형태인 생산 수단으로서의 그 것의 규정에 있어서, 두 측면에서만 가치를 생산한다. 즉, 생산물의 가치를 증대시킨다. 1. 그것이 **가치**를 가지는 한에 있어서, 즉 스스로 노동의 생산물, 대상화된 형태의 일정한 노동량인 한에 있어서. 2. 그 것이 노동의 생산력을 증대시킴으로써, 노동으로 하여금 살아 있는 노동 능력의 생계에 필요한 생산물의 보다 많은 양을 보다 짧은 시 간에 창출할 수 있도록 함으로써, 필요 노동에 대한 잉여 노동의 비 율을 증가시키는 한에 있어서. 따라서 자본가가 고정 자본(덧붙여 말 하자면 이 자체가 노동의 생산물이며 자본에 의해서 점취된 타인 노 동일 뿐이다)을 통해 노동자의 노동을 용이하게 해주거나(오히려 자 본가는 기계를 통해 노동으로부터 그것의 모든 자립성과 매력을 박 탈한다) 그의 노동을 단축시켜주기 때문에, 노동자가 자본가와 나누 어 가진다는 것은 지극히 불합리한 부르주아적 상투어이다. 자본이 기계를 사용하는 것은 오히려 기계가 노동자로 하여금 자기 시간의 더 많은 부분을 자본을 위해서 노동할 수 있고, 자기 시간의 더 많은 부분에 대하여 자신에게 속하지 않는 것으로 관계하며, 타인을 위해 서 보다 오래 노동할 수 있도록 하는 한에 있어서만 이다. 이 과정에 의해서 일정한 대상의 생산을 위해 필요한 노동의 양은 실제로 최소 한으로 감축되지만, 그러나 그것은 다만 최대한의 노동이 그러한 대 상들의 최대한에서 가치 증식되기 위해서일 뿐이다. 여기에서 자본 이 ─ 전적으로 의도하지는 않았지만 ─ 인간 노동, 힘의 지출을 최 소한으로 감축하기 때문에 첫 번째 측면이 중요하다. 이는 해방된 노 동에게 도움이 될 것이고 노동 해방의 조건이다.

위에서 서술한 것에서 볼 때, 고정 자본을 노동 시간과는 무관한 자립적인 가치 원천으로 만들고자 하는 로더데일의 불합리성이 분명 해진다.[309] 고정 자본이 그러한 원천인 것은 그 자신이 대상화된 노동인 한에 있어서, 그리고 그것이 잉여 노동 시간을 정립하는 한에 있어서만 이다. 기계류 자체는 그것의 사용을 위해서 역사적으로 ‖ 2 ┃ 과잉 인력(überflüssige Hände)을 전제로 한다 — 위의 레이븐스 톤 참조.[1권 192] 노동력의 과잉이 존재하는 곳에서만 기계류는 노동을 대체하기 위해서 개입한다. 기계류가 개별적인 노동자에게 도움을 주기 위해 뛰어드는 것은 경제학자들의 망상 속에서만 발생한다. 기계류는 오직 대량의 노동자와 함께만 작용할 수 있는데, 우리가 본 바와 같이 자본에 맞서는 노동자들의 집중이 자본의 역사적 전제 중의 하나이다. 기계류는 부족한 노동력을 대체하기 위해서 들어오는 것이 아니라 대량으로 존재하는 노동력을 필요한 정도로 감축하기 위해서 들어오는 것이다. 노동 능력이 대량으로 존재하는 곳에서만 기계류는 들어온다. (이에 대해서는 재론할 것.)

로더데일은 오히려 기계류가 노동을 대체하거나 또는 노동이 자신의 힘으로 할 수 없는 것을 하기 때문에 기계류가 노동의 생산력을 증대시키는 것은 아니라는 위대한 발견을 한 것으로 믿고 있다. 노동의 증대된 생산력이 오히려 노동 밖의 힘의 증대로서, 그리고 노동 자신의 무력화(無力化)로 정립되어 있다는 것은 자본의 개념에 속한다. 노동 수단은 노동자를 자립적으로 만든다 — 그를 소유자로 정립한다. 기계류는 — 고정 자본으로서 — 노동자를 비자립적인 것으로 정립하고, 점취되는 것으로 정립한다. 기계류의 이러한 작용이 유효한 것은 그것이 고정 자본으로 규정되어 있는 한에 있어서만 이며, 기계류가 그러한 것으로서 규정되어 있는 것은 노동자가 임노동자로서, 활동하는 개인 일체가 단순한 노동자로서 기계류에 관계함으로써만 이다.

지금까지는 고정 자본과 유동 자본이 단순히 자본의 상이한 경과적 규정으로 나타났던 반면, 이제 그것들은 자본의 특수한 실존 양식들로 굳혀졌고, 고정 자본 곁에 유동 자본이 나타난다. 이제는 두 가지 특수한 종류의 자본이 존재한다. 어떤 일정한 생산 영역의 한 자본이 고찰되는 한에 있어서 자본은 이 두 부분으로 나누어져 나타나거나 이 두 종류의 자본으로 일정한 비율로 분할된다.

이제는 생산 과정 내에서의 차이, 최초로 노동 수단 및 노동 재료, 마지막으로 노동 생산물이 유동 자본(후자의 두 가지)과 고정 자본으로 나타난다. 단순히 소재적 측면에 따른 자본의 구별이 이제는 자본의 형태 자체에 수용되어 있고 자본을 분화하는 것으로 나타난다.

로더데일 등과 같이 자본 자체를 노동과 분리시켜 가치를 창출하도록 하고, 따라서 잉여 가치(또는 이윤)도 창출하도록 하고 싶어하는 견해에는 고정 자본 — 특히 그것의 소재적 현존 또는 사용 가치인 기계류 — 이 그것의 피상적인 오류들에 가장 빈번한 외양을 주는 형태이다. 이들에 맞서서, 예를 들어 『방어된 노동』에서는 아마도 도로 건설자가 도로 사용자와 [이윤을 — 역자] 나누어 가질지는 모르지만, 그러나 "도로" 자체가 그럴 수는 없을 것이라고[310][기술되고 있다 — 역자].

유동 자본 — 일단 그것이 자신의 상이한 국면들을 실제로 통과한다고 전제되면 —, 유통 시간의 증감(增減), 장단(長短), 유통의 상이한 단계들의 조절의 난이(難易)는, 유통의 중단이 없이도 주어진 시간대 동안에 창출될 수 있을 잉여 가치의 감소를 초래한다 — 그 까닭은 재생산의 회수가 작아지기 때문이거나, 생산 과정에 놓여 있는 자본의 양이 끊임없이 축소되기 때문이다. 두 경우에 있어서 이것은 전제된 가치의 감소가 아니라 그것의 성장 속도의 감소이다. 그러나 고정 자본이 일정한 규모로 발전되자마자 — 그리고 이 규모는, 암시된 바와 같이, 대공업 일체의 발전 척도이다 —, 요컨대 대공업의 생산력 발전에 비례해서 증가하자마자 — 고정 자본 자신은 이 생산력의 대상화이고 전제된 생산물로서 생산력 자체이다 — 이 순간부터 생산 과정의 어떤 중단도 직접적으로 자본 자신의, 전제된 자본 가치의 감소로 작용한다. 고정 자본의 가치는 그것이 생산 과정에서 소비되는 한 단순히 재생산된다. 고정 자본은 이용되지 않으면 그것의 가치를 생산물로 이전하지 않고도 자신의 사용 가치를 잃는다. 따라서 우리가 여기에서 고찰하는 의미로 고정 자본이 대규모로 발전할수록 **생산 과정의 연속성**이나 또는 재생산의 부단한 흐름이 자본에 입각한 생산 양식의 외적 강제 조건이 된다.

자본에 의한 살아 있는 노동의 점취는 다음과 같은 측면에서 볼 때도 기계류에서 직접적인 현실성을 얻는다. 이전에는 노동자가 수행했던 동일한 노동을 기계로 하여금 수행할 수 있도록 하는 것은 과학에서 직접 발생하는 분석과 역학 법칙들 및 화학 법칙들의 응용이다. 그렇지만 이 경로를 통한 기계류의 발전은 대공업이 이미 보다 높은 단계에 도달했고 전체 과학이 자본에 복무하도록 잡혀 있으며, 다른 한편으로 기존의 기계류 자신이 이미 대량의 자원을 제공하자마자 비로소 시작된다. 그러면 발명은 사업이 되고, 직접적인 생산 자체에 과학을 응용하는 것이 과학에게 규정적이 되고 과학을 유인하는 관점이 된다. 그러나 이는 기계류가 대규모로 등장했던 경로가 아니며, 기계류가 세부적으로 진전되는 경로는 더더욱 아니다. 이 경로는 분석이다 ― 이미 노동자의 작업들을 갈수록 기계의 작업들로 전환시켜 일정한 점에서는 메커니즘이 노동자를 대신할 수 있게 되는 분업에 의해서. (힘의 경제에 관하여.) 요컨대 여기에서는 일정한 노동 방식이 노동자로부터 기계 형태의 자본으로 직접적으로 이전되어 나타나고, 이러한 전위(轉位)에 의해 노동자 자신의 노동 능력은 가치를 잃는다. 따라서 기계류에 대한 노동자들의 투쟁. 살아 있는 노동의 활동이었던 것이 기계의 활동이 된다. 그리하여 자본에 의한 노동의 점취, 살아 있는 노동을 흡수하는 것으로서의 자본이 ― "마치 몸 속에 사랑을 가지고 있다는 듯이"[311] ― 노동자에게 조야하게-감각적으로 맞선다.

살아 있는 노동과 대상화된 노동의 교환, 즉 자본과 임노동의 대립 형태로의 사회적 노동의 정립은 — 가치 관계와 가치에 입각한 생산의 마지막 발전이다. 이것의 전제는 부의 생산의 결정적인 요소로서 직접적인 노동 시간의 양, 이용된 노동의 양이며 앞으로도 그러하다. 그러나 대공업이 발전함에 따라 실제적 부의 창조는 노동 시간 및 이용된 노동량보다는 노동 시간 동안에 운동되고 다시 그 자신의 생산에 소요되는 직접적인 노동 시간과 비례 관계에 있지 않은 작동 인자들(Agentien)의 권력(Macht) — 이들의 강력한 효율성 — 에 의존하고, 오히려 과학의 일반적 상태와 기술 진보 또는 이 과학의 생산에의 응용에 좌우된다. (이 과학, 특히 자연 과학의 발전 및 그것과 더불어 진행되는 다른 과학들의 발전 자체는 다시 물질적 생산의 발전에 비례한다.) 예를 들어 농업은 물질적 소재대사가 사회 전체를 위해서 어떻게 가장 유리하게 규율될 수 있는가에 관한 과학의 단순한 응용이 된다. 실재적 부는 오히려 이용된 노동 시간과 그 생산물 사이의 엄청난 불비례에서 뿐만 아니라, 순수한 추상으로 축소된 노동과 그것이 감시하는 생산 과정의 강권(Gewald) 사이의 질적인 불비례에서도 표명된다 — 그리고 대공업이 이를 폭로한다 —. 노동은 더 이상 생산 과정에 포함되어 있는 것으로 나타나지 않고, 오히려 인간이 생산 과정 자체에 감시자와 규율자로서 관계한다. (기계류에 적용되는 것은 인간 활동의 결합과 인간 교류의 발전에도 마찬가지로 적용된다.) 수정된 자연 대상을 대상과 자신 사이에 매개 고리(Mittelglied)로 삽입하는 것은 더 이상 노동자가 아니다. ‖3‖ 노동자는 그가 산업적 과정으로 변환시키는 자연 과정을 자신의 제어 하에 놓여 있는 무기적 자연과 자신 사이에 수단으로 삽입한다. 그는 생산 과정의 주(主)행위자(Hauptagent)가 아니라 생산 과정 옆에 선다. 이러한 변환에서 생산과 부의 커다란 지주(支柱)로 나타나는 것은 인간 스스로 수행하는 직접적인 노동도 아니고, 그가 노동하는 시간도 아니며, 그 자신의 일반적인 생산력의 점취, 그의 자연 이해, 사회적 형체로서의 그의 현존에 의한 자연 지배 — 한마디로 말해 사회적 개인의 발전이다. 현재의 부가 기초하고 있는 타인 노동 시간의 절도는 새롭게 발전된, 대공업 자체에 의해 창출된 이 기초에 비하면 보잘것없는 것으로 나타난다. 직접적인 형태의 노동이 부의 위대한 원천이기를 중지하자마자, 노동 시간이 부의 척도이고 따라서 교환 가치가 사용 가치의 [척도]이기를 중지하고 중지해야 한다. 대중의 잉여 노동이 일반적 부의 발전을 위한 조건이기를 중지했듯이, 소수의 비노동도 인간 두뇌의 일반적 힘들의 발전을 위한 조건이기를 중지했다. 이에 따라 교환 가치에 입각한 생산은 붕괴하고 직접적인 물질적 생산 과정 자체는 곤궁성과 대립성의 형태를 벗는다. 개성의 자유로운 발전, 따라서 잉여 노동을 정립하기 위한 필요 노동 시간의 단축이 아니라 사회의 필요 노동 시간의 최소한으로의 단축 일체, 그리고 여기에는 모든 개인들을 위해 자유롭게 된 시간과 창출된 수단에 의한 개인들의 예술적·과학적 교양 등이 조응한다.

자본 자신은 노동 시간을 최소한으로 단축하기 위해 노력하는 반면, 다른 한편으로는 노동을 부의 유일한 척도이자 원천으로 정립함으로써 진행되는 모순이다. 따라서 자본은 노동 시간을 잉여 노동의 형태로 증대시키기 위해서 필요 노동의 형태를 감소시킨다. 따라서 갈수록 잉여 노동 시간을 필요 노동 시간을 위한 조건 — 사활 문제 — 으로 정립한다. 요컨대 자본은 한 측면에서 보면 부의 창출을 그것에 이용된 노동 시간에 대하여 (상대적으로) 독립시키기 위해 사회적 결합 및 사회적 교류뿐만 아니라 과학과 자연의 모든 힘을 소생시킨다. 다른 측면에서 보면 자본은 이렇게 창출된 방대한 사회력들을 노동 시간으로 측정하고자 하며, 이미 창출된 가치를 가치로 유지하기 위해 필요한 한계 안에 이 사회력들을 묶어두고자 한다. 생산력과 사회적 관계들 — 양자는 사회적 개인의 발전의 상이한 측면들

— 이 자본에게는 수단으로만 나타나며, 자본을 위해서는 그것의 협소한 기초에서 출발해서 생산하기 위한 수단일 뿐이다. 그러나 사실 그것들은 이 기초를 공중에서 폭파하기 위한 물질적 조건들이다.

12시간의 노동이 아니라 6시간의 노동이 행해질 때, 한 민족은 진실로 부유하다. 부는 잉여 노동 시간의 지휘가 아니라 (실질적 부) … 각 개인과 전체 사회를 위해서 직접적 생산에서 사용되는 시간 이외의 가처분 시간이다.[312]

자연은 기계, 기관차, 철도, 전보, 자동 방직기[1권 20] 등을 제작하지 않는다. 이들은 인간의 근면의 산물이다. 자연을 지배하는 인간 의지의 기관(器官)이거나 자연에서의 인간 의지의 활동 기관으로 전환된 자연적 재료이다. 그것들은 인간의 손으로 창출된 인간 두뇌의 기관들이다. 대상화된 지력(知力)이다. 고정 자본의 발전은 일반적인 사회적 지식이 어느 정도까지 직접적인 생산력으로 되었고, 따라서 사회적 생활 과정 자체의 조건들이 어느 정도까지 일반적 지성의 통제 아래 놓였으며, 이 지성에 따라 개조되는가를 가리킨다. 사회적 생산력이 지식의 형태로 뿐만 아니라 사회적 실천의 기관들, 현실적 생활 과정의 직접적인 기관들로서 어느 정도까지 생산되었는가를 가리킨다.

다른 측면에서 보면 고정 자본의 발전은 부 일체의 발전 정도 또는 자본의 발전 정도를 가리킨다. 직접적으로 사용 가치를 지향하는 생산의 대상, 그리고 마찬가지로 직접적으로 교환 가치를 지향하는 생산의 대상은 소비하도록 예정되어 있는 생산물 자체이다. 고정 자본의 생산을 지향하는 생산 부분은 직접적인 향유 대상이나 직접적인 교환 가치들, 적어도 직접적으로 실현 가능한 교환 가치들을 생산하지 않는다. 따라서 갈수록 더 큰 부분이 생산 수단의 생산에 사용되는 것은 이미 달성된 생산성의 정도에 — 직접적인 생산을 위해서는 생산 수단의 일부로 충분하다는 것에 ― 좌우된다. 그것은 사회가 기다릴 수 있다는 것, 이미 창출된 부의 큰 부분을 직접적인 향유로부터 뿐만 아니라 직접적인 향유로 예정된 생산으로부터도 이탈시켜, 이 부분을 직접적으로는 생산적이지 않는 노동을 위해 (물질적 생산 과정 자체의 내부에서) 사용할 수 있다는 것에 속한다. 이는 이미 달성된 고도의 생산성과 상대적 과잉을, 그것도 유동 자본의 고정 자본으로의 전환에 정비례하는 그러한 수준을 요구한다. 상대적 잉여 노동의 크기가 필요 노동의 생산성에 좌우되는 것과 마찬가지로 고정 자본의 생산에 투하되는 노동 시간 ― 살아 있는 것과 대상화된 것 ― 의 크기는 생산물의 직접적인 생산을 목표로 하는 노동 시간의 생산성에 좌우된다. (이러한 관점에서 볼 때) 과잉 인구와 과잉 생산이 이를 위한 조건이다. 즉 직접적인 생산에 투하된 시간의 결과가 이들 산업 영역에 투하된 자본의 재생산을 위해서 직접적으로 필요로 하기에는 너무 커야 한다. 고정 자본이 적은 결실을 가져다줄수록, 직접적인 생산 과정에 적게 개입할수록, 이 상대적 과잉 인구와 과잉 생산은 커야 한다. 즉 철도, 운하, 수로, 전보 등을 건설하기 위해서는 직접적인 생산 과정에서 직접 활동하는 기계류보다 더 많아야 [한다]. 따라서 ― 우리가 나중에 재론할 것인데 ― 근대 공업의 끊임없는 과잉 생산과 과소 생산에서 ― 유동 자본이 때로는 너무 적게, 때로는 너무 많이 고정 자본으로 전환되는 불비례의 끊임없는 진동과 동요.

{사회 일체와 사회의 각 구성원을 위한 필요 노동 시간 이외의 가처분 시간(즉 개별자, 따라서 또한 사회의 완전한 생산력 발전을 위한 공간)의 창출, 비 노동 시간의 이러한 창출이 자본의 관점에서는, 선행하는 모든 단계들에서와 마찬가지로, 소수를 위한 비 노동 시간, 자유 시간으로 나타난다. 자본은 자신의 부가 직접적으로 잉여 노동 시간을 점취하는 데 있기 때문에, 자신의 목적이 사용 가치가 아니라 직접적으로 가치이므로, 예술과 과학의 모든 수단을 통해서 대중의

잉여 노동 시간을 증대시키는 것을 추가한다. 그리하여 자본은 자신의 의지에 반해서(*malgri lui*) 사회적 가처분 시간을 위한 수단들을 창출하여, 전체 사회를 위한 노동 시간을 최소한으로 감축하고 그리하여 모두의 시간을 그들 자신의 발전을 위해 해방시키는 데 있어서 도구적이다. 그러나 자본의 경향은 언제나 한편으로는 가처분 시간을 창출하고, 다른 한편으로는 이를 잉여 노동으로 전환시키는 것이다. 자본이 전자에 너무 잘 성공하면 과잉 생산에 시달리고, 그러면 잉여 노동이 자본에 의해서 증식될 수 없기 때문에 필요 노동이 중단된다. 이러한 모순이 발전할수록, 생산력의 성장은 더 이상 타인의 잉여 노동의 점취에 묶여 있을 수 없고, 노동자 대중 자신이 잉여 노동을 점취해야 한다는 것이 더욱 분명해진다. 노동자 대중이 그렇게 하면 — 그리고 그럼으로써 가처분 시간이 대립적인 실존을 가지기를 중지하면 —, 한편으로 필요 노동 시간은 사회적 개인의 욕구들을 자신의 척도로 삼게 될 것이고, 다른 한편으로 사회적 생산력의 발전이 빠르게 성장해서 비록 생산이 모두의 부를 목표로 해서 이루어질지라도 모두의 가처분 시간은 증가한다. 왜냐하면 실재적인 부는 모든 개인의 발전된 생산력이기 때문이다. 그러면 ‖4│ 결코 더 이상 노동 시간이 아니라 가처분 시간이 부의 척도이다. 부의 척도로서의 노동 시간은 부 자체를 빈곤에 입각한 것으로 정립하고, 가처분 시간을 잉여 노동 시간과의 대립 속에서, 그리고 이 대립에 의해서만 실존하는 것으로 정립한다. 또는 개인의 전체 시간의 노동 시간으로의 정립, 이에 따라 개인의 단순한 노동자로의 격하, 노동에의 포섭. 따라서 가장 발전된 기계류가 지금은 노동자로 하여금 야만인이 한 것이나 노동자 자신이 가장 단순하고 가장 조야한 공구들을 가지고 수행했던 것보다 더 오래 노동하도록 강요한다.}

한 나라의 전체 노동이 전체 인구의 생계 수단을 조달하는 데 충분하다면 잉여 노동은 없을 것이고, 따라서 자본으로서 축적될 수 있는 것도 없을 것이다. 인민이 1년에 2년 동안의 생활 수단을 생산한다면, 1년치 소비 수단은 없어지거나 또는 국민이 1년 동안은 생산적으로 노동하는 것을 중지해야 한다. 그러나 잉여 생산물 또는 자본의 점유자들은 직접적으로는 생산적이지 않은 무언가에, 예를 들어 기계류의 제작에 국민을 고용한다. 생산은 이렇게 계속된다(『국가적 애로의 원천과 그 치유책』[, 4쪽]).

{대공업의 발전과 더불어 대공업이 기초하는 토대인 타인 노동 시간의 점취가 부를 구성하거나 창출하기를 중지하는 것과 마찬가지로, 이 발전과 더불어 직접적인 노동은 한 측면에서 보면 보다 더 감독하고 규율하는 활동(überwachende und regulierende Tätigkeit)으로 전환됨으로써 생산의 그러한 토대이기를 중지한다. 그러나 또한 생산물이 분산된 직접적 노동의 생산물이기를 중지하고 오히려 사회적 활동의 결합이 생산자로 나타나기 때문이기도 하다.}

분업이 발전하자마자 개별적인 개인의 거의 모든 노동은 그 자체로 가치나 유용성이 없는 전체의 부분이다. 노동자가 점취할 수 있는 것, 이것은 내 생산물이고 이것을 내가 가지겠다고 말할 수 있을 것은 아무 것도 없다. (『방어된 노동』, 1, 2, XI).[313]

직접적인 교환에서는 개별화된 직접적 노동이 특수한 생산물이나 생산물 부분에 실현된 것으로 나타나고, 이 노동의 공동의 사회적 성격 ─ 일반적 노동의 대상화이고, 일반적 욕구의 충족으로서의 그것의 성격 ─ 은 교환에 의해서만 정립된다. 이와는 반대로 대공업의 생산 과정에서는, 한편으로 자동 과정으로 발전한 노동 수단의 생산력에서는 자연력의 사회적 오성(Verstand)에의 복속이 전제인 것과 마찬가지로, 다른 한편으로는 개별자의 노동이 그것의 직접적인 현존에 있어서 지양된 개별적인 노동으로, 즉 사회적 노동으로 정립되어 있다. 그리하여 이 생산 양식의 다른 토대가 사라진다.}

자본 자신의 생산 과정 내에서 고정 자본의 생산에 투하된 노동 시간이 유동 자본의 생산에 투하된 시간에 대해 가지는 관계는 잉여 노동 시간이 필요 노동 시간에 대해 가지는 관계와 같다. 직접적인 욕구의 충족을 지향하는 생산이 더욱 생산적이 됨에 따라 갈수록 많은 생산 부분이 생산 욕구의 충족이나 생산 수단의 생산을 지향할 수 있다. 고정 자본의 생산이 소재적인 측면에서 볼 때도 직접적인 사용 가치들의 생산이나 자본의 직접적인 생산에 필요한 — 즉 가치 창출 자체에서 다시 상대적으로 사용 가치를 대표하는 — 가치들의 생산을 지향하는 것이 아니라 가치 창출 수단의 생산을 지향하는 한에 있어서, 즉 직접적인 대상으로서의 가치를 지향하는 것이 아니라 생산의 직접적인 대상으로서의 가치 창출을, 가치 증식을 위한 수단을 지향하는 — 가치의 생산이 소재적으로 — 생산 대상 자체에 생산, 생산력의 대상화, 자본의 가치 생산력의 목적으로 정립되어 있는 — 한에 있어서, 자본이 유동 자본의 생산에서보다 더욱 높은 위상(*Potenz*)에서 자기 목적으로 정립되고 자본으로서 효율적인 것으로 나타나는 것은 고정 자본의 생산에서이다. 따라서 이 측면에서 볼 때도 마찬가지로 고정 자본이 이미 차지하고 있고 그것의 생산이 총생산에서 점하고 있는 차원이 자본의 생산 양식에 입각한 부의 발전 척도이다.

노동자의 수는, 그것이 노동자가 소비해도 되는 공존 노동의 생산물의 양에 좌우되는 한에 있어서, 유동 자본에 좌우된다(『방어된 노동』[, 20쪽]).

위에서 상이한 경제학자들로부터 인용한 출처들은 모두 생산 과정에 포함된 자본 부분으로서의 고정 자본에 관한 것이다.

유동 자본은 소비되고 고정 자본은 단지 커다란 생산 과정에서 사용된다(『이코노미스트』 VI. 1쪽).[306]

이것은 틀리고, 스스로 고정 자본에 의해서 소비되는 유동 자본 부분, 도구 재료에만 타당하다. "커다란 생산 과정에서" 소비되는 것은, 이 과정을 직접적인 생산 과정으로 고찰하면 **고정 자본** 뿐이다. 그러나 생산 과정 내에서의 소비는 사실상 **사용, 마모**이다. 나아가 **고정 자본**의 보다 큰 내구성도 단순히 소재적으로 이해해서는 안 된다. 내가 잠자는 침대를 구성하는 철과 목재, 또는 내가 사는 집을 구성하는 석재들, 궁전을 장식하는 대리석상들은 기계류에 사용된 철과 목재 등만큼 내구적이다. 그러나 도구, 생산 수단에게 내구성은 조건인데, 그 까닭은 금속 등이 모든 기계류의 주원료이기 때문이라는 기술적인 이유에서뿐만 아니라 도구는 반복되는 생산 과정에서 끊임없이 동일한 역할을 수행하도록 규정되어 있기 때문이기도 하다. 생산 수단으로서 그것의 내구성은 그것의 사용 가치에 의해서 직접적으로 필요하다. 그것이 자주 갱신되어야 할수록 비쌀 것이다. 즉 더 큰 자본 부분이 도구에 투하되어야 할 것이다. 그것의 지속 기간은 생산 수단으로서의 그것의 현존이다. 그것의 지속 기간은 그것의 생산력의 증대이다. 이와는 반대로 유동 자본에 있어서는, 그것이 고정 자본으로 전환되지 않는 한에 있어서, 내구성은 전적으로 생산 행위 자체와 연관되지 않고, 따라서 개념적으로 정립된 계기가 아니다. 소비 기금에 던져진 대상들 중에 다시 몇 가지가 천천히 소비되고 수많은 개인들에 의해서 차례로 소비될 수 있기 때문에, 고정 자본으로 규정된다는 것은 우리가 아직 여기에서는 논하지 않는 추가적인 규정들(판매 대신 임대, 이자 등)과 관련된다.

‖5‖ 영국 매뉴팩처에 영혼이 없는 메커니즘이 일반적으로 도입된

이래 인간들은 소수의 예외를 제외하고 부차적이고 종속된 기계로 취급 되었으며, 육체와 정신의 완벽화보다 목재와 금속이라는 원료의 완벽화 에 훨씬 더 많은 주목이 기울여졌다(31쪽, 로버트 오웬, 『인간 성격 형성 에 관한 에세이』, 1840년 런던).

{실재적인 경제 — 절약 — 는 노동 시간의 절약이다. (생산비의 최소한(과 최소한으로의 감축).) 그러나 이 절약은 생산력의 발전과 동일하다. 요컨대 결코 향유의 억지가 아니라 힘, 생산 능력의 발전, 따라서 향유 능력뿐만 아니라 향유 수단의 발전. 향유 능력은 향유를 위한 조건, 즉 향유의 첫 번째 수단이다. 그리고 이 능력은 개인적 소질, 생산력의 발전이다. 노동 시간의 절약은 자유 시간의 증대, 즉 개인의 완전한 발전을 위한 시간의 증대와 같은데, 이 발전은 그 자 체가 다시 가장 큰 생산력으로서 노동의 생산력에 반작용한다. 직접 적인 생산 과정의 관점에서 볼 때 이 발전은 고정 자본의 생산으로 간주될 수 있는데, 이 고정 자본은 인간 자신이다. 덧붙여 말하자면 직접적인 노동 시간 자신이 — 부르주아 경제학의 관점에서 나타나 는 바와 같이 — 자유 시간과 추상적인 대립 속에 머물러 있을 수 없 다는 것은 자명하다. 노동은 푸리에[, 245-252쪽]가 원하는 것처럼 유 희가 될 수는 없는데, 분배의 지양이 아니라 생산 양식 자체를 고도 의 형태로 지양하는 것을 궁극적인 목표로 천명한 것은 그의 위대한 업적이다. 여가 시간이자 보다 고차원의 활동을 위한 시간인 자유 시 간은 그 보유자를 당연히 다른 주체로 전환시키고, 그러면 그는 이러 한 다른 주체로서 직접적인 생산 과정에도 들어간다. 완성된 인간과 관련해서 볼 때, 이 직접적인 생산 과정은 동시에 규율(Disziplin)인 데, 이는 두뇌 속에 사회의 축적된 지식이 실존해 있는 완성된 인간 과 관련해서 볼 때 실행, 실험 과학, 물질적으로 창조적이고 대상화 되는 과학이 규율인 것과 마찬가지이다. 양자에게는, 노동이 농업에

서처럼 실행적인 손동작(Handlegen)과 자유로운 운동을 요구하는 한에 있어서 동시에 연습이기도 하다.

우리에게 부르주아 경제 체제가 점차로 비로소 발전되듯이, 이 경제의 마지막 결과인 그 자신의 부정도 마찬가지이다. 우리는 지금 아직도 직접적인 생산 과정을 논하고 있다. 우리가 부르주아 사회를 고찰하면 사회적 생산 과정의 마지막 결과로서 그 곳에는 언제나 사회자신, 즉 사회적 관계 속에서의 인간 자신이 나타난다. 생산물 등처럼 고정된 형태를 가지는 모든 것은 이 운동에서 계기로, 소멸적 계기로만 나타난다. 여기에서 직접적 생산 과정 자체는 계기로서만 나타난다. 과정의 조건들과 대상화들은 스스로 균등하게 과정의 계기들로 나타나며, 과정의 주체들로서는 개인들, 그러나 그들이 새롭게 생산하듯이 재생산되는 상호 관계 속에서의 개인들만이 나타난다. 그들 자신의 지속적인 운동 과정인데, 이 속에서 개인들은 그들이 창출하는 부의 세계와 마찬가지로 스스로를 갱신한다.}

(오웬은 그의 『맨체스터에서 행한 6차례 강연』(1837년)에서 자본이 자신의 성장(과 광범한 등장)의 결과 (그리고 자본은 고정 자본의 발전과 관련된 대공업에서 비로소 이러한 등장을 이룩한다) 노동자들과 자본가들 사이에 창출한 격차에 대해서 논한다. 그러나 자본의 발전을 사회의 갱신을 위한 **필요 조건**으로 선언하고 자기 자신에 대해서 설명한다.

당신들의 연사(오웬 자신)가 자신의 이웃들의 성격과 상태를 개선하려는 과거와 현재의 시도들의 커다란 오류와 불이익을 이해하도록 깨우치게 된 것은 이들 몇몇 (제작) 시설을 창설하고 이끌도록 점차적으로 훈련됨을 통해서였습니다(58쪽).

우리는 여기에서 다른 기회에 이용하기 위해 인용문 전체를 게재한다.

완성된 부의 생산자들은 일반적으로 장인(匠人)의 직접적인 지도 아래 있는 연질 재료의 노동자와 경질 재료의 노동자로 구분될 수 있는데, 장인들의 대상은 그들이 사용하는 노동자들의 노동에 의해 화폐 이윤을 만드는 것입니다. 화학적·기계적 매뉴팩처 제도가 도입되기 전에는 작업이 제한된 규모로 수행되었습니다. 수많은 소장인(小匠人)이 있었고 각자는 소수의 일일 노동자를 데리고 있었는데, 이들도 몇 년이 지나면 스스로 소장인이 되기를 기대했습니다. 그들은 대개 같은 식탁에서 식사를 했고 함께 살았습니다. 그들 사이에서는 평등 정신과 감정이 지배하고 있었습니다. 과학의 힘이 전반적으로 매뉴팩처 사업에 응용되기 시작하던 시기이래 이 점에서 서서히 변화가 생겼습니다. 이제 거의 모든 매뉴팩처는 성공하기 위해서 대규모로 큰 자본을 가지고 수행되지 않으면 안되었습니다. 이제는 소자본을 가지는 소장인들이 특히 면화, 양모, 아마 등과 같은 연질 재료의 매뉴팩처에서는 성공할 기회가 거의 없습니다. 현재의 사회 분류와 사업계의 경영 방식이 계속되는 한 소장인들이 갈수록 대자본을 소유한 장인들에 의해서 축출될 것이라는 것, 생산자들 사이의 당초 비교적 행복한 평등이 인류사에 있어서 유례가 없는 장인과 노동자 사이의 커다란 불평등에게 자리를 양보해야 한다는 것은 이제 실제로 명백해졌습니다. 대자본가는 이제 그의 노예들의 건강과 생사를 간접적으로 좌지우지하는 전제적 군주의 지위로 고양되어 있습니다. 그는 이 권력을 그 자신과 동일한 이해에 결부되어 있는 다른 대자본가들과의 결합에 의해서 획득하고, 그리하여 그가 사용하는 사람들을 자신의 의지에 따라 효율적으로 강제합니다. 대자본가는 이제 부(富)속에 파묻혀 있지만 그는 이를 제대로 사용하는 방법을 배우지도 못했고 알지도 못합니다. 그는 자신의 부를 통해서 권력을 얻었습니다. 그의 부와 권력이 그의 오성의 눈을 멀게 합니다. 그리고 그는 무자비하게 억압하면서도 은혜를 베푼다고 생각합니다. … 그의 시종들 — 이렇게 불리지만 실제로는 그의 노예들 — 은 가장 절망적인 타락으로까지 떨어졌습니다. 그들의 대다수는 과거의 건강, 가정의 평안, 여가, 건강한 자유로운 야외 놀이를 빼앗겼습니다. 오래 계속되는 단조로운 고용으로 인하여 그들의 체력은 극도로 소모되어, 그들은 무절제한 습관에 빠지고 생각하고 성찰하는 데 서투릅니다. 그들은 가장 열악한 종류를 제외하면 아무런 육체적인, 지적인 또는 도덕적인 즐거움도 누릴 수 없습니다. 생활의 모든 현실적인 즐거움은 그들로부터 멀리 떨어져 있습니다. 현재의 체제 아래서 대부분의 노동자들이 살고 있는 생활은 한마디로 말해서 받아들일 만한 가치가 없습니다.

그러나 이러한 결과를 초래한 변화에 대해서 개인들을 나무랄 수는 없습니다. 그 변화들은 규칙적인 자연 질서 속에서 진행되고 있으며, 또한 진전되고 있는 위대하고 중요한 사회 혁명으로 가는 필요한 준비 단계입니다. 대자본들이 없으면 대규모 시설들이 설립될 수 없습니다. 인간들이 모두에게 보다 높은 성격을 확보해주고 그들이 소비할 수 있는 것보다 더 많은 부를 매년 생산하기 위한 새로운 결합들의 실행 가능성, 그리고 부도 ‖6‖ 지금까지 일반적으로 생산된 것보다는 높은 종류의 것이어야 한다는 것을 이해시킬 수는 없을 것입니다(앞의 책, 56, 57쪽).

이제 다른 원리들과 관행들을 이해하고 채택하며, 그리하여 세계가 알게 된 사태들의 유익한 변화를 불러일으키는 능력을 확대시키고 준비시키는 것이 이 새로운 화학적 · 역학적 매뉴팩처 체제입니다. 그리고 이제 다르고 보다 높은 사회 분류의 필연성을 창출하는 것이 이 새로운 매뉴팩처 체제입니다(앞의 책, 58쪽).

[고정 자본과 유동 자본의 유통과 재생산]

우리는 앞에서 생산력(고정 자본)은 그 자신이 생산된 한에 있어서만, 스스로 일정량의 대상화된 노동인 한에 있어서만 가치를 가지기 때문에 가치를 이전할 뿐이라고 언급했다. 그러나 이제는 점취된, 즉 교환 가치를 가지고 있고, 따라서 가치로서 생산비의 계산에 포함되는 물, 토지(특히 이것), 광산 등과 같은 자연적 작용 인자들이 들어온다. 이는 한마디로 말해 토지 소유(이는 대지, 광산, 물을 포괄한다)가 들어온다는 것이다. 노동의 생산물이 아닌 생산 수단들의 가치는 아직 여기에서 논할 대상이 아닌데, 그 까닭은 이 생산 수단들은 자본 자신의 고찰에서 유래하지 않기 때문이다. 이것들은 자본에게 일단 주어져 있는 역사적 전제로 나타난다. 그리고 우리는 여기에서 이것들을 그러한 것으로 놓아두겠다. 자본에 따라 수정된 토지 소유 ― 또는 가치 규정적 크기들로서의 자연적 요인들의 ― 형태는 부르주아 경제 체제에 대한 고찰에 속한다. 우리가 도달한 점에서의 자본에 대한 고찰을 위해서는 대지 등을 고정 자본의 형태로 간주해도 무방하다.

생산된 생산력이라는 의미에서의 **고정 자본**은 생산의 작용 인자로서 일정한 시간 동안에 창출된 사용 가치의 양을 증대시키므로, 그것이 가공하는 원료가 증가하지 않고서는 자신도 증가할 수 없다(제조 공업에서는. 어업, 광업과 같은 채취 산업에서는 노동이 조(組)생산물(Rohprodukt)이나 원(原)생산물(Urprodukt)의 포획과 점취에 필요한 장애들을 단순히 극복하는 것이다. 생산을 위한 원료가 가공된다기 보다는 차라리 실존하는 원생산물이 점취된다. 이와는 반대로 농업에서는 원료가 대지 자신이다. 유동 자본, 종자 등). 요컨대 고정 자본의 대규모 사용은 원료로 구성된 유동 자본 부분의 확대, 즉 자본 일체의 성장을 전제로 한다. 이것은 마찬가지로 살아 있는 노동과 교환되는 자본 부분의 (상대적) 감소도 전제로 한다.

고정 **자본**에서 자본은 소재적으로도 새로운 노동의 수단으로 기여하도록 규정되어 있는 대상화된 노동으로서 뿐만 아니라 새로운 가치의 창출을 사용 가치로서 가지는 가치로서도 실존한다. 요컨대 고정 자본의 실존은 전적으로 생산 자본으로서의 그것의 실존이다. 따라서 자본에 입각한 생산 양식의 이미 달성된 발전 단계 — 또는 자본 자신이 얼마나 이미 자기 자신의 생산 조건으로 전제되어 있고 스스로를 전제했는가 — 는 고정 자본의 실존 범위, 그것의 양뿐만 아니라 질로도 측정된다.

마지막으로, 고정 자본에서는 노동의 사회적 생산력이 자본에 내재적인 속성으로 정립되어 있다. 과학의 힘뿐만 아니라 생산 과정 내에서의 사회적 힘들의 결합, 끝으로 직접적 노동에서 기계로, 죽은 생산력으로 이전된 숙련. 이와는 반대로 유동 **자본**에서는 노동들, 상이한 노동 영역들의 교환, 이들의 맞물림과 체제 형성, 생산적 노동의 공존이 **자본의 속성**으로 현상한다.

{원료, 생산물, 생산 도구의 규정들은 사용 가치들이 생산 과정 자체에서 취하는 규정에 따라 변한다. 단순한 원료로 간주될 수 있는 것(모두 재생산되었는데, 본원적인 형태로 재생산되었을 뿐만 아니라 그들의 자연적인 현존에 있어서 인간의 욕구에 적합하게 수정되어 재생산된 농산물들은 분명히 아니다. 홋지스 등으로부터 인용할 것. 예를 들어 석탄, 금속 등과 같은 순수한 채취 산업의 생산물들은 그것들을 지상으로 올리기 위해서 뿐만 아니라, 금속들처럼 그것들을 공업 원료로 기능할 수 있는 형태로 갖추기 위해서도 노동의 결과들이다. 그러나 그것들은 우리가 아직까지 금속을 만들 줄 모르기 때문에 재생산되지 않는다)은 스스로 노동의 생산물이다. 한 산업의 생산물은 다른 산업의 원료이고 그 역도 성립한다. 생산 도구 자체는 한 산업의 생산물이며, 다른 산업에서 비로소 생산 도구로 기능한다.

한 산업의 쓰레기는 다른 산업의 원재료이다. 농업에서 생산물의 일부(예를 들어 종자, 가축 등)는 스스로 동일한 산업의 원료로 나타나고, 따라서 고정 자본처럼 생산 과정을 결코 벗어나지 않는다. 가축이 소비하도록 예정된 농산물 부분은 도구 재료로 간주될 수 있다. 그러나 종자는 생산 과정에서 재생산되는 데 반해 도구 자체는 생산 과정에서 소비된다. 종자가 언제나 생산 과정에 머물러 있는 측면에서 볼 때 역축(役畜)과 마찬가지로 고정 자본으로 간주될 수 있을까? 아니다. 그렇지 않다면 모든 원료가 그렇게 간주되어야 할 것이다. 원료로서 그것은 언제나 생산 과정에 포함되어 있다. 마지막으로 자연 과정에서 비료 등, 쓰레기로부터 종이 등처럼 직접적인 소비에 들어가는 생산물들은 소비 자체로부터 다시 생산을 위한 원료로서 나온다. 그러나 둘째로, 이것들의 소비는 개인 자체를 그의 직접적인 생동성과 일정한 사회적 관계들 속에서뿐만 아니라 일정한 현존 방식 속에서 재생산한다. 그리하여 소비 과정에서 이루어지는 개인들에 의한 최종적인 점취는 개인들이 생산 과정에 대해서와 상호간에 맺는 본원적인 관계들 속에서 개인들을 재생산한다. 개인들을 그들의 사회적 현존 속에서 재생산하고, 그리하여 이 커다란 총과정의 결과이자 주체로 나타나는 그들의 사회적 현존 — 사회 — 을 재생산한다.}

네째로,[314]

우리는 이제 고정 자본과 유동 자본의 다른 관계들을 고찰해야 한다.

우리는 위에서 고정 자본에서는 노동의 생산력이 자본의 속성으로 정립되어 있는 것과 마찬가지로 **유동 자본**에서는 상이한 노동들의 사회적 상호 관계가 자본의 속성으로 정립되어 있다고 말했다.

한 민족의 유동 자본은 화폐, 생활 수단, 원료, 행해진 노동이다(애덤

스미스, 제Ⅱ권, 218쪽).[315]

화폐 때문에 애덤 스미스는 그것을 유동 자본이라고 불러야 할지 고정 자본이라고 불러야 할지 모르는 곤경에 빠져 있다. 화폐가 언제나 스스로 총 생산 과정의 한 계기인 유통 수단으로만 기능하는 한에 있어서 그것은 — 유통 수단으로서 — 고정 자본이다. 그러나 그것의 사용 가치 자체는 유통하는 것뿐이지 본래적인 생산 과정에도, 개인적인 소비에도 들어가지 않는다. 그것은 끊임없이 유통 국면에 고정되어 있는 자본 부분이고, 이러한 측면에서 보면 유동 자본의 가장 완성된 형태이다. 다른 측면에서 보면 그것은 도구로 고정되어 있기 때문에 고정 자본이다.

개인적 소비와 관련한 고정 자본과 유동 자본의 차이가 시야에 들어오는 한에 있어서 이 차이는 고정 자본이 유통에 사용 가치로 들어가지 않음으로써 이미 주어져 있다. (농업에서 종자는 배증되므로, 종자 중에서 ‖7‖ 일부는 사용 가치로서 유통에 들어간다.) 사용 가치로서 유통에 들어가지 않는다는 것은 그것이 개인적 소비의 대상이 되지 않는다는 것을 전제로 한다.

고정 자본은 언제나 반복해서 동일한 작업에 기여한다. 그리고 이 반복의 규모가 클수록 그 공구가 고정적이라고 불릴 자격은 그만큼 크다 (드 퀸시, X, 4쪽).[316]

어떤 자본이 10,000파운드로 구성되어 있고 이중 5,000이 고정 자본, 5,000이 유동 자본이며, 후자는 1년에 한 번, 전자는 5년에 한 번 회전한다면, 1년에 5,000 또는 총자본의 ½이 한 번 회전한다. 같은 해 동안에 고정 자본의 1/5 또는 1,000파운드[73]가 회전한다. 요컨대

---

73) 수고에는: 1,000탈러

1년에 6,000파운드[74], 또는 총자본의 3/5이 회전한다. 따라서 총자본의 1/5은 12/3개월에, 그리고 전체 자본은 12×5/3개월, 60/3 = 20개월 = 1년 8개월 동안에 회전한다. 고정 자본은 5년 후에 비로소 대체되지만 10,000파운드[75]의 총자본은 20개월 동안에 회전했다. 그렇지만 이 회전 시간은 생산 과정의 반복, 따라서 잉여 가치의 창출에만 적용되지 자본 자신의 재생산에는 적용되지 않는다. 자본이 생산 과정을 덜 빈번하게 시작할수록 — 고정 자본의 형태로 유통 과정에서 되돌아올수록 — 유동 자본의 형태로는 자주 되돌아온다. 그러나 그럼으로써 자본 자신이 대체된 것은 아니다. 유동 자본 자신에게 있어서 그러하다. 100의 자본이 1년에 4번 되돌아오고, 따라서 한 번 회전하는 400의 자본과 마찬가지로 20%를 가져다준다면, 비록 그것이 사용 가치의 생산과 잉여 가치의 정립에 있어서는 4배 큰 자본과 마찬가지로 작용했을지라도, 연말에 자본은 여전히 100이고 다른 자본은 400이다. 여기에서 회전 속도가 자본의 크기를 대체함으로써, 이것이 극명하게 보여주는 것은 가치 창출과 잉여 가치의 창출을 규정하는 것이 동원된 잉여 노동 및 노동 일체의 양이지 대자적인 자본의 크기가 아니라는 것이다. 100의 자본이 1년 동안에 연속해서 400의 자본과 같은 만큼의 노동을 동원했고, 따라서 동일한 잉여 가치를 창출했다.

그러나 여기에서 중요한 것. 위의 예에서 5,000의 유동 자본은 첫 해의 상반기에 처음으로 되돌아오고, 다음에는 하[반기] 말, 두 번째 해의 상반기에 되돌아온다. 두 번째 해의 하반기(처음 4개월)에는 5,000 중에서 3,333 2/6파운드[76]가 되돌아왔고 나머지는 이 반년의 마지막에 상환된다.[317]

---

74) 수고에는: 6,000탈러
75) 수고에는: 10,000탈러
76) 수고에는: 3,333탈러

그러나 고정 자본 중에서는 첫해에 1/5만이 되돌아오고 두 번째 해에 1/5이 되돌아온다. 보유자의 수중에서는 첫해 말에 6,000파운드[77], 둘째 해 말에 7,000, 셋째 해 말에 8,000, 넷째 해 말에 9,000, 다섯째 해 말에 10,000이 발견된다. 다섯째 해 말에 비로소 보유자는 그가 생산 과정을 시작했던 총자본을 다시 보유하고 있는 자신을 발견한다. 비록 그의 자본은 마치 20개월에 완전히 회전한 것처럼 잉여 가치의 산출에서 작용하기는 했지만 총자본 자신은 5년 후에 비로소 재생산되는 것이다. 회전의 첫 번째 규정이 자본이 증식되는 비율에 중요하다. 그러나 두 번째 규정은 유동 자본에서는 전혀 발생하지 않는 새로운 관계를 들여온다. 유동 자본은 전부 유통에 들어가고 전부 유통에서 되돌아오기 때문에 그것이 잉여 가치로서, 또는 잉여 자본으로서 실현되는 만큼 자주 자본으로 재생산된다. 그러나 고정 자본은 사용 가치로서는 결코 유통에 들어가지 않고 가치로서는 그것이 사용 가치로서 소비되는 만큼만 유통에 들어가기 때문에, 총자본의 평균 회전 시간에 의해서 규정된 잉여 가치가 정립되었을 때 재생산되는 것이 결코 아니다. 고정 자본이 재생산되기 전에 유동 자본의 회전은 5년 동안에 10번 일어나야 한다. 즉 고정 자본의 회전 기간이 1번 반복되는 동안에 유동 자본의 회전기는 10번 반복되어야 한다. 그리고 고정 자본이 재생산되기 전에 자본의 총 평균 회전 — 20개월 — 은 3번 반복되어야 한다. 요컨대 고정 자본으로 구성되어 있는 자본 부분이 크고 — 즉 자본이 생산된 생산력을 크게 사용하면서 자신에 조응하는 생산 방식에서 활동하고 — 고정 자본이 내구적일수록, 즉 고정 자본의 재생산 시간이 길수록, 그것의 사용 가치가 그것의 규정에 조응할수록 —, 유동적인 것으로 규정되어 있는 자본 부분은 자신의 회전 기간을 더욱 자주 반복해야 하고, 자본이 자신의 총 유통 궤도를 뒤

77) 수고에는: 6,000탈러

로하는 데 필요한 총 시간은 더욱 길다.

따라서 고정 자본으로 규정된 자본 부분의 발전과 더불어 생산의 연속성이 자본에게는 외적인 필연성이 된다. 유동 자본에게는 중단이 그것의 사용 가치를 파괴할 정도로 오래 지속되지 않는다면 잉여 가치 창출에 있어서의 중단이다. 그러나 고정 자본에게 있어서 중단은, 그 사이에 그것의 사용 가치가 반드시 상대적으로 비생산적으로, 즉 가치로서 보상되지 않고 파괴되는 한에 있어서, 그것의 원래 가치 (Originalwert) 자체의 파괴이다. 따라서 자본의 개념에 조응하는 생산 과정의 연속성이 자본의 보존을 위한 필수 조건(*conditio sine qua non*)으로 정립되고, 따라서 소비의 연속성과 지속적인 성장도 마찬가지로 정립되는 것은 고정 자본의 발전과 더불어 비로소 진행된다.

이상이 No. Ⅰ이다. 그러나 형태 측면에서는 No. Ⅱ가 더 중요하다. 노동을 측정하기 위한 시간 단위가 1일이었던 것과 마찬가지로 자본의 회전을 측정하기 위한 총 시간은 1년이었다. 우리가 [이렇게] 한 이유는, 첫째로 공업에서 사용되는 대부분의 식물성 원료의 재생산을 위해서 소요되는 1년이 대략 자연적 재생산 시간이거나 생산 국면의 지속 기간이기 때문이다. 따라서 유동 자본의 회전은 총 시간으로서의 1년 동안의 회전 회수에 따라서 결정되었다. 사실상 유동 자본은 매 번의 회전이 끝나면 자신의 재생산을 시작한다. 그리고 1년 동안의 회전 횟수가 총 가치에 영향을 미친다면 매 번의 회전 동안에 유동 자본이 경험하는 운명은 그것이 재생산을 새롭게 시작하는 조건들에게 규정적인 것으로 나타난다. 그러나 각각의 재생산 자체는 유동 자본의 하나의 완벽한 생활 행위이다. 자본이 화폐로 재전환되자마자 자본은, 예를 들어 최초의 생산 조건들과는 다른 생산 조건들로 전환되고, 한 생산 영역으로부터 다른 생산 영역으로 투하되어 결국 소재적으로 관찰하면 재생산이 동일하지 않은 형태로 반복될 수 있다.

고정 자본의 개입에 의해서 이것이 변화되고, 이에 따라 자본의 회전 시간도, 회전 회수가 측정되는 단위인 1년도 자본의 운동을 위한 시간척도로 나타나지 않는다. 이제 이 단위는 오히려 고정 자본에게 필요한 재생산 시간에 의해서, 따라서 고정 자본이 가치로서 유통에 들어가고 그것의 가치 총체에 있어서 유통에서 되돌아오기 위해서 필요한 그것의 총 유통 시간에 의해서 규정된다. 이 모든 시간 동안에 유동 자본의 재생산은 소재적으로도 동일한 형태로 진행되어야 하고 그것의 필요한 회전 회수, 즉 본원적 자본의 재생산에 필요한 회전 회수는 길고 짧은 일련의 연수에 배분된다. 따라서 보다 긴 총기간이 자본의 회전들이 측정되는 단위로 정립되어 있고, 회전들의 반복은 이제 이 단위와 외적인 연관이 아니라 필연적인 연관에 놓이게 된다. 배비지에 따르면 영국에서 기계류의 평균 재생산은 5년이다 [375-376쪽]. 따라서 실재의 재생산은 아마도 10년일 것이다. 고정 자본이 대규모로 발전된 이래 산업이 10년 내외의 시간대 동안에 거치는 순환이 이와 같이 결정된 **자본의 총 재생산 국면과 연관된다**는 것에 대해서는 전혀 의심할 여지가 없다. 우리는 다른 규정 근거들도 발견할 것이다. 그러나 이것은 한 규정 근거이다. 수확(농업)에 풍흉(豊凶)이 있듯이, 이전에도 공업에는 호황과 불황이 있었다. 그러나 특징적인 기간들, 시기들로 나누어지는 수년간의 산업 순환은 대공업에 속하는 것이다.

‖8‖ 우리는 이제 새로 들어오는 차이 No. Ⅲ에 이른다.

유동 자본은 생산 과정에 의해 생산물, 새로 창출된 사용 가치의 형태로 유통에 방출되었고, 전적으로 유통에 들어갔다. 화폐로 재전환되면 생산물의 가치(생산물에 대상화된 전체 노동 시간, 필요 노동 시간과 잉여 노동 시간)는 전적으로 실현되었고, 이에 따라 잉여 가치가 실현되었을 뿐만 아니라 모든 재생산 조건들도 충족되었다. 상품 가격의 실현과 더불어 이 모든 조건들은 충족되었고, 과정은 다시 새롭게 시작될 수 있었다. 그렇지만 이는 대유통에 들어가는 유동 자본 부분에만 적용된다. 생산 과정을 끊임없이 동반하는 다른 부분, 임금으로 변환되는 부분의 유통에 관한 한, 그것은 당연히 노동이 고정 자본의 생산을 위해서 사용되었는지, 유동 자본의 생산을 위해서 사용되었는지, 이 임금 자체가 유통에 들어가는 사용 가치에 의해서 대체되는지의 여부에 좌우된다.

이와는 반대로 고정 자본은 스스로 사용 가치로서 유통하는 것이 아니라 생산 과정에서 사용 가치로서 소비되어, (매뉴팩처와 농업에서는) 가공된 원료에 가치로서 들어가거나 또는 직접적으로 추출된 원생산물에 (예를 들어 광산업) 들어간다. 따라서 발전된 형태에 있어서 고정 자본은 유동 자본의 일련의 회전을 포괄하는, 수년에 걸친 순환에서만 되돌아온다. 그것은 생산물에서 한꺼번에 화폐와 교환되어, 그 결과 자신의 재생산 과정은 유동 자본의 회전과 일치하지 않는다. 그것은 연계적(連繼的)으로만 생산물의 가격에 들어가고, 따라서 연계적으로만 가치로서 되돌아온다. 유동 자본이 보다 짧은 기간에 전적으로 되돌아오는 데 반해 고정 자본은 보다 긴 기간에 단편적으로 되돌아온다. 고정 자본이 그 자체로 존재하는 한에 있어서 [그것이] 되돌아오는 것은 유통에 들어가기 때문이 아니다. 그것이 유통에 들어가는 한에 있어서는 더 이상 고정 자본으로서 존재하지 않고 유동 자본의 가치 구성 부분의 관념적인 구성 부분을 이룬다. 그것은 원리상 자신이 **직접적으로나 간접적으로** 생산물로, 즉 유동 자본으로 **전환**되는 한에 있어서만 되돌아온다. 그것은 소비를 위한 직접적인 사용 가치가 아니기 때문에 사용 가치로서 유통에 들어가지 않는다.

고정 자본과 유동 자본의 이처럼 상이한 회귀 방식은 나중에 판매와 임대, 연금, 이자와 이윤, 다양한 형태의 임대료와 이윤의 차이로서 의미 있는 것으로 나타난다. 그리고 우리가 보게 되는 바와 같이, 단지 형식적인 이 차이에 대한 몰이해는 프루동과 그 무리로 하여금 가장 혼란스러운 결론에 이르게 했다. 『이코노미스트』지는 최근의 공황에 관한 고찰에서 고정 자본과 유동 자본의 모든 차이를 다음으로 환원하고 있다.

　　짧은 기간에 이윤을 남기는 상품의 재판매(『이코노미스트』754호, 1858년 2월 6일)와 비용, 위험, 마멸(磨滅), 시장 이자율을 처리하기 위해 충분히 큰 수입의 산출.[318]

{경제학자들이 이윤을 규정함에 있어서 역할을 하는 위험 — 이것이 잉여 이익에서는 아무런 역할도 하지 않는 것이 명백한데, 그 이유는 잉여 가치를 實現하면서 자본이 위험을 부담한다고 해서 잉여 가치의 창출이 커지는 것은 아니며 불가능하기 때문이다 — 은 자본이 유통의 상이한 국면들을 거치지 않거나 또는 한 국면에 고정되어 있는 위험이다. 우리는 잉여 이익이 — 자본의 것은 아닐지라도 생산물의 — 생산비에 속한다는 것을 살펴보았다. 자본이 이 잉여 이익이나 그 일부를 실현해야 하는 필요성은 — 외적 강제로서 자본에게 이중적으로 다가온다. 이자와 이윤이 분리되자마자, 즉 산업 자본가가 이자를 지불해야 하자마자, 잉여 이익의 일부는 자본의 의미에서 생산비이다. 즉 스스로 자본의 지출에 속한다. 다른 한편으로는 자본이 총 과정의 형태 변환에서 부담하는 감가(減價)의 위험을 변제하기 위해서 자본이 자신에게 주는 평균적 보험. 잉여 이익의 일부는 자본에게 더 많은 화폐를 만들기 위해서 부담해야 하는 위험, 전제된 가치 자체가 사라질 수 있다는 위험에 대한 보상으로 현상한다. 이 형태에서 잉여 이익은 자본에게 자본의 재생산을 보장하기 위해서 반드시 실현되어야 하는 것으로 현상한다. 두 관계가 물론 잉여 가치를 규정하는 것은 아니며, 잉여 가치의 정립을 자본의 치부 경향의 충족으로서뿐만 아니라 자본에의 외적 필연성으로 현상하도록 한다.}

전체 물품을 판매함으로써 비교적 단기간에 회귀하는 것과 고정 자본의 일부가 단지 연례적으로 회귀하는 것은 위에서 검토되었다. 이윤에 관[한 한] — 여기에서 상인 이윤은 우리와 상관이 없다 —, 유동 자본의 각 부분은 생산 과정으로부터 나오고 또한 [그곳으로 — 역자] 되돌아가는 것으로 존재한다. 즉 이 각 부분에 포함되어 있는 한에 있어서, 대상화된 노동(선대의 가치), 필요 노동(급료의 가치)과 잉여 노동은 각 부분이 유통을 거치자마자 이윤을 가져다주는 것으로서 존재하는데, 그 까닭은 생산물에 포함된 잉여 노동이 생산물과 함께 실현되기 때문이다. 그러나 이윤을 창출하는 것은 유동 자본도, 고정 자본도 아니라 양자에 의해 매개된 타인 노동의 점취, 즉 기본적으로 소유통에 들어가는 유동 자본 부분뿐이다. 그러나 이 이윤은 사실상 자본이 유통에 들어감으로써만, 즉 결코 고정 자본의 형태가 아니라 유동 자본의 형태로만 실현된다. 그러나 『이코노미스트』지가 여기에서 고정 자본으로 이해하는 것은[319] — 고정 자본을 [매개로 한] 수입에 관해 말하는 한에 있어서 — 기계류로서 직접 생산 과정에 들어가는 고정 자본의 형태가 아니라 철도, 건물, 농업 개량, 배수 시설 등으로서의 고정 자본 형태인데, {자본의 모든 부분이 균등하게 이윤을 가져다준다는 것,[320] 유동적인 것과 고정적인 것이라는 자본의 구성 부분들의 비율과 살아 있는 노동으로 전환된 자본 부분과는 무관한, 잉여 가치의 평균 부분들로의 분할로부터 유래하는 이 환상은 여기에서 우리와 아무 상관이 없다. 리카도는 이 환상을 반쯤 공유하므로 가치 자체를 규정하면서 처음부터 고정 자본과 유동 자본 비율의 영향을 고찰했고, 맬더스 목사는 어리석게도 진심으로 고정 자본의 투하에 의한 이윤에 관해, 마치 자본이 어떤 자연력에 의해 유기적으로 성장하는 것처럼 논하고 있다} 요컨대 여기에서는 그것에 포함된 가치와 잉여 가치가 연금의 형태로 나타나고, 이 중 이자는 잉여 가치를, 연금은 선대된 가치의 연계적 회귀를 나타낸다. 즉 여기에서 사실상 문제가 되는 것은 (비록 농업 개량에 있어서는 실재이지만) 고정 자본이 생산물의 일부를 구성함으로써 가치로서 유통에 들어가는 것이 아니라 고정 자본을 그것의 사용 가치의 형태로 판매하는 것이다. 여기에서 고정 자본은 한꺼번에 판매되는 것이 아니라 연금으로서 판매된다. 이제 우선 분명한 것은 고정 자본의 몇몇 형태들은 먼저 유동 자본으로 기능하고, 그리고 그것들이 생산 과정에 고정되어 있으면서 비로소 고정 자본이 된다는 것이다. 예를 들어 면직물업자의 유동 생산물들이 캘리코인 것과 마찬가지로 어떤 기계 제조업자의 유동 생산물들은 기계들이다. 그리고 기계 제조업자에게 기계들은 동일한 방식으로 완전히 유통에 들어간다. 그에게는 기계들이 유동 자본이고, 생산 과정에서 기계들을 사용하는 제조업자에게는 고정 자본인데, 그 까닭은 전자에게는 생산물이고 후자에게는 생산 도구이기 때문이다. 마찬가지로 가옥들조차 그것들의 부동성에도 불구하고 건물 매매업자에게는 유동 자본이다. ‖9‖ 이것들을 구매해서 다시 임대하거나, 또는 생산을 위해서 건물로 사용하는 자에게는 고정 자본이다. 이제 고정 자본 자신이 사용 가치로서 유동하는, 즉 판매되는, 주인을 바꾸는 한에 있어서, 우리는 뒤에서 그것에 관해 논할 것이다.

그러나 자본이 자본으로서 판매된다는 ― 화폐로서든 고정 자본의 형태로든 ― 관점은 우리가 자본이 자신의 개념적으로 규정된 상이한 계기들 속에서 정립되는 자본의 운동으로서 유통을 고찰하는 여기에 속하지 않는 것이 분명하다. 생산 자본은 생산물, 상품, 화폐가 되고 생산 조건들로 재전환된다. 이 각각의 형태에서 생산 자본은 자본으로서 남아 있고, 또한 그것이 그러한 것으로서 먼저 실현됨으로써 자본이 된다. 그것이 여러 국면 중 하나에 머물러 있는 동안에는 상품 자본, 화폐 자본, 또는 산업 자본으로서 고정되어 있다. 그러나 이들 국면 각각은 생산 자본 운동의 한 계기를 이룰 뿐이며, 그것이 한 국면에서 다른 국면으로 이행하기 위해서 밀쳐내지는 형태에서는 자본이기를 중지한다. 그것이 상품으로서 밀쳐내져 화폐가 되거나, 또는 그 반대의 경우에는 밀쳐내진 형태의 자본이 아니라 새로 취해진 형태의 자본으로서 실존한다. 밀쳐내진 형태는 비록 다른 자본의 형태가 되거나 소비 가능한 생산물의 직접적인 형태일 수 있지만, 이는 우리와 아무런 상관이 없으며, 자기 자신에게 되돌아오는 자본의 순환이 문제인 한에 있어서는 자본 자신과도 상관이 없다. 오히려 자본은 이들 형태의 각각을 자신의 비자본존재(非資本存在; Nicht-Kapital-Sein)로서 밀쳐냈다가 나중에 다시 취한다. 그러나 자본이 화폐, 토지, 가옥 등으로 대부되면, 그것은 **자본으로서** 상품이 되거나, 또는 유통에서 정립되는 상품이 **자본으로서의 자본**이다. 이는 다음 편에서 계속 탐구될 것이다.

상품 가격이 가치로 이행한 고정 자본 부분에 해당되는 한에 있어서, 상품의 화폐로의 전화에서 지불되는 것은 고정 자본의 부분적인 재생산에 필요한 부분, 생산 과정에서 소비되고 소모된 부분이다. 요컨대 고정 자본 스스로가 가치, 대상화된 노동인 한에 있어서 구매자가 지불하는 것은 고정 자본의 사용, 소비이다. 이 소비는 연계적으로 이루어지므로 구매자는 이 사용에 대하여 생산물로 일부분씩 지불하는 데 반해, 생산물에 포함된 원재료의 비례분할적 부분은 그가 생산물에 대하여 지불하는 가격에서 그것의 전체 가치를 보상해준다. 고정 자본은 연계적으로 지불될 뿐만 아니라 동시에 다수의 구매자가 생산물을 구매하는 비율에 따라서 고정 자본의 소모된, 소비된 비례분할적 부분을 일부분씩 지불한다. 자본 유통의 전반(前半)에서 자본은 W로서, 구매자는 G로서 등장하고, 자본의 목적은 가치이나 구매자의 목적은 사용(다시 [이 사용이 — 역자] 생산적인지는, 우리가 자본의 유통에서 자본에 맞서서 나타나는 바와 같은 형태 측면만을 고찰해야 하는 여기에서는 상관이 없다)이므로, 생산물에 대한 구매자의 관계는 소비자 일체의 관계이다. 요컨대 비록 고정 자본이 사용 가치로서 유통에 들어가지는 않을지라도 구매자는 모든 상품에서 고정 자본의 소비와 사용에 대하여 연계적이고 일부분씩 간접적으로 지불한다. 그러나 — 통신 및 교통 수단 등에서처럼 — 구매자가 고정 자본의 사용 가치에 대하여 직접 지불하는 고정 자본의 형태들이 있다. 이 모든 경우에 있어서 고정 자본은 철도 등에서처럼 결코 사실상 생산 과정을 벗어나지 않는다. 그러나 그것이 어떤 사람들에게는 생산물을 시장에 내가기 위한 통신 수단으로서, 생산자 자신들을 위한 유통 수단[으로서] 생산 과정 내에서 기여하는 반면, 다른 사람들, 그것을 즐기기 위해서 여행하는 사람 등에게는 소비 수단으로서, 사용 가치로서 기여할 수 있다. 생산 수단으로 고찰하면, 그것은 여기에서 상이한 자본들에 의해서 이것들의 생산 및 유통을 위한 공동 조건으로 동시에 소비됨으로써 기계류 등과 구별된다. (여기에서 소비 자체는 아직 논외이다.) 그것은 특수한 생산 과정 내에 포함되어 있는 것으로서가 아니라 그것을 일부분씩만 소비하는 특수한 자본들의 그러한 생산 과정의 다수를 연결하는 혈관으로 나타난다. 여기에서 고정 자본은 이 모든 특수한 자본들과 이것들의 특수한 생산 과정들에 대하여 이들로부터 분리된 특수한 생산 영역의 생산물로 규정되어 있는데, 이 생산물에서는 기계류에서처럼 한 생산자가 그것을 유동 자본으로 판매하고 다른 생산자가 그것을 고정 자본으로 취득하는 것이 아니라, 고정 자본 자신의 형태로만 판매될 수 있다. 그러면 상품에 숨겨진 것, 즉 고정 자본의 연계적 회귀가 나타난다. 그러나 그 경우에 이 고정 자본은 스스로 판매된 생산물(산업가에게 그가 이용하는 기계는 생산물이 아니다)로서 잉여 가치를, 즉 이자와 이윤의 회귀를 동시에 포함한다. 그렇다. 이 고정 자본은 동일하게 공동적이고 연계적인 형태로 소비될 수 있으므로, 직접적인 소비를 위한 사용 가치일 수 있으므로, 그것의 판매도 동일한 형태로 — 생산 도구로서가 아니라 상품 일체로서 나타난다. 그러나 그것이 생산 도구로 판매되는 한에 있어서 — 어떤 기계는 단순한 상품으로 판매되고 공업 과정에서 비로소 생산 도구가 된다 —, 즉 그것의 판매가 일반적인 사회적 생산 과정에서의 그것의 소비와 직접적으로 합치되는 한에 있어서 이것은 자본의 단순 유통에 대한 고찰에 속하지 않는 규정이다. 자본의 단순 유통에서 고정 자본은, 그것이 생산 작용 인자로서 들어오는 한, 생산 과정의 전제로서 나타나지 결과로서 나타나지 않는다. 따라서 고정 자본의 가치 보전(補塡)만이 문제가 되는데, 이 가치에는 고정 자본의 사용자를 위한 잉여 가치는 포함되어 있지 않다. 오히려 **사용자**는 이 잉여 가치를 기계 제작자에게 지불했다. 그러나 철도나 또는 생산을 위해 임차된 건물은 동시에 생산 도구이고 동시에 생산물로서, 자본으로서 그것들의 판매자에 의해 실현된다.

생산의 전제로 나타나는 각 계기가 동시에 생산의 결과이므로 — 생산이 자기 자신의 조건들을 재생산함으로써 — 생산 과정 내에서의 자본의 본원적 분할은 이제 — 이제는 특수한 자본들로 나타나기도 하는 — 자본의 상이한 부분들이 활동하는 세 가지 생산 과정으로 생산 과정이 나누어지는 것으로 나타난다. (우리가 자본 자체를 고찰하므로 여기에서는 아직 한 자본이 활동하는 형태가 가정될 수 있다. 이 고찰 방식에 의해서 이 상이한 종류들의 비율에 관해 말하고자 하는 것이 보다 간단해진다.) 자본은 매년 상이하고 변동하는 비율로 원료, 생산물, 생산 수단으로, 한마디로 말해 고정 자본과 유동 자본으로 재생산된다. 이들 생산 과정의 각각에서는 적어도 노동 능력과 교환되기로 예정되어 있고, 또한 기계류나 도구 그리고 생산 수단의 유지 및 소비와 교환되기로 예정되어 있는 유동 자본 부분이 전제로서 나타난다. 순수한 채취 산업, 예를 들어 광업에서는 광산 자체가 노동 재료로 실존하지 생산물로 이행하는 원재료로 실존하지 않는다. 이와는 반대로 매뉴팩처 산업에서는 모든 형태에서 이 원재료가 특수한 실존을 가져야만 한다. 농업에서는 종자, 비료, 역축 등이 원료로 뿐만 아니라 도구 재료로도 간주될 수 있다. 농업은 독특한 종류의 산업을 이루는데, 그 까닭은 역학적·화학적 과정에 유기적 과정이 추가되고 자연적 재생산 과정이 통제되고 감독되기 때문이다. 채취 산업(광업이 주된 산업)도 마찬가지로 독특한 종류의 산업을 이루는데, 그 이유는 여기에서는 아무런 재생산 과정도 일어나지 않기 때문에, 즉 적어도 우리의 통제하에 있거나 우리에게 알려진 재생산 과정은 일어나지 않기 때문이다. (어업, 수렵 등은 재생산 과정과 결합될 수 있다. 삼림 이용도 마찬가지다. 요컨대 반드시 순수한 채취 산업은 아니다.) 이제 예를 들어 고정 자본이 되기 전의, 즉 사용 가치로서 비로소 유통에 들어가기 전의 기계 제작자의 기계처럼, 생산 도구, 고정 자본 자체가 ‖10‖ 자본의 생산물이고, 따라서 대상화된 잉여 시간을 포함하면서 비로소 그것의 생산자로부터 유동 자본으로서 밀쳐내질 수 있는 속성을 가진 한에 있어서, 그것의 유통은 전혀 아무런 새로운 규정도 담지 않는다. 그러나 그것이, 예를 들어 철도처럼 생산 도구로 기여하고 또 양도될 수 있는 한에 있어서, 또는 그 자체가 소비되는 만큼 그것은 자신의 가치가 연계적으로 되돌아온다는 점에서 고정 자본 일체와 공통적이다. 그러나 가치의 이러한 회귀에는 그것의 잉여 가치, 그것에 대상화된 잉여 노동의 회귀가 포함되어 있다는 점이 추가된다. 이 경우에 그것은 특수한 회귀 형태를 갖는다.

우리가 마지막 문제를 해결하기에 앞서 먼저 몇 가지 부차적인 문제들.

유동 자본은 소비되고 고정 자본은 생산의 거대한 공정에서 단지 사용된다(『이코노미스트』, Ⅵ, 1쪽).[306]

소비와 **사용** 사이의 차이는 점진적인 파괴인가 아니면 신속한 파괴 인가로 귀착된다. 우리는 이 점에서 더 이상 지체할 필요가 없다.

유동 자본은 무한히 다양한 형태를 취하고, 고정 자본은 한 형태만을 가진다(『이코노미스트』 Ⅵ, 1쪽).

자본의 생산 과정 자체가 고찰되는 한에 있어서 이 "무한히 다양한 형태"는 A. 스미스에게 있어서 단순한 형태 변경으로 환원되었는데, 이것이 훨씬 더 옳다. 고정 자본은 "그것이 계속 동일한 형상으로 남아 있는 한에 있어서만" 그것의 주인에게 유용하다. 즉 그것은 사용 가치로서, 일정한 소재적 현존에 있어서 생산 과정에 고정되어 있다. 이와는 반대로 유동 자본은 "끊임없이 일정한 형태로" (생산물로서) "그의 수중을 벗어나서 다른 형태로" (생산 조건으로) "되돌아 오고 이 유통 및 연계적 변화를 매개로 해서만 이윤을 가져다준다."(A. 스미스, 제Ⅱ권, 197, 198쪽)[321]

스미스는 여기에서 유동 자본이 나타나는 "다양한 형태"에 대해 논하는 것이 아니다. 소재적으로 고찰하면 "고정 자본"도 "무한히 다양한 형태"를 취한다. 유동 자본이 사용 가치 자체로서 거치는 다양한 형태 변환에 대해서 논하고 있다. 따라서 이 "무한히 다양한 형태"는 상이한 유통 국면들의 질적인 차이들로 환원된다. 일정한 생산 과정에서 고찰하면 유동 자본은 언제나 원료와 임금용 화폐라는 동일한 형태로 되돌아온다. 소재적 현존이 과정의 시작에서나 마지막에서나 동일하다. 덧붙여 말하자면 『이코노미스트』지 스스로는 다른 곳에서 "무한한 형태"를 개념적으로 규정된 유통의 형태 변경으로 환원시키고 있다.

"상품은 그것이 생산되는 형태로 전적으로 소비되고" (즉 사용 가치

로서 유통에 들어가고 유통으로부터 내던져지고), "새로운 형태로" (원료
와 급료로서) "그의 수중으로 회수되며 비슷한" (차라리 동일한) "활동을
반복할 용의가 있다."(앞의 책, VI, 1쪽)[306]

스미스도 고정 자본은 "유통을 필요로 하지 않는다."(제Ⅱ권, 197,
198쪽)고 명확하게 말하고 있다. 고정 자본에게 있어서는 가치가 일
정한 사용 가치에 묶여 있다. 유동 자본에게 있어서는 가치가 상이한
사용 가치의 형태와 또한 어떤 일정한 사용 가치로부터도 독립적인
(화폐로서의) 형태를 취하는 만큼 이 형태를 밀쳐내기도 한다. 따라
서 끊임없는 소재 변경과 형태 변경이 진행된다.

유동 자본은 그에게(노동 기업가에게) 재료와 노동자의 급료를 공급
해주며 산업을 활동시킨다(A. 스미스, 제Ⅱ권, 226쪽).

모든 고정 자본은 원래는 유동 자본에서 생겨나며 끊임없이 유동 자본을
매개로 해서 유지되어야 한다(앞의 책, 207쪽).

유동 자본의 매우 커다란 부분이 사회의 일반 기금의 다른 두 영역으
로 흘러 들어가기 위해 끊임없이 회수되기 때문에,[322] 이 자본은 자신의
회전을 위해서 끊임없는 공급에 의해서 갱신되어야 하며, 이 공급이 없
으면 그것은 머지 않아 무(無)로 환원될 것이다. 이 공급은 세 가지 주요
원천, 즉 토지의 생산물, 광산의 생산물, 어업의 생산물로 이루어진다(앞
의 책, 208쪽).

{『이코노미스트』지가 강조하는 하나의 차이를 우리는 이미 설명
했다.

총비용이 그 나라의 경상 소득에서 생산자에게 환불되는 모든 생산은

유동 자본이다. 그러나 그것의 사용에 대하여 연간 금액만이 지불되는 모든 생산은 — 고정 자본이다(노트 Ⅵ, 1쪽).[306] 전자의 경우에 생산자는 그 나라의 경상 소득에 전적으로 의존한다(앞의 책).

고정 자본은 자신의 회전 단위로 기능하는, 유동 자본에 의해서 규정된 시간에 일부만이 되돌아오는데, 그 까닭은 이 시간이 대부분의 식량과 원료의 재생산을 위한 자연적 단위이기 때문이라는 것을 우리는 보았다. 이는 이 시간이 대지의 생활 과정(우주 과정)에서 자연적 기간으로 나타나는 것과 마찬가지이기 때문이다. 이 단위가 연(年)인데 이것의 부르주아적 계산은 자연적 크기와 다소 괴리가 있지만 중요한 것은 아니다. 고정 자본은 자신의 소재적 현존이 자신의 개념에 조응할수록, 자신의 소재적 실존 방식이 적합할수록 자신의 회전 시간을 위해서 수년의 순환을 포괄한다. 유동 자본은 먼저 화폐와 전적으로 교환되고 다음으로 그것의 요소들과 교환되므로, (잉여 가치를 포함하는) 그것의 전체 가치와 동등한 대응 가치가 생산되어 있는 것을 전제로 한다. 그것이 완전히 소비에 들어갔다거나 들어갈 수 있다고 말할 수는 없다. 그것은 다시 원재료로서나 고정 자본을 위한 요소로서, 간단히 말해 부분적으로는 스스로 다시 생산 — 대응 생산 — 을 위한 요소로 기능해야 하기 때문이다. 자본에 의해서 생산물로서, 생산 과정의 결과로서 밀쳐내진 사용 가치의 일부는 소비의 대상이 되고, 그리하여 자본의 유통 일체에서 떨어져 나간다. 다른 부분은 생산 조건으로서 다른 자본에게 들어간다. 이는 **자본이라는 것**(*des Kapitals*) 자신의 유통에 정립되어 있는데, 그 까닭은 그것은 유통의 전반부에 상품으로서, 즉 사용 가치로서 자신으로부터 밀쳐내지기 때문이다. 즉 **자기 자신과 관련해서** 이 형태로 사용 사치로서, 소비 품목으로서 그 자신의 유통에서 이탈되지만 그것의 유통의 후반부에서는 화폐로서 생산 조건으로서의 상품과 교환되기 때문이다.

요컨대 유통하는 사용 가치 자신으로서 그것은 자신의 소재적 현존을 소비 품목으로서 뿐만 아니라 새로운 생산 요소로서, 또는 차라리 재생산 요소로서 정립한다. 그러나 두 가지 경우에 그것의 대응 가치가 전적으로 존재해 있어야 한다. 즉 이 대응 가치가 1년 동안에 전적으로 생산되어 있어야 한다. 예를 들어 1년 동안에 농산물과 교환될 수 있는 공산품은 한 가을에서부터 다음 가을까지 계산된 1년 사이에 생산된 원생산물의 수량에 의해서 규정된다. 우리가 여기에서 논하는 것은 **자본이라는 것**에(*dem Kapital*), 형성되는 자본에 대해서이므로 우리는 자본 밖에서는 ── 수많은 자본들이 우리에게는 아직 존재하고 있지 않으므로 ── 자본 자신과 단순 유통 이외의 어떤 것도 가지지 않는데, 자본은 가치를 화폐와 상품이라는 이중적인 형태로 이 단순 유통으로부터 자신에게 흡수하며, 화폐와 상품이라는 이중적인 형태로 가치를 이 유통에 던져 넣는다. 예를 들어 영국처럼 자본의 기초 위에서 생산하는 한 공업 민족이 중국인들과 교환하고 화폐와 상품의 형태로 가치를 이들의 생산 과정으로부터 흡수하거나, 또는 이들을 그의 자본의 유통권에 끌어들임으로써 흡수한다면, 그 때문에 중국인들 자신이 자본가들로서 생산할 필요가 있는 것은 아니라는 점을 금방 알 수 있다. 영국과 같이 한 사회 자체 내에서 자본의 생산 양식은 한 산업 영역에서는 발전되는 데 반해, 예를 들어 농업과 같은 다른 영역들에서는 ‖11‖ 어느 정도 자본에 선행하는 생산 양식들이 지배하고 있다.

그렇지만 1. 모든 지점에서 생산 양식을 자신에게 복속시키고, 이를 자본의 지배하에 두는 것이 자본의 필연적인 경향이다. 일정한 사회 내에서 이것은 이미 자본을 매개로 하는, 모든 노동의 임노동으로의 전환에 의해서 필연적으로 생겨난다. 2. 해외 시장과 관련해서 자본은 자신의 생산 양식의 이러한 선전(Propaganda)을 국제 경쟁을 통해서 강요한다. 경쟁은 전적으로 자본이 자신의 생산 양식을 관철시키는 방식이다. 다음과 같은 점만은 분명하다. 연계적인 교환들의 양측에 서 있고 매 번 반대되는 규정 속에 있는 자본이 다시 한 자본인지, 또는 다른 자본으로서 이 자본 자신인지를 전적으로 도외시한다면, 두 규정은 우리가 아직 이 이중적 운동을 고찰하기 전에는 **자본이라는 것**(des Kapitals) 자신의 순환에서 이미 정립되어 있다. 첫 번째 국면에서 자본은 사용 가치로서는, 상품으로서는 자본의 운동으로부터 밀쳐 내지고 화폐로서는 입수된다. 자본의 유통으로부터 밀어내진 상품은 더 이상 영속화되는 가치의 계기로서의, 가치의 현존으로서의 상품이 아니다. 요컨대 그것은 사용 가치로서의 상품의 현존이며 소비를 위한 상품의 존재이다. 통상적인 유통에서 자본은 자신에게 마주 서서 어떤 교환자가 소비자로서 등장하고 이 교환자가 G를 W로 변환시킴으로써만, 소재적 측면에서 이 변환을 실행하여 그가 사용 가치로서, 소비자로서 사용 가치에 관계함으로써만 상품의 형태로부터 화폐의 형태로 변환된다. 그리고 그러할 때에만 그는 자본을 위해서 **가치로서** 대체된다. 요컨대 자본은 소비 품목을 창출하지만 이를 이 형태로 자신에게서 밀쳐내고 자신의 유통으로부터 밀어낸다. 지금까지 설명된 규정들에서 보면 다른 관계는 없다. 자체로서 자본의 유통에서 밀쳐내진 상품은 가치로서의 규정을 상실하고, 생산과는 구별되는 소비의 사용 가치로서의 규정을 충족시킨다. 그러나 유통의 두 번째 국면에서 자본은 화폐를 상품과 교환하고 그것의 상품으로의 전환이 이제는 스스로 가치 정립의 계기로서 나타나는데, 그 까닭은 상품 자체가 자본의 유통 과정에 받아들여지기 때문이다. 첫 번째 국면에서는 자본이 소비를 전제로 한다면 두 번째 국면에서는 생산, 생산을 위한 생산을 전제로 한다. 왜냐하면 여기에서는 상품의 형태로 가치가 외부에서 자본의 유통으로 받아들여지거나, 또는 첫 번째 국면에서와는 반대되는 과정이 수행되기 때문이다. 자본 자신을 위한 사용 가치로서의 상품은 자본의 생산 과정을 위한 요소, 사용 가치로서의 상품일 뿐이다.

이 과정은 이중화되어 다음과 같이 나타난다. 자본 a는 첫 번째 국면에서 자신의 생산물을 W로서 자본 b의 G와 교환된다. 두 번째 국면에서는 자본 b가 W로서 자본 a의 G와 교환된다. 또는 첫 번째 국면에서는 자본 b가 G로서 자본 a의 W와 교환된다. 두 번째 국면에서는 자본 a가 G로서 자본 b의 W와 교환된다. 즉 두 유통 국면에서 자본은 G와 W로서 동시에 정립되어 있다. 그러나 언제나 그것들의 유통 과정의 반대되는 국면에 놓여 있는 두 개의 상이한 자본에서. 단순 유통 과정에서 유통 행위 W ― G나 G ― W는 직접적으로 부합되거나 또는 직접적으로 분열되어 나타난다. 유통은 두 교환 형태의 연계(連繼)일 뿐만 아니라 동시에 두 가지 상이한 측면에 분배되어 있는 각각의 형태이다. 그렇지만 여기에서 우리는 수많은 자본들의 교환을 논하는 것은 아니다. 이는 경쟁론이나 자본들의 유통(신용)에 관한 이론에 속한다. 여기에서 우리와 관계되는 것은 한편에서는 소비의 ― 가치의 운동에서 사용 가치로서 밀쳐내진 상품의 ― 전제이고 [다른 한편에서는 ― 역자] 생산을 위한 생산의 ― 자본의 재생산을 위한, 자본 유통 밖에서 정립된 조건인 사용 가치로서 정립된 가치의 ― 전제인데, 이 두 측면은 자본 유통의 단순한 형태에 대한 고찰로부터 생겨난다. 다음과 같은 점은 명백하다. 첫 번째 국면에서는 유동 자본 전체가 W로서 G와 교환되고 두 번째 국면에서는 G로서 W와 교환되기 때문에, 우리가 1년을 그것의 진화의 시간 단위로 간주한다면, 유동 자본 전체의 전환은 원재료 등이 매년 재생산되고 있다는 사실뿐만 아니라 (화폐로 교환되는 상품은 생산되어 있어야 한다. 그것에게는 동시적인 생산이 조응해야 한다) 사용 가치로서 밀쳐내진 자본의 생산물을 소비하기 위해서는 연간 수입(사용 가치로서의 상품과 교환되는 G부분)이 끊임없이 창출되어야 한다는 사실에 의해서도 제약되고 있다. 그러한 수입(收入)으로서는 ― 더욱 발전된 관계들이 아직 존재하지 않으므로 — 자본가들 자신의 수입과 노동자들의 수입만이 실존한다. 덧붙여 말하자면, 자본과 수입의 교환에 대한 고찰, 생산과 소비의 관계의 다른 형태는 아직 여기에 속하지 않는다. 다른 한편으로 고정 자본은 그것이 가치로서 유동 자본으로 들어가는 한에 있어서만 교환되므로, 즉 매년 부분적으로만 현금화(verwerten)되므로, 그것은 1년이 흐르는 동안에 부분적인 대응 가치만을, 즉 이 대응 가치의 부분적인 생산만을 상정한다. 고정 자본은 자신의 소비에 비례해서만 지불된다. 다음과 같은 점은 명백하다. 고정 자본이 초래하는 산업 순환에 있어서의 차이에서 이미 앞에서 발생하는 결과는 고정 자본이 이후 수년간의 생산에 종사한다는 것, 거액의 수입을 창출하는 데 기여하는 것과 마찬가지로 미래의 노동을 대응 가치로서 예상한다는 것이다. 요컨대 장래의 노동 결실에 대한 예상은 결코 국가 채무 등의 결과가 아니다. 간단히 말해서 신용 제도의 발명품이 아니다. 그것은 고정 자본에 특유한 현금화 방식, 회전 방식, 재생산 방식에서 연원한다.}

여기에서 우리에게는 순수한 형태 규정들을 고수하는 것, 즉 비동질적이지 않은 것을 집결시키는 것이 본질적인 문제이므로, 지금까지 설명한 것에서 볼 때 분명해진 것은 유동 자본과 고정 자본이 수입을 발생시키는 상이한 형태들은 — 수입 일체의 고찰과 마찬가지로 — 아직 여기에 전혀 속하는 것이 아니며, 다만 그들이 되돌아오고 자본의 총회전, 자본의 재생산 운동 일체에 영향을 미치는 상이한 방식들만이 [여기에 속한다는 — 역자] 것이다. 그러나 때때로 설명한 것이 중요한데 — 왜냐하면 이러한 설명은 고정 자본과 유동 자본의 단순한 차이를 고찰하면서 아직 적절하지 않은 자리에서 경제학자들에 의해서 뒤죽박죽으로 혼동되고 있는 것을 동시에 기각하므로 —, 그 까닭은 그것이 우리에게 수입 등에서의 상이성은 고정 자본과 유동 자본의 재생산 형태의 차이에 기인한다는 것을 보여주었기 때문이다. 여기에서는 아직 가치의 단순한 회귀만이 문제가 된다. 이 회귀가 어떻게 수입의 회귀가 되고 이 수입의 회귀가 어떻게 수입의 규정에 있어서의 상이성이 되는가는 나중에 비로소 판명된다.

여기에서 우리는 아직 고정 자본의 유지 비용(Unterhaltungskosten)에 대해서는 논하지 않았다. 부분적으로 그것은 고정 자본이 작동하기 위해서 소비하는 도구 재료들이다. 도구 재료들은 우리가 생산 과정 내에서 고찰했던 첫 번째 의미에 있어서의 고정 자본이다. 이것들은 소비에도 마찬가지로 기여할 수 있는 유동 자본이다. 그것들은 생산 과정에서 소비되는 한에 있어서만 고정 자본이 되지만 본래적인 고정 자본처럼 순전히 형태 현존에 의해서 규정된 소재적인 것은 가지지 않는다. 이 유지 비용의 두 번째 부분은 수선에 필요한 노동들로 구성된다.

‖12‖ 어떤 고정 자본이든지 원래는 유동 자본으로부터 유래하고 끊임없이 유동 자본에 의해서 유지되어야 한다는 A. 스미스의 규정.[321]

어떤 고정 자본이든지 원래는 유동 자본으로부터 유래하며 필연적으로 끊임없이 후자의 희생에 의해 유지되어야 한다. 어떤 한 고정 자본은 한 유동 자본의 희생 위에서만 자본 지대를 줄 수 있다(쉬토르흐, 26쪽, a).[323]

수입 — 여기에 속하지 않는 규정 — 에 대한 쉬토르흐의 언급에 관한 한, 다음과 같은 점은 명백하다. 고정 자본은 사용 가치, 고정 자본으로서는 일부분씩 소멸하고, 가치로서는 유동 자본으로 들어가는 만큼만 가치로 되돌아온다.[322] 요컨대 고정 자본은 자신의 가치가 고찰되는 한에 있어서만 유동 자본의 형태로 되돌아온다. 그러나 사용 가치로서는 전혀 유통하지 않는다. 나아가 그 자신은 생산을 위한

사용 가치만을 가지므로, 개인적 사용, 소비를 위한 가치로서는 마찬
가지로 유동 자본의 형태로만 되돌아올 수 있다. 토지 개량은 화학적
으로 직접 재생산 과정에 들어갈 수 있고, 따라서 직접 사용 가치로
전환될 수 있다. 그러나 그러면 토지 개량은 고정 자본으로 존재하는
형태로 소비된다. 어떤 자본은 그것이 일체 유통으로 들어가고 유통으
로부터 나오는 형태로만 수입을 가져다주는데, 그 까닭은 직접적인 사
용 가치들로의, 유통에 의해 매개되지 않은 사용 가치들로의 수입의 생
산은 자본의 본성에 모순되기 때문이다. 요컨대 고정 자본은 유동 자본
의 형태로만 가치로서 되돌아올 수 있으므로 이 형태로만 수입도 가져
다줄 수 있다. 수입이란 전적으로 직접적 소비로 예정된 잉여 가치
부분에 지나지 않는다. 따라서 그것의 회귀는 가치 자신의 회귀 방식
에 좌우된다. 그러므로 고정 자본과 유동 자본이 수입을 가져다주는
상이한 형태들. 마찬가지로 고정 자본 자체는 결코 사용 가치로서 유
통에 들어가지 않고, 따라서 결코 사용 가치로서 가치 증식 과정에서
내던져지지 않으므로 직접적인 소비에 결코 기여하지 않는다.

　이제 스미스에 관한 한 그는 유동 자본을 매년 대체해야 하고, 사
람들이 끊임없이 해양, 대지, 광산으로부터 끌어내는 것을 통해 끊임
없이 갱신되어야 한다고 말함으로써 우리에게 그의 견해는 더욱 분
명해진다. 요컨대 여기에서 그에게 유동 자본은 순전히 소재적이다.
그것은 어렵사리 낚시질로 건져 내지고 깨뜨려지고 수확된다. 그것
은 대지와의 연관으로부터 풀려나고 개별화되며, 그럼으로써 움직일
수 있게 되거나, 또는 물고기 등처럼 완성된 개체로 자신의 요소에서
분리되는 움직일 수 있는 원(原)생산물(Urprodukte)이다. 나아가 순
전히 소재적으로 고찰할 때, 스미스가 자본의 생산을 전제하고 세계
의 태초로 옮겨가지 않는다면 어떤 유동 자본도 원래는 고정 자본으
로부터 유래한다는 것도 마찬가지로 확실하다. 그물이 없으면 그는
고기를 잡을 수 없고, 쟁기가 없으면 경지를 갈 수 없으며, 망치 등

이 없으면 광산을 파낼 수 없다. 그 스스로 돌 하나를 망치 등으로 이용한다면 이 돌은 분명히 유동 자본이 아니고, 자본도 전혀 아니며 노동 수단이다. 인간은 그가 생산해야 하자마자, 존재하는 자연 대상들의 일부를 노동 수단으로 직접 이용하려는 결의(決意)를 갖게 되고, 헤겔이 올바르게 말한 바와 같이, 추가적인 매개 과정이 없이 그것들을 자신의 활동 아래 포섭한다.[324] 모든 자본, 유동 자본은 물론 고정 자본도 본래적으로 뿐만 아니라 연속적으로도 그것이 유래하는 원천은 타인 노동의 점취이다. 그러나 이 과정은 우리가 살펴본 바와 같이 끊임없는 소(小)유통, 노동 능력과 급료 또는 생활 수단 기금과의 교환을 상정한다. 자본의 생산 과정을 상정한다는 것은 **모든 자본**이 유동 **자본**의 형태로 되돌아온다는 것, 따라서 고정 자본은 고정 자본을 생산하기 위해 유동 자본의 일부가 고정됨으로써만, 즉 창출된 원료의 일부가 사용되고 노동의 일부가 소비됨으로써만 (따라서 생활 수단 기금의 일부가 살아 있는 노동과 교환됨으로써만) 갱신될 수 있다는 것이다. 예를 들어 농업에 있어서는 생산물의 일부가 수로를 건설하기로 예정된 노동에 의해서 소비되거나 또는 곡물의 일부가 분화석(糞化石),[247] 대지와 합체되어 있으나 화학 과정에 맡겨지는 한에 있어서는 사실상 아무런 사용 가치도 가지지 않는 화학 물질 등과 교환된다. 유동 자본의 일부는 고정 자본의 재생산을 위해서만 사용 가치를 가지고 고정 자본을 위해서만 생산된다(생산이 그것의 장소 변경에 소요되는 노동 시간뿐일지라도). 그러나 고정 자본 자체가 자본으로 재생산될 수 있는 것은 그것이 유동 자본의 가치 구성 부분이 되고, 그리하여 그것의 요소들이 유동 자본으로부터 고정 자본으로의 전환에 의해서 재생산됨으로써 이다. 유동 자본이 고정 자본의 생산을 위한 전제인 것과 마찬가지로 고정 자본은 유동 자본의 생산을 위한 전제이다. 또는 고정 자본의 재생산이 필요로 하는 것은 1. 고정 자본의 가치가 어떤 유동 자본의 형태로 회귀하는 것인데, 그 까닭은 그렇게 할 때라야만 그것이 자신의 생산 조건들과 다시 교환될 수 있기 때문이다. 2. 교환 가능한 생산물들 대신에 직접적이거나 간접적인 생산 도구들을 생산하기 위해서 살아 있는 노동과 원재료의 일부가 사용되는 것이다. 유동 자본은 노동과 전적으로 마찬가지로 그것의 사용 가치에 따라 고정 자본으로 들어가는 데 반해, 고정 자본은 그것의 가치에 따라 유동 자본으로 들어가고, 운동으로서(그것이 직접적인 기계인 곳에서는), 정지적 운동, 형태로서 사용 가치로 들어간다.

{위에서 설명된 자유로운 노동에 관한 우리의 명제들과 관련하여 마찬가지로 자유로운 노동에 궁민층(窮民層; Pauperismus)이 잠재해 있다는 것에 대해서는, Fr. 모튼 이든 경의 『빈민의 상태, 또는 정복 때부터의 영국 노동 계급들의 역사』(3권, 4분책, 런던 1797년)의 다음과 같은 문장들이 인용될 수 있다.(제1권, 제1편으로부터의 인용.)[325] (제1편, 제1장에서는 다음과 같이 쓰여 있다.

우리 지대(地帶)는 욕구 충족을 위한 노동을 요구하고, 그렇기 때문에 적어도 사회의 일부는 언제나 쉴 새 없이 노동해야 한다. 다른 사람들은 예술 등에서 노동하고 노동하지 않는 몇몇은 그래도 근면의 생산물을 처분할 수 있다. 그러나 이 소유자들이 그렇게 할 수 있는 것은 오직 문명과 질서 덕분이다. 그들은 문명화된 제도들의 순수한 창조물이다. 왜냐하면 이 제도들이 노동의 결실을 노동에 의하는 것과는 다르게 조달[할 수] 있도록 허용했기 때문이다. 독립적인 자산을 소유한 인간들이 자산을 가지고 있는 것은 전혀 더 낫지 않은 그들 자신의 능력 덕분이 아니라 거의 전적으로 타인의 노동 덕분이다. 부자들을 빈자들과 구별하는 것은 토지나 화폐의 소유가 아니라 노동에 대한 지휘이다[1-2쪽].

빈곤 자체는 농민의 해방으로부터 시작된다 — 토지나 또는 적어도 국지(局地)에의 봉건적 속박은 지금까지 입법자가 부랑자, 빈민 등의 문제를 다루는 것을 면해주었다. 이든은 다양한 상업 길드 등이 그 자체의 빈민을 부양했다고 믿고 있다. 그는 말하기를,

그렇다고 해서 매뉴팩처 상품과 상업으로부터 우리 나라가 얻는 수많은 이익을 과소 평가하려는 생각은 전혀 없지만, 이 연구의 결과는 매뉴팩처 상품과 상업이 {즉 자본에 의해 최초로 지배된 생산 영역이} 우리의 국민적 빈곤의 진정한 원천이라는 불가피한 결론에 이르게 하는 것처럼 보인다[61쪽].

같은 책에서: 헨리 Ⅶ세부터 (이 때 농경지를 목초지로 전환시킴으로써 경지에서 불필요한 인구를 청소하는 것이 시작되어 150년 이상 지속됨과 동시에[1권 40] 적어도 고소와 입법적 간섭. 즉 공업에 제공되는 인구수는 증가했다) 공업에서 임금은 더 이상 고정되지 않았고 단지 농업에서만 고정되었다. 헨리 Ⅶ세, 제11년 [1496년의 조례 — 역자]. {자유로운 노동에 의해 임노동이 아직 완전히 정립된 것은 아니다. 노동자들은 아직 봉건적 관계들에 숨을 곳을 가지고 있다. 그들의 공급은 여전히 너무 적다. 따라서 자본은 아직 자본으로서 노동자들을 최소한으로 줄일 능력이 없다. 따라서 법규상의 임금 규정들. 노임이 아직 법규에 의해 규율되는 동안에는 자본이 자본으로서 생산을 포섭했다고 말할 수 없고, 임노동자가 자신에 적합한 실존 방식을 갖게 되었다고도 말할 수 없다.} 인용된 조례에서는 아직 아마 직조공, 건설 수공업자, 조선공이 언급되어 있다. 동일한 조례에서는 ‖13‖ 노동 시간도 고정되어 있다.

"수많은 일일 노동자가 반나절은 낭비하고, 늦게 와서 일찍 가며 낮에는 오래 잠자고 아침, 점심, 저녁을 먹는 데 오래 앉아 있는 등등 때문에" 다음과 같은 시간이 지켜져야 한다. "3월 15일부터 9월 15일까지는 아침 5시부터 조반 반시간, 중식과 휴식 1시간 반, 저녁

식사에 반시간, 저녁에 7시에서 8시 사이까지 노동. 겨울에는 밝은 동안에 노동하고 그 대신 낮잠이 없고 낮잠은 5월 15일부터 8월15일까지만 허용된다."[75-76쪽]

{1514년에 다시 노임이 규율되었는데, 지난번과 거의 마찬가지였다. 노동 시간도 다시 고정되었다. 자발적으로 노동하지 않으려는 자는 체포되었다. 즉 아직 일정한 임금을 받는 자유로운 노동자의 강제 노동. 이들은 먼저 자본에 의해 정립된 조건들로 노동하도록 강제되어야 한다. 무산자는 노동자가 되기보다는 부랑자, 도적, 거지가 되는 것을 선호한다. 노동자가 되는 것은 자본의 발전된 생산 양식에서 비로소 자명하게 된다. 자본의 전(前)단계에서는, 아직 노동자들 사이의 경쟁에 의해서 이들에게 강요되지 않고 있는 자본에 유리한 조건들로 무산자들을 전환시키기 위한 국가 강제.} (헨리 Ⅷ세 등등 하에서 사용된 매우 잔혹한 강제 수단들.) (헨리 Ⅷ세 하에서 수도원의 폐지도 마찬가지로 수많은 손을 방출한다.) (에드워드 Ⅵ세 하에서는 노동 능력이 있으면서 노동하지 않으려는 자에게 훨씬 가혹한 법률들.

에드워드 Ⅵ세 제1년, 제3호 노동 능력이 있으면서 노동하기를 거부하고 3일을 빈둥거린 자는 빨갛게 달군 쇠로 가슴에 V자 낙인이 찍히고 2년 동안 그러한 게으름뱅이를 고발한 자의 노예가 될 것으로 선고된다 등. 그가 14일 동안 그의 주인으로부터 도망쳐 있으면 그는 평생 노예가 되며 이마나 뺨에 S자 낙인이 찍힌다. 그가 두 번째로 도망치고 두 명의 충분한 증인에 의해서 그 행위가 확인되면 그는 범죄자로 취급되어 사형에 처해진다.[326]

(1376년에는 먼저 부랑자, 뻔뻔스러운 방랑자가 언급되고, 1388년에는 궁민이 언급된다.)

(엘리자베스 하에서도 비슷하게 잔혹한 1572년 법률.)

이전의 규정에서는 동일한 자본의 상이한 회전 국면들에서 이 자본의 변동하는 형태들로 나타나는 유동 자본과 고정 자본은 고정 자본이 자신의 최고의 형태까지 발전한 지금에는 자본의 두 가지 상이한 실존 방식으로서 동시에 정립되어 있다. 고정 자본과 유동 자본은 자신들의 회귀 방식의 상이성에 의해서 그러한 것이 된다. 천천히 되돌아오는 자본은 고정 자본과 한 가지 규정을 공유한다. 그러나 그것은 다음과 같은 점에서 고정 자본과 구별된다. 즉 그것의 사용 가치 자체 — 그것의 소재적 현존 — 는 유통에 들어가고 동시에 유통을 벗어나며 회전 과정의 경계 밖으로 내던져지는 데 반해, 고정 자본은 — 지금까지의 발전에서 보면 — 가치로서만 유통에 들어갈 뿐이다. 그리고 그것이 예를 들어 유통에 놓여 있는 기계처럼 사용 가치로서 여전히 유통에 있는 한에 있어서는 가능성에 있어서만 고정 자본이다.

그러나 우선 자본의 소재적 현존이나 자본의 사용 가치로서의 현존의 유통에 대한 관계 행위에 의거한, 고정 자본과 유동 자본의 이러한 구별은 동시에 재생산에 있어서 고정 자본과 유동 자본이라는 이중적인 형태로의 자본의 재생산으로 정립되어야 한다. 어떤 형태에서든 자본의 재생산이 대상화된 노동 시간의 정립일 뿐만 아니라 잉여 노동 시간의 정립인 한에 있어서, 자본 가치의 재생산일 뿐만 아니라 잉여 가치의 재생산인 한에 있어서, 고정 자본의 생산은 유동 자본의 생산과 구별될 수 있다. 따라서 도구나 기계 제작자에게는 — 고정 자본이 고정 자본으로 고정되기 전에, 즉 그것이 소비되기 전에, (왜냐하면 바로 그것의 소비가 그것을 생산 국면과 연결시키고 그것을 고정 자본으로서 구별하기 때문에) 그것의 소재적 현존에서 볼 때, 사용 가치로서의 그것의 현존이 먼저 유동 자본으로 나타나는 모든 형태에 있어서는 — 자본이 고정 자본의 형태로 재생산되든 유동 자본의 형태로 재생산되든 자본 증식에 있어서는 전혀 아무런 차이도 발생하지 않는다. 따라서 경제적으로도 새로운 규정이 들어오지 않는다.

그러나 고정 자본 자체가 — 유동 자본의 규정에서가 아니라 — 그것의 생산자에 의해 유통에 내던져지는, 즉 그것의 부분적인 사용이, 생산을 위해서든 소비를 위해서든, — 왜냐하면 자본 유통의 첫 번째 단계에서 진행되는 W의 G로의 전환에 있어서 상품이 다른 생산적 자본의 유통 국면에 들어가든 직접적인 소비에 기여하든 자본에게는 무차별적이기 때문이다. 그것이 상품을 자신으로부터 밀쳐내고 G와 교환할 때마다 그것에게 상품은 오히려 언제나 사용 가치로 규정되어[78] 있다 — 판매되는 곳에서는 고정 자본의 생산자에게 있어서의 회귀 방식은 유동 자본의 생산자에게 있어서의 회귀 방식과 다를 수밖에 없다. 그것에 의해서 창출된 잉여 가치는 가치 자신과 더불어 부분적이고 연계적으로만 되돌아올 수 있다. 이는 다음 편에서 고찰될 것. 마지막으로 지금은 유동 자본과 고정 자본이 두 가지 상이한 종류로 나타나지만, 유동 자본은 고정 자본의 소비에 의해서 정립된다. 고정 자본 자신은 이러한 일정한 형태로 전환된 유동 자본일 뿐이다. 대상화된 생산력으로 전환된 모든 자본 — 모든 고정 자본은 이러한 형태로 고정되고, 따라서 사용 가치로서는 소비뿐만 아니라 유통으로부터도 유리된 사용 가치이다. 어떤 기계나 철도를 건설하기 위해서 목재, 철, 석탄과 살아 있는 노동(따라서 간접적으로는 노동자에 의해서 소비된 생산물들)이 이처럼 일정한 사용 가치로 전환되었다고 해도, 위에서 설명한 다른 규정들이 덧붙여지지 않는다면, 기계나 철도가 고정 자본이 되지는 않을 것이다. 유동 자본이 고정 자본으로 전환되면, 자본이 유통한 형체가 되는 사용 가치들의 일부

---

78) 수고에는: 사용 가치에 맞서 규정되어

는 살아 있는 노동과 교환되는 자본 부분이 간접적으로 그러하듯이, 자신의 대응 가치가 오랜 순환을 거치면서 비로소 산출되는 그러한 자본으로 전환된다. 이 자본은 부분적이고 연계적으로만 가치로서 유통에 들어가고 생산에서 소비됨으로써만 현금화될 수 있다.

　유동 자본의 고정 자본으로의 전환은 상대적 잉여 자본을 전제로 하는데, 그 까닭은 상대적 잉여 자본이 직접적인 생산을 위해서 사용된 자본이 아니라 새로운 생산 수단이기 때문이다. 고정 자본 자신은 다시 직접적인 생산 도구로서 — 직접적인 생산 과정 내에서의 수단으로서 기능할 수 있다. 이 경우에 그것의 가치는 생산물에 들어가고 생산물들의 연계적인 회귀에 의해서 대체된다. 또는 그것은 직접적인 생산 과정에 들어가는 것이 아니라 — 건물, 철도 등처럼 생산 과정들을 위한 일반적 조건으로 나타나고, 그것의 가치는 그것이 간접적으로만 창출에 기여하는 유동 자본에 의해서만 대체될 수 있다. 고정 자본과 유동 자본의 비율에 관한 보다 자세한 설명은 추후에 논할 것이다. 적은 생산물량을 공급하기 위해서 값비싼 기계류가 이용된다면, 이 기계류는 생산력으로 작용한 것이 아니라 기계류가 없이 노동이 이루어졌을 때보다 생산물을 무한히 등귀시킬 것이다. 기계류가 잉여 가치를 창출하는 것은 그것이 가치를 가지는 한에 있어서가 아니라 — 왜냐하면 이 가치는 단순히 대체되기 때문이다 — 그것이 상대적 잉여 시간을 증대시키거나 필요 노동 시간을 감소시킴으로써만 이다. 요컨대 기계의 규모가 증대되는 것과 동일한 비율로 생산물량이 증가하고 사용되는 살아 있는 노동은 상대적으로 감소해야 한다. 고정 자본의 가치가 효율성에 비해서 적을수록 그것은 자신의 목적에 잘 부응하는 것이다. 필요하지 않은 모든 고정 자본은 모든 불필요한 유통 비용과 마찬가지로 생산의 불필요비용이다. 자본이 노동을 기계류에 사용하지 않고도 기계류를 점유할 수 있다면, 그것은 노동을 구매할 필요가 없이 노동의 생산력을 제고하고 필요 노동을 감소시킬 것이다. 요컨대 고정 자본의 가치가 자본의 생산에서는 결코 자기 목적이 아니다.

‖14‖ 요컨대 유동 자본은 고정 자본으로 전환되고, 고정 자본은 유동 자본에서 재생산된다. 양자가 그러한 것은 자본이 살아 있는 노동을 점취하는 한에 있어서만 이다.

고정 자본에 있어서의 모든 절약은 사회의 순소득의 증가이다(A. 스미스).[327]

그밖에 경제학자들에 의해서 거론되는 최종적이고 최후의 차이는 **가동적**(可動的) [자본 — 역자]과 **부동적**(不動的) [자본 — 역자]의 차이이다. 한편은 유통 운동에 들어가고 다른 한편은 들어가지 않는다는 의미에서가 아니라, 한편은 물리적으로 고정되어 있어 부동적이라는 의미에서인데, 이는 동산과 부동산이 구별되는 것과 동일한 방식이다. 토양에 가해진 개량, 수로(水路), 건물. 그리고 대부분의 기계류 자신인데, 그 까닭은 그것이 작용하기 위해서는 물리적으로 고정되어야 하기 때문에. 철도. 간단히 말해 공업의 생산물이 지표에 고착되는 모든 형태. 이것은 기본적으로 고정 자본의 규정에 아무 것도 추가하지 않는다. 그러나 그것의 사용 가치, 그것의 소재적 현존이 그것의 형태 규정에 조응할수록 더욱 뚜렷한 의미에서 고정 자본이라는 것은 아마도 그것의 규정에 놓여 있을 것이다. 따라서 가옥, 철도 등과 같은 부동적 사용 가치는 고정 자본의 명백한 형태이다. 그럼에도 불구하고 고정 자본은 부동산 일체와 동일한 의미에서 — 권리명의(權利名義; Titel)로서 유통할 수 있지만 사용 가치로서는 유통하지 않고, 물리적 의미에서는 유통하지 않는다. 원래 동산의 증가, 부동산에 비한 동산의 증대는 토지 소유에 비한 자본의 상승 운동을 보여준다. 그러나 자본의 생산 양식이 일단 전제되면 자본이 생산 조건들을 자신에게 복속시키는 정도는 자본의 부동산으로의 전환에서 나타난다. 그러므로 자본은 자신의 거주지를 토지 자체에 정하고, 토지 소유에서 자연에 의해서 주어진, 겉보기에 공고한 전제들은 스스로 공업에 의해서 단지 정립된 것으로 [나타나게 된다 — 역자].

(원래는 공동체에서의 현존과, 공동체를 매개로 한 대지에 대한 소유로서의 관계 행위가 개인뿐만 아니라 공동체의 재생산을 위한 기본 전제들이다. 유목 민족들에게 있어서는 토지가 이동 생활의 조건으로 나타날 뿐이며 토지의 점취란 전혀 문제가 되지 않는다. 농경과 함께 고정된 거주지가 뒤따르면 — 토지 소유는 처음에는 공동의 토지 소유이고, 그것이 사적 소유로 진전된 곳에서조차 토지 소유에 대한 개인의 관계는 공동체에 대한 그의 관계에 의해서 정립된 것으로 나타난다. 토지 소유는 공동체의 단순한 봉토(封土; Lehn)로 나타난다 등등. 토지 소유의 단지 교환 가능한 가치로의 전환 — 토지 소유의 이러한 동산화(Mobilisation) — 은 자본의 산물이며, 자본 아래로의 국가 유기체의 완전한 복속의 산물이다. 따라서 토지는 사적 소유가 된 곳에서조차도 제한된 의미에서만 교환 가치이다. 교환 가치는 개별화된, 대지로부터 분리되고 공업(또는 단순한 점취)에 의해서 개체화된 자연 생산물에서 시작된다. 여기에서 개인적 노동도 등장한다. 교환은 원시 공동체들 내부에서 먼저 시작되는 것이 아니라 이들의 경계에서, 이들이 끝나는 곳에서 먼저 시작된다. 그들의 거주지는 물론이고 토지를 교환하는 것, 다른 공동체에 처분하는 것은 배반일 것이다. 교환은 그것의 본래적인 영역인 동산에서 부동산으로 점차적으로만 확대될 수 있었다. 자본이 점차로 후자를 수중에 넣는 것은 전자의 확대에 의해서만 이다. 화폐는 이 과정에서 주요인이다.)

A. 스미스는 유동 자본과 고정 자본을 먼저 **생산** 과정에서의 그것들의 규정에 따라 구분한다. 그는 나중에 비로소 다음과 같이 표현한다.

사람들은 이득을 얻으면서 자본을 다양한 방식으로 투하할 수 있는데, 1. 유동 자본으로서, 2. 고정 자본으로서[스미스, 제2권, 197쪽].

이 두 번째 표현이 이 차이 자체에 대한 고찰에 속하지 않는 것은 분명한데, 그 까닭은 사람들이 이득을 얻으면서 어떻게 자본을 두 가지 형태로 투하할 수 있는가가 문제가 되기에 앞서 먼저 고정 자본과 유동 자본이 두 가지 종류의 자본으로 전제되어 있어야 하기 때문이다.[328]

모든 노동 기업가의 총자본은 반드시 고정 자본과 유동 자본으로 나누어져야 한다. 총액이 동일하다면 다른 부분이 작을수록 한 부분은 클 것이다(A. 스미스, 제2권, 226쪽79)).

자본들은 1. 불균등한 비율로 고정 자본과 유동 자본으로 나누어지므로, 2. 생산 국면이 중단되기도 하고 중단되지 않기도 하며, 먼 시장으로부터 돌아오기도 하고 가까운 시장으로부터 돌아오기도 하기 때문에, 즉 불균등한 유통 시간을 가지므로, 일정한 시간, 예를 들어 매년 창출되는 잉여 가치의 규정은 불균등할 수밖에 없다. 왜냐하면 주어진 기한 동안의 재생산 과정의 수가 불균등하기 때문이다. 자본들의 가치 창출은 직접적인 생산 과정 동안에 사용된 노동에 의해서만 규정되는 것으로 나타나지 않고, 주어진 시간대 동안에 이러한 노동 착취가 반복될 수 있는 정도에 의해서도 규정되는 것으로 나타난다.

따라서 마지막으로. 단순 생산 과정을 고찰하면서 자본이 임노동과 관련해서만 가치 증식되는 것으로 나타나고 유통은 그 곁에 놓여 있다면, 자본의 재생산 과정에서 유통, 그것도 유통의 두 계기 W—

---

79) 수고에는: 218쪽

G—G—W는 (자본이 통과해야 하고 자본의 그만한 질적인 변환들이 조응하는 그러한 교환들의 체계로서) 자본에게 수용된다. 유통이 화폐 형태의 자본에서 출발하고, 따라서 이 형태로 회귀되어야 하는 한에 있어서 그것은 G—W—W—G로서 자본에 수용되어 나타난다. 자본은 두 순환을 포함하는데, 단순한 형태 변경이나 형태 밖에 속하는 단순한 소재 변경으로서가 아니며 양자가 가치 규정 자체에 수용된다. 자신의 갱신 조건들을 자체 내에 포함하고 있는 것으로서의 생산 과정은 재생산 과정이고, 이 재생산 과정의 속도는 위에서 설명된 다양한 관계들에 의해서 규정되는데, 이 관계들은 모두 순환 자체의 차이들에서 발생한다. 자본의 재생산 내에서는 자본이 실현되어 있는 사용 가치들의 재생산 — 또는 인간들에 의해서 소비될 뿐만 아니라 그 본성에 있어서 소멸적인 사용 가치들의 부단한 갱신과 재생산이 인간 노동에 의해 동시에 실행된다. 인간 노동에 의해서 인간의 욕구에 복속된 소재 변경과 형태 변화가 자본의 관점에서 보면 자본 자신의 재생산으로 나타난다. 그것은 기본적으로 노동 자신의 끊임없는 재생산이다.

　　자본 가치는 재생산에 의해서 영속된다. 자본을 구성하는 생산물들은 다른 모든 생산물과 마찬가지로 소비된다. 그러나 그것들의 가치는 그것이 소비에 의해서 파괴되는 동일한 시간 동안에 다른 소재나 동일한 소재에서 재생산된다(세이, 14쪽).[329]

　　교환과 교환 체계, 그리고 이 안에 포함되어 있는 것, 즉 자립적인 가치로서의 화폐로의 전환은 자본 재생산의 조건이자 제약으로 나타난다. 자본에게 있어서는 생산 자체가 모든 측면에서 교환에 복속되어 있다. 이 교환 작업들, 교환 자체는 잉여 가치를 생산하지는 않지만 잉여 가치의 실현을 위한 조건들이다. 그것들은 자본이 유통을 통과하는 한에 있어서만 그것의 **자본으로서의 형태**가 정립되는 만큼 **자본** 생산 자체의 조건들이다. 자본의 재생산은 동시에 일정한 형태 조건들의 생산, 즉 ‖ 15 ‖ 인격화되어 대상화된 노동이 정립되는 일정한 행동 양식들의 생산이다. 따라서 유통은 단순히 생산물의 생산 조건들과의 교환 — 즉 예를 들어 생산된 밀의 종자, 새로운 노동 등과의 교환이 아니다. 어떤 형태의 생산에서도 노동자는 생산을 반복할 수 있기 위해서 자신의 생산물을 생산 조건들과 교환해야 한다. 직접적인 소비를 위해서 생산하는 농부도 생산물의 일부를 종자, 노동 도구, 역축, 비료 등으로 전환시키고 자신의 노동을 새롭게 시작한다. 화폐로의 전환은 자본 자체의 재생산을 위해서 필요하고, 자본의 재생산은 필연적으로 잉여 가치의 생산이다.

{재생산 국면(특히 유통 시간)과 관련해서는 그것이 사용 가치 자체에 의해서 한계가 설정된다는 점이 부연된다. 밀은 1년 사이에 재생산되어야 한다. 우유 등과 같은 소멸적인 사물들은 더욱 자주 재생산되어야 한다. 동물은 생명을 가지고 있으므로, 즉 시간에 저항하므로 고기는 그렇게 자주 재생산될 필요가 없다. 그러나 시장에 놓여 있는 죽은 고기는 매우 짧은 시한 안에 화폐 형태로 재생산되어야 하지, 그렇지 않으면 부패한다. 가치와 사용 가치의 재생산이 때로는 일치하고 때로는 일치하지 않는다.}

노동은 비록 어떤 생산 과정에서는 우리가 앞에서 자본의 불변 부분이라고 불렀던 것의 가치를 보존할 뿐이지만 다른 생산 과정에서는 끊임없이 재생산해야 한다. 그 까닭은 전자의 생산 과정에서는 재료와 도구라는 전제로 나타나는 것이 후자의 생산 과정에서는 생산물이고, 이러한 갱신, 재생산이 끊임없이 동시에 이루어져야 하기 때문이다.

이제 우리는 제3절로 넘어간다.

《이하 3권으로 이어짐》

독일어 판 편집자 주

[193] 존 램지 맥컬록, 『정치경제학의 원리 … 』(에딘버러, 런던 1825년), 190쪽. 제임스 밀은 그의 저서 『정치경제학의 요소』(파리 1823년), 250-260쪽에서 구매 합계와 판매 합계의 지속적이고 필연적인 균형에 관해 적고 있다. 『정치경제학 비판을 위하여』(『맑스-엥겔스 전집』 13권), 78쪽 주에서 맑스는 장-바티스테 세이가 그의 저술 『맬더스에게 보내는 편지, 정치경제학 … 의 상이한 주제에 관하여』(파리 1820년)에서 제임스 밀의 이 사고를 차용했다고 지적하고 있다. 맑스는 『잉여 가치 학설사』(『맑스-엥겔스 전집』 26.2권), 501-503쪽 및 26.3권 71, 80-100, 116, 118-120쪽에서 제임스 밀과 장-바티스테 세이의 견해를 보다 자세하게 다루고 있다. 22

[194] "소액실링주의자들"의 버밍햄 학파는 19세기 전반에 이상적인 화폐 척도론을 선전했고, 그에 따라 화폐를 단지 계산 명칭으로만 간주했다. 이 학파의 주창자들인 토마스 애트우드, 마티아스 애트우드 형제와 리차드 스푸너 등은 영국 통화 단위로서 실링의 금 함량을 줄이는 프로젝트 제시하면서, 이를 "소액실링프로젝트"라고 명명했다. 이 학파에 대한 명칭도 여기에서 유래한다. 동시에 "소액실링주의자들"은 통용되고 있는 화폐량을 줄이려는 정부 조치들에 반대했다. 그들은 그들 이론을 적용하면 인위적인 가격 상승에 의해 산업을 활성화하고 국가의 전반적인 부흥을 보장하는 데 기여할 수 있을 것이라는 의견을 폈다. 그러나 실제에 있어서 화폐의 가치 절하는 다양한 신용의 주된 차입자인 국가와 대기업들의 채무를 탕감하는 데만 기여할 수 있었다. 23, III권 87

[195] 제미니(쌍둥이) — 이 가명으로 1844년에 토마스 바버와 존 할로우

의 저서 『통화 문제. 제미니 서한』(런던 1844년)이 발행되었다. 저자들은 토마스 애트우드와 버밍햄 학파에 있는 추종자들의 견해를 옹호했다. 23

[196] 앙리 쉬토르흐, 『국가 수입의 본질에 관한 고찰』(파리 1824년), 126-159쪽. 23

[197] 장-바티스테 세이, 『정치경제학 … 강의』(제4판, 제2권, 파리 1819년), 72, 74쪽. 23

[198] 토마스 로버트 맬더스, 『정치경제학과 … 의 원리』(2판, 런던 1836년), 405쪽 주. 24

[199] 시스몽디, 『정치경제학에 관한 연구』(제1권, 브뤼셀 1838년), 61쪽. 24

[200] 데이비드 리카도, 『 … 원리』(3판, 런던 1821년), 80-85쪽. 맑스는 『잉여 가치 학설사』(맑스-엥겔스 전집 26.2권), 518-584쪽에서 자본의 과잉 생산에 관한 리카도의 견해를 자세히 다루고 있다. 24

[201] 이 책의 1권 333-335쪽에 복제되어 있는 스미스의 『국부론』(제1권, 런던 1835년)에 관한 웨이크필드의 주석을 뜻한다. 25

[202] 토마스 호지스킨, 『대중적 정치경제학』(런던 1827년), 245-246쪽. 맑스가 가리키는 것은 1851년 런던 초록 노트 IX권이다. 28

[203] 『국가적 애로의 원천과 그 치유책』(런던 1821년), 17-18쪽. 맑스가 가리키는 것은 1851년 런던 초록 노트 XII권이다. 29

[204] 『수요의 본질과 소비의 필요성의 원리에 관한 연구』(런던 1821년), 59쪽. 맑스가 가리키는 것은 1851년 런던 초록 노트 XII권이다. 29

[205] 토마스 호지스킨, 『대중적 정치경제학』(런던 1827년), 238쪽. 맑스가 가리키는 것은 1851년 런던 초록 노트 IX권이다. 29

[206] 토마스 로버트 맬더스, 『정치경제학의 원리 … 』(2판, 런던 1836년), 266, 301, 302, 315, 361, 311, 405, 414쪽. 맑스가 가리키는 것은 1851년 런던 초록 노트 X권이다. 30

[207] **공존하는 노동** — 익명으로 발표된 토마스 호지스킨의 저술 『자본의 요구로부터 방어된 노동 … 』(런던 1825년)에서 자주 사용된 개념. 맑스는 호지스킨이 개발한 "공존하는 노동"개념을 『잉여 가치 학설

사』에서 비판하고 있다(『맑스-엥겔스 전집』 26.3권, 272-274, 289-293쪽 참조). 31

[208] 여기에서 문제가 되는 것은 맬더스의 저서 『정치경제학의 원리 … 』(2판, 런던 1836년)의 편집자가 405쪽의 각주에서 붙인 맬더스의 견해에 대한 주석이다. 34

[209] 장-바티스테 세이, 『정치경제학 … 강의』(3판, 제2권, 파리 1817년), 441쪽. 38

[210] 피에르 조셉 프루동, 『소유란 무엇인가?』(파리 1841년), 202쪽. 프레데릭 바스티아 · 피에르 조셉 프루동, 『신용의 무상성』(파리 1850년), 207-208쪽. 38

[211] **현물 임금 제도** — 기업가의 상점에서 결제되어야 하는 상품 교환권으로 급료를 지급하는 것. 41

[212] (방적 노동의 생산성이 배증된 후에는) 면사 1파운드의 총 가치는 $4\frac{1}{2}$탈러에 지나지 않을 것이므로 1/9이라고 해야 더 정확할 것이다. 48

[213] 4 10/20 또는 $4\frac{1}{2}$이라고 해야 할 것이다. 뒤이은 계산에서 맑스는 4 9/20으로 계산하고 있고 따라서 부정확하다. 정확한 수치 $4\frac{1}{2}$탈러에서 출발하면 총수입 300탈러에 이를 것이다. 이중에서 90탈러는 필요 노동 시간 동안에 사용된 불변 자본과 노임으로 나갈 것이다. 나머지 270탈러 중에서 240탈러는 잉여 노동 시간 동안에 사용된 고정 자본으로 나갈 것이다. 총지출 330탈러에 대한 자본가의 이윤으로서 30탈러가 남아 9 1/11%가 될 것이다. 면사 1파운드가 이제는 30/80, 즉 3/8탈러가 된다(이전에는 = $\frac{1}{2}$탈러). 48

[214] 여기에서 맑스는 분수 20/99 대신 4/20(또는 20/100)을 사용하고 있다. 다음과 같은 계산이 이루어져야 할 것이다. 노동자는 면사 1파운드를 이것의 실재 가치보다 1/20탈러 저렴하게 받는다. 그가 이제는 면사 4 4/99(또는 400/99)파운드를 받으므로 그의 이윤은 20/99탈러에 이른다. 54

[215] 그의 예(이 책, III권 46쪽 참조)에서 맑스는 자본가의 총지출이 180탈러에 이르고 이중 처음 100탈러는 20탈러의 필요 노동과 이를 수

행하기 위해서 필요한 80탈러의 불변 자본을 나타낸다고 가정했다. 나머지 80탈러는 비지불된 잉여 노동을 수행하기 위해서 필요한 불변 자본이다. 100%의 잉여 가치율을 가정하면 총생산물은 200탈러에 이른다(파운드당 5탈러의 면사 40파운드). 56

[216] 이곳과 다른 본문에서 맑스는 노동자가 그의 노임 20파운드를 전부 보다 저렴해진 면사에 지출한다면 4파운드보다 약간 더 살 것이라는 점을 고려하지 않고 있다. 57

[217] 데이비드 리카도, 『정치경제학과 … 원리에 관하여』(3판, 런던 1821년), 81-82쪽. 70

[218] 네가 하도록 내가 주고 네가 하도록 내가 하며, 네가 주도록 내가 하고 네가 주도록 내가 준다 — 『시민법 전집』, 「개요」 XIX, 5,5에 실린 고대 로마법의 계약 공식. 89

[219] 자유로운 노동자들은 스튜어트가 그의 저술 『탐구 … 』(제1권, 더블린 1770년)에서 농업이 발전함에 따라 공업에 고용될 수 있도록 자유로워지는 노동력을 지칭한 것이다(『맑스-엥겔스 전집』 25권, 794쪽 참조). 92

[220] 이 부분은 「화폐에 관한 장」이 아니라 「자본에 관한 장」에 있다(이 책, I권 273-274쪽 참조). 93

[221] 애덤 스미스, 『국부론』(제1권, 런던 1835년), 104-105쪽. 96

[222] 19세기 중엽에 부족 개념은 오늘날보다 넓은 의미를 가졌다. 이 개념은 동일한 조상이라는 공통의 태생을 가지는 인간 집단을 가리켰고, 씨족(Sippe)과 종족(Gens)을 포괄했다. 이들 개념의 정확한 구분과 규정은 루이스 헨리 모르간이 그의 저서 『고대 사회 … 』(런던 1877년)에서 처음으로 행했다. 엥겔스는 그의 저작 『가족, 사유 재산, 국가의 기원』에서 모르간의 연구 성과를 일반화했다(『맑스-엥겔스 전집』 21권, 25-173쪽 참조). 98

[223] 파브리(fabri) — 단단한 재료를 사용하는 수공업자(목수, 대장장이 등). 102

[224] 바르톨트 게오르크 니부르, 『로마사』(완전 개정2판, 제1권, 베를린 1827년), 245쪽. 103

[225] 시민 소유(*quiritarium*) 개념은 로마 시민에 대한 칭호인 Quiriten에서 파생되었다. 103

[226] 예속민(*Klienten*) — 로마 귀족(Patrizier)에게 종속된 피보호자들로서 이들은 계급적으로 자유민과 해방된 노예의 중간에 놓여 있었다. 104

[227] 디오니수스 할리카르나센시스, 『고대 로마』 IX, 25. 맑스는 니부르, 『로마사』(완전 개정2판, 제1권, 베를린 1827년), 615쪽 각주에서 재인용하고 있다. 105

[228] 평민(*Demote*) — 데모스(Demos)의 구성원 내지 거주자. 고대 그리스에서는 한 국가의 시민 전체가 노예, 이방인과는 대립되어 데모스(그리스어로 인민)라 불렸다. 그밖에 기원전 508년 클레이테네스의 개혁 이후 데모스는 아티카에서 가장 작은 행정 단위였는데, 이는 농촌에서는 하나나 두 마을을 포괄했고 아테네에서는 한 시구(市區)를 포괄했다. 105

[229] 종족(*Phyle*) — 씨족 사회에서의 종족에 대한 그리스어 명칭. 다수의 Phratien으로 구성되었고 자체적으로 승려와 공무원을 갖춘 문화 공동체를 이루었다. 아티카에서 클레이스테네스는 4개의 고대 부족을 각각 10개의 데모스로 구성된 10개의 지역 선거구로 변경했다. 105

[230] 씨족 성원(*Geneten*) — 종족 성원, 동일한 씨족의 구성원. 106

[231] 디트마르쉔인 — 쉴레스빅-호스타인 서해안에 있는 지역인 티르마르쉔의 주민. 106

[232] 갈렌(*Galen*)— 켈트족. 스코틀랜드 고지와 아일랜드, 맨섬에 거주했다. 106

[233] 여기에서부터 수고의 다음 노트가 시작된다. 첫 쪽에는 "노트 V. (자본에 관한 장. 계속"이라는 표제가 붙어 있다. 이 노트의 표지에는 "노트 V. 1858년 1월. 런던(1월 22일 시작.)"이라고 쓰여 있다. 106

[234] 피에르 조셉 프루동, 『경제적 모순의 체계 …』(제2권, 파리 1846년), 269쪽. 맑스는 이 부분을 『철학의 빈곤』(『맑스-엥겔스 전집』 4권,

165쪽 참조)에서 인용하면서 비판하고 있다. 113

[235] 빵과 유희(*Parnes et Circenses*)— 주베날의 『풍자』 X, 81에서의 인용. 식량 분배와 서커스 공연은 기원전 1세기부터 몰락한 로마시(市) 평민의 소요를 방지하는 중요한 수단이었다. 128, 258

[236] 동거인(*Metöken*)— 그리스 도시 국가들에서 살되 정치적 권리는 갖지 않았던 자유 외국인. 이들은 조세를 납부하고 병역에 복무하며 어떤 직업도 가질 수 있었고 제식(祭式)에 참여할 수 있었다. 법정에서 이들은 시민에 의해서 대표되었다. 129

[237] 도시 밖 시민(*Pfahlbürger*)— 중세에 본래적인 도시 영토의 경계 밖에 거주하면서 도시로부터 (대개 도시의 방어 능력을 높이기 위해서) 시민권을 부여받은 사람들. 129

[238] 준(俊)시민(*Isopliten*)— 실질적으로나 법적으로 동등한 시민. 129

[239] 굴펜과 기벨리넨(*Guelfen und Ghibellinen*) — 중세 황제 진영과 교황 진영의 싸움에서 굴펜(벨펜)은 쉬타우펜 황제의 적이었고 기벨리넨(바이블링어)는 쉬타우펜 황제의 추종자였다. 북부 이탈리아 도시들에서 벌어진 양파 사이의 격렬한 싸움은 호엔쉬타우펜가의 지배기를 넘기면서까지 계속되어 본래적인 의미를 완전히 상실했다. 130

[240] 자유농(*Yeomen*) — 신분적으로는 자유롭지만 지주의 토지 위에 거주하는 농민. 130

[241] 차지농(*colonus*) — 고대로마 라티푼디움에서 반자유소차지농(半自由小借地農)이나 영차농(永借農). 130

[242] 애덤 스미스, 『국부론』(제3권, 제4장). 137

[243] 대부의 기본 금액이 원금이라 불린다 — 샤를 듀프렌느 드 깡주는 그의 저서 『라틴어의 어원과 전개에 관한 주해』(제2권, Parisiis 1842년), 139-141쪽에서 자본이라는 말의 어원학적 형성을 연구했다. 143

[244] "인두세를 빚진" 사람들 — 드 깡주는 그의 저서 『라틴어의 어원과 전개에 관한 주해』(제2권, Parisiis 1842년), 141쪽에서 이 사람들이 한동안은 완전히 해방된 것이 아니라 조건부로, 급부, 부역, 또는 1년간의 공과를 납부할 의무를 지고 해방되었을 뿐이라고 상술하고 있

다. 144

[245] "짐은 신에게 내 소유, 살아 있는 재산뿐만 아니라 대지의 죽은 결실도 십일조를 바칠 것이다." ― 맑스는 드 깡주, 『라틴어의 어원과 전개에 관한 주해』(제2권), 140쪽에 실린 엥글로색슨 왕 에델스탄의 법령 중의 이 귀절을 "Capitale vivens"라는 표현이 "살아 있는 재산, 가축"이라는 의미로 사용된 증거로 인용하고 있다. 144

[246] 이것은 맑스가 사후적으로 기입했으며 앞 문장과 관련된 것이다. 150

[247] 분화석(糞化石) ― 특히 분화석조(糞化石鳥: Guanovogel)의 배설물과 깃털로 이루어진 인(燐)과 질소가 풍부한 화석으로서, 특히 칠레와 페루의 해안에서 채굴되어 비료로 가공, 사용된다. 161, 417

[248] 앙토안느 셰르불리에, 『풍요와 빈곤』(파리 1841년), 64쪽. 맑스가 가리키는 쪽수는 1844년에서 1847년 사이에 쓰여진 미발견 초록 노트에 있는 것이다. XXVⅢ 앞에 있는 "ch."가 무엇을 의미하는지는 밝혀낼 수 없었다. 173

[249] 수고에는 "더 많이"라고 쓰여 있다. 맑스의 1845년 브뤼셀 초록 노트, 35쪽에 따라 정정되었다. 180

[250] 앙리 쉬토르흐, 『정치경제학 과정 … 』(제1권, 파리 1823년), 411-412쪽. 맑스가 가리키는 것은 1845년 브뤼셀 초록 노트이다. 180

[251] 토마스 로버트 맬더스, 『가치 척도에 관한 서술과 예시 … 』(런던 1823년), 17쪽. 맑스가 가리키는 것은 1851년 런던 초록 노트 Ⅸ이다. 180

[252] 윌리엄 톰슨, 『인간 행복에 가장 적합한 부의 분배 원리에 관한 연구』(런던 1824년), 176, 589쪽. 맑스가 가리키는 것은 그의 초록 노트 「맨체스터. 1845년」이다. 발췌문은 편집자가 23쪽과 27쪽을 붙인 곳에 있다. 맑스가 기재한 쪽수 3은 톰슨 저서의 발췌문에 대한 것이다. 181

[253] 앙리 쉬토르흐, 『정치경제학 과정 … 』(제1권, 파리 1823년), 404-413쪽 참조. 이 예는 맑스가 이 책, 297-299쪽에서 인용하고 있

다. 186

[254] 이 괄호는 본문 뒤에서 닫혀지지 않고 있다. 아마도 이 책 275쪽에 두어야 할 것이다. 188

[255] 조지 램지, 『부의 분배에 관한 에세이』(에딘버러, 런던 1836년), 43 쪽. 맑스가 가리키는 것은 1851년 런던 초록 노트 IX이다. 188

[256] 토마스 드 퀸시, 『정치경제학의 논리』(에딘버러, 런던, 1844년), 204 쪽. 맑스가 가리키는 것은 1851년 런던 초록 노트 X이다. 192

[257] 헨리 찰스 캐리, 『정치경제학의 원리』(제1부, 필라델피아 1837년), 73-101쪽. 195

[258] 존 램지 맥컬록, 『정치경제학의 원리 … 』(에딘버러, 런던 1825년), 313쪽. 맑스는 맥컬록이 노동 개념을 자연 과정에까지 확장함으로써 왜곡한 것을 『잉여 가치 학설사』(『맑스-엥겔스 전집』 26.3권), 176-187쪽에서 자세히 비판하고 있다. 196

[259] 맑스가 가리키는 것은 1851년 런던 초록 노트 VIII이다. 198

[260] 데이비드 리카도, 『정치경제학과 … 원리에 관하여』(런던 1821년), 3쪽. 첫 번째 쪽수는 1851년 런던 초록 노트에 대한 것이고, 두 번째 쪽수는 리카도의 저서에 대한 것이다. 198

[261] 존 프랜시스 브레이, 『노동의 해악과 노동의 치유』(리즈 1839년), 53-54쪽. 맑스는 『잉여 가치 학설사』(『맑스-엥겔스 전집』 26.3권), 313-319쪽에서 브레이의 견해를 자세히 비판하고 있다. 199

[262] 애덤 스미스, 『국부론』(제1권, 런던 1835년), 104-105쪽. 맑스는 『정치경제학 비판을 위하여』에서 스미스에 관해 다음과 같이 말하고 있다. "그는 상품에 포함되어 있는 노동 시간에 의한 상품 가치의 규정과 노동에 의한 상품 가치의 규정을 끊임없이 혼동하고 있다." (『맑스-엥겔스 전집』 1권, 45쪽.) 199

[263] 데이비드 리카도, 『 … 원리에 관하여』(런던 1821년), 21쪽. 첫 번째 쪽수는 리카도의 저서에 대한 것이고, 두 번째 쪽수는 맑스의 1851 년 런던 초록 노트 VIII에 대한 것이다. 202

[264] 에드워드 기븐 웨이크필드, 『식민화 방식에 관한 견해 … 』(런던 1849년), 169-170쪽. 맑스가 가리키는 것은 그의 1851년 런던 초록

노트 ⅩⅣ, 70-71쪽이다. 203

[265] 「공장 조사 위원회. 영국 하원에 의해 1833년 6월 28일 인쇄된 왕립 조사 위원회의 중앙 보고서」. 맑스는 토마스 로버트 맬더스『정치 경제학의 원리 … 』(제2판, 런던 1836년), 269-270쪽에서 재인용하고 있고 그의 1851년 런던 초록 노트 Ⅹ을 가리키고 있다. 엥겔스에게 보낸 1858년 3월 5일자 편지에서 맑스는 동일한 이윤 계산 사례를 제시하고 있다(『맑스-엥겔스 전집』 29권, 296쪽 참조). 205

[266] 맑스는 유동 자본과 고정 자본의 회전수를 맑스는 다음과 같이 계산하고 있다. 유동 자본의 회전: 13,700(부대 지출, 운임, 석탄, 기름 1,100 + 노임 및 급료 2,600 + 원면 10,000) ÷ 7,000(유동 자본) = 1 67/70; 고정 자본의 회전: 10,000(고정 자본) ÷ 650(감가상각 기금) = 15 5/13. 205

[267] 맑스가 가리키는 것은 그의 1851년 런던 초록 노트 Ⅸ이다. 212, 245, 248, 252, 256, 306, 3권 31

[268] 이 예는 다음과 같은 계산에 기초하고 있다. 두 번째 경우에 자본은 첫 번째 경우보다 160배 많지만 노동자 수는 30배밖에 크지 않다. 즉 "첫 번째 비율에 비해서" $5\frac{1}{3}$배 작다. 227

[269] 여기에서는 "한 명보다 약간 더 많이"라고 해야 할 것이다. 왜냐하면 첫 번째 자본가가 $5\frac{1}{3}$명의 노동자를 필요로 할 때 두 번째 자본가는 한 명의 노동자를 필요로 하므로 6명의 노동자일 때에는 한 명보다 약간 더 많아지기 때문이다. 228

[270] 헨리 찰스 캐리,『정치경제학의 원리』(제1부, 필라델피아 1837년), 73-80, 83-92, 337-340쪽. 228

[271] 스미스의『국부론』(제1권, 런던 1835년)의 230-231쪽 주에 실린 이 책에 대한 웨이크필드의 주석을 뜻한다. 맑스가 가리키는 것은 그의 1851년 런던 초록 노트 74-75쪽이다. 웨이크필드 인용문에 대해서 맑스는『잉여 가치 학설사』에서 주석을 달고 있다(『맑스-엥겔스 전집』 26.2권, 401쪽 및 26.3권, 187-188쪽 참조). 228

[272] 맑스가 가리키는 것은 그의 1851년 런던 초록 노트 Ⅴ이다. 228

[273] 알버트 갈라틴,『미국 통화 금융 제도에 대한 고찰』(필라델피아

1831년), 68쪽. 베일리는 그의 저서 『화폐와 화폐 가치 변동 … 』, 57-58쪽에서 이 부분을 인용하고 있다. 230

[274] 맑스가 가리키는 것은 그의 「맨체스터. 1845년」 초록 노트이다. 232

[275] 맑스가 가리키는 것은 날짜도 적혀 있지 않고 번호도 매겨있지 않은, 1845년 9월로 추정되는 브뤼셀 초록 노트이다. 239, 367

[276] 헨리 찰스 캐리, 『과거, 현재, 미래』(필라델피아 1848년), 74-75쪽. 247

[277] 애덤 스미스, 『국부론』 제1책, 11장, 1부. 255

[278] 맑스의 사설 「강제된 이주 - 코서스와 마치니 - 난민 문제 - 영국에서의 선거 매수 - 콥든 씨」(『맑스-엥겔스 전집』 8권), 543-544쪽 참조. 258

[279] 데이비드 리카도, 『정치경제학과 … 원리에 관하여』(3판, 런던 1821년), 493, 495쪽. 260

[280] 애덤 스미스, 『국부론』(제1권, 파리 1802년), 65-66쪽. 맑스가 가리키는 것은 1844년 파리 초록 노트이다(『맑스-엥겔스 총집』 Ⅳ-2, 399-340쪽 참조). 265, 270

[281] 『구약성서』, 제1장 모세(창세기), 3, 19. 265

[282] 낫소 윌리엄 시니어, 『정치경제학의 기본 원리 … 』(파리 1836년), 309-335쪽. 267

[283] 피에르-조셉 프루동, 『경제적 모순의 체계 … 』(제1권, 파리 1846년), 73쪽. 프레데릭 바스티아 · 피에르 조셉 프루동, 『신용의 무상성』(파리 1850년), 200쪽. 맑스는 프루동의 이 명제를 그의 저술 『철학의 빈곤』에서 분석하고 있다(『맑스-엥겔스 전집』 4권, 114-124쪽 참조). 267

[284] 애덤 스미스, 『국부론』(제3권, 런던 1836년), 18쪽 주. 맑스가 가리키는 것은 그의 1851년 런던 초록 노트 Ⅷ이다. 271

[285] 맑스가 가리키는 것은 그의 「맨체스터. 1845년」 초록 노트이다. 271, 272, 273

[286] 토마스 로버트 맬더스, 『정치경제학의 정의 … 』(런던 1827년), 69-70쪽. 272

[287] 밀의 저서 『사회 철학에 응용된 정치경제학의 원리』(런던 1848년)
을 뜻한다. 273

[288] 『구약성서』, 시편 42,2. 279

[289] 맑스가 가리키는 것은 1845년 브뤼셀 초록 노트이다. 297

[290] 피에르-조셉 프루동, 『경제적 모순의 체계 … 』(제1권, 파리 1846년),
73쪽. 맑스가 가리키는 것은 그의 1851년 런던 초록 노트인데, 이곳
23-30쪽에 바스티아·프루동의 『신용의 무상성』의 발췌문이 실려
있다. 맑스는 이 부분을 그의 저술 『철학의 빈곤』에서 인용하고 있
다(『맑스-엥겔스 전집』 4권, 115쪽 참조). 303

[291] 맑스가 가리키는 것은 그의 1850년 런던 초록 노트 I 이다. 305

[292] 장-바티스테 세이, 『정치경제학 … 강의』(3판, 제2권, 파리 1817년),
430쪽. 305

[293] 맑스가 가리키는 것은 그의 1850년 런던 초록 노트 X이다. 305

[294] 데이비드 리카도, 『정치경제학과 … 원리에 관하여』(3판, 런던 1821
년), 26-27쪽. 맑스가 가리키는 것은 그의 1851년 런던 초록 노트 VIII
이다. 309, 362

[295] 시스몽디, 『정치경제학의 새로운 원리 … 』(제2판, 제1권, 파리 1827
년), 95쪽. 맑스가 가리키는 것은 전래되지 않은 초록 노트이다. 313,
363

[296] 앙토안느 셰르불리에, 『풍요와 빈곤』(파리 1841년), 16-19쪽. 313

[297] 앙리 쉬토르흐, 『정치경제학 과정 … 』(제1권, 파리 1823년),
404-413쪽, 246쪽. 맑스가 가리키는 것은 그의 1845년 브뤼셀 초록
노트이다. 313

[298] 앙리 쉬토르흐, 『국가 수입의 본질에 관한 고찰』(파리 1824년), 54
쪽. 맑스가 가리키는 것은 그의 1845년 브뤼셀 초록 노트이다. 314

[299] 시스몽디, 『정치경제학의 새로운 원리 … 』(제2판, 제1권, 파리 1827
년), 87, 93쪽. 348

[300] 앙리 쉬토르흐, 『정치경제학 과정 … 』(제1권, 파리 1823년), 405,
420쪽. 351

[301] 토마스 로버트 맬더스, 『정치경제학의 정의 … 』(런던 1827년),

237-238쪽. 352

[302] 애덤 스미스, 『국부론』(제1권, 파리 1802년), 197-198쪽. 352

[303] 앙토안느 셰르불리에, 『풍요와 빈곤』(파리 1841년), 14-15쪽. 353

[304] 장-바티스테 세이, 『정치경제학 … 강의』(3판, 제2권, 파리 1817년), 430쪽. 맑스가 가리키는 것은 그의 1844년 초록 노트이다(『맑스-엥겔스 총집』 IV-2, 324쪽 참조). 362

[305] 애덤 스미스, 『국부론』(제1권, 파리 1802년), 226쪽. 363

[306] 「고정 자본과 유동 자본」, 『이코노미스트』(런던) 1847년 11월 6일자. 맑스가 가리키는 것은 1851년 런던 초록 노트 VI이다. 363, 387, 408, 409, 410

[307] 로더데일, 『공공 부의 본질과 기원에 관한 연구 … 』(파리 1808년), 87쪽. 맑스가 가리키는 것은 1845년 브뤼셀 초록 노트이다. 363

[308] 종이가 손상되어 이 자리에서 일부 본문이 유실되었다. 373

[309] 맑스는 로더데일의 이러한 의견에 대하여 『잉여 가치 학설사』에서 비판하고 있다(『맑스-엥겔스 전집』 26.1권, 64-65 및 269쪽 참조). 376

[310] 맑스가 여기에서 지적하는 곳은 익명으로 발표된 토마스 호지스킨의 저술 『자본의 요구로부터 방어된 노동 … 』(런던 1825년), 16쪽에 있는 다음 부분이다. "왜 … 오직 도로 이용자만이 도로에서 누리는 이익의 일부를 도로 건설업자가 받아야 하는지는 이해하기 쉽다. 그러나 나는 왜 도로의 전체 이익 자체가 유입되어야 하고 도로를 만들지도 사용하지도 않는 일련의 사람들에 의해서 이들의 자본을 위한 이윤이라는 명목으로 점취되어야 하는지 이해할 수 없다." 호지스킨의 견해에 대해서 맑스는 『잉여 가치 학설사』에서 자세히 비판하고 있다(『맑스-엥겔스 전집』 26.3권, 259-313쪽 참조). 378

[311] 요한 볼프강 폰 괴테, 『파우스트 비극』 제1부, 라이프치히에 있는 아우어바흐의 지하실. 379

[312] 『국가적 애로의 원천과 그 치유책 … 』(런던 1821년), 6쪽. 맑스는 『잉여 가치 학설사』에서 익명의 이 저술을 분석하고 있다(『맑스-엥겔스 전집』 26.3권, 234-253쪽 참조). 382

[313] 맑스가 여기에서 인용하는 곳은 익명으로 발표된 토마스 호지스킨의 저술 『자본의 요구로부터 방어된 노동 … 』(런던 1825년), 25쪽이다. 맑스가 가리키는 것은 1851년 런던 초록 노트 XI이다. 385

[314] 넷째로가 수고에서는 중괄호({ }) 안의 단락 앞에 있다(이 책, 393쪽 참조). 그러나 이 단어는 뒤이은 본문에 관계되므로 여기에 놓았다. 394

[315] 애덤 스미스, 『국부론』(제2권, 파리 1802년), 218쪽. 395

[316] 토마스 드 퀸시, 『정치경제학의 논리』(에딘버러, 런던 1844년), 114쪽. 맑스가 가리키는 것은 런던 초록 노트 X이다. 395

[317] 앞 단락에서 맑스는 유동 자본이 1년에 한 번만 회전한다고 가정했다. 여기에서 그는 이 전제를 바꾸어 유동 자본이 1년에 2번 회전한다는 본래의 가정으로 돌아갔다. 396

[318] 「예금과 할인. 유동 자본과 고정 자본의 정상적인 관계에 야기된 효과」, 『이코노미스트』(런던) 1858년 2월 6일자. 401

[319] 위 주 [318]의 사설 「예금과 할인」을 의미한다. 402

[320] 토마스 로버트 맬더스, 『정치경제학의 원리 … 』(제2판, 런던 1836년), 268쪽. 402

[321] 애덤 스미스, 『국부론』(제2권, 파리 1802년), 197-198쪽. 맑스는 이 인용문을 1844년 파리 초록 노트에서 전용했는데(『맑스-엥겔스 총집』 IV-2, 359쪽 참조), 여기에서 그는 고정 자본에 대한 스미스의 성격 규정을 유동 자본과의 대립적 성격으로부터 추론하고 있다. 408, 415

[322] 직접 소비 기금과 고정 자본을 의미한다. 416

[323] 앙리 쉬토르흐, 『정치경제학 과정 … 』(제1권, 파리 1823년), 246쪽. 맑스가 가리키는 것은 1845년 브뤼셀 초록 노트이다. 여기에서 철자 "a"는 쪽의 우측 난을 뜻한다. 415

[324] 아마도 맑스가 뜻하는 것은 헤겔의 저술 『철학과학 백과사전 개요』 제1권(베를린 1840년), 382쪽의 다음과 같은 곳이다. "이성은 강력한 만큼 간교하다. 간지(奸智)는 과정에 직접 개입하지 않으면서도 대상들로 하여금 자신들의 본성에 따라 서로 영향을 미치도록 하고

서로 일해서 지치도록 함으로써 그의 목표만을 실행하도록 하는 중개 활동에 놓여있다." 맑스는 나중에 이 인용문을 『자본론』 제1권에 싣고 있다(『맑스-엥겔스 전집』 23권, 194쪽 참조). 417

[325] 이든의 저서에서 발췌한 것은 모두 1845년 맨체스터에서 집필되었고 맑스가 소장하고 있던 엥겔스의 초록 노트에서 따왔다. 418

[326] 프리드릭 모톤 이든, 『빈민의 상태 … 』(제1권, 런던 1797년), 101쪽. 철자 V와 S는 각각 Vagrant(부랑자)와 Slave(노예)를 표시하는 것이다. 420

[327] 애덤 스미스, 『국부론』(제2권, 파리 1802년), 226쪽. 424

[328] 여기에서 맑스는 그가 이 책, 2권의 408-409쪽에서 인용했고 주석을 달았던 애덤 스미스의 사고를 반복하고 있다. 426

[329] 장-바티스테 세이, 『정치경제학 강의』(3판, 제2권, 파리 1817년), 185쪽. 맑스가 가리키는 것은 1844년 파리 초록 노트이다(『맑스-엥겔스 총집』 Ⅳ-2, 315쪽 참조). 427

● 칼 맑스 연보

1818년 5월 독일 트리어 출생.
1835년 8월 독일 인문계 고등학교(김나지움) 졸업.
  졸업 논문 「직업 선택에 대한 한 젊은이의 고찰」 집필.
1835년 10월 본 대학 법학부 입학.
1836년 10월 베를린 대학 법학부 입학.
1841년 겨울 베를린 대학 법학과 졸업.
  졸업 논문 「데모크리토스와 에피쿠로스의 자연 철학의 차
  이」 제출.
1842년 ~ 1843년 4월 『라인 신문』의 기고자 및 편집자로 활동.
1843년 5월 예니 폰 베스트팔렌과 결혼.
1843년 5월 ~ 같은 해 10월 「헤겔 법철학 비판」 수고 집필(1927년
  구소련에서 첫 출간).
1843년 10월 말 파리로 이주. 『독불 연보』 창간에 참여. 「헤겔 법
  철학 비판 서설」 집필.
1844년 2월 말 『독불 연보』 1호의 발행. 논문 「유태인 문제에 관하
  여」, 「헤겔 법철학 비판 서설」 발표.
1844년 4월 ~ 같은 해 8월 『1844년의 경제학-철학 수고』(일명 '파
  리 수고') 집필.
1844년 11월 말 『신성 가족. 혹은 비판적 비판의 비판. 브루노 바
  우어와 그 벗들을 논박함』 집필.
1845년 2월 3일 브뤼셀로 이주.
1845년 4월 「포이어바흐에 관한 테제」 집필.
1845년 11월 ~1846년 4월 엥겔스와 함께 『독일 이데올로기』 집필
  (1932년 구소련에서 첫 출간).
1846년 초 브뤼셀 공산주의 연락위원회 창립·활동.
1846년 말 공산주의자 동맹 창립·활동.

1847년 4월 초『철학의 빈곤. 프루동 씨의 '빈곤의 철학'에 대한 반론』집필.

1847년 8월 말 독일 노동자 협회 결성

1848년 ~ 1849년 유럽 각지의 혁명 운동이 전개됨. 유럽 각국의 사회주의자들과 함께 이 혁명 운동에 참여.

1848년 3월 엥겔스와 함께 「공산주의 당 선언」집필.

1848년 5월 『신라인 신문』창간과 활동.

1849년 4월 「임노동과 자본」출간.

1849년 5월 『신라인 신문』의 강제 폐간. 프로이센에서 추방. 파리로 이주.

1849년 8월 영국 런던으로 이주.

1850년 1월 ~ 같은 해 3월 「1848년에서 1850년까지 프랑스에서의 계급 투쟁」집필.

1850년 1월 『신라인 신문. 정치경제평론』의 창간 및 다수 기사 집필.

1851년 12월 ~ 1852년 3월 「루이 보나빠르뜨의 브뤼메르 18일」집필.

1852년 11월 공산주의자 동맹의 해체. 이후 『뉴욕 데일리 트리뷴』 등의 여러 진보적 일간지와 잡지에 기사를 실음. 정치경제학에 대한 본격적인 연구 작업 진행.

1857년 ~ 1858년 「정치경제학 비판 요강 서설」, 「정치경제학 비판 요강」 및 「바스티아와 캐리」집필(1939년과 1941년 구소련에서 첫 출간).

1858년 8월 ~ 같은 해 11월 『정치경제학 비판(을 위하여)』초고 작성.

1861년 8월 ~ 1863년 7월 『자본론. 정치경제학 비판』의 수고 작성, 고전파 정치경제학의 문헌에 대한 방대한 발췌와 평주 노트 작성. 이후 『잉여 가치 학설사』로 출간

1863년 8월 ~ 1865년 앞선 경제학 수고들에 대한 수정과 보충 작업 진행.

1864년 9월 국제 노동자 협회(1차 인터내셔널) 창립 활동.

1867년 9월 『자본론』 1권의 출간(1000부 발행).

1871년 3월 프랑스 프롤레타리아의 봉기, 파리 꼬뮌의 성립 후 이
　　　　에 대한 지원 활동 전개.

1871년 5월 중순 1차 인터내셔널의 결의안 「프랑스 내전」 집필.

1872년 ~ 1875년 『자본론』 1권 프랑스어 판 출간.

1873년 7월 『자본론』 1권 제2판의 출간.

1873년 1차 인터내셔널의 해체.

1875년 5월 「고타 강령 비판」 집필.

1883년 3월 영국 런던에서 사망.

1885년 『자본론』 2권의 출간(엥겔스의 편집)

1894년 『자본론』 3권의 출간(엥겔스의 편집)

찾아보기

【ㄴ】

【ㅁ】

【ㅈ】

【ㅊ】